Wolfgang J. Mommsen
War der Kaiser an allem schuld?

Wolfgang J. Mommsen

War der Kaiser an allem schuld?

Wilhelm II. und die preußisch-deutschen
Machteliten

Propyläen

Propyläen Verlag
Propyläen ist ein Verlag des Verlagshauses
Ullstein Heyne List GmbH & Co. KG

ISBN 3-549-07169-8

© 2002 by Ullstein Heyne List GmbH & Co. KG, München
Alle Rechte vorbehalten. Printed in Germany
Redaktion: Hubert Leber
Gesetzt aus der Sabon
bei LVD GmbH, Berlin
Druck und Bindung: GGP Media, Pößneck

Inhalt

Vorwort 7

Die Anfänge *13*

Erste Schritte auf dem Weg zur monarchischen
Selbstregierung 1888–1890 *27*

Das Experiment der Reichskanzlerschaft Caprivis
1890–1894 *47*

Das Fiasko der kaiserlichen Selbstherrschaft
1894–1897 *72*

Die Instrumentalisierung des »persönlichen Regiments«
Wilhelms II. in der Ära Bülow 1897–1906 *92*

Monarchische Selbstherrschaft und bürgerlicher
Imperialismus im Widerstreit 1906–1909 *125*

Das kaiserliche Regiment in der Defensive und die
deutsche Weltpolitik 1909–1912 *156*

Dem Weltkrieg entgegen. Die zwiespältige Rolle
Wilhelms II. in den letzten Vorkriegsjahren
1912–1914 *188*

Das Schattenregiment. Der Kaiser im Ersten
Weltkrieg 1914–1918 *222*

Wilhelm II. in der deutschen Geschichte *257*

Anmerkungen *265*

Quellen- und Literaturverzeichnis *287*

Personenregister *294*

Für Johanne, Kerstin, Kai und Hans

Vorwort

Die Persönlichkeit Wilhelms II. und seine Rolle in der jüngeren Geschichte Deutschlands haben die deutsche und die internationale Forschung in den letzten Jahren erneut intensiv beschäftigt. Nachdem lange die Tendenz vorgeherrscht hat, den faktischen Einfluss des Kaisers auf die politischen Entscheidungsprozesse eher gering einzuschätzen, rückt der britische Historiker John C. G. Röhl den Monarchen bereits seit geraumer Zeit wieder in den Mittelpunkt der Betrachtung. In seiner großen, eindrucksvoll dokumentierten Biografie (die allerdings bislang nur bis zur Jahrhundertwende gediehen ist) stellt Röhl Wilhelm II. als eigentlichen Entscheidungsträger im Kaiserreich dar und rechnet ihm ganz wesentlich die Fehlentwicklungen der deutschen Politik zu, die zur »Urkatastrophe« des Ersten Weltkrieges (George F. Kennan) führten.[1] Wenn dies zutreffen sollte – und zumindest auf den ersten Blick spricht das Quellenmaterial, das Röhl zum Nachweis seiner These in überwältigender Fülle zusammengetragen hat, eindeutig dafür –, so stellt sich die Frage, weshalb die deutschen Führungsschichten das »persönliche Regiment« Wilhelms II. hingenommen haben, obwohl längerfristig kaum zu übersehen war, wie schädlich sich dieses auf die Stellung des Reiches in der Welt auswirkte. Wohl am schärfsten hat Max Weber 1906 diese Frage aufgeworfen: »Das Maß von Verachtung, welches uns, als Nation, im Ausland (Italien, Amerika, überall!) nachgerade – mit *Recht*! Das ist entscheidend – entgegengebracht wird, *weil* wir uns *dieses* Regime *dieses* Mannes ›gefallen lassen‹, ist nachgerade ein Faktor von erstklassiger ›weltpolitischer‹ Bedeutung für uns geworden.«[2]

John C. G. Röhl hat die große Machtstellung Wilhelms II. und die Bereitschaft der obersten Eliten, sich dessen wechselnden, durchgängig persönlich motivierten Bestrebungen immer wieder zu unterwerfen, auf den sogenannten »Königsmechanismus« (Norbert Elias) zurückgeführt, mit anderen Worten auf die Abhängigkeit der Führungseliten von den selbstherrlichen und nicht selten willkürlichen Personalentscheidungen des Kaisers. Daher spricht er bei dieser ganz auf den Monarchen ausgerichteten Ordnung auch von Neoabsolutismus. Ohne diesen Sachverhalt als solchen in Abrede stellen zu wollen – es scheint doch, dass die Verhältnisse sehr viel komplexer waren und Wilhelm II. nicht ohne weiteres zum Hauptverantwortlichen für das Scheitern der deutschen Außenpolitik vor 1914 und die verhängnisvollen Entwicklungen im Innern erklärt werden kann.

Die hier vorgelegte Studie beschreitet einen anderen Weg. Statt sich darauf zu beschränken, die problematische Rolle Wilhelms II. im Herrschaftssystem des Kaiserreiches nachzuweisen, geht sie auch der Frage nach, welchen Anteil die preußisch-deutschen Führungsschichten an dem Debakel des »persönlichen Regiments« des Monarchen hatten. Mit dem Theorem der absolutistischen Herrschaft Wilhelms II. können, wie uns scheint, die vielschichtigen politischen und gesellschaftlichen Entwicklungen im Deutschen Reich seit 1890 nicht hinreichend erklärt werden. Bei näherer Untersuchung stellt sich nämlich heraus, dass der Kaiser auf die zentralen außenpolitischen Entscheidungen in weit geringerem Maße Einfluss nahm, als die Zeitgenossen glaubten und es gemeinhin auch in der Forschung angenommen wird. Insbesondere Reichskanzler Bülow instrumentalisierte den Monarchen und nutzte ihn der Öffentlichkeit gegenüber gleichsam als Speerspitze der von ihm betriebenen deutschen Weltmachtpolitik, obwohl der Kaiser dessen politische Strategie keineswegs immer uneingeschränkt billigte. Insbesondere das Debakel der deutschen Marokko-Politik im Jahre 1905 kann man Wilhelm II. nicht anlasten. Damals erwarb er sich den Ruf, im Zweifelsfall stets vor der Entscheidung für einen Krieg zurückzuschrecken. Die häufigen martialischen Reden Wilhelms II. deckten sich durchaus nicht mit seiner tatsächlichen Einstellung. Nichts fürchteten die verantwortlichen Diplomaten und Militärs mehr als die Nachgiebigkeit und die Kriegsscheu des Kaisers in kritischen Situationen; das Wort von »Guillaume le timide« machte die Runde.

Der Publizist Maximilian Harden gelangte 1906 zu der Überzeugung, dass die diplomatische Strategie der Reichsleitung in der Ersten Marokko-Krise 1905 ganz wesentlich deshalb gescheitert sei, weil sich Wilhelm II. unter dem Einfluss des »Liebenberger Kreises« nicht dazu bereit gefunden habe, einen Krieg gegen Frankreich zu riskieren. In der Wochenschrift »Die Zukunft« eröffnete Harden eine Kampagne gegen das homosexuelle Milieu in der Umgebung des Kaisers; dieses sei für die Verweichlichung des Monarchen verantwortlich und müsse im Interesse einer kraftvollen deutschen Weltpolitik ein für alle Mal entmachtet werden. Auch die deutsche Politik in der Zweiten Marokko-Krise von 1911, die Europa hart an den Rand eines Weltkrieges führte und entscheidend zur Selbsteinkreisung des Reiches beitrug, wurde gegen die Neigungen des Kaisers betrieben. Federführend war hier der Staatssekretär des Auswärtigen Amtes, Alfred von Kiderlen-Wächter, der ziemlich selbstherrlich auf eine von ihm konzipierte Risikostrategie setzte. Selbst im Juli 1914 war Wilhelm II. nicht die eigentlich treibende Kraft hinter dem deutschen machiavellistischen Kalkül, das einen lokalen Krieg Österreich-Ungarns gegen Serbien als Testfall für Russlands Kriegswillen nutzen wollte und die Möglichkeit, ja Wahrscheinlichkeit eines daraus entstehenden europäischen Konfliktes willentlich in Kauf nahm. Nicht zufällig befand sich Wilhelm II. in der entscheidenden Phase, als die deutsche Führung sich auf diesen gefährlichen Kurs festlegte, auf seiner Nordlandreise. Natürlich steht außer Frage, dass der Kaiser die Hochrüstung des Deutschen Reiches, die schließlich den Ersten Weltkrieg nahezu unvermeidlich machte, insbesondere den Schlachtflottenbau, ganz wesentlich mit zu verantworten hatte. Aber das Bild seiner Persönlichkeit und seines politischen Handelns erweist sich doch als sehr viel differenzierter, als die Zeitgenossen annahmen.

Auch auf dem Feld der Innenpolitik sollte man Vereinfachungen vermeiden. Der hohen Beamtenschaft diente das Kaisertum als Bollwerk, um die eigene Sphäre weitgehend kontrollfreier Herrschaftsausübung zu behaupten – obwohl sie sich darüber im Klaren war, dass Wilhelm II. weit hinter den Anforderungen zurückblieb, die man an einen selbstregierenden Monarchen zu stellen hatte. Die deutschen Führungsschichten instrumentalisierten das Regiment des Kaisers, um dem befürchteten Übergang zum parlamentarischen System vorzubauen, das womöglich die Sozialdemokratie legal an die Macht gebracht hätte. Allerdings sahen sie sich immer wieder vor dem Problem, das Kaisertum als Institution und Idee vor den Velleitäten eines in vieler Hinsicht unfähigen Monarchen schützen zu müssen. Es gab vielfältige Bemühungen, Wilhelm II. vor den nachteiligen Folgen seiner impulsiven, oft unbeherrschten und törichten Handlungen zu bewahren und der Öffentlichkeit ein geschöntes Bild seiner Herrschaft zu vermitteln. Man versuchte, die Initiativen des Kaisers in bestimmte Richtungen zu lenken, schockierende Äußerungen von ihm herunterzuspielen oder nur in gereinigter Form publik werden zu lassen und seine teils rüden Randbemerkungen auf diplomatischen Dokumenten zu sekretieren.

Anfänglich wurde das »persönliche Regiment« Wilhelms II. – bei Bülow hieß es »das persönliche Regiment im guten Sinne« – weithin begrüßt. Spätestens seit 1906 aber ging es darum, den Regierungsstil des Hohenzollern unter Kontrolle zu bringen, ohne die Institution des Kaisertums als Legitimitätsquelle der bestehenden Ordnung zu beeinträchtigen. Hingegen hatte die übergroße Mehrheit der bürgerlichen Parteien, von den Konservativen ganz zu schweigen, keinerlei Interesse daran, ein parlamentarisches System durchzusetzen, um den Kaiser auf diese Weise in seine Schranken zu verweisen. Der ergebnislose Ausgang der Reichstagsdebatten im Anschluss an die Daily-Telegraph-Affäre im Herbst 1908 zeigt dies eindeutig. Nicht nur die traditionellen Führungsschichten, sondern auch der weit überwiegende Teil der Bevölkerung wollte am monarchischen System als solchem nichts ändern, trotz der unübersehbaren und jedermann bekannten Fehlleistungen und problematischen öffentlichen Äußerungen Wilhelms II. Die Sozialdemokraten waren die Einzigen, die an der Institution des Kaisertums und an der verfassungsmäßigen Machtstellung des Monarchen grundsätzlich rüttelten. Die Nationalliberale Partei begann um die Jahrhundertwende sogar mit dem Gedanken zu spielen, dass ein halbautoritäres Nationalkaisertum die ideale Lösung für die Zukunft sein könnte, weil der Parlamentarismus in ihren Augen abgewirtschaftet hatte.

Friedrich Naumann propagierte mit großer Resonanz sein Programm eines nationalen Volkskaisertums als mustergültiger Staatsform des deutschen Volkes im zwanzigsten Jahrhundert.

Das bedeutet, dass sich die Fehlentwicklungen der deutschen Geschichte in der Ära Wilhelms II. nicht einfach aus dem Theorem ableiten lassen, dass das Deutsche Reich »in der Essenz eine Monarchie« gewesen ist.[3] Vielmehr ist es notwendig, weiter auszugreifen und die Handlungen der Führungseliten in den Blick zu nehmen. Deren Motive aber lassen sich keineswegs ausschließlich aus dem Abhängigkeitsverhältnis zum Monarchen erklären (im Sinne der von Röhl als Erklärungsmodell in Anspruch genommenen Theorie des »Königsmechanismus«). Die Eliten sahen sich dem autoritären Kaisertum ganz unabhängig von der Person Wilhelms II. verbunden. Sie tendierten zu dem Gedanken, ein deutsches Nationalkaisertum zu errichten, für das die föderalistischen Strukturen des Reiches zu beschneiden waren, gleichzeitig aber der Reichstag als Sprachrohr der Nation eine wachsende Akzeptanz erfahren musste.

Gleichwohl wirkte sich der persönliche Herrschaftsstil des Monarchen höchst schädlich auf das politische System und mehr noch auf die politische Kultur in Deutschland aus. Die bedenklichsten Folgen hatte vielleicht das System negativer Führungsauslese im Sinne Max Webers, das in der Ära Wilhelms II. praktiziert wurde und selbständigen Persönlichkeiten nur geringe Chancen eröffnete, sich ohne innere Verbiegungen und Anpassungsleistungen im politischen Apparat durchzusetzen. Ebenso bedeutsam war freilich, dass in dieser Zeit die schon unter Bismarck eingeleitete Militarisierung der deutschen Gesellschaft ein verhängnisvolles Ausmaß erreichte. Dabei sollte man allerdings berücksichtigen, dass spätestens seit der Jahrhundertwende das politische Geschehen auf vielen Sektoren, vor allem in der Wirtschafts- und Sozialpolitik, am Kaiser völlig vorbeiging. Wilhelm II. mochte sich über die Machtsteigerung des Reichstages, »der Schwatzbude«, noch so sehr entrüsten; er konnte sie nicht aufhalten, und ebenso wenig den stillen Demokratisierungsprozess, der sich im Wahlverhalten der Bürger niederschlug.[4] Insgesamt aber gilt die Feststellung, dass die Deutschen den Kaiser hatten, den sie – ungeachtet aller Probleme – haben wollten. Trotz seiner extravaganten Auftritte und anstößigen Reden war Wilhelm II. in der Bevölkerung populär; seine Schwächen und seine Vorlieben waren im Großen und Ganzen auch jene der Deutschen, die in ihm ein Symbol nationaler Größe sahen, mit dem sie sich weithin identifizierten.

Die vorliegende Studie verzichtet auf eine eingehende Auseinandersetzung mit der inzwischen unübersehbar gewordenen Literatur und beschränkt sich auf den Nachweis der Quellenbelege. Sie nimmt Interpretationslinien wieder auf, die der Verfasser erstmals 1990 in dem Aufsatz »Kaiser Wilhelm II. and German Politics« formuliert hat.[5] Die Darstellung stützt sich neben den materialreichen Untersuchungen von John C. G. Röhl, die in vieler Hinsicht ganz neue Perspektiven eröffnet haben und schlechthin unentbehrlich sind (einschließlich seiner monumentalen Edition der politischen Korrespondenz Philipp Eulenburgs)[6] auf die Publikationen von Isabel V. Hull über die Umgebung des Kaisers[7] sowie von Katharine A. Lerman über das Verhältnis von Wilhelm II. zu Fürst Bülow,[8] kommt aber stellenweise zu anderen Ergebnissen. Als besonders wertvoll haben sich die Studien von Christopher Clark[9] und James Retallack[10] erwiesen, ferner Lamar Cecils breit angelegte Biografie des Kaisers.[11] Angesichts der Konzentration der Darstellung auf Wilhelm II. und die deutschen Führungsschichten mussten hier große Politikfelder beiseite gelassen werden. Dafür sei auf die an anderen Orten erschienenen Arbeiten des Autors verwiesen.[12]

Abschließend sei Herrn Seeger vom Propyläen Verlag für die Anregung zu dieser Studie, ebenso Herrn Hubert Leber und Herrn Dr. Michael Meyer sowie den Mitarbeitern der Arbeitsstelle der Max Weber Gesamtausgabe an der Heinrich Heine Universität Düsseldorf für die Unterstützung bei den Korrekturarbeiten gedankt.

Die Anfänge

Wilhelm, ältester Sohn von Kronprinz Friedrich Wilhelm und dessen englischer Gemahlin Viktoria sowie Enkel von Kaiser Wilhelm I., war nicht eben unter günstigen Auspizien aufgewachsen. Sein Vater, der zum Zeitpunkt seiner Regierungs-übernahme bereits todkrank mit Kehlkopfkrebs daniederlag und 1888 für drei Monate als Friedrich III. deutscher Kaiser wurde, hatte jahrelang auf den Thronwechsel gewartet und war durch sein Leben am Rande der politischen Macht zermürbt worden. Bei den Zeitgenossen galt er ohnehin als willensschwach und nachgiebig. Nachdem er im Deutsch-Französischen Krieg von 1870/71 beachtenswerte Erfolge als Heerführer hatte verbuchen können, blieb ihm anschließend nicht viel mehr zu tun als die Pflege von Kunst und Wissenschaft. Das schwächte nicht zuletzt auch seine väterliche Autorität gegenüber Wilhelm. Dieser entwickelte mit den Jahren ein enges Verhältnis zu seinem Großvater Wilhelm I., das durchaus in Konkurrenz zu seiner Vaterbindung stand. Dominierend aber war von Anfang an der Einfluss von Wilhelms Mutter Viktoria, die kein Hehl daraus machte, dass sie Preußen und Deutschland in außenpolitischen Dingen gern an der Seite Großbritanniens gesehen hätte. Ihren Mann Friedrich Wilhelm hatte sie für die Idee gewonnen, dass das Deutsche Reich ein fortschrittliches Regiment nach englischem Vorbild erhalten müsse. Unter den damaligen Verhältnissen in Preußen-Deutschland führte das zu einer zunehmenden Isolierung des Kronprinzenpaares, das von konservativer Seite als undeutsch und potenziell gefährlich angefeindet wurde. Dies geschah nicht ohne kräftiges Zutun Bismarcks, der mit einigem Recht Gefahren für seine eigene Machtstellung witterte. Gleichzeitig schwand die ursprünglich vorhandene Gefolgschaft im Lager des gemäßigten Liberalismus immer mehr dahin.

Viktoria, die älteste Tochter der britischen Königin Victoria und des Prinzen Albert, neigte von Anbeginn dazu, ihren Sohn am großen Vorbild ihres schon 1861 verstorbenen Vaters zu messen. In ihren Augen blieb Wilhelm auf ganzer Linie hinter diesem hehren Ideal zurück, und daran änderte sich auch im Laufe der Jahre nichts. Hinzu kam, dass Wilhelm aufgrund von Komplikationen bei seiner Geburt einen verkürzten linken Arm mit einer leicht verkrüppelten Hand hatte. Die Mutter empfand das als schwerwiegenden Makel, den sie durch rigorose, ziemlich schmerzhafte Behandlungsmethoden zu korrigieren suchte, die am Ende erfolglos blieben. Unzweifelhaft hat der junge Wilhelm unter der Einstellung seiner Mutter mehr gelitten als unter den Strapazen dieser Maßnahmen selbst. Auch wenn ihm die Kronprinzessin, ungeachtet ihrer Vorbehalte, durchaus mütterliche Liebe entgegenbrachte, fehlte es ihm doch an persönlicher Zuwendung. Als dann für den künftigen Thronfolger ein Erzieher gesucht wurde, fiel die Wahl des Kronprinzenpaares auf Georg Ernst Hinzpeter, einen Mann mit unbezweifelbar hohen intellektuellen Gaben, aber, wie Ernst von Stockmar bezeugte, von »spartanischer Gefühlshärte«,[1] also gewiss nicht die Person, die der junge, durch seine Lebensumstände einigermaßen verunsicherte Prinz Wilhelm eigentlich gebraucht hätte. Wilhelm wurde von Hinzpeter einem puritanischen, harten Erziehungsreglement unterworfen, das vor allem die Tugenden des Pflichtbewusstseins und der unbedingten Disziplin vermitteln sollte. Zugleich ging es darum, ein breites Wissen auf vielen Gebieten zu erwerben, wie es ein künftiger Monarch nun einmal brauchen würde. Später trat noch ein militärischer Erzieher hinzu, der jedoch nicht in gleichem Maße in die Lebensführung des Prinzen eingriff. Es verwundert also nicht, dass sich Wilhelm in seiner Umgebung wenig wohl fühlte und schon früh die Neigung entwickelte, sich in ein militärisches Ambiente zu flüchten. Hier wurden seine Minderwertigkeitsgefühle durch klare, in Uniform und Prestige manifestierte Rangordnungen aufgefangen, zumal man ihm – gemäß damaligen Usancen – nominell den Rang eines Obersten des 1. Garderegiments in Potsdam zusprach.

Insgesamt zeitigte die Erziehung Wilhelms, in die das Kronprinzenpaar so große Erwartungen gesetzt hatte, nicht den erhofften Erfolg. Der Besuch eines bürgerlichen Gymnasiums in Kassel und das Studium an der Universität Bonn hatten nicht dazu geführt, dass aus Wilhelm eine weltoffene, umfassend gebildete Persönlichkeit mit liberalen Neigungen geworden war, wie seine Eltern es angestrebt hatten. Seine charakterlichen Eigenschaften ließen zu wünschen übrig, nicht nur in den Augen der Eltern. Er galt als arrogant, gefühlskalt und selbstbezogen, als jemand, der jegliches Taktgefühl vermissen ließ und stattdessen zu maßlosem, vielfach bramarbasierendem Auftreten neigte. Seine eigene Mutter wurde zur entschiedensten Kritikerin des jungen Prinzen; auch gegenüber Königin Victoria brachte sie ihre tiefe Enttäuschung über Charakter und Verhalten ihres Sohnes zum Ausdruck. Unabhängige Beobachter gewannen ein ebenso ungünstiges Bild von Wilhelm. Sein ungehemmtes Geltungsbedürfnis, verbunden mit ausgeprägter Rücksichtslosigkeit, auch den eigenen Eltern gegenüber, trat schon früh hervor; seine Sprunghaftigkeit war gleichfalls für jedermann offenkundig.

Der Konflikt mit der Mutter, später auch mit dem Vater, dessen Gesundheitszustand sich zunehmend verschlechterte, verschärfte sich fortlaufend. Schon seit längerem hatte Wilhelm sich die Rückendeckung des greisen Kaisers Wilhelm I. gesichert, der die militärischen Aktivitäten seines Enkels mit Zufriedenheit beobachtete. Auf diese Weise entzog sich Wilhelm dem Einfluss seiner Eltern immer mehr. Im militärischen Milieu fühlte er sich in seinem Selbstbewusstsein gestärkt. Er übernahm zunehmend die hochkonservativen Auffassungen seiner engeren Umgebung und entwickelte eine ausgeprägt militaristische Mentalität. Dies hatte zur Folge, dass er auch politische Vorgänge vornehmlich aus der Sicht eines Militärs zu betrachten begann. Als es zwischen den deutschen und englischen Ärzten zu einer erbitterten Auseinandersetzung über die beste Behandlung des todkranken Friedrich Wilhelm kam, stellte sich Wilhelm rigoros auf die Seite der deutschen Mediziner. Er griff vor allem Sir Morell Mackenzie scharf an und warf ihm eine Fehlbehandlung des Kronprinzen vor. Viktoria hoffte weiterhin, dass sich das Befinden ihres Mannes doch noch bessern würde oder ihm zumindest noch einige Zeit zu leben bliebe. Sie neigte dazu, den Gesundheitszustand Friedrich Wilhelms in eher günstigem Licht zu sehen. Gleichzeitig wies sie jeden Gedanken an einen vorzeitigen Thronverzicht des Kronprinzen weit von sich, unter anderem mit dem Argument, dass es auch den beiden Bismarcks – Herbert von Bismarck, der Sohn des Kanzlers, war damals Staatssekretär des Äußeren – lieber sein müsse, es »mit einem gefügigeren Herrn« zu tun zu haben »als mit dem noch jugendlichen und daher voreiligen Sohn«.[2] Die Kronprinzessin musste durch Wilhelms Auftreten den Eindruck gewinnen, dass dieser ein baldiges Ableben seines Vaters geradezu herbeiwünschte und sich deshalb den pessimistischen Prognosen des Berliner Internisten Ernst von Bergmann, der das deutsche Ärzteteam leitete, anschloss – für Viktoria ein weiterer Beweis für die »Herzlosigkeit« ihres Sohnes. Am Ende ging sie so weit, diesem nach Möglichkeit den Zugang zu seinem Vater zu verwehren, während Wilhelm wiederum ziemlich unverhohlen seine Überzeugung an die Öffentlichkeit dringen ließ, dass sein Vater unfähig sein werde, die Kaiserwürde zu übernehmen.

Diese Konfliktlage verschärfte sich schlagartig, als Wilhelm mit dem Tode Kaiser Wilhelms I. am 9. März 1888 zum Thronfolger und künftigen Erben des Kaiserthrones wurde. Friedrich III. war sterbenskrank und im Grunde überhaupt nicht in der Lage, das ihm nach jahrzehntelangem Warten zugefallene kaiserliche Amt effektiv wahrzunehmen. Der greise Wilhelm I. hatte die Stellvertretung noch vorsorglich dem Enkel übertragen wollen, doch kam es einstweilen nicht dazu. Die Führungsschichten in Preußen-Deutschland waren aber nicht bereit, die faktische Ausübung der Herrschaft der Kaiserin Friedrich, wie sich Viktoria jetzt offiziell nannte, zu überlassen. Das Regiment Friedrichs III. wurde von vornherein als Interregnum angesehen; jedermann richtete sein Augenmerk auf den Kronprinzen, den kommenden Kaiser Wilhelm II., und dieser trat dementsprechend auf. Auf einem Bankett zu Ehren des Geburtstages von Bismarck am 1. April 1888 verglich er das Reich »in seinen inneren und äußeren Beziehungen im gegenwärtigen Augenblicke« mit einem Armeekorps, »welches im Feldzuge seinen Höchstkommandierenden ver-

16

loren und dessen erster Offizier schwer verwundet niederliegt. In diesem kritischen Augenblick richten sich 46 Millionen echter deutscher Herzen in Angst und Hoffnung nach der Fahne und deren Träger, von dem alles erwartet wird. Der Träger dieser Fahne ist aber unser erlauchter Fürst, unser großer Kanzler.«[3] Damit wurde Friedrich III., zu dessen großer Erbitterung, als sterbender Monarch kurzerhand beiseite geschoben. Es war bezeichnend, dass Wilhelm die Herrschaft im Reiche mit der Führung einer Armee im Kriege gleichsetzte. Vor allem aber bekannte er sich in aller Form zu Bismarck, obwohl Viktoria und Friedrich III. den Kanzler von Herzen hassten und ihm nicht ohne Grund vorwarfen, sie seit Jahren mit einem Netz von Intrigen und Zurücksetzungen überzogen zu haben. Zugleich ließ der Kronprinz einmal mehr seine Verbundenheit mit dem eben verstorbenen Wilhelm I. erkennen, der sein Mentor gewesen war und zu dem ein weit intimeres Verhältnis bestanden hatte als zu den Eltern. Wilhelm ließ durchblicken, dass er das Regiment Friedrichs III. als bloße Episode betrachtete und demnächst das Heft selbst in die Hand zu nehmen gedachte.

Als seine Eltern den unglückseligen Plan einer Heirat der Tochter Moretta mit Alexander von Battenberg, dem Kronprätendenten in Bulgarien, wieder aufnahmen, protestierte Wilhelm vehement – zur uneingeschränkten Zufriedenheit Bismarcks, der dieses Projekt aus außenpolitischen Rücksichten auf Russland schon bisher entschieden bekämpft hatte. Für den Fall, dass die Verbindung doch noch zustande kommen sollte, drohte der Kanzler nun sogar mit seinem Rücktritt. In dieser Situation schrieb Wilhelm impulsiv und unbeherrscht an seinen Freund und Vertrauten Philipp Eulenburg, er habe in den letzten Tagen Schlimmes durchlebt. »Das Gefühl der tiefen Scham für das gesunkene Ansehen meines einst so hoch und unantastbar dastehenden Hauses ist aber das stärkste! [...] Daß unser Familienschild aber befleckt und das Reich an den Rand des Verderbens gebracht ist durch eine englische Prinzessin, die meine Mutter ist, das ist das allerfurchtbarste!«[4] Erfolgreich setzte Wilhelm denn auch durch, dass die bereits vorbereitete Stellvertreterregelung ungeachtet des erbitterten Widerstandes der Kaiserin Friedrich in Kraft gesetzt wurde. Man wird sagen dürfen, dass eine längere Regierungszeit Friedrichs III. für Wilhelm II. im Grunde gut gewesen wäre. Vielleicht wäre er dann nach dem Tod des Vaters weniger ungestüm zu Werke gegangen, vielleicht hätten sich seine Übersteigerungen und Unüberlegtheiten vermeiden lassen.

Die Übernahme der Krone durch Wilhelm II. am 15. Juni 1888 wurde allgemein begrüßt, allein schon wegen der weit verbreiteten Abneigung gegen »die Engländerin« an der Seite Friedrichs III., aber natürlich auch, weil sich viele Leute vom neuen Herrscher eine Förderung ihrer Karriere erhofften. Der Diplomat Friedrich von Holstein etwa warnte vor jenen Leuten, die sich nun an den frisch inthronisierten Monarchen heranwerfen wollten. Gleichwohl fehlte es von Anfang an nicht an kritischen Stimmen, welche die charakterliche Eignung Wilhelms II. für seine neue Machtstellung in Zweifel zogen. Holstein, der als politischer Berater und graue Eminenz im Auswärtigen Amt über eine relativ unabhängige Position verfügte, gelangte bereits am 27. März 1888 zu einem überaus skeptischen Urteil: »Prinz Wilhelm, der Kronprinz, das ist das Rätsel der Zukunft. ›Ein hübscher Charakter ist es nicht‹, sagte mir jemand, der ihn genau kennt. Aber mit gewissen Moncheneigenschaften. Soldatenpassion (obschon vielfach jetzt noch Spielerei); Herzlosigkeit. Auch diejenige Eigenschaft, von der Maria Theresia dem Erzieher ihrer Töchter schrieb: ›il faut qu'elles sachent dissimuler‹. Herzlos.«[5] Dies traf ziemlich genau die charakterlichen Züge Wilhelms II., vielleicht nur eines auslassend, seine Sprunghaftigkeit. Philipp Eulenburg, der ansonsten eher ein verklärtes Bild seines »geliebten Kaisers« zu zeichnen pflegte, suchte dessen flatterhafte Art gegenüber Holstein so zu erklären: »Der Kaiser ist eine impulsive Natur, die durch den süddeutschen Witz ›Wilhelm der Plötzliche‹ außerordentlich richtig charakterisiert wird. Plötzliche Empfindungsworte [...] können leicht den Dingen eine besondere Wendung geben. Durchaus ist aber die Annahme ausgeschlossen, daß die kaiserlichen Äußerungen eine Änderung der eigenen *Anschauungen* bedeute [sic]. [...] Die Worte mehr auf die Waagschale zu legen, kann Seine Majestät nur durch Erfahrung lernen. Wenn ihm einmal *große Unannehmlichkeiten* durch das Nichtbemessen der Tragweite seiner Worte erwachsen werden, wird er vorsichtiger werden. Eher nicht.« Der Kaiser folge »wissentlich« dem Prinzip, »alle Parteien abwechselnd zu schlagen und zu streicheln und die öffentliche Meinung zu deroutieren«.[6]

In der Tat irritierte Wilhelm II. seine Zeitgenossen nicht wenig durch die scharfe Gangart, die er sogleich nach der Übernahme des Thrones anschlug. Die Baronin Hildegard von Spitzemberg, die als Gattin des württembergischen Gesandten in Berlin zum engeren Kreis der Hofgesellschaft gehörte, kommentierte das mit folgenden Worten: »Ja, der junge Kaiser hetzt seine Leute schön herum, besonders die Militärs [...]. Auf das greisenhafte Tempo des alten Kaisers folgt nun unvermittelt das eines ungestümen, tatendurstigen und tatkräftigen jungen Mannes – man hat seine Freude daran, und das Aufräumen tat der Armee not. Aber stände nicht als letzter der Helden der großen Zeit unser Kanzler hinter dem jungen Draufgeher, es könnte einem ab und zu bange werden vor dem Übereifer, der allzu scharf dareinfährt.«[7] Nur wenig später äußerte sich der junge Max Weber in ganz ähnlichem Sinne: »Wenn nur der junge Kaiser erst Konsistenz gewonnen haben wird! Diese boulangistisch-bonapartistische Art von Kundgebungen sind [sic] doch nachgerade unerwünscht. Man hat den Eindruck, als säße man in einem Eisenbahnzug von großer Fahrgeschwindigkeit, wäre aber im Zweifel, ob auch die nächste Weiche richtig gestellt werden würde.«[8] Gleichzeitig wurde es aber auch als ein Vorzug Wilhelms II. bewertet, dass er es niemandem recht mache und sich einen eigenen Kopf bewahre. Die breite Öffentlichkeit begrüßte den Regierungswechsel. Theodor Fontane notierte in seinem Tagebuch: »Alles atmete auf, als das Kranken- und Weiberregiment ein Ende nahm und der jugendliche Kaiser Wilhelm II. die Zügel in die Hand nahm. Es war hohe Zeit. Alles hat wieder die Empfindung [...], daß ein ›Dirigent‹ da ist, der nicht alles bloß dem Zufall überläßt.«[9]

Dies war eine reichlich optimistische Sichtweise. Holstein, der die Dinge aus der Nähe beobachtete, kam zu einer ganz anderen Einschätzung und meinte, »der Prinz habe keine Ausdauer, er wolle bloß amüsiert sein. Auch vom Soldatenleben interessiere ihn eigentlich nur der bunte Rock und das Durchziehen der Straßen mit Musik. Er glaube, Friedrich der Große zu sein, habe aber weder dessen Gaben noch dessen Kenntnisse. Friedrich der Große habe auch in der Jugend seinen Geist unablässig in der Arbeit geübt, während Prinz Wilhelm seine guten Anlagen verflache durch fortgesetzten Umgang mit Potsdamer Lieutenants. Dabei [sei er] kalt wie eine Hundeschnauze.«[10] Holstein erfasste die Mentalität Wilhelms II. ziemlich präzise, der über Jahre hinweg vornehmlich durch das militärische Milieu geprägt worden war. Die beiden Bismarcks hatten Wilhelm II., wie nicht anders zu erwarten, schon vor dessen Regierungsantritt äußerst pessimistisch eingeschätzt, auch wenn sich Herbert von Bismarck anfänglich intensiv um ein gutes Verhältnis zu ihm bemühte. Der Sohn des Reichskanzlers gab eine düstere Prognose ab, die sich später als weitgehend stichhaltig erweisen sollte: »Wenn der Prinz jetzt schon zur Regierung kommen sollte, würde manches Verkehrte geschehen. In der inneren Politik stehe er auf dem Standpunkt des Potsdamer Lieutenants und werde, wenn er danach handle, Deutschland leicht zu einem frischen, fröhlichen Bürgerkrieg treiben.«[11] Noch viel mehr traf dies allerdings auf das Gebiet der Außenpolitik zu.

In der Umgebung des Kaisers nahm man dessen Schwächen also durchaus wahr, und es mangelte nicht an Anstrengungen, den schlimmsten Auswüchsen zu begegnen. Holstein bemühte seine guten Beziehungen zu Philipp Eulenburg, den schon seit Jahren eine enge Freundschaft mit dem Monarchen verband,[12] um zu erreichen, dass etwas gegen die »Einseitigkeit der geistigen Ernährung« Wilhelms II. getan werde. »Der Kaiser muß statt der Zeitungsausschnitte oder neben denselben *eine Zeitung ganz lesen,* und das müssen Sie machen, entweder direkt, oder durch Hinzpeter.« Am geeignetsten erschien ihm die »Kölnische Zeitung«, auch wenn er bezweifelte, dass der Kaiser sie vollständig lesen würde. Zumindest jedoch wäre an die Wochenausgabe der Kölnischen zu denken, die jeweils am Donnerstag erschien. »Dies ist aber auch das Minimum, was der Herr tun kann. Er *muß eine* Zeitung lesen, um sich von den Strömungen und Tendenzen, welche die Wahl seiner Ausschnitte beeinflussen, unabhängig zu machen.«[13] Das blieb selbstverständlich ein frommer Wunsch; hinfort sollte es

noch weitaus ärger kommen mit der extrem selektiven Wahrnehmung der politischen Verhältnisse durch den Monarchen.
Weiter riet Holstein, dass Wilhelm II. mit den führenden Politikern der bürgerlichen Parteien zusammentreffen und sich
mit dem parlamentarischen Betrieb näher vertraut machen
möge. Den tief eingewurzelten Vorurteilen des Kaisers gegen
den Reichstag und gegen Parteien überhaupt lief dieser Vorschlag natürlich vollkommen zuwider. Auch mit den Spitzen-
vertretern der Wirtschaft, so Holstein, müsse Wilhelm II. sprechen, um ein angemessenes Bild der Verhältnisse zu gewinnen.

Diesen Versuchen, den jungen Monarchen behutsam von
seiner bisherigen Engstirnigkeit abzubringen, blieb der Erfolg
versagt. Vielmehr bildete sich ein System monarchischer
Selbstherrschaft heraus, dessen Zentrum die persönliche Umgebung des Kaisers bildete, während die verantwortlichen politischen Instanzen Mühe hatten, regelmäßig Zugang zu Wilhelm II. zu erhalten und ausreichend Gehör bei ihm zu finden.
Persönliche Ratgeber gewannen maßgeblichen Einfluss auf
politische Entscheidungen, allen voran Philipp Eulenburg, der
seine Beziehungen zum Monarchen sorgfältig pflegte. Er
wurde zunächst zum Gesandten in Oldenburg und dann – entgegen den Wünschen Bismarcks – zum Gesandten in München
berufen, sah den Kaiser aber trotzdem beständig. Philipp Eulenburg, Bernhard von Bülow und anfänglich auch Friedrich
von Holstein begründeten in engem Austausch miteinander
eine Art Nebenregierung, die den Kaiser in ihrem Sinne zu lenken suchte. Sie bemühten sich, die Schritte des Monarchen behutsam zu steuern, um diesen gleichsam vor sich selbst zu schützen und vor Fehlern zu bewahren.[14] Allerdings zogen sie dabei
von vornherein an verschiedenen Strängen. Eulenburg war geleitet von dem Idealbild eines plebiszitären Nationalkaisertums konservativen Zuschnitts, das den Einfluss von Parteien
und Parlamenten, vor allem des Reichstags, radikal beschneiden würde. Entscheidend war dabei das öffentliche Auftreten
des Kaisers, mit dem die monarchische Gesinnung breiter
Schichten ausgenutzt werden sollte. Solchen Vorstellungen
standen bürgerliche Kreise, die das Kaisertum, wenn auch
nicht unbedingt die Person des Kaisers selbst, als Symbol der
wieder zu Rang und Ansehen gelangten deutschen Nation be-

trachteten, durchaus mit Sympathie gegenüber.[15] Es versteht sich, dass Wilhelm II. aus Eulenburgs Sicht dazu berufen war, sein eigener Reichskanzler zu sein, auch wenn einstweilen auf Bismarck nicht verzichtet werden konnte. Eulenburg fungierte als ein hochsensibles Echo der persönlichen Auffassungen Wilhelms II., die somit durch beständige Rückkopplung gleichsam eine stetige Verstärkung erfuhren. Mit großem psychologischem Geschick bemühte sich Eulenburg, die Neigungen des Kaisers zu erspüren und dessen Wünsche zu antizipieren, und richtete sein eigenes Handeln danach aus. Insofern war er das Gegenteil eines kompetenten Beraters: Er bekräftigte den kaiserlichen Willen, statt ihn zu korrigieren.

Holstein hingegen vertrat eine ganz andere, im Grunde ehrenwerte Linie. Seine Bemühungen liefen darauf hinaus, den Monarchen allmählich zu veranlassen, die Regierungsgeschäfte auf sachlichere und kontinuierlichere Weise wahrzunehmen. Insbesondere war Holstein bestrebt, Wilhelm II. auf die Realitäten eines halbkonstitutionellen Systems einzustimmen, weil es sonst unvermeidlich zu Fehlschlägen und Niederlagen kommen würde. Dahinter stand der Wunsch, die bestehende politische Ordnung zu stabilisieren, für deren außenpolitische Sicherung Holstein unermüdlich arbeitete. Gleichzeitig ging es ihm darum, eine Verschiebung der Macht zugunsten des Reichstages – dies hätte unter den gegebenen Umständen in erster Linie eine Stärkung des Zentrums bedeutet – zu verhindern. Freilich gelang es Holstein so gut wie überhaupt nicht, bei Hofe mehr Verständnis für die schwierigen parlamentarischen Prozesse zu wecken.

Hinzu kam, dass Wilhelm II. zunehmend unter den Einfluss des Generalquartiermeisters und stellvertretenden Generalstabschefs Graf Alfred von Waldersee geriet. Dieser hatte schon im Herbst 1887 – in offenem Gegensatz zu Bismarck – auf einen Präventivkrieg gegen Frankreich gedrängt. 1888/89 wurde er erneut in diesem Sinne tätig, indem er ein dramatisches Bild von den russischen Rüstungsmaßnahmen zeichnete und sie als Vorbereitung eines Angriffskrieges gegen die Mittelmächte interpretierte, der man rechtzeitig entgegentreten müsse. Wilhelm II., dessen Kenntnisse der internationalen Verhältnisse begrenzt waren und der dazu neigte, diese allein aus militärischer Sicht zu beurteilen, machte sich die Auffassungen Waldersees weitgehend zu Eigen. Der von Waldersee lancierte Gedanke eines Präventivkrieges gegen Russland und den Erbfeind Frankreich schreckte ihn nicht sonderlich, und Bismarck hatte alle Mühe, den Monarchen von übereilten Schritten abzuhalten.

Bereits im Mai 1888 war Wilhelm eine Stellungnahme des deutschen Botschafters in Wien vorgelegt worden. Sie enthielt unter anderem eine Äußerung des österreichisch-ungarischen Außenministers Gustav von Kálnoky, der zufolge die Generalstabsoffiziere in Berlin und Wien doch Recht gehabt hätten, »wenn sie im vorigen Herbst rieten, die russische Macht zu zertrümmern, noch ehe sie gefährlich« würde. Diese Sichtweise fand Wilhelms emphatische Zustimmung, die er mit massiven Randbemerkungen in der Vorlage zum Ausdruck brachte.[16] Dahinter standen die Machenschaften Graf Waldersees, der damals nach Wegen suchte, um einen Krieg der Mittelmächte gegen Russland auszulösen.

Daraufhin entschloss sich Bismarck, diesen gefährlichen Tendenzen des Kronprinzen und zukünftigen Kaisers entgegenzuwirken. Er warnte vor der Vorstellung, dass eine Macht wie Russland in einem kurzen Feldzug »zertrümmert« werden könne. Vielmehr habe die deutsche Diplomatie gute Gründe, mit beiden Großmächten in erträglichen Verhältnissen zu leben. Zwar müsse man Österreich der deutschen Bereitschaft versichern, im Konfliktfall die eigenen Bündnispflichten zu erfüllen. Man dürfe in Wien jedoch nicht den falschen Eindruck entstehen lassen, dass es risikolos sei, im Vertrauen auf die Unterstützung des Deutschen Reiches mutwillig einen Krieg gegen das zaristische Russland vom Zaune zu brechen.[17] Wilhelm sah sich veranlasst, darauf in einem Schriftsatz, der augenscheinlich unter dem Einfluss Waldersees entstanden war, ausführlich zu antworten und sich zu rechtfertigen. Er habe niemals die Absicht gehabt, politische Erwägungen militärischen Gesichtspunkten unterzuordnen, und habe demgemäß die Politik des Kanzlers bisher stets loyal unterstützt. Aber im Kern hielt Wilhelm an seiner Ansicht fest, dass die von deutscher Seite nicht provozierte systematische Aufrüstung Russlands und Frankreichs auf die Wahrscheinlichkeit eines bal-

23

digen militärischen Konfliktes hindeute und deshalb »der Krieg [mit Russland und Frankreich] [...] besser früher als später geführt werden« müsse.[18] Die Grundfigur seines Denkens blieb unverändert bestehen: dass es geboten sei, diesen Krieg zu führen, wenn er sich anbiete oder unabweisbar erscheine. Bismarck hielt es für ratsam, sich den Vorstellungen Wilhelms, der in eben diesen Tagen den Kaiserthron bestieg, einstweilen nicht frontal entgegenzustellen. Aber er spielte sogleich mit dem Gedanken an Rücktritt für den Fall, dass Wilhelm II. ernstlich eine solche Politik von ihm fordern sollte. Wenn der Konflikt zwischen dem Monarchen und dem Kanzler zunächst auch aufgeschoben war, so blieb der Zusammenstoß doch programmiert, zumal Waldersee in der Folge alles tat, um den Kaiser davon zu überzeugen, dass Russland einen Krieg gegen die Mittelmächte plane, ja ein solcher unmittelbar bevorstehe. Waldersee war bestrebt, den sich anbahnenden Bruch zwischen Wilhelm II. und Bismarck zu fördern, weil er hoffte, in der dann eintretenden Krise selbst zum Kanzler berufen zu werden.

Die ersten Regierungshandlungen des neuen Kaisers bestanden in Erlassen an Heer und Marine sowie einem Aufruf an das deutsche Volk, der maßvoll gehalten war und in dem Wilhelm II. versprach, »ein gerechter und milder Fürst zu sein, Frömmigkeit und Gottesfurcht zu pflegen, den Frieden zu schirmen«.[19] Eine Erklärung in der Sitzung des Bundesrates, die Bismarck im Namen des Monarchen verlas, war inhaltsreicher. Darin wurde »die Aufrechterhaltung der Reichsverfassung und der Schutz des Reichsgebiets wie jedes innerhalb desselben geltenden Rechts« als oberste Aufgabe des Kaisers bezeichnet und im Übrigen die Wahrung der vertragsmäßigen Rechte der Bundesstaaten zugesichert. Das Vertrauen und die Einigkeit unter den verbündeten Regierungen werde er, so Wilhelm II., mit der gleichen Sorgfalt pflegen wie seine Vorgänger. Diese Erklärung unterschied sich vorteilhaft von einem Rundbrief an die Bundesfürsten, den er noch als Kronprinz ausgearbeitet hatte; die Versendung dieser Schrift war ihm von Bismarck wegen ihrer machiavellistischen Formulierungen ausgeredet worden. Am 25. Juni 1888 wurde dann der soeben neu gewählte Reichstag von Wilhelm II. in Anwesenheit von zweiundzwanzig Bundesfürsten feierlich eröffnet. In seiner Thronrede erklärte der Kaiser neben der militärischen und politischen Sicherstellung des Reiches nach außen auch die Wahrung der Reichsverfassung und der Reichsgesetze zu seinen wichtigsten Aufgaben. Das alles klang beruhigend. Nur Eingeweihte konnten die Vorboten kommender innenpolitischer Auseinandersetzungen erkennen: Ausdrücklich berief sich der neue Monarch auf die Kaiserliche Botschaft Wilhelms I. vom 17. November 1881, die am Anfang der Sozialgesetzgebung gestanden hatte, und kündigte gesetzgeberische Maßnahmen zugunsten der arbeitenden Bevölkerung an, durch die man dem Ausgleich ungesunder gesellschaftlicher Gegensätze näher kommen wolle.[20]

Nun ging Wilhelm II. erst einmal auf Reisen, obwohl dies in Friedrichskron, dem Sitz der Ex-Kaiserin, und ebenso am englischen Hofe als grobe Verletzung der Trauerpflicht gegenüber dem eben verstorbenen Friedrich III. heftig kritisiert wurde. Staatsbesuche in St. Petersburg, Stockholm, Kopenhagen und Wien, die mit großem Pomp und den damals üblichen Paraden und festlichen Diners verbunden waren, lenkten den Kaiser von den Problemen der Tagespolitik ab. Die ihn begleitenden Diplomaten beklagten, dass der Monarch für die üblichen Vorträge gar keine Zeit fand und selbst eine Instruktion Bismarcks über den Staatsbesuch in St. Petersburg nur widerwillig zur Kenntnis nahm.[21] Der Kaiser genoss es in geradezu kindlicher Weise, an der Spitze eines Flottengeschwaders vor Schloss Peterhof bei St. Petersburg aufzukreuzen. Gelegenheit für politische Gespräche im engeren Sinne suchte Wilhelm II. bei diesen Antrittsbesuchen nicht, wich ihnen nach Möglichkeit sogar aus. Die Visiten galten im Grunde nur dem Ziel, sich im Kreise der europäischen Dynastien persönlich in Szene zu setzen. Es kam zwar zu Begegnungen der Monarchen unter vier Augen, politische Konsequenzen ergaben sich daraus aber nicht.[22] Die Diplomaten an Wilhelms Seite konnten immerhin mit Erleichterung zur Kenntnis nehmen, dass die Besuche zur allseitigen Zufriedenheit und ohne nennenswerte Fehltritte abliefen; die befürchteten Fauxpas und Katastrophen blieben jedenfalls aus. Nur der Besuch in Wien führte zu einem erbitterten Konflikt mit der britischen

25

Verwandtschaft: Der Kaiser hatte den Wunsch geäußert, dass »Bertie«, der Prince of Wales (der britische Thronfolger und Schwager Wilhelms II.), der sich damals in Österreich aufhielt, während seines Besuches nicht in Wien anwesend sein möge. Das kam einer krassen Brüskierung »Berties« gleich, die weitreichende Folgen haben sollte.

Diese Auseinandersetzung hielt den Kaiser freilich nicht davon ab, für den Sommer des nächsten Jahres einen Besuch in London anzukündigen. Die britische Königin war so empört, dass man dem deutschen Kaiser anfänglich eine Einladung verweigern wollte. Am Ende wurde diese Krise von den beteiligten Diplomaten beigelegt und Wilhelm II. dadurch in helle Begeisterung versetzt, dass man ihm Rang und Uniform eines britischen Admirals verlieh. Eulenburg berichtet, der Kaiser habe sich »wie ein Kind über die neue Würde« gefreut; er sähe diese Auszeichnung nicht als leere Form an, sondern werde es sich zur Aufgabe machen, »die englische Flotte völlig zu reorganisieren, um bündnisfähige Freunde zu haben«.[23] Glücklicherweise behielt Eulenburg diese exaltierte Äußerung des Monarchen damals für sich. Fortan sollte das Verhältnis Wilhelms II. zu Großbritannien ständig zwischen euphorischer Zuneigung und schroffer Ablehnung oszillieren. Er selbst war mit seinen Antrittsbesuchen bei den europäischen Fürstenhöfen, die ihm und seiner überwiegend militärischen Begleitung reichlich Gelegenheit zu glanzvollen Auftritten boten, äußerst zufrieden. Sein rückschauender Bericht über den Besuch in Stockholm schwelgte in Begeisterung über die eindrucksvolle Präsentation seines Geschwaders und über die schönen Mädchen in der schwedischen Hauptstadt.[24] Nicht weniger enthusiastisch äußerte er sich kurz darauf, als der schwedische König einen Gegenbesuch in Berlin abstattete: »Mein ganzes Gardekorps, an 30 000 Mann stark, stand unter meinem Befehl zum ersten Mal. Und welch herrliche Parade!«[25] Über die Geistesverfassung Wilhelms II. sagt das vielleicht mehr aus als viele seiner pathetischen Auslassungen in der Öffentlichkeit.

Erste Schritte auf dem Weg
zur monarchischen Selbstregierung
1888–1890

Bereits unmittelbar nach der Thronbesteigung ging Wilhelm II. daran, seine Hofgesellschaft personell grundlegend umzugestalten und sich auf diese Weise ein gefügiges Umfeld zu schaffen. Der Minister des Königlichen Hauses, Otto Graf von Stolberg-Wernigerode, wurde Knall auf Fall entlassen und an seiner Stelle ein Freund des Grafen Waldersee, der hochkonservative Wilhelm von Wedell-Piesdorf, berufen. Dieser, bisher Präsident des Reichstages, verfügte über keinen nennenswerten Rückhalt in der preußischen Aristokratie und versprach ein williger Gefolgsmann des Kaisers zu werden. Wichtiger war allerdings, dass dessen militärische Umgebung ein ganz neues Gesicht erhielt. Wilhelm II. zog in großer Zahl jüngere Offiziere an seinen Hof, die er überwiegend während seiner Militärzeit in Potsdam näher kennen gelernt hatte. Seine beiden Adjutanten wurden zu Flügeladjutanten ernannt und gehörten ab jetzt zum engsten Kreis um den Monarchen, der sich von seiner früh entwickelten Neigung, vorzugsweise im militärischen Milieu zu verkehren, nun dauerhaft leiten ließ. Gleichzeitig wurde, anstelle des früheren »Maison Militaire«, ein »Hauptquartier Seiner Majestät des Kaisers und Königs« geschaffen, dem alle Offiziere am Hofe angehörten. Später wurde die ohnehin ausgeprägte Präsenz von Militärs noch durch die Regelung verstärkt, dass die Kommandierenden Generäle im Rhythmus von vier Wochen sämtlich bei Hofe zu erscheinen hatten. Hier bot sich eine zusätzliche Möglichkeit für den Monarchen, an den politischen Instanzen vorbei Informationen militärischer Natur einzuholen und unmittelbar Weisungen zu erteilen.

Die Leitung des Geheimen Militärkabinetts wurde General Wilhelm von Hahnke übertragen, der während Wilhelms Potsdamer Militärzeit dessen Vorgesetzter gewesen war; gleichzeitig wurde er zum Generaladjutanten ernannt. Obwohl das Militärkabinett angesichts der bereits im letzten Jahrzehnt immer weiter ausgedehnten Kommandogewalt in erheblichem Umfang auch Angelegenheiten von politischem Charakter zu behandeln hatte, entschied sich der Kaiser damit für einen Mann mit ausgeprägt soldatischen Qualitäten, der Sinn für Disziplin und Details besaß und von unbedingter Loyalität war. Diplomatische Fähigkeiten gingen dem General ebenso ab wie Weitsicht und Urteilsvermögen jenseits des engeren militärischen Horizontes. Somit stand Wilhelm II. von vornherein eine gefügige Persönlichkeit in dem aus seiner Sicht wohl wichtigsten Amt am Hofe zur Seite. Dies schwächte die Position des Kriegsministers, der ja eine verfassungsrechtliche Zwitterstellung zwischen dem preußischen Staatsministerium und den Reichsbehörden einnahm und in mancher Hinsicht zwischen allen Stühlen saß, da seine Stellung nicht derjenigen eines Reichsstaatssekretärs entsprach. Außerdem wurde nun, obwohl es eine nennenswerte Flotte noch überhaupt nicht gab, ein eigenständiges Marinekabinett eingerichtet und dessen Leitung dem Admiral Gustav Freiherr von Senden-Bibran übertragen.

Im August 1888 stieg dann Graf Waldersee, der bisher Generalquartiermeister gewesen war, als Nachfolger von Graf Moltke zum Chef des Großen Generalstabes auf. Waldersee, der in diesen Jahren ganz das Ohr Wilhelms II. besaß, stellte fortan ein weiteres, entscheidendes Bindeglied zwischen dem Militär und dem Monarchen dar. Das Königliche Zivilkabinett, das eigentlich die Brücke zwischen dem Kaiser und König von Preußen auf der einen, dem Reichskanzler und preußischen Ministerpräsidenten auf der anderen Seite bilden sollte, wurde von vornherein an den Rand gedrängt. Man vertraute es dem Verwaltungsbeamten Dr. Hermann von Lucanus an, der in dieser hochadeligen Umgebung nicht wirklich für voll genommen wurde und dem Monarchen uneingeschränkt ergeben war. Lucanus hatte keinerlei politische Erfahrung und fasste sein Amt denn auch nicht als ein politisches auf. Schon hieran zeigte sich, wie angespannt das Verhältnis des Kaisers zu den politischen Instanzen von Anfang an war; den Reichskanzler und die Minister hielt er für weniger wichtig als seine unmittelbaren Ratgeber. Philipp Eulenburg, der wichtigste

28

von ihnen, zog nach und nach andere Vertraute hinzu, wie seinen Onkel Graf August zu Eulenburg und seinen Freund Graf Kuno von Moltke, den Polizeipräsidenten von Berlin.

Mit der Reorganisation seines Hofes, die durchweg auf seinen persönlichen Entscheidungen beruhte, hatte sich Wilhelm II. eine gefügige Gefolgschaft geschaffen, mit der er seine politischen Ziele und Vorstellungen ungehindert verfolgen konnte. Am Hofe machte sich nun eine Atmosphäre des Byzantinismus und der Unterwürfigkeit gegenüber dem Monarchen breit, welche die Tendenz des Kaisers, den eigenen Willen stets für den allein richtigen zu halten, zusätzlich verstärkte. Wirklich selbständige Köpfe gab es in seiner unmittelbaren Umgebung so gut wie keine, jedenfalls niemanden, der der Oberflächlichkeit und Sprunghaftigkeit hätte begegnen können, mit der Wilhelm II. die Staatsgeschäfte besorgte. Auf den seit 1889 regelmäßig durchgeführten Nordlandreisen des Kaisers, an denen nur ein begrenzter Kreis von Vertrauten und eine Reihe von unentbehrlichen Diplomaten und Beamten teilnahmen, herrschte vollends eine beständige Beweihräucherung des Monarchen. Dieser genoss es, sich von seinen Mitreisenden in bisweilen groben und trivialen Formen unterhalten zu lassen, durch Gesänge, Spiele, Lesungen, Theatervorstellungen, Pantomimen und dergleichen mehr, während er sich den Regierungsgeschäften nur höchst widerwillig widmete. Seine Mitarbeiter klagten ständig darüber, dass der Kaiser selbst für die wichtigsten und dringendsten Staatsgeschäfte keine Zeit finde und gleichsam dazu gezwungen werden müsse. Die Immediatvorträge hatten kurz und prägnant zu sein, vor allem aber spannend. Für lange Explikationen schwieriger Sachverhalte fehlten dem Monarchen die Geduld und häufig der Sachverstand, auch wenn er eine schnelle Auffassungsgabe und ein gutes Gedächtnis besaß. Zu stetiger, regelmäßiger Arbeit konnte sich Wilhelm II. niemals verstehen, was von den nachdenklicheren Männern in seiner Umgebung mit erheblicher Sorge beobachtet wurde.[1] Gleichzeitig fiel es ihm niemals schwer, rasch und ohne Zögern, gegebenenfalls im Alleingang, weitreichende Entscheidungen zu treffen.

Die Reiseleidenschaft Wilhelms II. prägte seine Herrschaftszeit von Anfang an. Pompöse Jagdpartien und Besuche auf den

29

Gütern des Hochadels mit großem Gefolge lösten einander ab; insbesondere die Jagden in Liebenberg, dem Schloss Philipp Eulenburgs in der Uckermark, wurden zu einer ständigen Einrichtung. Die zahlreichen, oft in keiner Weise politisch motivierten Staatsbesuche bei den Häuptern der europäischen Dynastien beanspruchten ebenfalls viel Zeit. Hinzu kamen immer wieder große Manöver, bei denen der Kaiser stets eine der einander bekämpfenden Parteien persönlich befehligte und selbstverständlich erwartete, dass seine Truppen am Ende gewannen. Allein die jährliche Nordlandreise hielt Wilhelm II. jedes Mal vier Wochen von der Wahrnehmung regulärer Geschäfte ab. Nicht selten mussten der Reichskanzler oder einzelne Minister dem Monarchen nachreisen, um sein Votum zu wichtigen Entscheidungen einzuholen.

Wilhelm II. war unzweifelhaft ein »Reisekaiser«, freilich aus anderen Gründen als seine karolingischen und ottonischen Vorfahren. Die Umtriebigkeit des Kaisers hatte tiefere Gründe, die in seiner Seelenstruktur gesucht werden müssen. In gewissem Sinne war er immer auf der Flucht, vor sich selbst, vor seinem Berliner Milieu, vor seiner Frau und seiner Familie, deren Gesellschaft ihn langweilte, und in mancher Hinsicht sogar vor seiner eigentlichen Aufgabe, den Regierungsgeschäften. Im Grunde war es ihm lästig, ständig mit dem Kanzler oder mit Ministern und Diplomaten komplexe Sachverhalte zu erörtern, die ihn nur begrenzt interessierten. Meist hatte er in der jeweiligen Angelegenheit ohnehin eine vorgefasste Meinung, und die wollte er kurzerhand akzeptiert sehen. Von Natur aus eigentlich weich und sensibel, musste er immerfort seine Machtstellung hervorkehren und sich und anderen die eigene Männlichkeit beweisen. Vor allem daher rührte auch seine Vorliebe für prachtvolle Uniformen, glanzvolle Militärparaden und grandiose Flottenschauen, ja seine Begeisterung für das Soldatendasein überhaupt. Vielleicht noch bedeutsamer war das Bedürfnis Wilhelms II., in der Presse als der Große, wenn nicht der Größte gefeiert zu werden. Sein Bedürfnis nach Popularität war unstillbar, verlangte nach immer neuer Bestätigung und prägte seinen Regierungsstil ganz wesentlich.

Man hätte meinen sollen, dass die Staatsmänner und Diplomaten mit einem Monarchen, der an seinem Amt in erster

Linie die Schauseite schätzte, aber vor ernsthafter Arbeit zurückschreckte, ein leichtes Spiel haben würden. Das Gegenteil war jedoch der Fall. Gerade weil Wilhelm II. in Wahrheit eine unsichere Persönlichkeit war, fasste er das Verhältnis zwischen dem Kaiser und den verantwortlichen Politikern nach militärischem Vorbild als eine Beziehung zwischen Befehlsgeber und zu unbedingter Gefolgstreue verpflichteten Untergebenen auf. Er hatte das Bedürfnis, stets seine Meinung – oder das, was er sich unter den gegebenen Umständen früher oder später als seine Meinung aneignete – für richtig erkannt und durchgesetzt zu sehen. Für Beeinflussungen und Einflüsterungen war er durchaus offen, sofern ihm dabei suggeriert wurde, eben dies entspreche seinen eigenen Überzeugungen. Für die Funktion der Minister innerhalb des konstitutionellen Regierungssystems, nämlich im Rahmen des Verfassungsrechts und unter Berücksichtigung der verschiedenen Machtfaktoren einschließlich der Parlamente und der öffentlichen Meinung eigenständige Entscheidungen zu treffen und zu verantworten, hatte der Kaiser im Grunde keinerlei Verständnis. Für sein Verhältnis zu den politischen Instanzen verhieß das nichts Gutes.

Dies wog umso schwerer, als sich die Reichspolitik seit 1887 in schweren Turbulenzen befand. Otto von Bismarck hatte versucht, die Spannungen im deutsch-französischen Verhältnis auszunutzen, um eine große Heeresvorlage im Reichstag durchzubringen. Auf diese Weise wollte er dem Zentrum und der Fortschrittlichen Volkspartei einen Dämpfer versetzen und umgekehrt die Position der Nationalliberalen und der konservativen Parteien stärken. Damit war er weitgehend gescheitert. Die Reichstagswahlen, in welche die Reichsleitung offen unter nationalistischen Vorzeichen gegangen war, hatten dem eben begründeten Kartell der Nationalliberalen und der Konservativen mit 220 von 367 Mandaten zwar eine komfortable Mehrheit gebracht, wesentlich auf Kosten des Freisinns, jedoch hatte sich das Zentrum ungeachtet aller Anfeindungen behauptet. Zu mehr als der Annahme der Heeresvorlage reichte die Kraft des Kartells nicht. Schon wenig später machten die Konservativen in der Frage der Schutzzölle gemeinsame Sache mit dem Zentrum, während die Nationalliberalen das Nachsehen hatten und zunehmend ins politische Abseits gerieten.

Im konservativen Lager wuchsen die Zweifel, ob es denn mit Bismarck so weitergehen könne wie bisher. Hier begann man zu spekulieren, ob sich nicht mit Hilfe des Kaisers ein radikaler innenpolitischer Kurswechsel im hochkonservativen Sinne bewirken lassen könnte, der die ständigen Kompromisse mit den Nationalliberalen entbehrlich machen würde. Daher begann man, Bismarcks Stellung behutsam zu unterminieren. Konstruktive Politik war in dieser Situation des Misstrauens aller gegen alle nicht mehr möglich. Die »Germania« schrieb mit einigem Recht: »Es gelingt nichts mehr.« Ein Aufsehen erregender Gerichtsfall beeinträchtigte das Ansehen der Reichsleitung in der Öffentlichkeit ebenfalls: Mit maßloser Schärfe ging die Justiz gegen Professor Heinrich Geffcken vor, der Auszüge aus den Tagebüchern von Kaiser Friedrich III. veröffentlicht hatte, in denen Bismarcks Politik 1870/71 nicht immer im besten Licht dargestellt war.

Nur wenig später brachen die Gegensätze unter den Kartellparteien anlässlich der Vorlage eines neuen Sozialistengesetzes erneut offen hervor. Allerorten wurde die Forderung laut, man möge den Ausweisungsparagrafen aufgeben oder auf das Gesetz ganz verzichten. Dieser Paragraf hatte es ermöglicht, sozialistische Agitatoren aus bestimmten Städten oder Kreisen zu verbannen. Dadurch seien die Aktivisten aber nur in neue, bisher von ihnen unberührte Gebiete getrieben worden, wodurch die sozialdemokratische Bewegung sich weiter ausgebreitet habe, wie Kritiker meinten. Unter der Hand spekulierte man im Lager der Rechten auf radikalere Maßnahmen, unter anderem eine grundlegende Änderung des Reichstagswahlrechts. Am Ende konnte – sehr zum Ärger des Reichskanzlers – nur durchgesetzt werden, dass das bestehende Gesetz um ein weiteres Jahr verlängert wurde, nicht jedoch die von ihm geforderte Verschärfung des Ausweisungsparagrafen. Für 1890 stand die endgültige parlamentarische Entscheidung über das Gesetz an, der Konflikt in dieser Frage war nur aufgeschoben, nicht aufgehoben.

Die bedrohliche Zuspitzung der parteipolitischen Lage im Reichstag und im preußischen Abgeordnetenhaus sowie der schleichende Machtgewinn des Zentrums warfen einen düsteren Schatten auf die Anfänge der Regierungszeit von Wilhelm II. Es ist bemerkenswert, dass der Kaiser mit der konservativen Kamarilla keineswegs konform ging, die auf einen Bruch mit der Verfassung hoffte. Vielmehr wollte er zunächst einmal Stabilität, und das hieß: Fortsetzung des Kartells der »staatstragenden Parteien«. Mit Billigung Bismarcks bot er bereits unmittelbar nach seinem Herrschaftsantritt Rudolf von Bennigsen, dem großen alten Mann der Nationalliberalen Partei, die Stellung eines Oberpräsidenten der Provinz Hannover an, und wenig später wurde auch Johannes von Miquel, dem Oberbürgermeister von Frankfurt am Main, der Posten eines Oberpräsidenten der Rheinprovinz angetragen.[2] Unter den damaligen Umständen war dies ein deutliches Signal, dass der Kaiser eine Fortsetzung der Kooperation von Nationalliberalen und Konservativen unter nationalen Vorzeichen wünschte. Es bedeutete allerdings kein Bekenntnis zu einem stärker konstitutionellen Kurs, sondern eher zu einem plebiszitären kaiserlichen Regierungsstil neuen Typs.

Die Offerte hatte freilich auch damit zu tun, dass sich die Nationalliberalen ihrerseits dem jungen Monarchen als Partner anzudienen bemühten. Sie hofften, dass die bestehende politische Krise durch ein Nationalkaisertum Wilhelms II. überwunden werden könne.[3] Johannes von Miquel hatte schon Anfang September 1889 öffentlich sein Vertrauen auf »unseren jungen, tatkräftigen Kaiser« bekundet: »Von Tag zu Tag ist dieses Vertrauen der Nation in den Kaiser gewachsen, den sie gleich seinen erlauchten Vorfahren mit rastlosem Eifer und nie ermüdender Pflichttreue die Zügel der Regierung führen sieht.«[4] Anlässlich des glanzvollen Staatsbesuchs Wilhelms II. in Frankfurt am 9. Dezember 1889 fand sich Miquel in seiner Ansicht bestätigt, dass man im Kaiser »den künftigen Führer der Nation zu sehen« habe.[5] Jedenfalls bedeutete die Berufung Bennigsens in den preußischen Staatsdienst und das Angebot an Miquel (das dieser damals noch ablehnte) eine entschiedene Desavouierung der hochkonservativen Pläne für eine Sprengung des »Kartells«. Die Nationalliberalen hatten sich inzwischen von der früheren Zielsetzung verabschiedet, das Deutsche Reich in eine konstitutionelle Monarchie mit einem verantwortlichen Reichskabinett umzugestalten. Bennigsen zumal hatte sich damit abgefunden, dass wenigstens »in seiner und der nächsten Generation [...] die Bedürfnisse des Reichs eine andere Struktur, einen Mitteltypus zwischen monarchischem Staat und parlamentarischen Formen erforderten«.[6] Aus dieser Sicht schien es lohnend, eine Symbiose von liberaler Politik und obrigkeitlicher Staatsverwaltung einzugehen. Für den Monarchen wiederum öffnete sich hier eine Schneise für populistische Politik, der in den bürgerlichen Kreisen, die ehedem die Träger einer entschieden fortschrittlichen Politik gewesen waren, viel Sympathie entgegengebracht wurde. Diese begrüßten Wilhelm II. als Verkörperung eines neuen Nationalkaisertums, das die großen Ideale der Vergangenheit und die Erwartungen der Zukunft in glücklicher Weise miteinander verknüpfte. Mit der Person des Monarchen hatte diese Sichtweise zunächst wenig zu tun, gleichwohl stabilisierte sie indirekt die persönliche Stellung des Kaisers auch gegenüber Bismarck. Wilhelm II., der bei aller Phantasterei doch ein bemerkenswertes Gespür für Stimmungen und Tendenzen in der öffentlichen Meinung besaß, ergriff bereitwillig diese Chance. Ihm schwebte vor, im Zeichen eines plebiszitären Kaisertums über den Parteien zu regieren, und dafür fand er vor allem bei den protestantischen Mittelschichten und ebenso bei einem Teil seiner persönlichen Umgebung Unterstützung. Von den Konservativen wurde erwartet, dass sie dem Monarchen so oder so blinde Gefolgschaft leisten würden.

Einstweilen wurde das Reichsschiff weiterhin von Bismarck mit lockerer Hand von Friedrichsruh aus gelenkt, mit Wilhelm II. als einer Art von Erstem Steuermann. Aber schon bald kündigten sich schwere Wetter an. Ein Vorbote war die hinter den Kulissen ausgetragene Kontroverse um die eventuelle Wiederzulassung des Redemptoristen-Ordens, die Bismarck als eine Konzession für künftiges Wohlverhalten des Zentrums gewähren wollte. Hier aber schlug Philipp Eulenburg Alarm, diesmal unterstützt von Holstein und den anderen Angehörigen jenes informellen Zirkels in der Umgebung des Kaisers, der später als »Liebenberger Kreis« bekannt werden sollte. Angesichts der ausgeprägt antikatholischen Einstellung Wilhelms II., die sich insbesondere in der scharfen Distanz dem Zentrum gegenüber zeigte, bedurfte es freilich keiner allzu starken Einflussnahme, um den Kaiser zu einer

Anweisung an Bismarck zu bewegen: Dieser möge darauf hinwirken, dass – nachdem Bayern die Redemptoristen bereits zurückberufen hatte – die reichsweite Legalisierung des Ordens im Bundesrat verhindert werde. Jedoch ließ sich Bismarck in dieser Sache nicht ganz so einfach ins Handwerk pfuschen, so dass die ganze Angelegenheit zunächst im Sande verlief. Wohl aber hatte Wilhelm II. öffentlich seine stramm antikatholische Haltung unter Beweis gestellt, und in diesem Punkte traf er sich mit den Nationalliberalen und ihrem Anhang.

Inzwischen braute sich mit dem großen Bergarbeiterstreik im Ruhrgebiet Anfang Mai 1889 ein neues Unwetter zusammen. Der tiefere Grund für die Unruhen lag im Strukturwandel des Bergbaus, der immer weniger von Betrieben in staatlicher Regie bestimmt wurde. An ihre Stelle traten private Großunternehmen, die in den letzten Jahrzehnten sprunghaft gewachsen waren. Während der Rezession der frühen achtziger Jahre hatten die Arbeitgeber die Löhne gesenkt und die Produktivität der Betriebe durch eine rigide Reglementierung der Arbeitsabläufe zu steigern versucht. Im Herbst 1887 setzte eine konjunkturelle Erholung ein, die in eine erneute Hochkonjunktur mit sprunghaft steigenden Preisen und Erträgen überging. Nun schlug der Unmut der Bergarbeiterschaft über ihre drückende Lage in eine Streikbewegung um. Die Kumpel forderten in erster Linie die Wiederherstellung der in den vergangenen Jahren verlorenen bergmännischen Rechte, aber auch eine fünfzehnprozentige Lohnerhöhung, die Festschreibung des Achtstundentages und die Beseitigung des erniedrigenden Straf- und Lohnabzugssystems. In der zweiten Aprilhälfte und Anfang Mai 1889 weiteten sich die anfangs nur lokalen Ausstände zu einem Flächenbrand aus und erfassten schließlich nahezu das ganze Ruhrgebiet. Am 18. Mai befanden sich 78 000 von insgesamt 104 000 Bergarbeitern im Ausstand. Die Behörden sahen sich vor unüberwindliche Probleme gestellt. Der Einsatz von Polizei und Armee, bei dem drei Arbeiter erschossen und fünf weitere verwundet worden waren, hatte die Lage nur weiter verschärft. Die Unternehmer verweigerten alle Verhandlungen mit den Vertretern der Bergarbeiter, die sich eben erst in einem Rechtsschutzverein der Knappschaften lose organisiert hatten, und lehnten Konzes-

35

sionen rigoros ab. Die bürgerliche Öffentlichkeit stellte sich weitgehend auf die Seite der streikenden Bergarbeiter. Im bürgerlich-protestantischen Lager wurden Geldsammlungen für die Kumpel durchgeführt, denen damals noch jeglicher Rückhalt durch ein organisiertes Gewerkschaftswesen fehlte. Das blieb nicht ohne Wirkung auf den Kaiser.

Während Bismarck jegliche Eingriffe der Staatsgewalt in den Arbeitskampf ablehnte und dazu riet, den Konflikt ausbrennen zu lassen, machte sich Wilhelm II. die Haltung der Öffentlichkeit und der Intellektuellen zu eigen. Er steigerte sich in die Pose eines patriarchalischen Herrschers, der für soziale Gerechtigkeit zu sorgen habe. In höchster Erregung erklärte er in einer Sitzung des preußischen Staatsministeriums, »die Unternehmer und Aktionäre müßten nachgeben, die Arbeiter seien Seine Untertanen, für die Er zu sorgen habe, wollten die industriellen Millionäre Ihm nicht zu Willen sein, so würde Er Seine Truppen zurückziehn, wenn dann die Villen der reichen Besitzer und Directoren in Brand gesteckt, ihre Gärten zertreten würden, so würden sie schon klein werden«.[7] Die Bergarbeiter ihrerseits beschlossen, ebenfalls ganz im Sinne traditioneller patriarchalischer Vorstellungen, an den Monarchen zu appellieren und um den Schutz der Staatsmacht gegenüber der, wie sie es sahen, ungerechten Behandlung durch die Unternehmerschaft zu ersuchen. Dieses Begehren traf sich vollkommen mit den Vorstellungen Wilhelms II., der sich in seiner Rolle als oberster Schiedsrichter gefiel, ohne freilich mit der eigentlichen Natur des Konfliktes und seinen tieferen Ursachen vertraut zu sein. Der Kaiser entschloss sich, sehr zur Irritation Bismarcks, eine Delegation der Bergarbeiter zu empfangen und sich ihre Klagen anzuhören. Bereits am 14. Mai traf Wilhelm II. mit einer dreiköpfigen Abordnung zusammen. In herrischen Worten verbat er sich jegliche Gewaltanwendung und vor allem jede Zusammenarbeit mit den Sozialdemokraten, die für ihn »gleichbedeutend mit Reichs- und Vaterlandsfeind[en]« seien, versprach aber eine objektive Prüfung der Gravamina.[8]

Das öffentliche Aufsehen war außerordentlich groß. Der Monarch fühlte sich schon als ein zweiter »roi des gueux«, der mit souveräner Geste einen Ausgleich zwischen den widerstreitenden gesellschaftlichen Interessen herbeiführen würde. Als zwei Tage später dann auch die Unternehmer zu einer Audienz geladen waren, legte man ihnen, nun freilich in vergleichsweise verhaltener Sprache, ein konziliantes Verhalten nahe. Den Worten folgten aber so gut wie keine Taten. Immerhin bemühten sich die Staatsbehörden vor Ort um eine friedliche Beilegung der Auseinandersetzungen, was jedoch nur sehr begrenzt gelang. Vielmehr endete der Arbeitskampf, ungeachtet der Intervention des Monarchen, mit einer nahezu vollständigen Niederlage der Arbeiter; der Zündstoff für zukünftige Konflikte blieb bestehen. Die lokalen Behörden, namentlich der Düsseldorfer Regierungspräsident Hans Freiherr von Berlepsch, drängten nun allerdings auf eine Reform der Arbeitsorganisation im Ruhrbergbau und in der Schwerindustrie. Wenigstens in Ansätzen waren die gravierenden sozialen Probleme der breiteren Öffentlichkeit und der Staatsbürokratie vor Augen gestellt und die Notwendigkeit von Abhilfe verdeutlicht worden.

Der Überzeugung Wilhelms II. zufolge war es nur seinem Eingreifen zu verdanken, dass die Bergarbeiterschaft auf den Weg der friedlichen Vertretung ihrer Interessen zurückgefunden hatte und ein Blutbad vermieden worden war. Unter dem Einfluss seines früheren Erziehers Hinzpeter und des Industriellen Graf Hugo Douglas träumte er davon, als Erneuerer eines sozialen Kaisertums in die Geschichte einzugehen. Er berief sich dabei auf die Kaiserliche Botschaft seines Großvaters vom 17. November 1881, in der sich dieser dazu bekannt hatte, »daß die Heilung der sozialen Schäden nicht ausschließlich auf dem Wege der Repression sozialdemokratischer Ausschreitungen, sondern gleichmäßig auf dem der positiven Förderung des Wohls der Arbeiter zu suchen sein werde«.[9] Darüber, wie dies bewerkstelligt werden könnte, hatte der Kaiser nur höchst nebulöse Vorstellungen, und über das Ausmaß der weiterhin bestehenden Probleme machte er sich kein konkretes Bild. Vielmehr griff er die damals in der bürgerlichen Öffentlichkeit breit diskutierte Forderung nach einem Ausbau der Arbeiterschutzgesetzgebung auf, die im Deutschen Reich – auch im Vergleich mit anderen europäischen Ländern – vernachlässigt worden war, vor allem, weil Bismarck darin einen

37

unzulässigen Eingriff des Staates in das Verhältnis zwischen Unternehmern und Arbeiterschaft gesehen hatte. Durch die Verbesserung der Arbeiterschutzgesetze sowie durch die Einrichtung von Arbeiterausschüssen in den Betrieben des Bergbaus und der Schwerindustrie sollte der Staat nun einen wesentlichen Beitrag dazu leisten, die sozialen Klassen miteinander zu versöhnen. Dabei spielten bei Wilhelm II. diffuse Ideen christlich-sozialen Ursprungs über die sozialen Verpflichtungen des Monarchen eine wichtige Rolle. Daneben war allerdings sein Wunsch ausschlaggebend, sich in der Wahrnehmung der bürgerlichen Öffentlichkeit an die Spitze der Reformbewegung zu stellen.

Wilhelm II. hatte das richtige Gespür dafür, dass man den sozialen Verwerfungen nicht allein mit repressiven Maßnahmen Herr werden könne. Überdies war er wenig geneigt, seine Regentschaft mit einem schweren gesellschaftlichen Konflikt zu beginnen, der leicht zu einer Gewaltexplosion hätte führen können. Gleichzeitig prallten in der Frage des Arbeiterschutzes generationsspezifische Sichtweisen aufeinander: Bismarck plädierte dafür, das Binnenverhältnis zwischen Unternehmern und Arbeiterschaft im traditionellen Sinne weiterhin von jeglicher Intervention des Staates freizuhalten. Wilhelm II. hingegen vertrat die vergleichsweise modernere, in der Öffentlichkeit allgemein akzeptierte Auffassung, dass der Staat die Verpflichtung habe, namentlich in den Riesenbetrieben an Rhein und Ruhr und in Schlesien bestimmte Minimalstandards, insbesondere des Schutzes von Leib und Leben des Arbeiters, sicherzustellen. Damit war die Konfrontation zwischen Kaiser und Kanzler vorprogrammiert. Die Situation eskalierte nur deshalb nicht sofort, weil die noch ungleich kritischere Frage des Sozialistengesetzes zunächst in den Vordergrund trat. Bismarck war nicht bereit, Wilhelm II. auf dem Kurs einer sozialen Aussöhnung zu folgen, der, wie der Kanzler richtig erkannte, in hohem Maße utopische Züge besaß. Ganz im Gegenteil, er trug sich mit der Absicht, dem Reichstag den Entwurf eines noch weitaus härteren, zudem unbefristeten Sozialistengesetzes vorzulegen. Sein Vorgehen sah der Kanzler in gewisser Weise gerechtfertigt, nachdem Versuche gescheitert waren, das Sozialistengesetz durch eine Verschärfung des Strafgesetzbuches und des Pressegesetzes zu ersetzen, und nicht einmal das Stadium ernsthafter Beratungen im Bundesrat erreicht hatten. Aber im Grunde wollte es Bismarck geradezu auf einen Konflikt mit dem Reichstag ankommen lassen, der anschließend aufgelöst werden sollte. Er erging sich in Andeutungen eines dann folgenden Staatsstreiches, mit dem das allgemeine, gleiche, direkte und geheime Wahlrecht beseitigt und eine gefügige Mehrheit für die kommende Kampfperiode hergestellt werden sollte. Bismarcks Gegner suggerierten dem Kaiser, dass der Kanzler sich auf diese Weise unentbehrlich machen wolle; in einer schweren Verfassungskrise im Reiche hätte dieser sich seines Amtes in der Tat sicher sein können.

Als die Vorlage des Sozialistengesetzes im Oktober 1889 bekannt wurde, löste das in der Öffentlichkeit einen Proteststurm aus. Zwar war der Entwurf in Nebenaspekten der Forderung der Nationalliberalen gefolgt, das Gesetz den Bestimmungen des allgemeinen Rechts anzupassen, aber in der Substanz handelte es sich nach wie vor um ein Ausnahmegesetz. Ja mehr noch, der umstrittene Ausweisungsparagraf war sogar ausgeweitet worden: Die Polizeibehörden sollten nunmehr ermächtigt sein, die Verbannung von missliebigen sozialistischen Agitatoren auch dann aufrechtzuerhalten, wenn der im Gesetz vorgesehene Ausnahmezustand aufgehoben würde. Gerade dieser Teil des Gesetzes war selbst für die »staatserhaltenden« Parteien ein Stein des Anstoßes. Diese Bestimmung sei dafür verantwortlich, so die gängige Redensweise, dass die »Pestbeulen des Sozialismus« lediglich aufgestochen würden und der Eiter sich ins flache Land verbreite. Die Nationalliberalen sprachen sich daher gegen das Gesetz in der vorliegenden Form aus, während die Deutschkonservativen ihrerseits jede Abschwächung des Entwurfs rundheraus ablehnten, ungeachtet ihrer gespaltenen Einstellung zum Ausweisungsparagrafen. Sie spekulierten darauf, dass die dann unvermeidlich eintretende Krise mit außerkonstitutionellen Mitteln gelöst werden würde. Bereits im November 1889 zeichnete sich deswegen ein Bruch des »Kartells« ab, jener informellen parlamentarischen Mehrheit, mit der Bismarck in den letzten Jahren mehr schlecht als recht regiert hatte. Dem Kanzler wurde von verschiedenen

Seiten nahe gelegt, auf den Ausweisungsparagrafen zu verzichten, um das Sozialistengesetz, das nun völlig zu scheitern drohte, doch noch zu retten. Bismarck aber legte sich stattdessen auf eine Strategie der offenen Konfrontation mit dem Reichstag fest. Das Parlament, so das Kalkül, sollte für den Fall einer Ablehnung der Vorlage aufgelöst werden; anschließend würde man ihm ein noch ungleich schärferes Sozialistengesetz sowie eine große Heeresvorlage vorlegen. Beides wäre ohne Staatsstreich schwerlich durchsetzbar gewesen.

Die engeren Berater Wilhelms II. waren alarmiert. Sie sahen richtig voraus, dass der Kaiser bei einem Zusammenbruch des Kartells von konservativen und rechtsliberalen Parteien und anschließenden Neuwahlen in eine schier ausweglose parlamentarische Lage geraten würde, in der Bismarck vorerst unentbehrlich wäre. Die Strategie Philipp Eulenburgs und Friedrich von Holsteins war darauf ausgerichtet, dass sich der Übergang zur Selbstregierung des Kaisers behutsam und nicht abrupt vollziehen würde; vorderhand schien deshalb auch eine Entlassung des Kanzlers, der in der Öffentlichkeit immer noch über großes Ansehen verfügte, nicht ratsam. Die extreme Zuspitzung der inneren Verhältnisse, die sich nunmehr ankündigte, war daher ganz und gar nicht in ihrem Sinne. Sie setzten alle möglichen Hebel in Bewegung, um Bismarcks Pläne zu konterkarieren. Auch von anderer Seite wurde der Kaiser gedrängt, dem von Bismarck angestrebten Konfliktkurs Einhalt zu gebieten. Der Großherzog von Baden Friedrich I. wandte sich an Eulenburg, in der richtigen Annahme, dass dieser Wilhelm II. entsprechend zu beeinflussen vermöge: »Der Reichskanzler treibt uns in einen schweren Konflikt, für den er selbst nicht mehr die Kraft besitzt, die seiner früheren Autorität entsprach!« Seinem Gefühl nach gebe es nur ein Interesse, nämlich die Erhaltung »einer starken Ordnungspartei, die imstande ist, die Autorität des Kaisers zu stützen«.[10] Es ging ihm also darum, die bestehende Kartellmehrheit aus Konservativen und Nationalliberalen, die im Falle einer Reichstagsauflösung einer schweren Wahlniederlage entgegensah, nach Möglichkeit zu retten. Auch Johannes von Miquel, nach wie vor einer der starken Männer der Nationalliberalen, sekundierte im Staatsrat – dem höchsten Beratungsgremium Preußens – wirkungsvoll einer Politik der sozialen Reformen, obwohl diese von Bismarck weiterhin abgelehnt wurde.

Wilhelm II. ließ sich bereitwillig in diese Richtung drängen. Am Vorabend der dritten Lesung des Sozialistengesetzes verlangte er in einer überraschend einberufenen Kronratssitzung, dass die Reichsleitung auf den Ausweisungsparagrafen verzichten möge. Damit hätte die Vorlage in letzter Minute noch gerettet werden können. Aber dem Kaiser gelang es nicht, Bismarck, der sogleich mit seinem Rücktritt drohte, umzustimmen, und ebenso wenig die einzelnen Minister, die der Kanzler zuvor auf seine Linie festgelegt hatte. Außerdem verlangte Wilhelm II. bei dieser Gelegenheit die unverzügliche Ankündigung eines Katalogs von Arbeiterschutzmaßnahmen, der unter anderem ein Verbot der Sonntagsarbeit sowie der Nachtarbeit und der Untertagebeschäftigung von Frauen enthalten sollte. Bismarck kündigte daraufhin an, dass er das Handelsministerium niederlegen werde. Dieses solle dem Oberpräsidenten der Rheinprovinz, Freiherr von Berlepsch, übertragen werden, dem wichtigsten Befürworter eines umfassenden Programms von Gesetzen, durch welche die Position der Arbeiter in den Betrieben gestärkt werden sollte.

Unmittelbar hatte der Kaiser damit freilich nichts erreicht. Der Reichstag lehnte das Sozialistengesetz ab. Damit war das Kartell zerbrochen, und Neuwahlen, die keinen guten Ausgang verhießen, standen vor der Tür. Immerhin gelang es Wilhelm II., der darin von verschiedener Seite, unter anderem von Miquel, massiv unterstützt wurde, seine sozialpolitischen Pläne weiter zu forcieren, obwohl dies, wie jedermann klar war, den endgültigen Bruch mit Bismarck bedeuten musste. Die Bemühungen des Kanzlers, den Monarchen doch noch von seinen Absichten abzubringen, misslangen vollständig. Allerdings konnte er mit dem Argument, dass ein einseitiges Vorpreschen des Reiches in Sachen Arbeiterschutz die Wettbewerbsfähigkeit der deutschen Industrie erheblich beeinträchtigen würde, eine internationale Konferenz durchsetzen. Die Gesetzgebung müsse mit den anderen europäischen Ländern abgestimmt werden, verlangte Bismarck – in der Erwartung, dass daraus am Ende doch nichts werden würde. Wilhelm II., unerfahren wie er war, ließ sich auf diese Forderungen

Bismarcks ein. Ihm ging es in erster Linie darum, vor der Öffentlichkeit ein Prinzip durchzusetzen, die Einzelheiten interessierten ihn nicht. Der Kaiser verlangte daher, die neue Gesetzgebung in öffentlichen Erlassen im Reichsanzeiger anzukündigen. Von diesem Schritt erhoffte er sich eine erhebliche Signalwirkung auf die Gesellschaft und namentlich die Arbeiterschaft. Bismarck arbeitete diese Erlasse persönlich aus, verweigerte ihnen dann aber die verfassungsrechtlich eigentlich erforderliche Gegenzeichnung. Der Kaiser war zutiefst beglückt, als am 4. Februar 1890 die beiden Sozialpolitischen Erlasse gleichwohl im Staatsanzeiger erschienen. Obwohl Bismarck diese Texte höchst vorsichtig abgefasst und mit zahlreichen Kautelen versehen hatte, sah der Kaiser seinen neuen Kurs eines sozialen Kaisertums öffentlich proklamiert.

Dadurch konnte freilich das Debakel bei den Reichstagswahlen am 20. Februar 1890, die ja im Zeichen drohender sozialer Kämpfe stattfanden, nicht mehr abgewendet werden. Die Reichspartei, der gemäßigte Flügel der Konservativen, erlitt einen nahezu vollständigen Kollaps, die Nationalliberalen mussten schwere Stimmenverluste hinnehmen. Damit war die von Wilhelm II. angestrebte innenpolitische Basis dahingeschmolzen, und das verhasste Zentrum wurde zur stärksten Partei im Reichstag. Die Sozialdemokraten hatten ihren Erfolg wegen des für sie ungünstigen Zuschnitts der Wahlkreise zwar nur begrenzt in Mandate umsetzen können, aber mit einem erreichten Stimmenanteil von 19,7 Prozent kündigte sich ihr weiterer Aufstieg an. Wilhelm II. wurde nun immer stärker nahe gelegt, sich definitiv von Bismarck zu trennen. Eine nicht unwichtige Rolle im Hintergrund spielte dabei Graf Waldersee, der Bismarck unterstellte, angebliche Nachrichten über Kriegsvorbereitungen Russlands gegen die Mittelmächte zu vernachlässigen. Auf diese Weise suchte Waldersee das Vertrauen des Monarchen in den Kanzler zusätzlich zu untergraben. Entscheidend aber war, dass Wilhelm II. auch jetzt noch dazu gedrängt wurde, Bismarck von dem Plan abzubringen, ein neuerliches, verschärftes Sozialistengesetz sowie eine große Heeresvorlage im Reichstag einzubringen. Beide Projekte waren nur dazu bestimmt, einen Verfassungskonflikt mit mehrmaliger Auflösung des Reichstages sowie der Oktroyierung eines neuen, restriktiven Wahlrechts zu provozieren. In einer solchen Situation wäre Bismarck einmal mehr unentbehrlich gewesen. Gleichzeitig wurde nicht ohne Grund gemutmaßt, dass durch die Vorlage eines neuen Sozialistengesetzes die von Wilhelm II. persönlich durchgesetzte Initiative zum Arbeiterschutz in den Hintergrund gedrängt und ihrer positiven Wirkung auf die Arbeiterschaft von vornherein beraubt werden würde.

Als Handelsminister Berlepsch die entsprechenden Entwürfe unmittelbar dem Kaiser übersandte und Bismarck nur informiert wurde, reagierte der Kanzler mit einer formellen verfassungsrechtlichen Beschwerde. Er ließ eine alte, längst in Vergessenheit geratene Kabinettsordre vom 8. September 1856 ausgraben, in der den preußischen Ministern untersagt wurde, dem König ohne vorherige Genehmigung des Ministerpräsidenten Vorlagen zu unterbreiten. Die einschlägigen Unterlagen wurden wenige Tage später allen Mitgliedern des Staatsministeriums amtlich zugestellt.[11] Der Sache nach stellte Bismarcks Vorgehen eine offene Kampfansage an die von Wilhelm II. anvisierte kaiserliche Kabinettsregierung dar. Denn damit wurde den Ministern jeglicher direkte Zugang zum Monarchen ohne Zustimmung des Kanzlers formell untersagt. Umgekehrt schob die Richtlinie auch den Bestrebungen des Kaisers, im Bedarfsfall mit den zuständigen Ressortministern direkt zu verhandeln, statt den Reichskanzler und preußischen Ministerpräsidenten vorab zu konsultieren, einen Riegel vor. Der Monarch reagierte am 15. März 1890 mit der ultimativen Forderung, Bismarck möge diese Kabinettsordre unverzüglich widerrufen lassen. Zwei Tage später, nach nochmaligem Drängen, sandte Bismarck Wilhelm II. sein Rücktrittsgesuch.

Die Trennung von Bismarck, die zunächst große Wellen der Beunruhigung auslöste, war dem Kaiser seit längerem von vielen Seiten empfohlen worden. Waldersee hatte immer wieder die außenpolitischen Differenzen hochgespielt: Die beiden Bismarcks, also der Reichskanzler und der Staatssekretär des Äusseren, würden die Rüstungsmaßnahmen Russlands und die Gefahr einer russischen Kriegskoalition mit Frankreich unterschätzen, ja bewusst verharmlosen, um keine Zweifel an der Richtigkeit ihres Kurses aufkommen zu lassen. Eulenburg und Holstein hatten schon seit geraumer Zeit darauf hingearbeitet, schrittweise die Selbstregierung des Monarchen herbeizuführen, bei der sie freilich eine steuernde Funktion wahrzunehmen beabsichtigten. Der Großherzog von Baden wollte unter allen Umständen die befürchtete innenpolitische Konfliktstrategie Bismarcks verhindert sehen. Aber auch die Nationalliberalen, die lange die Partei »Bismarcks sans phrase« (Max Weber) gewesen waren, hatten sich inzwischen an den Gedanken gewöhnt, dass die Reichseinheit, die innere Stabilität und der soziale Frieden auch unter einem Nationalkaisertum Wilhelms II. gut aufgehoben sein würden. Johannes von Miquel hatte sich schon am 6. März 1890, also vierzehn Tage vor dem Abgang Bismarcks, auf die Seite des Kaisers gestellt und sich gegen die vom Kanzler favorisierte Konfrontationsstrategie ausgesprochen, unter anderem in einem für Wilhelm II. bestimmten Brief an den Großherzog von Baden, in dem er dafür plädierte, der Monarch möge Bismarck gegenüber fest bleiben und die Dinge zu einem Ende bringen. Die »parteipolitische und soziale Unzufriedenheit in weiten Volkskreisen« schließe im Grunde jede Gewaltpolitik aus.[12] »Wir haben zu sehr alles mit Gewaltsamkeit machen wollen, während das deutsche Volk viel leichter mit Versöhnlichkeit und Wohlwollen zu regieren ist und dafür seinem Fürsten stets Liebe und Dankbarkeit entgegenbringt.«[13] Auf dem Bismarckbankett der Nationalliberalen in Kaiserslautern feierte Miquel den Kaiser als Vertreter einer Politik der Sammlung und der Versöhnung, welche die »Parteigegensätze vermindern und alle zur Mitarbeit bereiten Kreise vereinigen« wolle.[14] Unabhängig davon, dass Wilhelm II. Parlamentarier verabscheute, verfolgte er auch aus eigenem Antrieb heraus eine Politik der mittleren Linie.

Das Zerwürfnis zwischen Kaiser und Kanzler wurde dadurch beschleunigt, dass Bismarck unmittelbar nach den Wahlen an den Führer der Zentrumspartei, Ludwig Windthorst, herantrat und ihn um ein Gespräch über die Möglichkeiten künftiger Konstellationen im Reichstag bat. Dieser Schritt, der unter normalen parlamentarischen Verhältnissen eigentlich selbstverständlich gewesen wäre, versetzte Wilhelm II. in ungeheure Erregung. Er witterte dahinter – was ja im Prinzip durchaus

44

richtig war – die Absicht Bismarcks, eine radikale Kursänderung in der Innenpolitik zu vollziehen. Dem Kanzler hielt er nun unter anderem vor, dass dieser ohne seine Genehmigung mit dem Zentrumsführer gar nicht Kontakt hätte aufnehmen dürfen. Hier zeigte sich, dass Wilhelm II. mit den Usancen des parlamentarischen Betriebes nicht eben gut vertraut war. Der wahre Grund für den überaus exaltierten Auftritt des Kaisers bestand freilich darin, dass bei einer Verständigung mit dem Zentrum die Chancen für die von ihm angestrebte national-monarchische Politik, die sich insbesondere auf die protestantischen Mittelschichten stützen sollte, dahinschwinden würden. Es ist charakteristisch, dass der definitive Bruch zwischen Wilhelm II. und dem greisen Kanzler am Ende über die Frage des Immediatrechts der preußischen Minister erfolgte: Ohne den unmittelbaren Zugang der Regierungsmitglieder zum Monarchen und ohne die direkte kaiserliche Weisungsbefugnis an die Minister und Staatssekretäre wäre die gewünschte persönliche Herrschaft des Kaisers nicht denkbar gewesen.

Die Trennung Wilhelms II. von den beiden Bismarcks war ein schwerwiegender Schritt. Auch wenn die politische Führungsschicht einschließlich der bürgerlichen und konservativen Parteiführer auf den Abgang des Kanzlers eher erleichtert reagierte, war die Erschütterung in der breiten Öffentlichkeit sehr groß. Die ungebrochene und in den folgenden Jahren noch weiter zunehmende Popularität des »Reichsgründers« erwies sich als Handikap für die neue Reichsleitung, zumal mit dem Admiral Georg Leo Graf von Caprivi eine bislang relativ unbekannte Persönlichkeit als Nachfolger des »eisernen Kanzlers« auserkoren wurde.

Die persönlichen Berater Wilhelms II. hatten in der Folgezeit alle Mühe, das vage Projekt eines plebiszitären Nationalkaisertums, das weitgehend rhetorischer Natur war, in konkrete Politik umzusetzen. Zugleich wurde es immer wieder notwendig, den Kaiser von unklugen und übereilten Handlungen abzuhalten. Schon jetzt war unübersehbar, dass die Persönlichkeit des Monarchen dem Idealbild, das man sich außerhalb des kaiserlichen Palastes von ihm machte, nicht entsprach. Die Sprunghaftigkeit und Impulsivität seines Handelns, die thea-

45

tralische Art seines öffentlichen Auftretens und die fehlende Stetigkeit seiner Lebensführung machten rationale Politik, gleich welcher Couleur, zu einer Quadratur des Kreises. Der österreichisch-ungarische Kronprinz Rudolf von Habsburg hatte nur wenig zuvor gemeint: »Der Kaiser dürfte bald eine große Konfusion anrichten; er ist ganz der Mann dazu [...], energisch und eigensinnig, [sich selbst für ein Genie haltend]. Er dürfte im Lauf weniger Jahre das Hohenzollernsche Deutschland auf den Standpunkt bringen, den es verdient.«[15] In der Bevölkerung war Wilhelm II. freilich sehr beliebt, ungeachtet aller aufschneiderischen Reden. Für die Führungseliten kam es darauf an, diese Popularität zu nutzen, um die politischen und gesellschaftlichen Verhältnisse zu stabilisieren, gleichzeitig aber den Monarchen, so gut es ging, auf Kurs zu halten. Welcher Kurs dies sein sollte, darüber kam es hinter den Kulissen ständig zu scharfen Differenzen.

Das Experiment der Reichskanzlerschaft Caprivis
1890–1894

Wilhelm II. war nach der Abdankung Otto von Bismarcks, der schon wenige Tage später Berlin verließ, entschlossen, die Zügel der Regierung selbst in die Hand zu nehmen. Dazu fehlten ihm allerdings sowohl die sachlichen als auch die persönlichen Voraussetzungen. Seine engeren Berater, namentlich Eulenburg und Holstein, hatten zur Vorsicht gemahnt und ein schrittweises Vorgehen angeraten. Ursprünglich war daran gedacht worden, Herbert von Bismarck als Staatssekretär des Auswärtigen zu halten, um auf diese Weise den Kontinuitätsbruch zu mildern, zumal der Sohn des bisherigen Kanzlers ein erträgliches Verhältnis zu Philipp Eulenburg entwickelt und auch mit dem Monarchen selbst auf gutem Fuße gestanden hatte. Aber angesichts der Umstände, unter denen es zur Abdankung Otto von Bismarcks gekommen war, dachte auch Herbert Bismarck nicht daran, weiterhin in der Regierung zu verbleiben. Ohnehin hätte er sich seiner Position auf längere Sicht nicht sicher sein können. Wilhelm II. aber gab frohgemut die Parole aus: »Das Amt des wachhabenden Offiziers auf dem Staatsschiff ist Mir zugefallen, der Kurs bleibt der alte. Voll Dampf voran.«[1] Nun war zu klären, wer denn an die Stelle des großen Kanzlers treten sollte. Anfangs war Graf Waldersee dafür ausersehen gewesen. Er hatte ja hinter den Kulissen eine wichtige Rolle beim Sturz Bismarcks gespielt und dessen Glaubwürdigkeit in den Augen des Monarchen nach Kräften zu erschüttern gesucht. Aber schon in den letzten Wochen war das Verhältnis des Generalstabschefs zu Wilhelm II. abgekühlt, und Mitte März 1890 kam es zu einem regelrechten Zusammenstoß über die Form der Durchführung eines Manövers. Der Kaiser äußerte in Gegenwart von dessen Untergebenen scharfe Kritik an Waldersee, für die er sich später entschuldigte. Aber das Zerwürfnis zwischen den beiden blieb dem inneren Kreis im Umfeld des Kaisers nicht verborgen.

Es waren freilich durchaus sachliche Gründe, die aus der Sicht Wilhelms II. eine Bestellung Waldersees zum Reichskanzler nicht – oder nicht mehr – ratsam erscheinen ließen. Zwar hatte Waldersee zu den entschiedensten Kritikern des Konfliktkurses gehört, der von Bismarck eingeschlagen worden war, nicht zuletzt deshalb, weil er sich damit in der zu erwartenden großen Krise unentbehrlich machen wollte. Jedoch war er selbst ein Scharfmacher, der die offene Konfrontation mit der Sozialdemokratie zum frühestmöglichen Zeitpunkt suchte oder doch zumindest herbeiwünschte. Obwohl er sich in diesem Punkte tunlichst zurückgehalten hatte, war er kein Anhänger der Politik der Sozialpolitischen Erlasse. Die Strategie sozialer Versöhnung, wie sie Wilhelm II. pompös eingeleitet hatte, war überhaupt nicht nach seinem Geschmack. Dabei hatte die engere Umgebung des Kaisers, namentlich Eulenburg, Holstein und der Diplomat Marschall von Bieberstein, ja gerade mit folgendem Argument zielbewusst gegen Bismarck gearbeitet: Wenn es zu dem großen gesellschaftlichen Zusammenstoß komme, auf den Bismarck nun, nach dem Verzicht auf ein neues Sozialistengesetz, mit Hilfe einer großen Heeresvorlage hinarbeite, dann müsse die soeben begonnene sozialpolitische Initiative des Kaisers auf ein Nebengleis geschoben und womöglich ganz aufgegeben werden. Dieses Argument traf in vermindertem Maße auch auf Waldersee zu. Bisher waren Wilhelm II. die Umtriebe des Generalstabschefs, die auf einen baldigen Präventivkrieg abgezielt hatten, recht gewesen. Jetzt aber galt die Stabilisierung der Verhältnisse im Innern wie nach außen hin als vorrangiges Ziel.

Die Berufung des Admirals Georg Leo Graf von Caprivi, der nach einer glanzvollen Karriere als Generalstabsoffizier von 1883 bis 1889 die noch kleine Reichsmarine geleitet hatte, war nach allem eine ziemliche Überraschung. Caprivi war politisch auf keine bestimmte Linie festgelegt und stand dem parlamentarischen Geschehen recht fern. Die Zeitgenossen wussten von ihm nicht viel mehr zu sagen, als dass er eine ehrliche Haut und ein pflichtbewusster Charakter mit Zähigkeit und großem Stehvermögen sei. Dass Caprivi der richtige Mann sein könnte, um die verworrene innenpolitische Lage zu stabilisieren, vermochte sich niemand vorzustellen. Allerdings sprach unter den gegebenen Verhältnissen gerade der Umstand für ihn, dass er »an den politischen Parteikämpfen bisher in keiner Weise beteiligt gewesen« und daher von den entsprechenden Vorurteilen weitgehend verschont geblieben war.[2] Er betrachtete die Wahrnehmung seines neuen Amtes, wie die Baronin Spitzemberg zu berichten wusste, »einfach als soldatische Pflichterfüllung gegen Kaiser und Vaterland«.[3] Dem Kaiser kam diese Einstellung voll und ganz entgegen, zumal er Caprivi ohnehin nur als eine Person des Übergangs betrachtete, an dessen Ende seine persönliche Herrschaft stehen sollte. Allerdings erwies sich Caprivi in der Folge keineswegs als gefügiges Werkzeug des Monarchen. Er machte es sich zur Hauptaufgabe, den Parteienstreit zu schlichten und die Gegensätze in den Parlamenten und in der Öffentlichkeit auszugleichen. Das deckte sich zunächst in Grenzen mit der grandiosen Vision des jungen Kaisers, der einerseits die bestehenden gesellschaftlichen Konflikte durch eine groß angelegte patriarchalische Sozialpolitik überbrücken wollte, andererseits die Sammlung der »reichstreuen« Kräfte des bürgerlich-protestantischen und des konservativen Lagers gegen Sozialdemokraten und sonstige »Reichsfeinde« propagierte. Daher hatte Wilhelm II. anfänglich keine Schwierigkeiten, sich mit den politischen Zielsetzungen Caprivis zu identifizieren. In einer Rede in Bremerhaven verglich er die Regierung mit einem »in tadelloser Ordnung im neuen Kurs aus dem Nebel« auftauchenden Geschwader.[4]

Bald jedoch sollte deutlich werden, dass die kaiserliche Vorstellung von einer monarchischen Selbstregierung mit Caprivis Auffassung vom Amt des Reichskanzlers keineswegs zu vereinbaren war, obwohl sich letzterer die neu zu berufenden Minister zunächst einmal ziemlich widerstandslos vor die Nase setzen ließ. Die Auswahl von Ministern und Staatssekretären sah der Kaiser als seine ureigenste Prärogative an und ließ sich dabei prinzipiell nicht hineinreden. Bei der Bestellung der Regierungsmitglieder ging der Kaiser jedoch ziemlich planlos vor – soweit diese nicht wie Karl Heinrich von Boetticher, der preußische Innenminister, schlicht in ihren Amtssesseln sitzen blieben. Vielfach griff er einfach zu Persönlichkeiten, die ihm in jüngerer Zeit imponiert hatten, ohne damit eine klar durchdachte Strategie zu verbinden. Die Idee, den Direktor der Krupp-Werke Hanns Jencke, der im Februar die sozialpolitischen Pläne des Kaisers im Staatsrat eindrucksvoll kritisiert hatte, zum preußischen Finanzminister zu berufen, kann allerdings als Versuch gedeutet werden, die Unternehmerschaft zu pazifizieren. Und als dieser ablehnte, war es nicht ganz so abwegig, sich erneut an Johannes von Miquel zu wenden, den großen alten Mann des Nationalliberalismus. Dieser hatte sich ja schon zuvor als Parteigänger eines nationalen Kaisertums gezeigt, das kraft des persönlichen Prestiges des Monarchen den Parlamentarismus und die Übermacht der Parteien zurückdrängen sollte. Mit Caprivis Vorstellungen hatten diese hochfliegenden Pläne freilich nicht viel gemein. Der Kanzler ging im Gegenteil davon aus, dass sich die Reichsleitung mit den Parteien des Reichstages so gut wie möglich zu arrangieren habe, wollte sie mit ihren Gesetzesvorhaben nicht von vornherein auf Grund laufen. In der Folge sollte Miquel mit seiner Strategie der »Sammlung« der konservativen Kräfte denn auch zu einem gewichtigen Gegenspieler Caprivis in Preußen avancieren. Die Verachtung von Parteien und Parlamentariern, die in der Umgebung Wilhelms II. gängig war und sich bisweilen zum Gedankenspiel eines Staatsstreichs nach Bismarckschem Vorbild steigerte, ging an den politischen Realitäten vollkommen vorbei. Immerhin wurde mit Adolf Freiherr Marschall von Bieberstein ein süddeutscher Aristokrat zum Staatssekretär des Auswärtigen bestellt, der etwas von den parlamentarischen Geschäften verstand und ein Gefühl für konstitutionelle Regierungsmethoden besaß.

Welchen Regierungsstil Wilhelm II. tatsächlich im Sinn hatte, zeigte sich erstmals einige Wochen später, als er in die Auseinandersetzungen um eine Reform des höheren Schulwesens eingriff. Dabei stand die Frage zur Debatte, ob das Realgymnasium beziehungsweise die Realschule gegenüber dem Gymnasium, das den Eintritt in die Universitäten und den Aufstieg in höhere Positionen der Staatsbürokratie monopolisierte, aufgewertet werden sollten.[5] Bereits im Sommer 1889 hatte sich der Kaiser in die Diskussion eingeschaltet, damals freilich noch in der Hoffnung, dass seine Politik der sozialen Reformen von den Schulen unterstützt werden würde. Am 1. Mai 1889 hatte er – das konstitutionelle Regierungsverfahren unterlaufend – eine Kabinettsordre an das preußische Staatsministerium gerichtet. Darin verlangte er von den Schulen erhöhte Anstrengungen, um der Jugend die Überzeugung zu vermitteln, dass »die Lehren der Sozialdemokratie nicht nur den göttlichen Geboten und der christlichen Sittenlehre widersprechen, sondern in Wirklichkeit unausführbar und in ihren Konsequenzen dem Einzelnen und dem Ganzen gleich verderblich sind«. Zu diesem Zwecke müsse das Studium der Zeitgeschichte an den preußischen Schulen intensiviert werden. Insbesondere sei es notwendig, die Epoche der nationalen Einigung ausführlich zu behandeln und die sozialen Verdienste des preußisch-deutschen Staates bis in die Gegenwart hinein gebührend zu würdigen.[6] Daraufhin wurde für Dezember 1890 eine Schulkonferenz in Berlin einberufen, auf der die Frage einer Unterrichtsreform für die höheren Schulen erörtert und vor allem über den Status der künftigen Schularten diskutiert werden sollte. Auch die Wünsche des Kaisers wollte man hier zur Sprache bringen.

Zur Irritation des Kultusministers Heinrich von Goßler erschien der Kaiser völlig überraschend auf dieser Versammlung und trug in seiner Eröffnungsrede Forderungen für eine Umgestaltung des Lehrplans vor. Der Unterricht in den alten Sprachen müsse reduziert werden, verlangte Wilhelm II., dafür solle man den Geschichtsunterricht – vor allem zugunsten zeitgeschichtlicher Themen – ausweiten und den Schulsport intensivieren. Das Ziel war klar: Es ging darum, der jungen Generation ein besseres Verständnis sowohl der aktuellen sozialen Probleme als auch der sozialpolitischen Leistungen des modernen Staates zu vermitteln. Auf diese Weise, so die Erwartung von Wilhelm II., würde die von ihm inaugurierte Politik der Sozialpolitischen Erlasse zusätzliche Unterstützung in der Öffentlichkeit finden. Vor allem aber sollte das Nationalbewusstsein geweckt und gestärkt werden: »Wir müssen als Grundlage für das Gymnasium das Deutsche nehmen; wir sollen nationale junge Deutsche erziehen und nicht junge Griechen und Römer.«[7] Das lag ganz auf der Linie seiner Idee vom Nationalkaisertum. Im Übrigen beanstandete er, dass die Gymnasien »eine allzustarke Ueberproduktion der Gebildeten« betreiben würden. Damit müsse Schluss sein: »Die sämmtlichen sogen. Hungerkandidaten, namentlich die Herren Journalisten, das sind vielfach verkommene Gymnasiasten, das ist eine Gefahr für uns.«[8]

Einerseits stellte sich Wilhelm II. – wenn auch in sehr diffuser Form – auf die Seite der Schulreformer, welche die Exklusivität des Gymnasiums aufbrechen wollten, und plädierte für eine radikale Reduzierung des Lehrstoffes. Andererseits wollte er von Realgymnasien, die eine Brücke zwischen den verschiedenen Schulformen hätten bilden können, nichts wissen; das seien Halbheiten. Im Grunde schwebte ihm vor, weiterhin an einer elitären Struktur des Bildungssystems festzuhalten, mit dem Gymnasium an der Spitze, das sich freilich stärker der vaterländischen Erziehung zuwenden müsse.

Mit seinen Ausführungen auf der Schulkonferenz von 1890 setzte sich der Kaiser brüsk über die dort vorgesehene Agenda hinweg und stellte zugleich den preußischen Kultusminister von Goßler vor der Öffentlichkeit in ein ziemlich ungünstiges Licht. Wilhelm II. rechnete es sich jedoch als besondere Leistung an, gleichsam von außen her, von einer unabhängigen, aber informierten Position aus, in bestehende bürokratische Strukturen einzugreifen, ohne sonderlich Rücksicht auf die Betroffenen zu nehmen. In seiner Schlussrede auf der Konferenz am 17. Dezember 1890 verwies er darauf, dass schon seine Vorfahren stets die Hand am Puls der Zeit gehabt und künftige Entwicklungen antizipiert hätten. Umso mehr beanspruchte er dies für sich: »Ich glaube erkannt zu haben, wohin der neue Geist, und wohin das zu Ende gehende Jahrhundert zielen, und Ich bin entschlossen, so wie Ich es bei dem Anfassen der sozialen Reformen gewesen bin, so auch hier in Bezug auf die Heranbildung unseres jungen Geschlechtes die neuen Bahnen zu beschreiten, die wir unbedingt beschreiten müssen; denn thäten wir es nicht, so würden wir in zwanzig Jahren dazu gezwungen werden.«[9] Hier wie auch sonst posierte Wilhelm II. als Mann des Fortschritts, als Führer in eine neue Zeit, der unerschrocken in überkommene und erstarrte Verhältnisse eingreife, um der Zukunft die Bahn frei zu machen.

In der Umgebung des Kaisers fragte man sich besorgt, was wohl das nächste Objekt seiner plötzlichen, sprunghaften Aktionen sein würde. Vom allgemeinen Publikum freilich wurden solche Bekenntnisse am Anfang überwiegend positiv aufgenommen. Jedoch fehlte Wilhelm II. jegliche Stetigkeit in der Verfolgung seiner Ziele; meist gerieten sie ihm schon bald aus den Augen, vor allem, wenn irgendein anderes spektakuläres Projekt anstand. Die Hektik seines Lebensstils und die Neigung, sich allen Routinegeschäften zu entziehen, trugen dazu bei, dass der Kaiser sich den anstehenden politischen Problemen eigentlich nur dann eingehender widmete, wenn diese seine persönliche Herrscherstellung direkt berührten. Außerdem war er so viel unterwegs und daher von Berlin abwesend, dass es ihm allein schon deshalb schlechterdings nicht möglich war, sich kontinuierlich mit den Regierungsgeschäften zu befassen. Die Kritik in der Öffentlichkeit an seiner Reiseleidenschaft wusste Wilhelm II. ins Positive zu wenden: Seine Exkursionen hätten für sich den hohen Wert, dass er, »entrückt von dem Parteigetriebe des Tages, die heimischen Verhältnisse aus der Ferne beobachten und in Ruhe einer Prüfung« unterziehen könne. »Wer jemals einsam auf hoher See auf der Schiffsbrücke stehend, nur Gottes Sternenhimmel über sich, Einkehr in sich selbst gehalten hat, der wird den Wert einer solchen Fahrt nicht verkennen. Manchen von meinen Landsleuten möchte Ich wünschen, solche Stunden zu erleben, in denen der Mensch sich Rechenschaft ablegen kann über das, was er erstrebt und was er geleistet hat. Da kann er geheilt werden von Selbstüberschätzungen und das thut uns allen not.«[10] Man ist versucht zu kommentieren, dass Wilhelm II. niemals allein auf der Kommandobrücke gestanden haben dürfte.

Anfänglich war der Monarch mit der Amtsführung Caprivis, die wieder etwas Ruhe in die aufgewühlte politische Landschaft gebracht hatte, durchaus einverstanden. Zufrieden nahm er zur Kenntnis, dass der Politik der sozialen Reformen, die er in der Kaiserlichen Thronrede vom 6. Mai 1890 feierlich angekündigt hatte und die Handelsminister von Berlepsch im Sinne des Kaisers vorantrieb, Priorität eingeräumt wurde. Die angestrebten Maßnahmen sollten vor allem dem Ziel dienen, Gefahren für Leib und Leben der Arbeiter in den Betrieben vorzubeugen. Daneben ging es aber auch darum, der Arbeiterschaft in den großen Unternehmen ein bescheidenes Maß an Mitsprache bei der Regelung der Arbeitsbedingungen vor Ort einzuräumen. Das sollte vornehmlich durch die – dann allerdings nur fakultativ vorgeschriebene – Einführung von Arbeiterausschüssen erreicht werden. Auf diese Weise hoffte man die Arbeiter gegen die Agitation der Sozialdemokratie immunisieren und von den Freien Gewerkschaften wieder ablösen zu können. Natürlich war nicht daran gedacht, dass die Betriebsangehörigen selbständig an der Umsetzung der Arbeiterschutzgesetzgebung mitwirken würden; wie die neuen Regelungen angewendet wurden, kontrollierte weiterhin ausschließlich die Staatsbürokratie.

Insofern trugen die Reformen, die Berlepsch in diesen Jahren verwirklichte, ausgesprochen patriarchalische, um nicht zu sagen etatistische Züge. Das kam auch darin zum Ausdruck, dass dem Bundesrat, de facto also den nachgeordneten Staatsbehörden, weitgehende Vollmachten in der Frage eingeräumt wurden, wie die neuen Richtlinien angewendet werden sollten. Ebenso erhielt er das Recht, die Arbeitszeiten in besonders gefährlichen Betrieben gegebenenfalls zu begrenzen. Die Kehrseite dieser wohlmeinenden Bestimmungen war das Bemühen, die Freizügigkeit der Arbeiterschaft einzuschränken und vor allem den »Kontraktbruch«, der oft am Anfang größerer Streikbewegungen stand, strafrechtlich zu verfolgen. Zu diesem Behufe sollten die Paragrafen 152 und 153 der Reichsgewerbeordnung verschärft werden. Demnach wäre es verboten gewesen, als Streikposten aufzutreten, und es hätte sich jeder strafbar gemacht, der auf Streikbrecher einwirkte. Max Weber kommentierte diese Regelungen mit den Worten: »Es ist ein Recht für alte Weiber.«[11] Allerdings lehnte der Reichstag die von Berlepsch angestrebte Beschränkung des Streikrechts sowie der Freizügigkeit von jugendlichen Arbeitern weitgehend ab, sehr zum Ärger Wilhelms II. Dieser hatte Caprivi bereits Ende Mai 1890 gemahnt, an dem Regierungsentwurf zur Änderung der Gewerbeordnung unbedingt festzuhalten, weil er einen »hohen Wert [...] auch auf die zum Schutz der Arbeitgeber und zur Erhaltung der Ordnung aufgenommenen Bestimmungen lege«.[12] Hier zeigte sich der Pferdefuß bei der Begeisterung Wilhelms II. für soziale Reformen und die Einebnung gesellschaftlicher Gegensätze: Die Arbeiter hatten mit Wohlverhalten zu reagieren, sonst würde er andere Saiten aufziehen. Gleichwohl nahm die Öffentlichkeit das Paket an neuen Sozialgesetzen, die durch die Einführung von paritätisch besetzten Gewerbegerichten im Reich ergänzt wurden, ungewöhnlich positiv auf, und tatsächlich trugen die Richtlinien einiges dazu bei, die bestehenden sozialen Spannungen abzumildern. Die in bürgerlichen Kreisen bislang verbreitete Furcht vor einer sozialistischen Revolution wich nach und nach einer nüchterneren Einstellung gegenüber der Sozialdemokratie. Am kaiserlichen Hofe erwartete man allerdings nach wie vor, dass die sozialpolitische Initiative Wilhelms II. zu einer grundsätzlichen Änderung des Verhaltens der Arbeiter gegenüber Unternehmern und Staat führen werde. Als die erhoffte Reaktion der Arbeiterschaft ausblieb und diese sich weder devot noch dem Kaiser gegenüber dankbar zeigte, geriet Berlepsch mehr und mehr ins politische Abseits. Geduld und Zuwarten waren nicht die Sache Wilhelms II.

Ansonsten liefen die Regierungsgeschäfte zunächst ohne größere Friktionen ab. Dabei spielte freilich eine Rolle, dass die Umgebung des Kaisers und mit ihr die neue Ministerriege sich in einem Punkte einig waren, nämlich unter allen Umständen zu verhindern, dass Bismarck ins Kanzleramt zurückkehre. Größere Differenzen, bei denen dann der Ruf nach dem Reichsgründer hätte lauter werden können, mussten vorderhand also möglichst vermieden werden. Am bedeutsamsten war, dass Caprivi die Heeresvorlage, die Bismarck dazu hatte benutzen wollen, um die Situation im Parlament eskalieren zu lassen und zum Staatsstreich zu schreiten, mit den Stimmen des Zentrums durch den Reichstag brachte, wenn auch in einem erheblich reduzierten Umfang. Wilhelm II. selbst war in der gegebenen Situation nicht an einem großen Konflikt gelegen, und Caprivi hielt die Pläne des Kriegsministers von Verdy, der die Wehrkraft des deutschen Volkes voll ausschöpfen und daher anfänglich eine gewaltige Vorlage hatte einbringen wollen, für unvertretbar, aus finanziellen wie aus politischen Gründen. Auch unter militärtechnischen Gesichtspunkten wäre es vor-

teilhafter, so die Meinung des Kanzlers, die zweijährige Dienstpflicht zu konzedieren, dafür aber die Zahl der im Kriegsfall
rasch zu mobilisierenden Reservisten beträchtlich zu erhöhen.
Es kam hinzu, dass man in militärischen Kreisen dem Gedanken, die Wehrpflicht auf breite Bevölkerungskreise auszuwei-
ten, ebenfalls ablehnend gegenüberstand. Man befürchtete,
dass der Einfluss der Sozialisten in der Armee dann unverhält-
nismäßig zunehmen könnte.[13]

Jedoch brach hinter den Kulissen sogleich Streit über die
Frage der dreijährigen Dienstpflicht aus. Diese sollte beibe-
halten werden, um dem Monarchen weiterhin eine gefügige,
loyale Armee zur Verfügung zu stellen. Der Kaiser stellte sich
emphatisch auf eben diesen Standpunkt und berief sich ausdrücklich auf seinen Großvater, der im Verfassungskonflikt
von 1861/62 bekanntlich in dieser Frage stets fest geblieben
sei. Caprivi hingegen war sich darüber im Klaren, dass eine
Heeresvorlage größeren Umfangs nur dann durch den Reichstag gebracht werden könne, wenn es Zugeständnisse bei der
Dienstzeit gäbe. Auf dem Höhepunkt einer schweren Rezession wollten die Parlamentarier einer umfangreichen Neuordnung des Militärwesens schon allein deshalb nicht zustimmen,
weil damit direkte und indirekte Belastungen für die Wirtschaft
verbunden waren, von den politischen Reserven gegenüber der
dreijährigen Dienstpflicht ganz abgesehen. Mit großer Zähigkeit gelang es Caprivi, den Kaiser von seinem Plan zu überzeugen, die Dreijahresverpflichtung für die Fußtruppen faktisch
abzuschaffen und stattdessen die Zahl der auszubildenden Rekruten substanziell zu erhöhen, wodurch im Kriegsfalle die
Sollstärke der Armee rasch gesteigert werden konnte. Das
mochte in sachlicher Hinsicht einleuchtend sein. Gleichwohl
bestand der Kaiser hartnäckig darauf, dass zumindest *pro
forma* am Prinzip eines dreijährigen Dienstes festgehalten
werde. Hier griff der Monarch also erneut in den Gang der
politischen Geschäfte ein. Wiederum waren die Folgen dieser
punktuellen Intervention nicht ausreichend durchkalkuliert;
die nur prätendierte, nicht aber faktisch ausgeübte Selbstherrschaft Wilhelms II. musste auf längere Sicht in eine Sackgasse führen. Aber im Augenblick neigten die Berater des
Monarchen dazu, mit Blick auf die Politik der Sozialpolitischen

Erlasse eine Zuspitzung der inneren Verhältnisse zu vermeiden.

Am Ende gelang es Caprivi, die Zustimmung insbesondere des Zentrums für seine maßvolle Heeresvorlage zu erlangen, ohne die von ihm erwartete feste Haltung der Reichsleitung gegenüber dem Parlament aufzugeben. In der Umgebung des Monarchen wurde das mit großer Befriedigung aufgenommen. Eulenburg kommentierte: »Caprivi – großartiger Erfolg mit Militärrede. Jetzt *hat* er seine Stellung im Parlament.«[14] Die Position der Reichsleitung wurde jedoch in der Folge schwer kompromittiert: Kriegsminister von Verdy ließ durchblicken, dass die Vorlage nur den ersten Schritt im Rahmen eines längerfristigen Aufrüstungsprogramms darstelle, was Caprivi vergeblich in Abrede zu stellen versuchte. Daraufhin führte Ludwig Windthorst als Vorsitzender der Zentrumspartei eine Reihe von Resolutionen des Reichstages herbei, mit denen die Reichsleitung auf die zweijährige Dienstpflicht festgelegt wurde und in welchen die Pläne, aller Wehrtauglichen voll zum Militärdienst heranzuziehen, auch für die Zukunft für finanziell undurchführbar erklärt wurden. Dies war natürlich gar nicht im Sinne des Monarchen und seiner Umgebung. Wilhelm II. schäumte vor Wut und erwog zunehmend, das Parlament auf dem Wege eines Staatsstreichs, dem eine Änderung des Wahlrechts folgen würde, in die Knie zu zwingen. Jedenfalls waren künftige Zusammenstöße mit dem Monarchen vorprogrammiert. Die Strategie Caprivis, die darauf ausgerichtet war, einen Modus Vivendi mit dem Reichstag und insbesondere dem Zentrum zu finden, statt sich in immer neue fruchtlose Streitereien zu verstricken, lief den Intentionen des Kaisers grundsätzlich zuwider.

Ein neuer schwerer Konflikt konnte also nicht ausbleiben. Ausgelöst wurde er durch die überraschende Intervention des Kaisers gegen das von Caprivi vorbereitete preußische Schulgesetz von 1892. Dieses sollte den christlichen Kirchen, einschließlich der katholischen, den Einfluss auf die Volksschulen zurückgeben, den sie in der Ära des Kulturkampfes verloren hatten. Caprivi verfolgte dabei vor allem zwei Ziele: Zum einen wollte er sich auf Dauer mit dem Zentrum verständigen, dessen Kooperation für die inzwischen in Vorbereitung befindliche neue Heeresvorlage dringend benötigt wurde. Zum anderen beabsichtigte er, die Autorität der christlichen Kirchen in der Bevölkerung zu stärken, namentlich deswegen, weil er sich davon erhoffte, die jüngere Generation gegen die sozialistischen Lehren immunisieren zu können. Ursprünglich hatte sich Wilhelm II. mit diesem sozialkonservativen Kurs des Kanzlers, der das Zentrum einband, einverstanden erklärt. Dann aber erhob sich in der Öffentlichkeit ein leidenschaftlicher Proteststurm gegen die Schulvorlage, der einer Renaissance der Kulturkampfstimmung nahe kam. Sogar Bennigsen gab für diesmal seine neutrale, obrigkeitstreue Position als Oberpräsident der Provinz Hannover auf und plädierte im Reichstag für eine Allianz aller liberalen Kräfte in Deutschland gegen die angeblich drohende Rekonfessionalisierung des Schulwesens. Jetzt lenkte Wilhelm II. ein. Dabei spielte der preußische Finanzminister Johannes von Miquel, der, wie bereits dargelegt, beim Kaiser hoch angesehen war, hinter den Kulissen eine entscheidende Rolle, nachdem er sich anfänglich eher zurückgehalten hatte.[15] Miquels Rücktrittsgesuch, das von Caprivi mit dem Bemerken quittiert wurde, dieser sei »Minister des Königs« und ihn gingen »Parteirücksichten nichts mehr an«, machte den Monarchen vermutlich erst auf die Schwere des Problems aufmerksam. In einer Sitzung des Kronrats vom 17. März 1892 verlangte Wilhelm II. unter dem Einfluss der öffentlichen Stimmung überraschend, das Schulgesetz im Sinne der nationalliberalen Forderungen grundlegend zu ändern. Das Gesetz könne nur dann verabschiedet werden, wenn sich die gemäßigten Mittelparteien darüber verständigten.[16] Dies entsprach, wie wir gesehen haben, seiner monarchischen Strategie, die ganz wesentlich voraussetzte, dass sich die protestantische Mitte wieder zusammenfand. Vergeblich protestierte Caprivi, dass ein Gesetz, das ohne die Unterstützung des Zentrums zustande komme, politisch völlig wertlos sei.

Die im Prinzip nicht verfassungsgemäße Intervention des Kaisers, die den Reichskanzler dazu zwang, die Schulvorlage zurückzuziehen, löste eine schwere Regierungskrise in Preußen und im Reich aus. Caprivi war nicht bereit, unter solchen Umständen weiterzuarbeiten. Für ihn stellte sich die Frage, wer denn nun die Zügel der Regierung in der Hand halte, der verfassungsmäßig dazu berufene Reichskanzler und die zuständigen Minister oder der Kaiser und seine im konstitutionellen System nicht vorgesehenen engeren Berater. Schon zuvor hatte der preußische Kultusminister Graf Zedlitz-Trützschler um seinen Rücktritt nachgesucht, ebenso der Finanzminister Miquel – dieser allerdings nur der Form halber –, weil er immerhin hoffen durfte, der Nachfolger des Kanzlers zu werden. Im Hintergrund standen schwere Differenzen zwischen der von Caprivi geführten Reichspolitik und der von Miquel maßgeblich mitgetragenen Politik der konservativen Eliten in Preußen. Während Caprivi beabsichtigte, die parlamentarischen Verhältnisse zu konsolidieren und dabei auch mit dem Zentrum – als der stärksten Partei im Reichstag – zusammenzuarbeiten, strebten der Kaiser und sein geheimer Mentor Johannes von Miquel eine »Sammlung« der »reichstreuen Kräfte« an. Mit anderen Worten, es ging ihnen um eine Kooperation von Konservativen, Freikonservativen und Nationalliberaler Partei in Preußen wie im Reich, obwohl dafür im Reichstag keine Mehrheiten vorhanden waren. Notfalls wollten sie zu diesem Zweck auch vor Verfassungsbruch nicht zurückschrecken.

Reichskanzler Caprivi meinte mit einigem Recht, dass er angesichts der von Wilhelm II. erzwungenen plötzlichen Richtungsänderung seiner Gesamtpolitik unglaubwürdig geworden sei, und erklärte daher seinen Rücktritt von allen Ämtern. Der Kaiser war über Caprivis Gesuch, das ihn völlig unvorbereitet traf, höchst irritiert. So hatte er es nicht gemeint. Caprivis Begründung, dass er das Vertrauen Wilhelms II. verloren habe und deshalb nicht länger in seinen Ämtern verbleiben könne, wischte der Kaiser brüsk vom Tisch: »Fällt mir gar nicht im Traum ein. Erst die Karre in den Dreck fahren und dann den Kaiser sitzen lassen, ist nicht schön. Caprivi hat sich geirrt, das passiert allen Menschen. Sein Fortgang jetzt wäre ein nationales Unglück und ist unmöglich.«[17] Die Selbstregierung des Monarchen erwies sich einmal mehr als Chimäre, aber die Friktionen, die seine impulsiven Eingriffe in den Gang der Dinge auslösten, waren erheblich.

Am Ende konnte eine Lösung gefunden werden, deren Tragfähigkeit von vornherein fraglich war. Caprivi verzichtete, wie dies Bismarck von 1872 bis 1874 schon einmal getan hatte, auf das Amt des preußischen Ministerpräsidenten, das nun dem hochkonservativen Aristokraten Botho Graf zu Eulenburg übertragen wurde. Damit wollte Caprivi die Reichspolitik gleichsam von Preußen abkoppeln, um bei seinen Verhandlungen mit den Reichstagsparteien nicht länger durch Rücksichten auf preußische Interessen behindert zu werden. Freilich entlastete das die Politik Caprivis nur für kurze Zeit, zumal in der preußischen Innenpolitik, in der Miquel nunmehr die Schlüsselstellung innehatte, eine Wende nach rechts erfolgte. Das zeigte sich unter anderem daran, dass die Pläne für eine neue Landgemeindeordnung verwässert wurden; diese sahen vor, dass wenigstens die Mehrheit der selbständigen Gutsbezirke in die Landgemeinden integriert und damit eine einheitliche Staatsverwaltung möglich würde.

Caprivi kam in eine höchst schwierige Lage. Im Reichstag war er darauf angewiesen, seine politischen Zielsetzungen zu verwirklichen, indem er den Mittelparteien, namentlich dem Zentrum, behutsam entgegenkam. Dagegen aber formierte sich der scharfe Widerstand der konservativen Parteien, den Miquel seinerseits noch weiter schürte, auch deswegen, weil er die von ihm betriebene Reform des preußischen Steuersystems nicht gefährden wollte. Die Krise brach schließlich wegen der Heeresvorlage von 1892 offen aus. Ungeachtet der Zusicherungen aus dem Jahre 1890, dass man keine weiteren Änderungen auf dem Militärsektor beabsichtigte, waren diese zügig vorangetrieben worden. Auch Caprivi war der Ansicht, dass eine erneute Heeresvermehrung »über kurz oder lang« unvermeidlich sei, weil angesichts der wachsenden internationalen Spannungen mit einem Krieg gerechnet werden müsse, bei dem Frankreich und Russland als Verbündete aufträten. Jedoch gedachte der Reichskanzler elastisch vorzugehen, nicht zuletzt, um die Resolutionen des Reichstages von 1890 so weit wie möglich zu unterlaufen. Seinen Vorschlägen zufolge sollte vor allem der Anteil der jüngeren Generation, der die militärische Ausbildung durchlief und auf den man im Kriegsfall zurückgreifen konnte, erheblich gesteigert werden. Die Präsenzstärke der Armee in Friedenszeiten wollte Caprivi jedoch nur begrenzt – um weitere 85 000 Mann – anheben. Von der Idee des Kriegsministers Verdy, die Wehrkraft der Nation vollständig auszuschöpfen, war hingegen nicht mehr die Rede. Caprivi hielt es für weitaus notwendiger, einen möglichst großen Teil der Bevölkerung militärisch auszubilden, als an der dreijährigen Dienstpflicht festzuhalten, wie es von einem Teil der Armee und insbesondere von Wilhelm II. gefordert wurde. Um dem Parlament und insbesondere dem Zentrum diese große Heeresvermehrung akzeptabel zu machen, wollte der Kanzler auf die dreijährige Dienstpflicht bei den Fußtruppen ganz verzichten und darüber hinaus dem Reichstag Bewilligungsperioden von drei statt wie bisher sieben Jahren zugestehen.

Dies war unter militärtechnischen wie politischen Gesichtspunkten gleichermaßen vernünftig, zumal das Militärpotenzial des Deutschen Reiches auf diese Weise indirekt erheblich vergrößert worden wäre. Gegen diese Pläne erhob sich jedoch in den Kreisen des hohen Offizierskorps und insbesondere bei Hofe starker Widerstand. Unter dem Einfluss seiner unmittelbaren militärischen Umgebung bestand der Kaiser einmal mehr darauf, die dreijährige Dienstpflicht beizubehalten, weil nur so der monarchische Charakter der Armee gewährleistet werden könne. Erneut berief er sich dabei auf den Präzedenzfall des preußischen Verfassungskonfliktes. Auch Wilhelm I. habe es 1861/62 entschieden abgelehnt, in dieser Frage nachzugeben, und sich vor der Grundsatzentscheidung zwischen Parlaments- oder Königsheer gesehen. Für den Fall, dass sich die Abgeordneten seinen Forderungen nicht beugen sollten, drohte Wilhelm II. daher von Anbeginn ziemlich unverhüllt mit der Auflösung des Reichstages und darüber hinaus mit der Waffe des Staatsstreiches. Im Juni 1891 legte er ein eigenes Aufrüstungsprogramm vor, das er mit seinen Flügeladjutanten ausgearbeitet hatte und das eine Heeresvermehrung unter Beibehaltung der dreijährigen Dienstzeit vorsah.[18] Nur mit größter Mühe gelang es Caprivi, den Kaiser schließlich davon zu überzeugen, dass der Reichstag eine derartige Vorlage niemals annehmen werde und dass eine Parlamentsauflösung mit anschließendem Staatsstreich eine gefährliche Angelegenheit sei, die von den Bundesfürsten keineswegs ohne weiteres mitgetragen werde.[19] Im Übrigen sei eine Dienstpflicht von zwei

61

Jahren auch unter rein technischen Gesichtspunkten durchaus nicht von Nachteil.

So vermochte der Kanzler, unter Androhung seines Rücktritts, eine neue schwere Verfassungskrise einstweilen abzuwenden. Aber Wilhelm II. gab sich, auch wenn er für den Augenblick nachgab, nicht geschlagen. Noch am 18. August 1892 erklärte er, sofern der Reichstag nicht bereit sei, eine Heeresvorlage auf der Grundlage des dreijährigen Dienstes anzunehmen, werde er eine kleinere, aber gut disziplinierte Armee jedweden Konzessionen an das Parlament vorziehen.[20] Erst am 5. Oktober 1892 erhielt der Reichskanzler die definitive Zustimmung des Kaisers für den Gesetzesentwurf, allerdings mit der bedenklichen Vorgabe, dass zumindest *pro forma* am Drei-Jahres-Prinzip festgehalten werden müsse. Dies entwertete das Zugeständnis der zweijährigen Armeezeit für die Fußtruppen und brachte Caprivi in eine nahezu ausweglose Lage.

Obwohl Caprivi die Heeresvorlage mit einer öffentlichkeitswirksamen Rede einbrachte, die auf das gemeinsame nationale Interesse an einer verstärkten Wehrkraft des Deutschen Reiches abhob, stieß sie nahezu bei allen Parteien auf erhebliche Widerstände. Nur die Nationalliberalen waren bereit, das Gesetz unbesehen zu akzeptieren. Die Konservativen hingegen lehnten den Entwurf wegen des faktischen Verzichts auf die dreijährige Dienstpflicht ostentativ ab. Dabei spekulierten sie von vornherein darauf, dass die Vorlage scheitern werde, was voraussichtlich zum Sturz des verhassten Reichskanzlers sowie zu Neuwahlen unter nationaler Parole führen würde – eine Konstellation, die besonders den konservativen Parteien zugute kommen würde. Das Zentrum hätte gegebenenfalls zugestimmt, wenn der Umfang der Militärforderungen verringert worden wäre. Aber in der Forderung, die dreijährige Dienstpflicht definitiv fallen zu lassen, war es in seiner großen Mehrheit ebenso unnachgiebig wie die anderen Mittelparteien.

Caprivi waren in diesem Punkt wegen der Instruktionen des Kaisers die Hände gebunden, sonst wäre es vielleicht noch möglich gewesen, sich auf der Ebene des Vermittlungsvorschlages der Zentrumspartei zu einigen. Dass die Vorlage unter den gegebenen Umständen unvermeidlich scheiterte, der

Reichstag anschließend aufgelöst wurde und ein erbitterter Wahlkampf begann, war in gewissem Sinne das direkte Werk des Monarchen, ohne dass dieser sich der Konsequenzen seines Tuns bewusst gewesen wäre. Die Wahlen führten dazu, dass sich die Kräfteverhältnisse im Parlament noch stärker polarisierten: Nutznießer waren einerseits die konservativen Parteien und die Nationalliberalen, andererseits die Sozialdemokraten, deren Stimmenanteil auf 23,3 Prozent stieg. Auch wenn der neu gewählte Reichstag die Heeresvorlage im Sommer 1893 – in allerdings vermindertem Umfang – ohne großes Federlesen akzeptierte, war eine neue parlamentarische Konstellation entstanden. Dem Konzept Caprivis, der mit den Mittelparteien zusammenarbeiten wollte, fehlte fortan die parlamentarische Basis, während jene Kräfte in Preußen und im Umfeld des Kaisers, die mehr oder minder offen auf einen Konflikt mit dem Reichstag hinsteuerten, Morgenluft witterten.

Die von Caprivi zielbewusst betriebene Politik der Handelsverträge mit zahlreichen europäischen Staaten verschärfte den Widerstand der Konservativen gegen die Reichspolitik zusätzlich: Im Interesse der deutschen Exportindustrien zielte der Kanzler darauf, die Zollmauern zu senken, was aber zugleich auch die Reduzierung von Agrarzöllen unvermeidlich machte. Die Versäulung der parlamentarischen Fronten im Reiche wie in Preußen ließ konstruktive Politik immer schwieriger werden. Der einzige Lichtblick bestand darin, dass der Kaiser die antigouvernementale Politik der Konservativen Partei scharf missbilligte. Preußische Aristokraten hatten sich nach seiner Ansicht dem Willen des Monarchen und den Forderungen seiner Regierung bedingungslos zu beugen.

Unterdessen verstärkte sich schon seit geraumer Zeit die Kritik an der Art des öffentlichen Auftretens Wilhelms II., während die Stimmen schwanden, die das energische Zugreifen des Monarchen eher positiv bewerteten. Der Regierungspräsident der Rheinprovinz, Franz Fischer, sandte Eulenburg aus Anlass einer bevorstehenden Rheinlandreise des Kaisers einen bemerkenswert kritischen Bericht über die Stimmung in Westdeutschland. Das allgemeine Misstrauen und Unbehagen über die politische und wirtschaftliche Lage gehe weithin auf das

Bild vom Kaiser zurück, wie es in weiten Kreisen aller Berufs-schichten bestehe. »Unsere Regierung, vor allem der Reichs-kanzler selbst, mag sich noch so sehr mühen, durch gute Ge-setzgebungsvorlagen, durch vortreffliche Verwaltungsregeln der vorhandenen Unzufriedenheit entgegenzuwirken, sie kommt nicht zum Ziel; denn immer weiter frißt sich die Über-zeugung Bahn, die sämtlichen Minister seien nicht selbstän-dige Männer, die nach ihrem guten Glauben handeln, sondern mehr oder weniger Puppen, die blindlings den Winken und Launen ihres kaiserlichen Herrn folgen.« Man schildere aller-wärts den Kaiser als »einen Herrn [...], der überaus sprung-haft in seinen Gedanken, veränderlich in seinen Entschlüssen, unbesonnen in seinen Reden ist, unbeständig in seinen Nei-gungen, unfähig Widerspruch zu ertragen«. Sorgen machen müsse man sich nicht um den Bestand der Monarchie, wohl aber wegen der »gegenwärtigen Regierung, die aus der ge-schilderten Beurteilung unseres Kaisers im Volke statt wün-schenswerter Kräftigung eine sehr bedauerliche Schwächung erfährt«.[21] Auch der impulsive kaiserliche Eintrag in das Gäs-tebuch der Stadt München, »suprema lex regis voluntas«, hatte weithin Missbilligung und Kopfschütteln ausgelöst. Selbst in der engeren Umgebung Wilhelms II. wuchs der Unmut über derlei törichtes Verhalten und über die unstete Natur des Kai-sers, die einen geordneten Gang der politischen Geschäfte zu-nehmend erschwere. Mehr noch wurde beklagt, dass sich der Kaiser in erster Linie von den Militärs in seinem Umkreis in-formieren und beeinflussen lasse, und dies nicht allein in militä-rischen Fragen. Friedrich von Holstein und andere schrieben die Erwartungen ab, die sie sich anfänglich von der persön-lichen Herrschaft des Monarchen gemacht hatten. Sie waren zunehmend beunruhigt über den Regierungsstil Wilhelms II. und dessen innenpolitische Auswirkungen.

Das galt nicht zuletzt für die internen Auseinandersetzungen um die Heeresvorlage von 1892 und die Art und Weise, wie sie im Reichstag schließlich angenommen wurde. Das ständige Hin und Her des Monarchen und die von ihm gemachten Auflagen hatten Caprivi nicht eben in ein günstiges Licht gerückt. Am 7. August 1893 schrieb Holstein an Philipp Eulenburg: »Sie machen sich keine Vorstellung davon, wie die letzten vier Wochen die Stimmung gegen S. M. im Lande verschärft haben. ›Reisewut, Arbeitsscheu, Frivolität‹, das sind die Vorwürfe, gegen welche alle anderen zurücktreten […]. Dem Reichskanzler macht man den Vorwurf, daß er dem Kaiser nicht fest genug entgegentritt. […] Ich bin sehr entmutigt. Denn alle die Jahre hat man nun gearbeitet, um Sr. M. die Stellung nach außen zu machen oder zu erhalten. Das aber ist verlorene Arbeit, wenn er sich die Stellung nach innen ruiniert.«[22]

Die Männer im Kreis um Wilhelm II. waren keineswegs sämtlich Höflinge, die dem Kaiser nach dem Munde redeten. Selbst Eulenburg, der prinzipiell nichts auf ihn kommen ließ, suchte nach Kräften gegenzusteuern. Die allgemeine Sorge war, dass neue Krisen im Innern oder gar ein Verfassungskonflikt eben das herbeiführen könnten, was man zu verhindern trachtete, nämlich eine Machterweiterung des Reichstages und der Parteien. Vor allem unter diesem Gesichtspunkt bemühten sich die Berater des Monarchen, die prekäre Stellung Caprivis bei Wilhelm II. zu stärken und einen Rücktritt des Kanzlers, der unabsehbare Folgen haben konnte, nach Möglichkeit zu verhindern. Wilhelm II. jedoch betrachtete Caprivi weiterhin als Kanzler auf Abruf, ohne doch eine Alternative zur Hand zu haben, und ließ ihn das, im steten Wechsel zu Gunstbezeigungen, durchaus auch spüren. Die in der Öffentlichkeit verbreitete Sorge, dass womöglich Waldersee der nächste Kanzler sein könnte, hatte zwar keine reale Grundlage mehr, doch gingen vom Kaiser auch keine gegenteiligen Signale aus. Die Konservativen sahen ihre Stunde kommen, und nicht wenige erwarteten einen Schlag gegen die verhasste Parlamentsherrschaft. Der Führer der Konservativen Partei, Graf von Helldorff-Bedra, sprach davon, dass »der Parlamentarismus sich mehr und mehr als unfähig und seinen Aufgaben nicht gewachsen« erwiesen habe und weitgehend diskreditiert sei. Er bot sich und seine Partei – obschon diese im Augenblick von demagogischen Kräften beherrscht werde – als Bundesgenossen für eine »verständige konservative Politik auf maßvoller Linie« an.[23] Auch die amtliche preußische Politik unter Ministerpräsident Botho Eulenburg und Johannes von Miquel tat alles, um dem Kanzler Knüppel zwischen die Beine zu werfen.

65

Die Innenpolitik in Preußen und im Reiche wurde zum damaligen Zeitpunkt von der Debatte um die Handelsverträge beherrscht. Dabei gingen die Konservativen mit wachsender Schärfe vor. Ihre neue Hilfstruppe, der Bund der Landwirte, weckte ungerührt populistische Emotionen und schreckte auch nicht davor zurück, antisemitische Ressentiments zu mobilisieren. Die Stellung Caprivis sollte, so weit irgend möglich, immer stärker unterminiert werden. Dazu bot sich vor allem die Strategie an, die verbreiteten, wenn auch einigermaßen unrealistischen Befürchtungen vor den revolutionären Gefahren der Sozialdemokratie nach Kräften anzuheizen. Dass Caprivi mit seiner Politik der Handelsverträge die Gewichte in Preußen und in Deutschland zugunsten des »Industriestaats« verschiebe, verkündeten die Konservativen, gefährde das bestehende gesellschaftliche Gleichgewicht zwischen Industrie und Landwirtschaft und vergrößere die Bedrohung durch den Sozialismus noch mehr. Als Alternative, so propagierte Miquel, sollten die besitzenden städtischen Mittelschichten und die Agrarier im Zeichen der »Sammlung« der staaterhaltenden Kräfte zusammen gehen und gleichzeitig die Interessen der Landwirtschaft in Preußen nach besten Möglichkeiten verteidigen.

Der Kaiser hatte der Handelsvertragspolitik Caprivis anfänglich bedenkenlos zugestimmt, wurde nun aber durch die massive Agitation der Konservativen aufgeschreckt – obwohl er von der preußischen Aristokratie grundsätzlich Gefolgschaft verlangte und sich ein Aufmucken gegen die staatlichen Autoritäten verbat. Überdies zeigte er sich nicht unbeeindruckt von der Kampagne gegen die schädlichen Auswirkungen des »Industriestaats«, in dem nach Caprivis Überzeugung allein die Zukunft Deutschlands liegen könne. Die politischen Kämpfe um die Agrarpolitik erreichten ihren Höhepunkt mit den Verhandlungen über den Handelsvertrag mit Russland, der die Interessen der ostelbischen Landwirtschaft besonders stark tangierte. Wilhelm II. war über diese Konstellation alles andere als glücklich, ließ Caprivi aber nicht fallen. Allerdings zeigte er sich höchst irritiert darüber, dass der Vertrag ausschließlich mit den Stimmen der Linksparteien und des Zentrums angenommen worden war, während die »reichstreuen

Kräfte« beiseite gestanden hatten. Er spielte mit dem Gedanken, im Gegenzug Miquel, den wichtigsten Gegenspieler Caprivis, mit einem hohen Orden auszuzeichnen. Damit hätte er dessen landwirtschaftsfreundlicher Politik in Preußen, die gleichsam die Unbill der Handelsverträge wieder ausgleichen sollte, demonstrativ seinen Segen geben können. Eulenburg brachte den Kaiser von diesem Schritt, der Caprivis Rücktritt nach sich zu ziehen drohte, in letzter Minute wieder ab.

Alle Versuche, indirekt auf Wilhelm II. einzuwirken, fruchteten am Ende nicht. Denn der Widerwille des Kaisers gegen den Reichstag und gegen alle parlamentarische Politik überhaupt steigerte sich fortwährend, und er machte sich mehr und mehr Gedanken darüber, wie man dem gewachsenen Einfluss der Volksvertretung entgegenwirken könne. Gleichzeitig war er darüber verstimmt, dass die Arbeiterschaft die von ihm eingeleitete Politik sozialer Reformen offenbar in keiner Weise honorierte, sondern in zunehmendem Maße die verhassten Sozialdemokraten wählte. Den gleichen Effekt hatten Streikbewegungen im Rheinland. Äußere Umstände kamen hinzu: Bei der Reichstags-Nachwahl in einem Hamburger Wahlkreis trug ein Sozialdemokrat spektakulär den Sieg davon. Und am 24. Juni 1894 wurde der französische Staatspräsident Sadi Carnot von einem Anarchisten ermordet. Beide Ereignisse schürten die Revolutionsangst in bürgerlichen Kreisen zusätzlich. Die Scharfmacher im Lager der Rechten heizten diese Stimmung an, unter anderem Waldersee, der nun keine Gelegenheit mehr ausließ, innerhalb der Führungselite die angebliche Nachgiebigkeit des Monarchen und der Regierung gegenüber der Linken zu rügen. Wilhelm II. hatte freilich schon vor längerer Zeit mit dem Gedanken gespielt, notfalls mit Waffengewalt gegen die Sozialisten vorzugehen. Schon bei einer Rekrutenvereidigung in Potsdam am 23. November 1891 hatte er daran erinnert, dass »die deutsche Armee [...] sowohl gegen den inneren Feind sowohl als gegen den äußeren« gerüstet sein müsse. Bei dieser Gelegenheit ließ er sich sogar dazu hinreißen, den Soldaten zu erklären: »es giebt für Euch nur einen Feind, und der ist mein Feind. Bei den jetzigen sozialistischen Umtrieben kann es vorkommen, daß ich Euch befehle, eure eigenen Verwandten, Brüder, ja Eltern niederzuschießen – was Gott verhüten möge.«[24] In den folgenden Monaten waren solche Überlegungen allerdings gegenüber der großen Idee eines zweiten »Sozialen Kaisertums« in den Hintergrund getreten, ohne jemals ganz zu verschwinden. Jetzt, da Wilhelm II. die Politik der sozialen Versöhnung als gescheitert anzusehen begann, kam der Gedanke an eine militärische Lösung der sozialen Frage wieder hoch. Am 18. Oktober 1894 ließ sich der Kaiser in der altbekannten Weise vernehmen: »Die einzige Säule, auf der unser Reich besteht, war das Heer. So auch heute.«[25]

Ausschlaggebend für die weitere Entwicklung waren freilich nicht die Staatsstreicherwägungen des Monarchen, die stets relativ unbestimmt blieben und niemals klar durchkalkuliert wurden, sondern die Haltung der konservativen Führungsschichten in Preußen. Diese setzten seit geraumer Zeit darauf, neue Maßnahmen gegen die Sozialdemokratie zu propagieren, nachdem das Sozialistengesetz gescheitert war. Darin sahen sie ein geeignetes Mittel, um die konservativen und die bürgerlichen Schichten wieder zusammenzuführen und gegen die Politik Caprivis zu mobilisieren. Als einer der wichtigsten Drahtzieher agierte Finanzminister Johannes von Miquel, der inzwischen zu der Auffassung gelangt war, dass das Reichstagswahlrecht geändert werden müsse. Er dachte daran, gegebenenfalls die Altersgrenze für die Wahlteilnahme zu erhöhen und Zusatzstimmen einzuführen. Oder man würde das Wahlrecht für das Reichsparlament gleich ganz abschaffen. Für einen solchen Schritt hoffte er auf lange Sicht sogar die Zustimmung der nationalliberalen Wählerschaft zu gewinnen.[26] Wenn Miquel in diesem Punkte zunächst behutsam vorging, dann deshalb, weil er erst die von ihm betriebene Reform der preußischen Finanzen endgültig unter Dach und Fach bringen wollte.

Im hochkonservativen Lager spekulierte man ohnehin darauf, dass sich Wilhelm II. zu einem offenen Konfliktkurs bereit finden würde, durch den die, wie man glaubte, verhängnisvolle Abhängigkeit der Reichspolitik vom Zentrum und den linken Parteien beseitigt werden könnte. Im Hintergrund spielte dabei die Tatsache eine Rolle, dass die Wählerbasis der Konservativen Partei unter den Bedingungen des allgemeinen, gleichen, direkten und geheimen Wahlrechts immer mehr schrumpfte. Daneben war es fraglos eines der Hauptmotive dieser Strategie, wie sich Axel Freiherr von Varnbühler ausdrückte, »unter dieser Parole der Abwehr staatszerstörender Elemente die konservativen grundbesitzenden Klassen unter sich und mit der Regierung wieder unter einer Fahne zu sammeln – sie wieder zu Ansehen und Einfluß zu bringen«.[27] Der preußische Ministerpräsident Botho Eulenburg, der im Grunde nicht das Stehvermögen besaß, einen politischen Kampf dieser Größenordnung tatsächlich durchzuhalten, wurde dafür gewonnen, ein neues Gesetz gegen den »Umsturz« vorzuschlagen und gegebenenfalls im Reichstag einzubringen. Falls notwendig, sollte dieses Gesetz, für das von vornherein nicht mit einer Parlamentsmehrheit gerechnet werden konnte, nach Bismarckschem Rezept durchgesetzt werden, indem man den widerspenstigen Reichstag wiederholt auflösen würde. Wilhelm II. ließ sich von der hochkonservativen Fraktion der preußisch-deutschen Herrschaftselite in Dienst nehmen und sprach sich gleichfalls für einen Konfrontationskurs aus. Er meinte, wie Holstein zu berichten wusste, »daß man den jetzigen günstigen Moment, die Angst des Bürgertums vor Dolchen und Bomben[,] benutzen müsse«.[28]

Caprivi parierte diese Strategie, die unzweifelhaft in erster Linie gegen seine Kanzlerschaft gerichtet war, zunächst geschickt: Der Reichstag, so meinte er, würde die geplanten Maßnahmen gegen Anarchismus und Sozialdemokratie keinesfalls absegnen. Daher sollten diese zunächst in Preußen verwirklicht werden, indem man die bestehenden Gesetze, insbesondere das Vereinsrecht, verschärfe. Damit hatte er den schwarzen Peter erst einmal seinem Gegenspieler Botho Eulenburg zugeschoben. Diesem gemäßigten Vorgehen stimmte anfangs auch der Kaiser zu. Aber das preußische Staatsministerium widersetzte sich diesem Vorschlag, wohl wissend, dass Wilhelm II. im Grunde eine große Lösung vorziehen würde. Alle Hebel wurden in Bewegung gesetzt, um den Monarchen umzustimmen. Philipp Eulenburg intervenierte und versuchte, entsprechend auf den Kaiser einzuwirken. Er stellte ihm vorsichtig die Positionen der verschiedenen Lager vor, gab aber gleichzeitig die Ansicht Botho Eulenburgs wieder, dass nur ein scharfes Sozialistengesetz im Reichstag »die dringend not-

wendige Handhabe« gegen »die Anarchisten- und Sozialisten-
gefahr« bieten könne. Auf diesem Wege gelang es, Wilhelm II.
davon zu überzeugen, »daß die Sache im Reiche in Angriff genommen und unbedingt durchgeführt werden müsse«. Der
Kaiser fügte hinzu, er »sei sich der ganzen Tragweite der Sache bewußt, aber entschlossen, sie durchzuführen«.[29] Man
war sich also von vornherein darüber im Klaren, dass Caprivi
eine solche Politik wahrscheinlich ablehnen würde und daher
ein neuer Reichskanzler gefunden werden müsse.

Zunächst hatte Caprivi keine Chance, gegen diese Intrige
anzukommen, zumal der Monarch sich in einer Rede vom
6. September 1894 in Königsberg ziemlich offen und unver-
blümt auf einen Konfliktkurs festlegte. Wilhelm II. sprach vom
»ernsten Kampf wider die Bestrebungen, die sich gegen die
Grundlage unseres staatlichen und gesellschaftlichen Lebens
richten«. Auch der ostpreußische Adel sei hier zum Handeln
aufgerufen. »Auf zum Kampfe für Religion, für Sitte und Ordnung, gegen die Parteien des Umsturzes.«[30] Am 5. Oktober
1894 führte Caprivi dem Monarchen in einem Immediatvor-
trag auf Schloss Hubertusburg jedoch eindringlich vor Augen,
wie gefährlich es sei, ein Gesetz gegen die Sozialdemokratie
mit einem Staatsstreich durchsetzen zu wollen, und erklärte
für diesen Fall seinen Rücktritt. Vergebens suchte Wilhelm II.
den Kanzler zum Bleiben zu bewegen, indem er geltend machte,
dass dessen militärischer Eid Gehorsam dem Souverän gegenüber gebiete. Denn vor dem Äußersten, nämlich den Kanzler
auszutauschen, schreckte Wilhelm II. dann doch zurück. Unter diesen Umständen schien sich zunächst die von Caprivi an-
geregte moderate Linie durchzusetzen, die vorsah, das bestehende Recht so gut es ging zu verschärfen. Selbst Miquel, der
einer der Scharfmacher hinter den Kulissen gewesen war, gab
sich nun überraschend gemäßigt. Er ließ verlauten, die öffentliche Meinung der gebildeten und besitzenden Klassen sei
noch nicht so weit geklärt, dass man einen Staatsstreich gut-
heißen könne. Daher neigte er zu einem eingeschränkten Gesetz, »bis die große Mehrzahl der Gebildeten strengere Maßnahmen billige«.[31]

Die Dinge hätten also noch eine Weile so weitergehen können. Als aber Caprivi in einem offiziösen Presseartikel in der

»Kölnischen Zeitung« erklären ließ, dass der Kaiser hinter seinem Kurs stehe, fühlte sich dieser einseitig festgelegt und zugleich vor Botho Eulenburg und dem preußischen Staatsministerium bloßgestellt. Die konservative Intrige, die schon fast gescheitert war, kam auf diese Weise doch noch zum Ziel, freilich mit der Einschränkung, dass nicht nur Caprivi, sondern auch Botho Eulenburg zum Rücktritt gezwungen und der Verschwörung damit die Spitze abgebrochen wurde. Der Kaiser stand mit leeren Händen da, das Experiment, unter kaiserlicher Ägide in Preußen konservativ, im Reiche hingegen mit den Mittelparteien zu regieren, war erfolglos geblieben. Im Grunde hatte sich der Kaiser, im Glauben, selbst die Fäden in der Hand zu halten, von einem konservativen Komplott einfangen lassen. Den Intriganten war es im Wesentlichen darum gegangen, die konservativen Parteien zu retten, die ihre traditionelle soziale Basis im Zuge der industriellen Entwicklung und der unterschwelligen Demokratisierung der Gesellschaft zu verlieren drohten. Die sozialistische Revolution war dabei lediglich ein Propagandagebilde, an das selbst sie nicht recht glaubten.

Das Fiasko der kaiserlichen Selbstherrschaft
1894–1897

Das Verhältnis Wilhelms II. zu Caprivi hatte sich schon seit geraumer Zeit verschlechtert. Der Monarch missbilligte die Widerborstigkeit des Kanzlers und klagte, dieser gehe ihm auf die Nerven. Im Grunde war er jedoch nicht geneigt gewesen, Caprivi bereits in nächster Zeit gehen zu lassen. Im Gegenteil, er hatte angenommen, dass dieser sich am Ende in die Situation fügen werde. Hinter den persönlichen Spannungen zwischen Kaiser und Kanzler standen jedoch grundsätzliche Differenzen über den künftigen politischen Kurs in Preußen und im Reiche. Wilhelm II. war, ohne dies selbst zu erkennen, gleichsam zur Beute des hochkonservativen Lagers geworden. Dieses konnte sich nichts sehnlicher wünschen als ein scharfes Vorgehen gegen die Sozialdemokraten. Bei Lage der Dinge musste das mit einiger Wahrscheinlichkeit zu einem massiven Konflikt mit dem Reichstag und einem anschließenden Staatsstreich führen, in dessen Folge das Wahlrecht für das Reichsparlament voraussichtlich an das preußische Dreiklassenwahlrecht angeglichen worden wäre. Dabei ließ sich die diffuse Revolutionsangst im Bürgertum als Ansatzpunkt nutzen; interessierte Kreise, unter anderem der saarländische Großindustrielle Karl Ferdinand von Stumm-Halberg, schürten die Furcht vor den Sozialisten nach Kräften. Überdies trugen die Sozialdemokraten selbst dazu bei, dass sich Wilhelm II. erneut mit dem Gedanken an ein verschärftes Sozialistengesetz trug, das gegebenenfalls mit Gewalt durchgesetzt werden müsse. Sie polemisierten massiv gegen die monarchische Selbstherrschaft und übten, unter anderem im »Vorwärts«, ätzende Kritik an der Idealisierung des Kaisertums, etwa als in Berlin ein Denkmal für Wilhelm I. errichtet wurde. Der Kaiser reagierte mit düsteren Andeutungen über den Kampf gegen die Kräfte des Umsturzes.

Caprivi hatte durch seinen Rücktritt, der unter den gegebenen Umständen auch seinen Widersacher, den preußischen Ministerpräsidenten Botho Eulenburg, mit sich riss, zunächst einmal das Schlimmste verhindert. Aber Wilhelm II. war weiterhin entschlossen, gegen die Sozialdemokratie und den widerspenstigen Reichstag vorzugehen, koste es was es wolle. Er plante daher, ein weitreichendes Umsturzgesetz nach Bismarckschem Vorbild einzubringen. Im Hintergrund tauchte zusätzlich die Idee auf, das Parlament auf dem Feld der Rüstungspolitik durch ein großes Schlachtflotten-Projekt herauszufordern, wie dies in vergleichbarer Weise auch der Großvater des Monarchen im preußischen Verfassungskonflikt getan hatte. Dafür schienen die Zeichen günstig zu stehen. Nachdem Bismarck feierlich in Berlin empfangen worden war und das Kaiserpaar ihn anschließend in Friedrichsruh besucht hatte, waren die Spannungen zum großen Ex-Kanzler etwas abgeklungen, dessen Popularität ungebrochen war und sogar noch zunahm.

Die besonneneren Elemente in der konservativen Kamarilla um den Monarchen waren sich jedoch darüber im Klaren, wie gefährlich es sein konnte, die Reichspolitik vorzeitig auf einen offenen Kampfkurs gegen den Reichstag einschwenken zu lassen. In diesem Falle drohte womöglich eine vollständige Niederlage der Krone. Dann aber wäre der Übergang zu einem parlamentarischen Regiment unvermeidlich, oder doch zumindest zu einer rein konstitutionellen Regierungsform, die den Reichstagsparteien ein hohes Maß an politischer Mitsprache einräumen würde. Das aber wollte die preußisch-deutsche Führungselite unbedingt verhindern, weshalb für den Augenblick ein behutsames Vorgehen angesagt war. Die Hohenzollernmonarchie genoss – ungeachtet der Velleitäten des gegenwärtigen Herrschers – in der Bevölkerung ein beträchtliches Ansehen, und gleichzeitig war der monarchische Gedanke immer mehr mit der Idee des Nationalstaates verschmolzen. In der Tat sprach viel dafür, die auf breite Schichten gestützte Nationalmonarchie gegen das westliche Modell des Parlamentarismus auszuspielen, wie dies Friedrich Naumann in seinem viel gelesenen Buch über »Demokratie und Kaisertum« tat. Der Monarch mitsamt seinen verfassungsmäßigen Prärogativen, die mit einem parlamentarischen Regiment prinzipiell nicht zu vereinbaren waren, boten sich als ideales Instrument an, um die bestehende Ordnung gegenüber den demokratischen Strömungen zu immunisieren. Das erschien umso notwendiger, als ein parlamentarisches System womöglich mit einer absoluten Mehrheit der Sozialdemokratie im Reichstag einhergehen würde. Der Blick auf den Trend der letzten Wahlergebnisse zeigte, wie wahrscheinlich eine solche Entwicklung war. In Sachsen, der Hochburg der Sozialdemokratie, herrschte bereits fast ein solches Kräfteverhältnis. Auch die Bundesfürsten konnten gegenüber diesen Problemen nicht gleichgültig bleiben. Ihre Existenz, und in gewissem Sinne das föderative System des Reiches überhaupt, hingen auf längere Sicht davon ab, dass das bestehende halbkonstitutionelle System erhalten blieb.

Aus zahlreichen Gründen schien es also geraten, die Machtstellung des Kaisers zu bewahren und womöglich zu einer personalplebiszitär strukturierten Monarchie auszubauen. Allerdings entsprach Wilhelm II. in vieler Hinsicht nicht dem Idealbild eines populären Herrschers. Im Gegenteil bestand weiterhin der Eindruck, dass der am monarchischen Gedanken orientierte Kurs durch das »persönliche Regiment« Wilhelms II. und sein Auftreten in der Öffentlichkeit eher belastet als gefördert werde. Friedrich von Holstein beispielsweise war mehr und mehr davon überzeugt, dass die beständigen Übergriffe in den Gang der Regierungsgeschäfte auf Dauer zu einer Katastrophe führen würden, wenn man ihnen nicht energisch Einhalt gebiete. Auch Großherzog Friedrich I. von Baden betrachtete die Entwicklung in Berlin mit wachsender Besorgnis.

Im Zentrum der Macht, dem engeren Umfeld Wilhelms II., war man jedoch umgekehrt bestrebt, das »persönliche Regiment« stufenweise auszubauen und dafür die günstige Konstellation nach dem Abgang des störrischen Militärs Caprivi zu nutzen. Dieser war, so meinte man, dem Reichstag immer wieder viel zu weit entgegengekommen. Die Schlüsselfigur in diesem Spiel war Philipp Eulenburg: Dank seines großen Einflusses auf Wilhelm II. und eines weit gespannten Netzes an persönlichen Beziehungen hielt er alle Fäden in der Hand. Eulenburg sah jedoch vergleichsweise klar, dass man behutsam und Schritt für Schritt vorgehen musste, wenn man eine Nationalmonarchie schaffen wollte, die sich wesentlich auf die Person des Kaisers und dessen verfassungsrechtliche Stellung stützen würde. Verfassungskämpfe mit dem Reichstag müssten daher vorerst vermieden werden; die politischen Verhältnisse sollten sich zunächst einmal beruhigen.

Philipp Eulenburg hatte bereits seit längerem seinen Freund Bernhard von Bülow als künftigen Kanzler ausgespäht. Dieser, so glaubte er, könnte das »persönliche Regiment« zum Guten wenden und eine im Wortsinne konservative Herrschaft in Preußen und im Reich wiederherstellen. Aber Bülow dürfe nicht zu früh in die Mühlen der politischen Auseinandersetzungen geworfen und dadurch vorzeitig verbraucht werden. Auch Bülow selbst sah das so; er hielt den Zeitpunkt, von seinem ruhigen Außenposten als Botschafter in Rom zurückzukehren, noch nicht für gekommen. Schon vor dem Sturz Caprivis hatte er Philipp Eulenburg seine Ansicht übermittelt: »Je langsamer eventuell die Schwenkung vor sich geht – und je mehr ›von Fall zu Fall‹ – um so besser für Zukunft und Ansehen Seiner Majestät.«[1] Das traf sich mit den Interessen von Großherzog Friedrich I. von Baden, der den Vorschlag ins Spiel brachte, Chlodwig Fürst zu Hohenlohe-Schillingsfürst als Nachfolger Caprivis zu berufen. Auf diese Weise, so hoffte Friedrich I., könnte man die innenpolitischen Wogen glätten und der »Reichsverdrossenheit« in Süddeutschland entgegenwirken.

So kam es einigermaßen überraschend zur Ernennung des süddeutschen Hocharistokraten Chlodwig Fürst zu Hohenlohe-Schillingsfürst, der lange Jahre Statthalter in Elsass-Lothringen gewesen war, zum Reichskanzler. Hohenlohe erfüllte in hervorragender Weise die Kriterien, die Philipp Eulenburg für den neuen Regierungschef aufgestellt hatte: Man brauche einen Mann, der als Übergang zu einem anderen, den man noch finden müsse, gelten könne. Er sollte weder konservativ noch liberal, weder ultramontan noch fortschrittlich, weder kirchlich noch atheistisch sein, mit anderen Worten: möglichst farblos.[2] Hohenlohe schien dazu prädestiniert, als Galionsfigur des Reichsschiffs zu dienen und den ehrgeizigen Plänen des Kaisers, der nunmehr sein eigener Steuermann sein wollte, freie Bahn zu verschaffen, zumal ihm ein persönlicher politischer Ehrgeiz weitgehend abging. Andererseits aber konnte Hohenlohe kraft seines politischen Profils zunächst einmal nach allen Seiten hin ausgleichend wirken, auch gegenüber dem ganz wesentlich vom Zentrum beherrschten Reichstag. Hohenlohe war ein Aristokrat aus alter Familie; ein deutscher Whig gleichsam, von liberal-konservativer Gesinnung, der namentlich in Süddeutschland über hohes Ansehen verfügte. Insofern war er gut geeignet, das liberale Feigenblatt für die reaktionären Pläne Wilhelms II. abzugeben. Allerdings hatte Hohenlohe selbst große Bedenken, ob er für das Amt geeignet sei. Dabei spielte insbesondere sein hohes Alter von fünfundsiebzig Jahren eine Rolle.[3] Aber die Kamarilla focht das nicht an; im Gegenteil, sie sah darin einen Vorteil, da Hohenlohes Kanzlerschaft ohnehin nur als Interimslösung gedacht war. Es bedurfte einigen Zuredens, bevor der Fürst sich bereit fand, das Amt zu übernehmen. Auch hatte ihm der Kaiser eine zusätzliche Apanage von 120 000 Mark jährlich aus Mitteln der Krone zugesichert (ein unkonventionelles Verfahren, das ein beträchtliches Maß an Abhängigkeit von Wilhelm II. begründete).

Dass die Kanzlermacher Hohenlohe dazu benutzen wollten, um das »persönliche Regiment« des Kaisers schrittweise durchzusetzen, bedeutete natürlich auf der anderen Seite, dass man Wilhelm II. in vieler Hinsicht freie Hand lassen musste. Eulenburg und Bülow waren indes zuversichtlich, dass es möglich sein würde, dem Kaiser in den entscheidenden politischen Fragen die Richtung vorzugeben. Kurzfristig ging es darum, die innenpolitische Krise beizulegen. Die Parteien im Reichstag waren Wilhelm II. gegenüber äußerst gereizt, und auch innerhalb der hohen Bürokratie zeigte man sich irritiert über die Alleingänge des Monarchen und seine extreme Sprunghaftigkeit. Das Fernziel bestand darin, die Selbstherrschaft des Monarchen auszubauen und unter geeigneten Beratern in eine stabile Bahn zu lenken. Bernhard von Bülow war nicht blind gegenüber den Fehlern Wilhelms II., aber doch zuversichtlich, mit ihm umgehen zu können: »Ich sehe die Klippen in der Natur Seiner Majestät; ich sehe aber vor allem Seine vielen herrlichen Eigenschaften. Redlichstes Wollen, rascheste Auffas-

76

sung, warmes Herz und kalter Kopf, Mut, der Instinkt für das Große und Gute. Die vielfach vorhandene Unzufriedenheit, welche ich nicht leugnen will, richtet sich mehr gegen das ›Wie‹ als gegen das ›Was‹ in den Handlungen des Kaisers. Nach und nach werden sich Kaiser und Nation schon in einander einleben [...]. Ich glaube auch durchaus nicht, daß sich die Monarchie überlebt hat. Eher hat der Parlamentarismus abgewirtschaftet.«[4] Bülow schwebte eine Politik vor, die »Imperium« und »Libertas« unter monarchischen Vorzeichen schrittweise und in neuer Form miteinander versöhnen würde.[5]

Nach Eulenburgs Vorstellungen sollte Bülow dieses Projekt zunächst als Staatssekretär des Äußeren, später als Reichskanzler vorantreiben. Eulenburg selbst wollte weiterhin die Schlüsselfunktion des persönlichen Vertrauten von Wilhelm II. im Hintergrund wahrnehmen. Bülow empfahl sich in pathetischen Worten für die neue Aufgabe: »Ich wäre ein anderer Reichskanzler wie die bisherigen. Bismarck war eine Macht für sich, Pipin, Richelieu. Caprivi und Hohenlohe fühlten und fühlen sich doch als Vertreter des ›Gouvernements‹ und bis zu einem gewissen Grade des Parlaments seiner Majestät gegenüber. Ich würde mich als ausführendes Werkzeug Sr. Majestät betrachten, gewissermaßen als sein politischer Chef dcs Stabes. Mit mir würde im guten Sinne, aber tatsächlich ein persönliches Regiment beginnen.«[6] Vorerst war es allerdings noch zu früh, um ein weitreichendes Revirement an der Spitze der Reichsleitung vorzunehmen. Freilich wandte Philipp Eulenburg bereits jetzt seine ganze Beredsamkeit auf, um den Kaiser von den Qualitäten Bülows als seines hoffnungsvollen Zukunftskanzlers zu überzeugen. Wilhelm II. war vollkommen einverstanden: »Bülow soll mein Bismarck werden, und wie der mit Großpapa nach außen Deutschland zusammenschmetterte, so wollen wir beide im Innern den Wust von Parlamentarismus und Parteischablone reinigen.«[7] Der Kaiser hätte Bülow lieber früher als später berufen. Aber dafür war die Zeit noch nicht reif.

Ganz im Gegenteil, vielmehr musste die Situation erst einmal beruhigt werden, und eben dies wurde von Hohenlohe erwartet. Er sah seine Aufgabe vor allem darin, das Misstrauen, das in den Parteien und in der Öffentlichkeit gegenüber der Regierung und Wilhelm II. persönlich entstanden war, behutsam wieder abzubauen, ohne doch ernstliche Konzessionen an den Reichstag zu machen. Von den Staatsstreichplänen, die am kaiserlichen Hofe gehandelt wurden und die die Reichseinheit ernstlich zu gefährden drohten, distanzierte sich der neue Kanzler von vornherein. Mit ihm sei eine Politik, die zum direkten Zusammenstoß mit dem Parlament führen würde, nicht zu machen. Von gesetzlichen Kampfmaßnahmen gegen die Sozialdemokratie, die unvorhersehbare Weiterungen nach sich ziehen konnten, wollte er daher nichts wissen. Das betraf etwa den Plan, gegen Wilhelm Liebknecht, der beim »Kaiserhoch« während der Eröffnung des Reichstages sitzen geblieben war, ein Verfahren wegen Majestätsbeleidigung einzuleiten, oder den Vorschlag, ein spezielles Gesetz zum Schutze des Ansehens verstorbener regierender Fürsten im Reichstag einzubringen. Hohenlohe wandte sich schon deshalb gegen diese Initiativen, weil er vorhersah, dass sie kläglich scheitern würden: »Einschreiten gegen die Sozialdemokratie ist nötig, aber nur dann, wenn sie Anlaß dazu gibt. Gesetze gegen die Sozialdemokratie helfen nichts. Sie führen zum Konflikt mit dem Reichstag, zur Auflösung und zum partiellen Staatsstreich und verstärken die Macht und den Einfluß der Sozialdemokratie. Wollen E. M. eine solche Politik befolgen, so habe ich nichts dagegen zu bemerken. Aber mitmachen werde ich sie nicht, und in diesem Fall werden E. M. besser tun, einen General zum Reichskanzler zu ernennen. [...] Ich bin berufen worden, um Beruhigung zu schaffen, nicht aber um Konfliktspolitik zu treiben.«[8] Hohenlohe war allerdings nicht willens, Wilhelm II. frontal entgegenzutreten, sondern suchte beständig nach Kompromissen und Auswegen, zumal er den Charakter des Kaisers richtig einschätzte. »Er ändert sich doch nicht«, meinte der Kanzler gelegentlich.

In jedem Fall besaß Hohenlohe nicht die Härte und das Stehvermögen, die nötig waren, um Wilhelm II. von seinen Lieblingsprojekten ein für alle Mal abzubringen. Er verlegte sich vielmehr auf die Strategie, Streitigkeiten auszuweichen und die Gesetzgebungsvorhaben des Kaisers dilatorisch zu behandeln. Obwohl Holstein ihn bestürmte, gegenüber Wilhelm II. fest zu bleiben, widersetzte er sich auch nicht der Berufung einer

78

ganzen Reihe von neuen Ministern, die dem Monarchen persönlich genehm waren. Sie sollten die Projekte, die an Caprivis Widerstand gescheitert waren, in irgendeiner Weise unter Dach und Fach bringen, insbesondere eine Umsturzvorlage gegen die Sozialdemokratie sowie neuerdings eben jene Richtlinie, mit der man das Andenken von Wilhelm I. schützen wollte. Allen voran stand dabei Ernst Matthias von Köller, der zum preußischen Innenminister ernannt wurde. Dieser sah seine Aufgabe im Wesentlichen darin, den von Wilhelm II. gewünschten scharfen Kurs gegen die Sozialdemokratie und die Linke überhaupt im Gesetzgebungsprozess durchzusetzen. Auf der Tagesordnung stand außerdem die längst überfällige Reform der Militärgerichtsordnung, die vom Reichstag dringlich eingefordert wurde.

Obwohl sich Hohenlohe in allen diesen Fragen dem Äußersten widersetzte, brachte er es doch nicht fertig, Wilhelm II. energisch entgegenzutreten, geschweige denn darauf zu drängen, dass die unverantwortlichen militärischen Berater in der Umgebung des Monarchen entfernt würden. Im entscheidenden Augenblick schreckte er immer wieder davor zurück, einen Konflikt mit dem Monarchen zu riskieren: »Am Ende gehe ich lieber ab, als mit dem Kaiser in einem unfreundlichen Verhältnis zu regieren.«[9] Bei anderer Gelegenheit meinte er, man müsse »den Kaiser nehmen, wie er ist«.[10] Unter dem Deckmantel von Hohenlohes Kanzlerschaft konnte sich das »persönliche Regiment« somit nahezu ungehemmt austoben.

Jedoch ging dies nicht ohne schwere Verwerfungen innerhalb des preußischen Staatsministeriums vonstatten. Stein des Anstoßes war die Reform des antiquierten preußischen Militärstrafrechts aus dem Jahre 1845. Kriegsminister Paul Bronsart von Schellendorf hatte in Abstimmung mit Hohenlohe dem Staatsministerium den Entwurf einer neuen Militärgerichtsordnung vorgelegt. Dieser enthielt unter anderem das Prinzip der öffentlichen Verhandlung, wenn auch unter bestimmten Kautelen. Einmal mehr von seinem militärischen Umfeld beeinflusst, lief Wilhelm II. gegen die Öffentlichkeit der Gerichtsverhandlungen Sturm und stellte diese Frage auf eine Ebene mit den Kämpfen um die dreijährige Dienstpflicht im preußischen Verfassungskonflikt. Keinesfalls wollte er die Ausübung der »kaiserlichen Kommandogewalt« in diesem wichtigen Punkt der Kontrolle des Reichstags oder anderer parlamentarischer Gremien ausliefern. In einer Reihe von deutschen Bundesstaaten galten freilich bereits analoge Bestimmungen, und Hohenlohe selbst hatte seinerzeit ein ähnliches Gesetz in Bayern zur Annahme gebracht. Außerdem stand er dem Reichstag gegenüber im Wort, dem er zugesagt hatte, dass demnächst eine »zeitgemäße Militärstrafprozeßordnung« vorgelegt werde. Eine einvernehmliche Lösung des Problems war nicht in Sicht, obwohl die Staatsminister in geheimen Beratungen – mit Ausnahme des Innenministers Köller – einhellig meinten, dass es unmöglich sei, unter den obwaltenden Umständen eine Gesetzesvorlage einzubringen, die nicht die Öffentlichkeit der Verhandlungen gewähre. Die Situation wurde noch dadurch zusätzlich verschärft, dass Köller die militärische Umgebung des Monarchen wissen ließ, nur er habe sich im Staatsministerium, den Wünschen des Kaisers gemäß, gegen das Öffentlichkeitsprinzip gewandt. Diese Indiskretion wurde von den anderen Ministern als grobe Verletzung der Kollegialität betrachtet und führte mit einigem Recht dazu, dass das Staatsministerium geschlossen gegen Köller vorging: Wenn dieser nicht zurücktrete, werde man kollektiv um seine Entlassung nachsuchen. Die Erregung des Kaisers war ungeheuer; für ihn war das eine unverzeihliche Insubordination seiner Minister, die mit den preußischen Traditionen keinesfalls vereinbar sei. Er entlasse seine Minister selbst, erklärte er. Konfrontiert mit der Gefahr, in einer kritischen Situation Hohenlohe und mit ihm sämtliche Minister zu verlieren, musste er sich jedoch fügen und das Rücktrittsgesuch Köllers annehmen – nicht ohne diesen ostentativ seines Wohlwollens zu versichern und ihm einen hohen preußischen Orden zu verleihen.

Dass Köller zum Rücktritt gezwungen wurde, kam einer schweren Demütigung Wilhelms II. gleich, die ihm die Grenzen seines persönlichen Regierungsstils hätte deutlich machen können. Gleichwohl ging von dieser Krise keine reinigende Wirkung aus. Im Gegenteil, Hohenlohe zog, nicht zuletzt unter den beständigen Einflüsterungen Eulenburgs, die umgekehrte Schlussfolgerung, dass man den Kaiser nicht nochmals in eine solche Zwangslage bringen dürfe. Er blieb daher bei seiner dilatorischen Strategie und ließ den anderen Gesetzgebungsvorhaben des Monarchen, guten Teils wider besseres Wissen, freien Lauf. Auch ließ er es zu, dass der Kaiser in der Folge den Kriegsminister Bronsart von Schellendorf und auch den Innenminister Karl Heinrich von Boetticher entließ und fügsame Naturen an ihre Stelle setzte. Marschall von Bieberstein wurde einstweilen in seinem Amt als Staatssekretär des Äußeren belassen, obwohl der Kaiser argwöhnte, dass dieser die Köller-Rebellion inszeniert habe. Insgesamt lässt sich festhalten, dass Hohenlohe darauf verzichtete, in einer Frage, in der er sachlich vollkommen auf der richtigen Seite stand, den offenen Kampf mit dem Monarchen und dessen Umgebung aufzunehmen. Die Warnungen Holsteins, der mittlerweile ganz in das Lager der Kritiker der kaiserlichen Selbstherrschaft übergewechselt war, verhallten im Leeren. Eulenburg hingegen hatte nur im Sinne, die Chancen für den Übergang zu einem »persönlichen Regiment« im »guten Sinne« nicht durch einen Konflikt mit dem Monarchen zu verpatzen. Daher kam es nun zu einer Serie von Gesetzesvorlagen, die von den zuständigen Fachministern nur deshalb eingebracht wurden, weil dies den Wünschen Wilhelms II. entsprach. Die Ressortchefs selbst hegten erhebliche Zweifel daran, dass sich diese Initiativen politisch durchsetzen ließen.

Die »Umsturzvorlage«, genauer der »Entwurf eines Gesetzes betreffend Änderungen und Ergänzungen des Strafgesetzbuchs, des Militärstrafgesetzbuchs und des Gesetzes über die Presse«, auf dem der Kaiser hartnäckig bestanden hatte, kam am 17. Dezember 1894 vor den Reichstag. Das Gesetz bestand aus einem Bündel von sehr unterschiedlichen Straftatbeständen. Gedacht war es als Ersatz für ein Ausnahmegesetz gegen die Sozialdemokratie im Rahmen des geltenden Rechts. Die Novelle sah unter anderem für alle »auf den gewaltsamen Umsturz der bestehenden Staatsordnung« gerichteten Bestrebungen Strafen von bis zu fünf Jahren Zuchthaus vor. Darüber hinaus sollten auch alle diejenigen Handlungen, die »in einer den öffentlichen Frieden gefährdenden Weise die Religion, die Monarchie, die Ehe, die Familie oder das Eigentum durch beschimpfende Äußerungen« öffentlich herabsetzten, mit Geld- oder Haftstrafen geahndet werden. Die Umsturzvorlage – ihre

Bezeichnung ging auf die Rede des Kaisers am 6. September 1894 in Königsberg zurück – war eine Ausgeburt behördlicher Phantasie, um flächendeckend nicht nur die sozialdemokratische Agitation, sondern überhaupt alle Angriffe auf die bestehende Ordnung und deren tragende Prinzipien strafrechtlich verfolgen zu können. Dabei waren die vorgesehenen Richtlinien so weit gefasst, dass sie der Willkür Tür und Tor geöffnet hätten.

Eine öffentliche Rede des saarländischen Industriellen Karl Ferdinand von Stumm-Halberg, der, wie allgemein bekannt war, Wilhelm II. nahe stand, verschärfte die ohnehin gespannte Atmosphäre noch zusätzlich. Stumm-Halberg begrüßte die Umsturzvorlage ausdrücklich und fügte hinzu, dass sie nicht nur gegen die Sozialdemokraten angewendet werden sollte, sondern auch gegen jene Hochschullehrer, die als »Kathedersozialisten« mit ihren sozialpolitischen Ideen die Agitation der Linken unterstützten. Hinzu kam, dass das Zentrum in der Reichstagskommission vorschlug, die Strafbestimmungen des Gesetzes auch auf öffentliche Äußerungen anzuwenden, welche die Lehrmeinungen der christlichen Kirchen in Zweifel zogen. Das gab dem Entwurf den Rest. Nach einem ungeheuren Sturm des öffentlichen Protestes, dem sich auch die Nationalliberalen nicht entziehen konnten, wurde die Umsturzvorlage mit großer Mehrheit abgelehnt. Das Fiasko der »persönlichen Politik« des Monarchen schien vollkommen. Hohenlohe hatte das insgeheim vorausgesehen, ohne es doch abwenden zu können oder zu wollen.

Dennoch bestand der Monarch auch weiterhin hartnäckig auf zusätzlichen Strafinstrumenten gegen die angebliche oder wirkliche Gefahr durch die Sozialdemokraten. Einen Ausweg bot die Neugestaltung des Vereinsrechts in Preußen, mit der man ursprünglich nur das – durch die Zeitläufte überholte – Verbindungsverbot zwischen politischen Vereinen hatte aufheben wollen. Nun sollte die Vorlage die Polizeibehörden dazu ermächtigen, alle Vereine zu verbieten und alle Versammlungen aufzulösen, die die öffentliche Sicherheit und insbesondere die Sicherheit staatlicher Einrichtungen gefährdeten oder den öffentlichen Frieden beeinträchtigen konnten. Unter den obwaltenden Umständen war es jedoch selbst in Preußen nicht mehr möglich, ein derartig globales »Ermächtigungsgesetz« durchzusetzen. Auch die traditionell weit stärker nach rechts ausgerichteten preußischen Nationalliberalen wollten sich nämlich nicht in Widerspruch zur öffentlichen Meinung bringen. Ein Nachzügler in dieser Kategorie repressiver Gesetzgebung sollte 1898 die »Zuchthausvorlage« sein. Mit ihr wollte man das Streikpostenstehen unterbinden und jeden mit Zuchthaus bestrafen, der zum Streik anreizte. Auch dieser Entwurf fiel im Reichstag mit sehr großer Mehrheit durch. Er markierte das unrühmliche Ende einer Periode völlig steriler »persönlicher Politik« Wilhelms II.

Die Stimmung des Kaisers gegenüber dem Parlament und den Parteien verschlechterte sich unter diesen Vorzeichen immer mehr. Noch entschiedener als bisher dachte Wilhelm II. daran, die Dinge in der Weise auszufechten, dass der Reichstag mehrmals hintereinander aufgelöst und anschließend das Wahlrecht geändert werden würde. Holstein berichtete besorgt, dass »die Reichsstreichstimmung in der kaiserlichen Umgebung täglich an Intensität« gewinne, »höchstens mag vielleicht der elende Lucanus [der Chef des Kaiserlichen Zivilkabinetts] noch zivilistische Zweifel haben […]«.[11] Zu diesem Schritt kam es jedoch nicht, zum einen, weil auch Philipp Eulenburg und Bülow einen extremen Kampfkurs zur Zeit für unmöglich hielten, zum anderen, weil sich Hohenlohe entschieden weigerte, einer solchen Politik die Hand zu reichen. In dieser Haltung wurde er durch den badischen Großherzog bestärkt, der in der Kanzlerschaft Hohenlohes eine Garantie dafür sah, dass die Situation nicht eskalieren würde. Friedrich I. von Baden rühmte die »Selbstlosigkeit« des Kanzlers, der ungeachtet immer neuer Demütigungen und willkürlicher Aktionen an seiner Stellung festhalte: »Ihre Anwesenheit in Ihrem hohen Amte wird als eine Gewähr betrachtet, gegenüber den zunehmenden Befürchtungen weiter Kreise im deutschen Reiche, daß die feste Grundlage desselben erschüttert werden könnte.«[12]

Aber im Grunde war dies das Gegenteil von konstruktiver Politik. Holsteins Warnungen waren nur zu begründet: Wenn man dem Kaiser freien Lauf lasse, würde er die Wirklichkeit immer mehr aus den Augen verlieren und sich in irreale Visionen verstricken. Die verantwortlichen Männer waren sich in ihrer großen Mehrzahl im Grunde einig darüber, dass eine Politik des Staatsstreichs im Moment keinerlei reale Erfolgsaussichten besaß und womöglich, wie Holstein pointiert argumentierte, mit einem »Jena« des Kaisers enden könnte. Und auch wenn man in der Öffentlichkeit weiterhin mit Sorge beobachtete, dass die Sozialdemokratie beständig anwuchs, so war hier doch keinerlei Unterstützung für eine Konfliktpolitik zu finden, die zu einem neuen Reichstagswahlrecht geführt hätte, ähnlich wie dies gerade eben in Sachsen geschehen war. Im Gegenteil, das System der allgemeinen, gleichen, direkten und geheimen Wahl galt weithin als fest etabliert. Der wiederholt im Reichstag eingebrachte Antrag des »freisinnigen« Abgeordneten Rickert, der das Prinzip der geheimen Stimmabgabe durch Abstimmungszellen und Wahlumschläge effektiv gestalten wollte, traf auf nahezu einhellige Unterstützung, obwohl die Reichsleitung den Entwurf bislang immer wieder auf Eis gelegt hatte.[13]

Jeder Versuch, am Wahlrecht zu rütteln, wäre unter diesen Umständen auf großen Unwillen gestoßen. Die Karte des Staatsstreichs stach einfach nicht, zumal auch nicht damit zu rechnen war, dass die regierenden Fürsten und die bundesstaatlichen Regierungen ihm zustimmen würden. Insofern bewegte sich Wilhelm II. in einer fiktiven Welt, umgeben von einer Entourage der Ja-Sager, welche die politische Wirklichkeit ebenfalls mehr und mehr aus den Augen verloren hatte. Holstein traf den Nagel auf den Kopf, als er gegenüber Eulenburg meinte, die »Hauptgefahr in dem Leben Kaiser Wilhelms II.« bestehe darin, »daß er absolut unbewußt ist und bleibt der Wirkungen, welche sein Reden und Tun auf Fürsten, Menschen und Massen hervorbringt. Dieser Gefahr entgegenzuarbeiten, diese Wirkungen so viel wie möglich zu neutralisieren, wird die Lebensaufgabe einer jeden Regierung Wilhelms II. sein müssen.«[14] Aber es fehlte an Persönlichkeiten, die bereit waren, genau das zu tun. Was Eulenburg anging, so glaubte er umgekehrt, dass man dem Monarchen so weit wie möglich entgegenkommen müsse, damit dieser sich nicht aufrege und eine harmonische Atmosphäre möglich sei. Hohenlohe wiederum hatte weder die Kraft noch den Willen, sich dem Kaiser wirksam in den Weg zu stellen.

Auf einem anderen Feld operierte Wilhelm II. etwas erfolgreicher, nämlich dem Projekt des Baus einer großen Schlachtflotte, mit dem er sich seit 1895 beschäftigte. Dabei stand er nicht zuletzt unter dem Einfluss des berühmten Werkes von Alfred Mahan, »The Influence of Sea Power Upon History«. Dem amerikanischen Militärhistoriker zufolge bestand die wesentliche Voraussetzung für den Großmachtstatus eines Landes darin, dass dieses über adäquate Marinestreitkräfte verfüge. Wilhelm II. sah hier eine weitere Möglichkeit, dem Reichstag gegenüber auf Kollisionskurs zu gehen. Er trug sich mit dem Gedanken, die Politik seines Großvaters im preußischen Verfassungskonflikt auf dem Gebiet der Seerüstung des Deutschen Reiches zu wiederholen.[15] Die Schlachtflotte sollte, unabhängig von allen Eingriffen des Reichstages, ein von Gott durch das Haus Hohenzollern geschenktes Instrument sein, um Deutschland zur See voranzubringen.[16] Dazu ließ sich die aufkommende Begeisterung in der deutschen Gesellschaft für eine kraftvolle überseeische Expansionspolitik, die der Monarch mit feinem Gespür wahrnahm, wirkungsvoll einspannen.

Die hochfliegenden Pläne für den Bau einer deutschen Schlachtflotte, die der Kaiser mit Unterstützung des Chefs des Kaiserlichen Marinekabinetts, Admiral von Senden-Bibran, entwickelte, stießen bei den zuständigen Ministerien zunächst auf keinerlei Gegenliebe. Weder der Reichskanzler noch der Staatssekretär des Äußeren hielten ein derart weitreichendes Projekt für realisierbar oder auch nur für außenpolitisch zweckmäßig, würde es doch das Deutsche Reich mittelfristig in einen permanenten Gegensatz zu Großbritannien bringen. Außerdem konnte man dann die Strategie des »glücklichen Dritten« nicht länger fortsetzen, welcher die globale Konfrontation zwischen Großbritannien und Russland zur Förderung der eigenen Ziele ausnutzte. Dieses Konfliktverhältnis hatte sich gerade zum damaligen Zeitpunkt an der Frage des künftigen Status des Osmanischen Reiches erneut entzündet. Auch im Reichsmarineamt war man skeptisch und wünschte höchstens, wenn überhaupt, eine Vermehrung der in Übersee einsetzbaren Kreuzer. Admiral von Hollmann, der Staatssekretär der Marine, betrieb die Stärkung der Flotte überdies lustlos und ohne besonderes Geschick, wenn auch der Reichstag vier neue Kreuzer

– der Kaiser hatte neununddreißig gefordert – problemlos bewilligte. In Konteradmiral Alfred von Tirpitz fand Wilhelm II. schließlich den Mann, der bereit war, seine Pläne allen politischen Hindernissen zum Trotz zu verwirklichen.

Diese Planungen erhielten Anfang 1896 eine überraschende Aktualität. Cecil Rhodes, der Ministerpräsident der britischen Kapkolonie, hatte am 29. Dezember 1895 den Vorstoß einer kleinen Streitmacht von Südafrikanern nach Transvaal inszeniert. Das geschah mit der damals streng geheim gehaltenen Konnivenz des britischen Kolonialministers Chamberlain, während das britische Kabinett unbeteiligt blieb. Dieser sogenannte Jameson Raid warf erneut die Frage nach der deutschen Haltung gegenüber der Zukunft der Burenrepubliken im südlichen Afrika auf. Zwar kam es nicht zu der geplanten Erhebung der »Uitlanders«, das heißt der britischstämmigen Einwanderer, gegen die Burenrepublik, die mit der militärischen Aktion des südafrikanischen Politikers Jameson hatte initiiert werden sollen, und daher wurde diese relativ folgenlos niedergeworfen. Gleichwohl sah sich die deutsche Diplomatie vor die Notwendigkeit gestellt, Farbe zu bekennen. Nur wenig zuvor hatte der scheidende britische Botschafter Sir Edward Malet unmissverständlich klargestellt, dass es Großbritannien als einen unfreundlichen Akt betrachten würde, wenn das Deutsche Reich die Buren in ihrem Konflikt mit London ermutigen würde, dies könne schwerwiegende Folgen haben. Wilhelm II. hatte sich darüber sehr erregt, und daraufhin erwirkte der deutsche Botschafter in London, Graf Hatzfeld, eine beschwichtigende Erklärung von Premierminister Lord Salisbury. Allerdings ließ sich der Kaiser nicht von einem Interview mit Oberst Leopold Swaine abhalten: Dem zeitweiligen britischen Militärattaché und persönlichen Freund gegenüber beschwerte er sich auf das Bitterste über die deutschlandfeindliche Grundtendenz der britischen Außenpolitik in den letzten Jahrzehnten.[17] Andererseits hatte die Reichsleitung die Burenrepubliken mehrfach wissen lassen, dass Deutschland für die Bewahrung ihrer Selbständigkeit eintreten werde. Die deutsche Diplomatie unter der Leitung des Staatssekretärs des Äußeren Marschall von Bieberstein hatte zwar nicht die Absicht, sich direkt in Südafrika zu engagieren, wohl aber wollte sie der britischen Regierung deutlich machen, dass es notwendig sei, in kolonialpolitischen Fragen anderweitig mehr Entgegenkommen zu zeigen, als dies bislang der Fall gewesen war. Die fortbestehende Irritation Wilhelms II. über die Erklärungen Malets dürfte dabei ebenfalls eine Rolle gespielt haben.

Es steht heute fest, dass Marschall von Bieberstein unter dem Einfluss Holsteins von vornherein einen harten Kurs in der Südafrika-Frage einzuschlagen gedachte. Noch bevor die Krise ihren Höhepunkt erreichte, wurde Botschafter Graf Hatzfeld angewiesen, der britischen Regierung zu erklären, dass das Deutsche Reich es nicht werde hinnehmen können, wenn die Selbständigkeit der Burenrepubliken beeinträchtigt werde. Sollte sich die britische Regierung nicht von dem Jameson Raid distanzieren, würde er die Pässe fordern, also die diplomatischen Beziehungen abbrechen. Gleichzeitig ließ Marschall in Lissabon anfragen, ob die portugiesische Regierung mit dem Durchmarsch eines deutschen Landungskorps von Lourenço Marques nach Transvaal einverstanden wäre, ein Schritt, der natürlich nur wenig später in London bekannt wurde. Das war starker Tobak und hätte, wenn Jameson nicht sogleich niedergeworfen worden wäre, das Deutsche Reich und Großbritannien an den Rand eines Krieges geführt. In letzter Minute gelang es Marschall, die Note Hatzfelds, für die nunmehr jegliche Grundlage fehlte, wieder zurückzuziehen.[18] Tatsächlich hatten der Staatssekretär und Holstein nie die Absicht gehabt, es wirklich auf einen militärischen Konflikt mit Großbritannien ankommen zu lassen, obschon Marschall selbst zwischenzeitlich sehr besorgt war, dass man womöglich doch »handeln« müsse. Man wolle, wie Holstein es formulierte, den Engländern nur »eine Lektion« erteilen, die sie zu einer Änderung ihrer Gesamtpolitik veranlassen sollte.[19] Dahinter stand im Falle von Marschall ersichtlich das Motiv, durch einen spektakulären Erfolg die eigene wankende Stellung beim Monarchen zu festigen. Holstein hingegen meinte, dass man Wilhelm II. einmal vorführen müsse, wie geschickte Weltpolitik ohne vorzeitige lautstarke Erklärungen in der Öffentlichkeit oder gegenüber ausländischen Diplomaten und Journalisten betrieben werden könne. Jedenfalls wurde der Kaiser wohl erst im Nachhinein über die diplomatischen Schritte der Reichsleitung informiert, und anscheinend nicht einmal vollständig, denn von der in letzter Minute wieder zurückgenommenen Drohung, dass man gegebenenfalls die Beziehungen zu Großbritannien abbrechen werde, erfuhr der Monarch offenbar nichts.

Auf einer Konferenz am 3. Januar 1896, also zu einem Zeitpunkt, als sich die britische Regierung bereits in aller Form vom Jameson Raid distanziert und die Krise damit im Prinzip beigelegt war, wurden noch einmal die Optionen diskutiert, welche die deutsche Politik in der Südafrika-Frage besaß. Wilhelm II. schlug zunächst ein deutsches Protektorat über Transvaal vor sowie die Mobilisierung der Marineinfanterie und die Entsendung von Truppen. Das ließ sich dem Kaiser offenbar mühelos ausreden, weil es Krieg mit Großbritannien bedeutet hätte, und den wollte natürlich niemand. Immerhin wurde bei dieser Gelegenheit klar, wie bescheiden die militärischen Möglichkeiten waren, über die das Deutsche Reich für den Fall einer Intervention in Übersee überhaupt verfügte. Es war Marschall, der auf den Gedanken kam, den vermeintlichen moralischen Triumph der deutschen Diplomatie über Großbritannien politisch zu nutzen und zugleich das Selbstwertgefühl des Kaisers zu stärken. Offenbar problemlos einigten sich die Beteiligten in diesem Sinne darauf, jenes bekannte Telegramm an den Präsidenten Transvaals, Ohm Krüger, zu schicken, in dem Wilhelm II. diesen dazu beglückwünschte, die Selbständigkeit des Landes erfolgreich verteidigt zu haben. Somit wurde der deutsche Kaiser für die Öffentlichkeit als Speerspitze einer tendenziell aggressiven außenpolitischen Deklaration des Reiches benutzt, für diesmal, wie man festhalten sollte, ohne sein eigenes Zutun.

Bei Lage der Dinge wird man dem Monarchen schwerlich, wie dies bislang üblich war, die alleinige oder auch nur die Hauptverantwortung für die »Krüger-Depesche« zuweisen können.[20] Vielmehr wurde Wilhelm II. hier instrumentalisiert, freilich auch deswegen, weil auf diese Weise die Position von Marschall stabilisiert werden sollte, die wegen der Köller-Krise gefährdet war. Alle Beteiligten, einschließlich Marschall, werteten das Telegramm als großen Erfolg, und die emphatische Zustimmung, die es in der deutschen Öffentlichkeit fand, bestärkte sie darin. Erst mit einiger Verzögerung nahm man die scharfe Reaktion nahezu der gesamten britischen Presse zur Kenntnis, die sich gegen jegliche Einmischung der deutschen Politik in die südafrikanische Frage verwahrte und den Kaiser persönlich zur Zielscheibe ihrer Angriffe wählte. Dies führte zu einer gewissen Ernüchterung.

Am 3. Januar 1896, eben dem Tag, an dem die »Krüger-Depesche« beschlossen wurde, legte Konteradmiral von Tirpitz dem Kaiser den Plan für den Bau von zwei Hochseegeschwadern vor. Sie sollten den Kern einer künftigen Schlachtflotte bilden. Man wollte sich dadurch ein Machtinstrument verschaffen, mit dem Großbritannien auf diplomatische, gegebenenfalls auch auf militärische Weise hätte veranlasst werden können, die deutschen Weltmachtinteressen stärker zu berücksichtigen. Tirpitz hütete sich allerdings, die antienglische Zielsetzung des Projekts nach außen dringen zu lassen; vorderhand müsse, so meinte er, vielmehr alle englandfeindliche Politik unterbleiben. Zwar war während der südafrikanischen Krise kurzzeitig nochmals der Vorschlag aufgetaucht, die zu Operationen in Übersee geeigneten Kreuzer zu verstärken, da die Schlachtflotte ausschließlich in heimischen Gewässern operieren könne. Nun aber machte sich Wilhelm II. die Planungen von Tirpitz in aller Form zu Eigen. Dass man in der deutschen Bevölkerung den Freiheitskampf der Buren begeistert verfolgte, bot einen guten Ansatzpunkt für die grundsätzliche Neuausrichtung der Marinepolitik. Wilhelm II. meinte: »Ein so günstiger Zeitpunkt[,] um dem Lande klar zu machen, daß es so mit der Marine nicht weitergeht[,] wird sich nie wieder finden[,] umsomehr als die Bewegung, die durch unser Volk geht, eine tiefe ist, und der Reichstag, selbst wenn er zaudern sollte, nicht anders kann[,] als der Stimmung Rechnung zu tragen!«[21] Ihm konnte es nun nicht schnell genug gehen, aber weder der Staatssekretär der Marine Hollmann noch der Kanzler waren dafür zu haben, überraschend eine große Flottenvorlage im Reichstag einzubringen, für die man nicht ohne weiteres mit einer Mehrheit rechnen konnte. Hinzu kam, dass Wilhelm II. – angespornt durch den Chef des Marinekabinetts von Senden-Bibran – durchsickern ließ, dass er im Fall einer parlamentarischen Niederlage den Reichstag notfalls mehrmals auflösen und unkonstitutionelle Maßnahmen anwenden würde. Über den Industriellen Stumm-Halberg erfuhren die Parlamentarier von diesen Absichten, wodurch ihre Bereitschaft, die gewünschten Mittel zu bewilligen, nicht eben gefördert wurde.

Am 20. März 1897 reduzierte die Haushaltskommission des Reichstages das geforderte Budget für die Expansion der Marine um ein Fünftel. Die Reaktion Wilhelms II. bestand darin, nun Tirpitz als Staatssekretär der Marine zum Nachfolger von Admiral Hollmann zu berufen. Hohenlohe nahm diese Entscheidung mit Missbilligung hin, allerdings vermochte er sie im Hinblick auf die laufenden Reichstagsverhandlungen noch einmal zu verzögern. In der Sache aber blieb der Kaiser eisenhart; auch in den Besprechungen mit Hohenlohe erging er sich detailliert über Möglichkeiten, die Verfassung zu ändern, um den Reichstag auszuschalten oder doch gründlich umzugestalten, falls dieser sich nicht seinem Willen füge. Ohne Kampf sei nichts zu erreichen. Er, Wilhelm II., sei »verpflichtet [...], die Wehrkraft Deutschlands zu sichern« und »zum Kampf auf Leben und Tod bereit und entschlossen«.[22] Zu der von Hohenlohe befürchteten »großen Konfliktsära«, in der man das allgemeine Wahlrecht abschaffen würde, um so den Bau »ungezählter Kreuzer« durchzusetzen, kam es jedoch nicht. Admiral von Tirpitz fand geschmeidigere Wege, um den Reichstag von der Notwendigkeit einer umfassenden Flottenvermehrung zu überzeugen. Durch eine groß angelegte Propagandakampagne gelang es, die Stimmung im Lande grundlegend zugunsten des kaiserlichen Marineprojektes zu ändern. Gleichzeitig legte Tirpitz den Reichstagsparteien gegenüber eine andere, konziliantere Sprache an den Tag. Darüber hinaus fand er mit dem Flottengesetz einen Mittelweg zwischen den Forderungen Wilhelms II. und den Rechten des Parlaments. Ohne die Budgethoheit des Reichstages direkt zu beschneiden, legte das Gesetz die Planung des Baus der geforderten Schiffe auf insgesamt fünf Jahre fest. Damit wurde dem Wunsch des Kaisers Rechnung getragen, den Marineetat von den jeweiligen Reichstagsmehrheiten unabhängiger zu machen.

So problematisch die Politik des Schlachtflottenbaus für die außenpolitische Lage des Reiches war, so bereitete sie innenpo-

litisch der äußersten Versäulung der Regierungsinstanzen ein
Ende, zu der die persönliche Politik des Monarchen geführt
hatte. Insoweit hat Volker Berghahn die Flottenpolitik mit einigem Recht als »innenpolitische Krisenstrategie« bezeichnet.
Sie gab zugleich den Anstoß für ein grundlegendes personelles
Revirement. Nunmehr hielt Philipp Eulenburg den Augenblick
für gekommen, um Wilhelm II. nahe zu legen, er möge Bernhard von Bülow von seinem Außenposten in Rom zurück-
beordern und anstelle von Marschall von Bieberstein zum
Staatssekretär des Äußeren bestellen. Außerdem wurde Boetticher als Chef des Innenressorts durch Arthur Graf von Posadowsky-Wehner ersetzt und das Reichsschatzamt Max
Freiherr von Thielmann anvertraut, während Johannes von
Miquel die Vizepräsidentschaft des preußischen Staatsministeriums übernahm. Hohenlohe wurde einstweilen in der Stellung des Reichskanzlers belassen, obwohl er immer weniger
Einfluss auf die konkreten Regierungsgeschäfte zu nehmen
vermochte. Er blieb weiterhin nützlich, um die Politik der
neuen Reichsregierung gegenüber der Öffentlichkeit abzu-
schirmen. Im Rückblick hielt Philipp Eulenburg dieses Arrangement für ideal: »Es beherrschte mich das Gefühl, daß ich
das Schiff der Regierung des Kaisers – die Regierungsma-
schine – nach fürchterlichen Stürmen durch neun Jahre hin-
durch endlich in einen doch leidlich sicheren Hafen gesteuert
habe … Diese Aufgabe habe ich nun in die geschickten Hände
Bülows gelegt [...].«[23]

Die Instrumentalisierung des »persönlichen Regiments« Wilhelms II. in der Ära Bülow 1897–1906

Mit der Berufung Bernhard von Bülows zum Staatssekretär des Äußeren war die Kamarilla einen großen Schritt weitergekommen in ihrem Bestreben, das »persönliche Regiment« Wilhelms II. auf eine verlässliche Basis zu stellen und damit das bestehende obrigkeitliche Regierungssystem zu stabilisieren. Aber über die realen politischen Schwierigkeiten machten sich weder Philipp Eulenburg noch Bernhard von Bülow Illusionen. Am 22. August 1897, also in der Sommerpause, als alle wichtigen politischen Geschäfte ruhten und der Kaiser sich auf seiner jährlichen Nordlandreise befand, sandte Bülow seinem Partner einen Brief, in dem er die Gesamtlage bemerkenswert offenherzig bewertete. Er fand »Seine Majestät als Mensch reizend, rührend, hinreißend, zum Anbeten; als Regent durch Temperament, Mangel an Nuancierung und zuweilen auch an Augenmaß, überwiegen des ›Willens‹ (im Schopenhauerschen Sinne) über die ruhig-nüchterne Überlegung [...] von schwersten Gefahren bedroht, wenn Er nicht von klugen und namentlich von *ganz treuen und sicheren* Dienern umgeben ist.« Weiter führte er aus: »Die Minister haben kein rechtes Vertrauen zu Seiner Majestät [...]. Nach ihrer Ansicht gäbe Sich Seine Majestät keine Rechenschaft von der *wirklichen* Stimmung in Deutschland, lebe in Träumen, auf die ein böses Erwachen folgen könne.«

Noch aufschlussreicher war Bülows Urteil über die Umgebung des Kaisers; in dieser finde man »überwiegend brave, ehrliche, wackere Leute [...]. Sie sind nicht blind für die in der Eigenart [...] [des] teuren Kaisers liegenden Gefahren«, akzeptierten aber den Monarchen als etwas »Gottgegebenes«. »Ihre (innerliche) Hauptsorge« sei, »daß Seine Majestät in kritischen Momenten die Nerven verlieren und *dann* ein wirklich parlamentarisches Regime hereinbrechen könnte.«[1] Im

92

Übrigen beklagte sich Bülow darüber, wie sehr die politischen Zielsetzungen der Minister und Staatssekretäre zerfahren seien, wenn es darum gehe, in welcher Abfolge, ja ob überhaupt die von Wilhelm II. nach wie vor hartnäckig geforderten Gesetzgebungsprojekte verfolgt werden sollten – ganz ungeachtet der Frage, ob diese sich in dem von vornherein als feindlich eingestuften Reichstag überhaupt würden durchsetzen lassen. Die »persönliche Politik« des Kaisers bestand ja auch darin, sich für bestimmte Vorhaben jeweils nur an einzelne Minister zu halten.

Vorderhand sah auch Bülow keine Möglichkeit, an diesem administrativen Chaos etwas zu ändern. Zweierlei hielt er indessen für angebracht: Einmal wollte er seine persönlichen Beziehungen zum Monarchen sorgfältig pflegen, was ausschloss, diesem direkt entgegenzutreten. Zum anderen galt es, vorsichtig zu lavieren, um neue Konflikte nach Möglichkeit zu vermeiden: »Wir müssen mit dem Amt klug sein wie die Schlangen, untereinander und für Seine Majestät ohne Falsch und voller heißer Liebe wie die Tauben.«[2] Eulenburg sekundierte Bülow mit der Vorgabe, dass es die »erste und wichtigste Notwendigkeit« sei, »den Kaiser von guten und Ihn liebenden Elementen« zu umgeben.[3] Das war freilich leichter gesagt als getan, denn auf die Zusammensetzung der Entourage Wilhelms II. konnten weder Eulenburg noch Bülow maßgeblich einwirken. Es hing ganz von den persönlichen Vorlieben des Monarchen ab, wen er in sein engeres Umfeld einbezog. Die Flügeladjutanten, die täglich mit Wilhelm II. zusammen waren, besaßen auch jetzt noch größeren Einfluss als die Minister.

Bülow setzte in der Folge alles daran, sich mit dem Kaiser gut zu stellen. Jede sachliche Auseinandersetzung möglichst vermeidend, kultivierte er das Selbstwertgefühl Wilhelms II. und ließ ihm im Innenverhältnis den begehrten Status eines selbstherrlich regierenden Monarchen. Er versuchte Wilhelm II. behutsam zu dirigieren, indem er dessen Vorlieben und Vorurteile ausnutzen und ihm das Gefühl vermittelte, dass die Ziele seines Staatssekretärs seine eigenen seien. Dafür war die Ausgangsbasis äußerst günstig, denn der Kaiser war von Bülow zunächst hellauf begeistert.[4] Dieser setzte seinen ganzen Charme daran, den Kaiser persönlich für sich einzunehmen und auf diese Weise allmählich größeren Handlungsspielraum zu gewinnen, vor allem aber potenzielle Konkurrenten um die Gunst des Monarchen hintanzuhalten. Seine Strategie lief darauf hinaus, den Kaiser systematisch zu loben, zu hofieren und ihm zu suggerieren, dass die wesentlichen Entscheidungen von ihm gefällt würden. Ja mehr noch, mit der Zeit ging Bülow dazu über, Wilhelm II., wo immer möglich, öffentlich als Speerspitze seiner eigenen Politik herauszustellen. Dies hatte allerdings den Nachteil, dass sich der Kaiser immer weniger daran gehindert fühlte, seine Wünsche und Bestrebungen nachdrücklich zu artikulieren, ohne Rücksicht auf Opportunität oder taktische Erwägungen. Der persönliche Regierungsstil des Kaisers gewann daher an Schärfe; ihn zu lenken oder abzubremsen erforderte immer größeres Geschick.

Im Augenblick ging es innerhalb der Reichsleitung um die Frage, auf welche Weise man die verschiedenen, nicht miteinander zu vereinbarenden Gesetzgebungsprojekte vor dem Scheitern bewahren könnte: die Flottenvorlage von Tirpitz, die Militärstrafrechtsreform, die Umsturzvorlage, die Verschärfung des Vereinsgesetzes, die Steuerreform in Preußen und das in Vorbereitung befindliche Projekt des Baus des Mittellandkanals. Eine noch stärkere Zuspitzung der inneren Gegensätze, entweder durch den vom Zentrum dominierten Reichstag oder durch die preußischen Konservativen, wäre fatal gewesen. Unter den Ministern glaubte niemand daran, dass eine mehrfache Auflösung des Parlaments, gefolgt von einem Staatsstreich, eine gangbare Lösung sein würde.

Das Glück wollte es, dass zu eben diesem Zeitpunkt die Frage akut wurde, ob das Deutsche Reich, möglicherweise in Abstimmung mit der russischen Regierung, einen Stützpunkt in China erwerben sollte. Gröblich fehlgeschlagen waren jüngst Verhandlungen mit Großbritannien unter der Zielvorgabe, für das deutsche Stillhalten in der Südafrika-Frage territoriale Kompensationen auf Samoa zu erhalten. Doch schon seit dem Ende des chinesisch-japanischen Krieges im Jahr 1895 waren die Begehrlichkeiten der deutschen Politik auf das nunmehr entscheidend geschwächte China gerichtet. Offen war nur, wo man sich gegebenenfalls festsetzen sollte. Der Mord an zwei katholischen Missionaren in der nordchinesischen

94

Provinz Shandong am 1. November 1897 lieferte dann den erwünschten Vorwand zum Handeln. Bülow hatte dafür Sorge getragen, dass Wilhelm II. dabei in aller Form das Prävenire zufiel, obwohl die Okkupation von Jiaozhou (Kiautschou), einer Stadt in Shandong, ohne das Zutun des Kaisers von langer Hand vorbereitet worden war. Dieser gab am 6. November 1897 persönlich den Befehl, die Bucht von Jiaozhou zu besetzen, was dann am 14. November durch einen deutschen Flottenverband geschah. Der Kaiser erklärte in höchster Erregung: »Hunderte von deutschen Kaufleuten werden aufjauchzen in dem Bewußtsein, daß endlich das Deutsche Reich festen Fuß in Asien gewonnen hat, Hunderttausende von Chinesen werden erzittern, wenn sie die eiserne Faust des Deutschen Reichs schwer in ihrem Nacken fühlen werden, und das ganze Deutsche Volk wird sich freuen, daß seine Regierung eine mannhafte Tat getan.«[5] Ganz so heldenhaft war diese Aktion allerdings nicht, denn die militärisch geschwächten Chinesen hatten gar keine andere Wahl, als sich zu beugen. Gleichwohl leisteten sie noch hinhaltenden Widerstand gegen die deutsche Forderung, Jiaozhou auf neunundneunzig Jahre zu pachten. Diese Rechtsform war gewählt worden, um einer möglichen Intervention dritter Mächte vorzubeugen. Erst im März 1898 konnte der entsprechende Vertrag unter Dach und Fach gebracht werden.

Die Okkupation von Jiaozhou markierte den Übergang des Deutschen Reiches zu einer ehrgeizigen Weltpolitik, die nicht nur den Bau einer großen Schlachtflotte anstrebte, sondern auch in vermehrtem Maße überseeische Besitzungen zu erwerben trachtete. Wilhelm II. konnte sich, zutiefst befriedigt, als Inaugurator dieser neuen Politik fühlen, und dies umso mehr, als der Vorstoß in der deutschen Presse überwiegend äußerst positiv aufgenommen wurde. In einer Abschiedsrede für den Prinzen Heinrich, der Mitte Dezember mit einem Flottengeschwader nach Ostasien entsandt wurde, argumentierte der Kaiser, dass der Eintritt in die Weltpolitik eigentlich nur »die logischen Konsequenzen« jener Aufgaben darstelle, die mit der Gründung des Deutschen Reiches entstanden seien. Dass nun sein Geschwader losgeschickt werde, sei »weiter nichts wie die erste Betätigung des neugeeinten und neuerstandenen

Deutschen Reiches in seinen überseeischen Aufgaben«.[6] Weiter meinte er: »Es soll unter dem schützenden Panier unserer deutschen Kriegsflagge unserem Handel, dem deutschen Kaufmann, den deutschen Schiffen das Recht zuteil werden, was wir beanspruchen dürfen [...].« Aber gleichzeitig konnte es der Kaiser nicht unterlassen, martialische Drohungen gegen jene auszustoßen, die »uns an unserem guten Recht [...] kränken oder schädigen [...] wollen«; dann solle Heinrich »mit gepanzerter Faust« dareinfahren.[7] Die deutsche Begeisterung wurde auch dadurch nicht gemindert, dass die anderen europäischen Großmächte anschließend ebenfalls Stützpunkte in China errichteten.

Bülow war zwar an den diplomatischen Aktionen anfänglich nicht unmittelbar beteiligt gewesen, auch nicht, als am Horizont plötzlich die Gefahr auftauchte, dass Russland – entgegen den Erwartungen in Berlin – die deutsche Landnahme nicht tolerieren würde. Wohl aber konnte er es in der Folge als persönlichen Erfolg verbuchen, dass das Deutsche Reich nach Übersee ausgegriffen hatte. Bülow rechtfertigte die Okkupation auf dem chinesischen Festland mit dem Argument, dass der deutschen Industrie, die den amerikanischen Markt über kurz oder lang doch verlieren werde, ein größerer Absatz in Ostasien ermöglicht werden müsse. Damit war es freilich, wie sich bald herausstellen sollte, nicht weit her, denn Jiaozhou erwies sich als ein eher ungünstiger Stützpunkt, um das chinesische Festland wirtschaftlich zu durchdringen, und die Bergwerks- und Eisenbahnkonzessionen in der Provinz Shandong brachten vorderhand keine Erträge. Ansonsten war deutsches Kapital an dem sich entwickelnden internationalen Finanzimperialismus, der den riesigen chinesischen Wirtschaftsraum auszubeuten trachtete, nur in bescheidenem Umfang beteiligt und befand sich dabei stets in der Rolle des Juniorpartners.

Aber im Augenblick tat dies nichts zur Sache. Angesichts der herrschenden Euphorie hatte Bülow wenig Mühe, die entsprechenden Gesetze durch den Reichstag zu bringen. Er betonte, dass das Deutsche Reich in Ostasien »einen territorialen Stützpunkt« brauche, denn »ohne einen solchen würden wir dort in wirtschaftlicher, maritimer und in allgemein politischer Hinsicht in der Luft schweben. [...] Das chinesische

96

Reich mit seiner riesenhaften Bevölkerung von nahezu an 400 Millionen Menschen bildet einen der zukunftreichsten Märkte der Welt; von diesem Markt durften wir uns nicht ausschließen, wenn wir wirtschaftlich und damit politisch, materiell und damit moralisch voran wollten.«[8] Andererseits warnte Bülow vor »trügerischen Illusionen«; er habe »keine Luftschlösser vor Ihnen [den Abgeordneten] gebaut und sich jeder Schönfärberei enthalten«.[9]

Für den Kaiser aber waren die neue Weltpolitik, die Bülow zu betreiben sich anschickte, und der Schlachtflottenbau nur zwei Seiten derselben Medaille: »Reichsgewalt bedeutet Seegewalt, und Seegewalt und Reichsgewalt bedingen sich gegenseitig so, daß die eine ohne die andere nicht bestehen kann«, hatte er dem Prinzen Heinrich mit auf den Weg gegeben.[10] Beides aber, die Weltpolitik und die Flottenpolitik, befand sich nun auf gutem Wege, und man wird festhalten können, dass hier die persönliche Einwirkung des Kaisers zumindest anfänglich von großer Bedeutung war. Dann aber agierten Bülow und mehr noch Tirpitz auf diesem Felde weitgehend in Eigenregie und schirmten ihre politischen Maßnahmen, so gut es ging, gegen Interventionen und Alleingänge des Monarchen ab. Allerdings waren sowohl Bülow als auch Tirpitz besorgt, dass der Kaiser mit seinen bramarbasierenden Reden dem politischen Erfolg der Flottenvorlage doch noch abträglich sein könnte. Eulenburg hatte den Monarchen schon vor Monaten vorsichtig gemahnt, sich persönlich zurückzuhalten und die Begründung des Gesetzentwurfs jetzt besser »den *Fachleuten* vor der Öffentlichkeit«[11] zu überlassen, zumal allgemein bekannt war, dass die vorhergehende Flottenvorlage auch wegen des Unwillens der Parteien über das »persönliche Regiment« des Monarchen abgelehnt worden war.

Die Expansion nach China erwies sich auch für die Marinepläne des Kaisers als äußerst vorteilhaft, denn sie begünstigte den Umschwung in der öffentlichen Meinung zugunsten des Flottenbaus, den Tirpitz mit einer wohl organisierten Propagandakampagne herbeiführte. Wilhelm II. konnte also hoch zufrieden auf das Werk seiner beiden Leutnants herabblicken, die seine politischen Visionen endlich in die Tat umsetzten. Die Begeisterung am Hofe war riesig, als die von Tirpitz sorgfäl-

tig vorbereitete große Flottenvorlage am 3. April 1898 im
Reichstag angenommen wurde. Bülow war zuversichtlich gewesen: »Das Durchgehen der Flottenvorlage wäre für unsern
Handel, unsere Sicherheit, unsere Zukunft und namentlich für
die Person des teuren Kaisers ein ungeheurer Erfolg und Ge-
winn.« Er rechnete für diesen Fall damit, dass sich sein Verhältnis zum Monarchen nachhaltig verbessern würde. Das
würde es erlauben, auch andere heikle Vorhaben, insbesondere
die Reform der Militärstrafprozessordnung, folgenlos über
die Bühne zu bringen. Die Bahn wäre dann »frei und wird den
lieben Herrn zu herrlichen Zielen und glücklichen Tagen führen, wenn Er sich weiter nur an sichere, treue, durch und
durch treue und sichere Leute hält«, also wohl an ihn selbst
und an Philipp Eulenburg.[12] In der Tat schluckte es der Kaiser, ungeachtet immer neuer Prahlereien und wiederholter
Wutausbrüche über die Linke und den Reichstag, dass einerseits zeitgerechte Richtlinien für die Militärgerichtsbarkeit
verabschiedet wurden und andererseits die Vorlagen zur Bekämpfung der Sozialdemokratie schmählich scheiterten.

Ansonsten wurde die Aufmerksamkeit des Kaisers auf weniger unangenehme Dinge gelenkt. Dazu gehörte insbesondere die Orientreise, die er im Herbst 1898 in Begleitung von
Bülow mit großem Gefolge unternahm. Anlass war die Einweihung der überwiegend mit deutschen Geldern errichteten
Erlöserkirche in Jerusalem. Direkte politische Zielsetzungen
verfolgte die Reichsleitung mit dieser Reise nicht, die den Kaiser auch nach Konstantinopel und Jaffa führte. Von einer Zä-
sur in der deutschen Orientpolitik konnte nicht unmittelbar
die Rede sein. Allerdings spielte im Hintergrund die Absicht
eine Rolle, das wirtschaftliche Engagement deutscher Firmen
und deutschen Kapitals im Osmanischen Reich zu stärken.
Andererseits betonte der Kanzler nachdrücklich die Souveränität der Herrschaft von Sultan Abdul Hamid, was mit Blick
auf die seit 1895 immer wieder auftauchenden Teilungspläne
und insbesondere die Begehrlichkeiten Russlands nicht ganz
bedeutungslos war. Daher ließ sich Wilhelm II. auf Drängen
seiner Berater auch nicht auf Theodor Herzls Vision eines Ju-
denstaates innerhalb des Osmanischen Reiches ein, und ebenso
wenig war er für deutsche Siedlungsprojekte zu haben, durch

welche die Souveränität des Sultans möglicherweise eingeschränkt worden wäre. Im Gegenteil, in Damaskus erklärte Wilhelm II. mit einiger Emphase, ohne sich über die Konsequenzen seiner Ausführungen voll bewusst zu sein: »Möge seine Majestät der Sultan und mögen die dreihundert Millionen Mohammedaner, welche auf der Erde zerstreut lebend [diesen Halbsatz hatten die Diplomaten Wilhelm II. in letzter Minute in die Rede inseriert] in ihm ihren Khalifen verehren, dessen versichert sein, daß zu allen Zeiten der Deutsche Kaiser ihr Freund sein wird.«[13] Diese großsprecherische Zusage war freilich politisch weniger gewichtig, als man dies in den Hauptstädten Europas vermutete. Einstweilen verfolgten die Deutschen im Orient nur wirtschaftliche Ziele, dies allerdings in wachsendem Umfang.

Am bedeutsamsten war in dieser Hinsicht, dass es gelang, am 26. November 1899 die Vorkonzession für den Bau des ersten Abschnitts der Bagdadbahn – sie sollte den Westen des Osmanischen Reiches mit den östlichen Provinzen verbinden – für ein Konsortium zu erwerben, in dem Siemens und die Deutsche Bank die Führungsrolle innehatten. In der Folge trat insbesondere Adolf Freiherr Marschall von Bieberstein, der deutscher Botschafter in Konstantinopel geworden war, für eine aktive deutsche Orientpolitik ein und konnte dafür auch Wilhelm II. interessieren. Er drängte insbesondere darauf, die Preußische Seehandlung an der Bagdadbahn-Gesellschaft zu beteiligen. Dadurch wollte er sicherstellen, dass dieses Unternehmen auf Dauer in deutschen Händen verbliebe, statt sich in eine internationale Gesellschaft mit dominierenden französischen und englischen Anteilen zu verwandeln. Im Augenblick war Wilhelm II. freilich damit zufrieden, dass er so glanzvoll im Osmanischen Reich empfangen worden und seine Führungsposition in der internationalen Politik so sichtbar hervorgetreten war.

Tatsächlich spielte der Kaiser bei der Ausrichtung der deutschen Außenpolitik in der Ära Bülow keine wichtige Rolle, sondern überließ diese weitgehend dem Auswärtigen Amt. Zwei Grundsatzentscheidungen, welche die zukünftige Entwicklung ganz wesentlich bestimmen sollten, hat er allerdings maßgeblich beeinflusst: zum einen den folgenreichen Entschluss zum Schlachtflottenbau, der das Verhältnis zu Großbritannien aufs Schwerste belastete, und zum anderen die Option für eine expansive Weltpolitik, die zumindest im Grundsatz dazu bereit war, zugunsten der Durchsetzung der jeweils ins Auge gefassten Ziele das militärische Potenzial des Deutschen Reiches uneingeschränkt einzusetzen. Allerdings wäre eine Seekriegsflotte von solcher Dimension wohl kaum ohne die meisterhafte Regie des Alfred von Tirpitz gebaut worden. Und was die Weltpolitik angeht, so deckten sich die Bestrebungen Wilhelms II. grundsätzlich mit denen des Bürgertums, das sich gleichermaßen weit gespannten imperialistischen Visionen verschrieb.

Im Detail aber hat Wilhelm II. gar nicht versucht, den außenpolitischen Kurs der deutschen Politik festzulegen. Dieser blieb unter der maßgeblichen Ägide Holsteins darauf fixiert, die Mittellage des Deutschen Reiches zwischen dem britischen Löwen und dem russischen Bären zu bewahren, und trat daher nie aus den Bedingungen eines kontinentalen Gleichgewichtsdenkens heraus. Die Vorteile der »Hinterhand« wollte man nicht dadurch aufs Spiel setzen, dass man sich in Bündnisverpflichtungen verstrickte, sei es gegenüber Großbritannien, sei es gegenüber Russland. Deshalb scheute die deutsche Diplomatie der Bülow-Ära immer wieder davor zurück, Koalitionen einzugehen, die auf längere Sicht größere territoriale Erwerbungen in Übersee ermöglicht hätten. Bülow verteidigte diese Grundlinie in seinen Erlassen an das Auswärtige Amt wiederholt damit, dass sie den Wünschen Wilhelms II. entspreche. Tatsächlich neigte der Kaiser, ungeachtet der ständigen Zornesausbrüche über seine englischen »Vettern«, eher zu einer Kooperation mit Großbritannien, wenn er auch die Skepsis der Berufsdiplomaten gegen eine einseitige Bindung des Deutschen Reiches, gleichviel ob an Großbritannien oder an Russland, akzeptierte. Bülow aber gab dies als allerhöchste Maxime aus: »Getreu E[urer] M[ajestät] Willensmeinung werde ich [...] dafür sorgen, daß wir in unserer auswärtigen Politik mit England zusammengehen, sofern dies nur irgend möglich ist, ohne uns gegen Rußland vorschieben zu lassen.«[14] Dies traf in besonderem Maße auf das allgemeine Bündnisangebot zu, das der britische Kolonialminister Joseph Cham-

berlain 1898 an die deutsche Regierung richtete und das von
Bülow und dem Auswärtigen Amt gleichermaßen abgelehnt
wurde. Was davon übrig blieb, war ein Geheimabkommen
über eine eventuelle Aufteilung der portugiesischen Kolonial-
besitzungen in Afrika zwischen den beiden Mächten. Die
deutsche Regierung versicherte darin im Sinne eines *quid pro
quo,* künftig von jeglicher Intervention in Transvaal und in
der Delagoa Bay, dem einzigen Zugang Transvaals zur See,
Abstand zu nehmen, ohne doch die Gewissheit haben zu können, dass sie wirklich einen Teil von Mozambique und Angola
würde übernehmen können.

Bülow gab sich im Übrigen große Mühe, in den außenpolitischen Tagesgeschäften Übereinstimmung mit dem Kaiser zu
suggerieren und diesen, wo immer möglich, in die Vorgänge
einzubinden, ohne sich doch von ihm das Gesetz des Handelns
vorschreiben zu lassen. Dass Bülow Äußerungen oder Mei-
nungen des Monarchen in seinen diplomatischen Berichten
ständig auf eine geradezu byzantinische Weise hervorhob und
lobte, hatte auf die Dauer allerdings fatale Folgen. Denn dies
stärkte das Selbstwertgefühl Wilhelms II. und ermutigte ihn
umso mehr, bei öffentlichen Auftritten markige Sprüche über
die Größe des Deutschen Reiches und dessen weltpolitische
Zukunft von sich zu geben, die mit den realen Gegebenheiten
immer weniger zu tun hatten. In verbaler Hinsicht erreichte
das »persönliche Regiment« so einen neuen Höhepunkt.

Überdies zögerte Bülow nicht, sich von Fall zu Fall in aller
Form des Prestiges des Monarchen zu bedienen, um den Forderungen der deutschen Diplomatie besonderes Gewicht zu
verleihen. Als die Auseinandersetzungen mit Großbritannien
über den deutschen Anteil an Samoa sich 1899 zuspitzten, ließ
Bülow den Monarchen einen bitterbösen Brief an Königin Victoria schreiben, der sich in schärfster Form über das »highhand-
ed treatment« der Regierung von Lord Salisbury gegenüber
Deutschland beklagte. »The Government of L[ord] S[alisbury]
must learn to respect and to treat us as equals; as long as he
cannot be brought to do that, Germany's people will always be
distrustful and a sort of coolness will be the unavoidable re-
sult.«[15] Königin Victoria schien es, dass noch nie ein Souverän
in solcher Weise an einen anderen Souverän geschrieben habe.

War dies das »persönliche Regiment« oder wurde die Neigung Wilhelms II., derartige Töne anzuschlagen, nur von anderen ausgenutzt? Am Ende gelang es dann doch noch, in Verhandlungen mit Großbritannien und den USA eine Lösung des Samoa-Konfliktes zu erreichen, die auch den Monarchen befriedigte, zumal sie in der Öffentlichkeit sehr positiv aufgenommen wurde.

Die Zufriedenheit des Kaisers über den Gang der außenpolitischen Geschäfte, die ihm Bülow freilich zumeist in den rosigsten Farben zu schildern wusste, wurde allerdings gemindert durch die massive antienglische Stimmung in der deutschen Öffentlichkeit seit Beginn des Burenkrieges. Diese richtete sich nicht allein gegen die Reichsleitung und namentlich gegen Bülow, sondern auch den Kaiser selbst. Aber durch den Angola-Vertrag waren der deutschen Diplomatie ja die Hände gebunden, an eine auch nur indirekte Unterstützung der Buren war nicht zu denken. Wilhelm II. ging noch weiter, er wünschte nun, dass die Buren schnell niedergeworfen würden. Gegenüber dem Prince of Wales Edward rühmte er sich sogar damit, dass er der antibritischen Haltung der deutschen Presse wirksam entgegengetreten sei: »With s[u]perhuman efforts Bülow and I have slowly got the better of our Press, swamped as it was with articles, roubles and Francs from both sides, to create anti British feelings [...].«[16]

Die englandfeindliche Atmosphäre im Deutschen Reich erleichterte es dann allerdings Admiral von Tirpitz, eine zweite umfassende Flottenvorlage, die den Schlachtflottenbau enorm beschleunigen sollte und ein zweites großes Geschwader vorsah, ohne Abstriche durch den Reichstag zu bringen. Damit war eine Grundsatzentscheidung gefallen, welche die deutsche Außenpolitik zwangsläufig in einen dauernden Gegensatz zu Großbritannien bringen musste. Tirpitz selbst war sich über die Tatsache, dass die Flotte gegen England gebaut wurde, und die daraus resultierenden politischen Konsequenzen im Klaren. Der Kaiser meinte hingegen naiv, dass es ungeachtet der Marineexpansion möglich sein werde, zu einem guten Verhältnis zu Großbritannien zurückzukehren. Bülow seinerseits verkannte die langfristigen Folgen des eingeschlagenen Kurses zwar nicht, nahm aber optimistisch und im Grunde leichtfertig an, dass man die Krisenperiode bis zur Fertigstellung der Schlachtflotte mit Flexibilität durchstehen werde.

Diese Phase des »persönlichen Regiments«, die überwiegend aus theatralischen Aktionen bestand, mit denen die Machtstellung Wilhelms II. ostentativ zur Schau gestellt wurde, erreichte ihren Gipfelpunkt während des sogenannten Boxer-Aufstandes in China. Ausgehend von Faustkampfschulen im Norden des Landes (daher die europäische Bezeichnung »Boxer«), hatte sich eine von breiten Schichten getragene Protestbewegung gegen die informelle imperialistische Beherrschung Chinas durch die Großmächte entwickelt. Im Juni 1900 eskalierte die Situation: Es kam zu Angriffen auf ausländische Gesandtschaften, bei denen der deutsche Gesandte Freiherr von Ketteler ermordet wurde. Wilhelm II. geriet in höchste Erregung. Dem Vorschlag einer gemeinsamen Militäraktion der Mächte trat er unverzüglich bei und forderte eine »exemplarische Bestrafung« der Täter und »Vorbeugungsmaßregeln gegen Wiederholung«. Als das Ausmaß der Unruhen in Peking bekannt wurde, verlangte er nichts weniger, als dass die Stadt »dem Erdboden gleichgemacht« werden müsse. Er wolle für diese Aktion gern den Obergeneral stellen. »Der deutsche Gesandte wird durch meine Truppen gerächt.«[17] Bülow gelang es nur mit Mühe und unvollständig, den Monarchen davon abzuhalten, sich demonstrativ an die Spitze der Strafexpedition gegen China zu stellen, weil er mit einigem Recht negative Reaktionen der anderen Großmächte befürchtete. Am Ende erlangte Wilhelm II. die Genugtuung, dass der militärische Oberbefehl über die Operationen gegen die Boxer dem ehemaligen deutschen Generalstabschef Alfred Graf von Waldersee übertragen wurde. Dieser traf dann aber viel zu spät vor Ort ein, um noch maßgeblichen Einfluss auf die militärischen Aktionen nehmen zu können; im Großen und Ganzen war der Aufstand bereits niedergeschlagen worden. Allerdings beteiligte sich Waldersee an zahlreichen blutigen »Strafexpeditionen« in Nordchina, und unter seiner Führung wurde die Stadt Baoding zerstört.[18]

Dem deutschen Kaiser kam es bei der ganzen Angelegenheit in erster Linie auf das eigene Prestige an. Deswegen verlangte er, dass gegen die Boxer mit äußerster Härte vorgegangen werden müsse; anfänglich forderte er sogar die Auslieferung der Rädelsführer an die Großmächte. Er regte sich furchtbar darüber auf, dass die deutschen Truppen nicht von Anfang an eine führende Rolle beim Kampf gegen die Boxer spielten. Diese Gemütsaufwallung fand Ausdruck in jener martialischen Ansprache Wilhelms II. vom 27. Juli 1900, mit der er die Soldaten des 2. Expeditionskorps für China von Bremerhaven aus in den Fernen Osten entsandte. Sie sollte als »Hunnenrede« bekannt werden:

»Eine große Aufgabe harrt eurer: ihr sollt das schwere Unrecht, das geschehen ist, sühnen. Die Chinesen haben das Völkerrecht umgeworfen, sie haben in einer in der Weltgeschichte nicht erhörten Weise der Heiligkeit des Gesandten, den Pflichten des Gastrechts Hohn gesprochen. Es ist das um so empörender, als dies Verbrechen begangen worden ist von einer Nation, die auf ihre uralte Kultur stolz ist. Bewährt die alte preußische Tüchtigkeit, zeigt euch als Christen im freudigen Ertragen von Leiden, mögen Ehre und Ruhm euren Fahnen und Waffen folgen, gebt an Manneszucht und Disziplin aller Welt ein Beispiel. [...] Kommt ihr vor den Feind, so wird er geschlagen! Pardon wird nicht gegeben, Gefangene nicht gemacht. Wer euch in die Hände fällt, sei in eurer Hand. Wie vor tausend Jahren die Hunnen unter ihrem König Etzel sich einen Namen gemacht, der sie noch jetzt in der Überlieferung gewaltig erscheinen läßt, so möge der Name Deutschland in China in einer solchen Weise bekannt werden, daß niemals wieder ein Chinese es wagt, etwa einen Deutschen auch nur scheel anzusehen!«[19]

Bülow, Reichskanzler Hohenlohe und Heinrich Wiegand, der Generaldirektor des Norddeutschen Lloyd, taten sogleich alles, um zu verhindern, dass die blutrünstigen Worte des Monarchen allgemeine Verbreitung fanden. Die anwesenden Journalisten verpflichtete man darauf, über die Rede nicht in dieser Fassung zu berichten.[20] Dies gelang jedoch nicht vollständig, weil mehrere regionale Blätter inzwischen ihre eigene Version veröffentlicht hatten. Die offiziöse Fassung wurde nachträglich entschärft; sie enthielt vor allem die Passage über die Hunnen nicht mehr.[21] Daher ist diese Rede in unterschiedlichen Varianten überliefert, von denen keine absolute

104

Zuverlässigkeit beanspruchen kann. Authentisch sind allerdings die Worte Wilhelms II., dass in diesem Kampf »kein Pardon« gegeben und keine Gefangenen gemacht werden sollten, ebenso wie der Vergleich mit dem Hunnenkönig Etzel.

Die unmittelbaren Auswirkungen dieses Ausbruches extremer Erregung waren eher gering, zumal Wilhelm II. dabei auch von Erwägungen des gemeinsamen monarchischen Interesses der europäischen Dynastien beeinflusst wurde. Auf den Gang der sich über Monate hinziehenden Verhandlungen der Mächte hatten diese Stimmungen keinen nennenswerten Einfluss. Immerhin verfolgte das Deutsche Reich in China auf Drängen Wilhelms II. eine ungewöhnlich harte Linie, was das deutsche Ansehen in der westlichen Welt nicht eben verbesserte. Überdies hatte Bülow mit dem Umstand zu kämpfen, dass der Kaiser die Operationen im Fernen Osten als rein militärische Angelegenheit betrachtete, bei der ihm der Oberbefehl zustehe, und die politischen Implikationen nicht anerkennen wollte. Ebenso lehnte es Wilhelm II. ab, in dieser kriegsähnlichen Situation den Reichstag einzuberufen. Das wäre verfassungsrechtlich geboten gewesen, denn die kostenaufwendige Entsendung von Truppen nach Übersee tangierte das Budgetrecht des Parlaments. Weit schlimmer als die militärischen Strafaktionen waren übrigens die langfristigen wirtschaftlichen Auswirkungen der massiven Sanktionen, denen China nach dem Ende des Boxer-Aufstandes unterworfen wurde;[22] doch dafür interessierte sich der Kaiser sehr viel weniger. Hingegen war er tief befriedigt darüber, dass der gemeinsame Oberbefehl über die Truppen der Großmächte an Graf Waldersee übertragen und somit der Rang des Deutschen Reiches hervorgehoben worden war. Dadurch hatte man, so schien es, Deutschland als gleichberechtigte Macht publikumswirksam anerkannt. Der Kaiser sah darin einen großartigen Erfolg und eine Entschädigung für die zahlreichen Misserfolge der vergangenen Jahre.[23]

Darüber hinaus konnte Bülow noch einen weiteren diplomatischen Erfolg erzielen: Das Deutsche Reich schloss mit Großbritannien ein Separatabkommen, das die Wahrung der gemeinsamen wirtschaftlichen Interessen beider Mächte im Tal des Jangtse zum Gegenstand hatte. Für dieses Gebiet wurde

105

das Prinzip der »open door« vereinbart – auf britischer Seite, um potenzielle russische Aspirationen abzuwehren, auf Seiten des Reiches in der Erwartung, dadurch die Ausgangslage für wirtschaftliche Aktivitäten deutscher Unternehmen in der Region zu verbessern. Das Abkommen war im Grunde nicht viel mehr als eine *holding operation,* die eine definitive Festsetzung Großbritanniens im Jangtse-Raum verhindern und den Deutschen alle Optionen für die Zukunft offen halten sollte. Um eine gemeinsame wirtschaftliche Durchdringung Chinas ging es hingegen nicht.

Der Jangtse-Vertrag war zwar nach Inhalt und Bedeutung eher mager, und Bülow rückte auch schon wenig später wieder von ihm ab, als Schwierigkeiten mit Russland auftraten. Gleichwohl signalisierte das Abkommen, dass das Deutsche Reich nun endgültig den Rang einer Weltmacht erlangt hatte. Der Kaiser wusste das zu honorieren: Am 16. Oktober 1900 berief er Bülow zum Reichskanzler. Für diesen wurde die Chinadebatte im Reichstag am 19. November 1900 zur Stunde des persönlichen Triumphes, der seine Stellung gegenüber Wilhelm II. noch weiter stärkte. Der Vertrag wurde von nahezu allen Parteien als großer Erfolg bezeichnet; die Reichspolitik, so das allgemeine Urteil, sei auf dem richtigen Wege. Allerdings liefen die Verhandlungen des Reichstages nicht ohne Scherbengericht ab, soweit es die Äußerungen des Monarchen in der Öffentlichkeit anging.[24] Die Führer sämtlicher großen Parteien, allen voran der Zentrumsvorsitzende Ernst Lieber, übten scharfe Kritik insbesondere an der »Hunnenrede«. Heinrich Rickert von der Freisinnigen Vereinigung forderte darüber hinaus, die öffentlichen Erklärungen Wilhelms II. in Zukunft vorab von seinen Beratern prüfen zu lassen. Auch müsse für einheitliche und korrekte Berichte über die Reden des Kaisers gesorgt werden.[25] Lieber wandte sich gleichzeitig gegen die »weitausschauenden Weltpolitikpläne« aus kaiserlichem Munde und verwahrte sich gegen den Ausspruch Wilhelms II., es dürfe in Zukunft »auf dem Ozean und in der Ferne jenseits von ihm ohne Deutschland und ohne den Deutschen Kaiser keine große Entscheidung mehr fallen«.[26]

Dem neuen Reichskanzler Bülow fiel es nicht eben leicht, Wilhelm II. gegen diese Kritik zu verteidigen. Er erklärte, dass er zwar nicht die verfassungsrechtliche, wohl aber die volle moralische Verantwortung für die Äußerungen des Kaisers übernehme, die von der großen Mehrheit des Volkes auch gar nicht missverstanden würden. Ansonsten suchte er Wilhelm II. mit dem Argument in Schutz zu nehmen, dass dieser »als Soldat gesprochen« habe »und nicht als Diplomat«. Gleichzeitig aber bestand er darauf, dass die deutsche Nation sich »ihr Recht auf eine verständige und besonnene Weltpolitik, auf die ihr gebührende Weltmachtstellung weder ausreden noch verkümmern lassen« werde.[27] Diese Ausführungen Bülows machten allerdings genauso wenig Eindruck wie die gequälten Worte des Kriegsministers von Goßler. Stellenweise kam eher ein gewisses Mitgefühl mit den Ministern zum Ausdruck, die eben von Amts wegen verpflichtet seien, die Auftritte des Monarchen zu rechtfertigen. Gleichwohl fassten die Parteien nicht nach; vielleicht auch deshalb nicht, weil Bülow (übrigens gegen den Willen Wilhelms II.) um Indemnität nachgesucht hatte, was die nachträgliche Befassung des Parlamentes mit den Kosten der Chinaexpedition betraf. Auch wenn der Reichstag über diese Affäre zur Tagesordnung überging, so war die Debatte doch ein Warnschuss in Sachen des »persönlichen Regiments« an die Adresse der Reichsleitung und indirekt auch an die des Kaisers selbst, der Bülow nicht unberührt ließ.

Der Reichskanzler dachte jedoch nicht daran, Wilhelm II. über das Ausmaß der Kritik in Kenntnis zu setzen, die im Reichstag und in der Bevölkerung an dessen öffentlichen Auftritten laut geworden war. Er wollte seinen großen persönlichen Einfluss auf den Kaiser nicht aufs Spiel setzen, der ja nicht zuletzt darauf beruhte, dass die direkte Konfrontation mit Wilhelm II., wo immer es ging, vermieden wurde. Stattdessen bemühte er sich darum, den Herrscher, ohne dass dieser es merkte, vorsichtig zu dirigieren, indem er dessen Vorlieben und Vorurteile geschickt ausnutzte.[28] Immerhin veranlasste Bülow, dass fortan alle öffentlichen Äußerungen des Kaisers, soweit möglich, nicht ohne vorherige Prüfung publiziert werden durften. Desgleichen verfügte er, dass die vielfach drastischen und unkontrollierten Randbemerkungen des Kaisers auf den diplomatischen Dokumenten sekretiert und nicht mehr wie bisher einem großen Personenkreis zugänglich gemacht wurden.

Wichtiger war, dass Bülow die amtliche Pressepropaganda gründlich reorganisierte. Die Öffentlichkeitsarbeit lag fortan in den Händen von Otto Hamann, einem engen Mitarbeiter Bülows. Seine Aufgabe bestand darin, die politische Linie der Reichsleitung, gerade auch in außenpolitischen Fragen, durch ein ausgeklügeltes System der Pressebeeinflussung wirksam zu unterstützen. Auf diese Weise suchte sich Bülow eine neue, populistische Basis für seine Politik zu verschaffen, die quer durch das bestehende Parteienspektrum – mit Ausnahme natürlich der Sozialdemokraten – Zustimmung finden sollte.[29] Bülow war fest davon überzeugt, dass es ziemlich einfach sei, die Öffentlichkeit im gewünschten Sinne zu manipulieren. Er vermerkte in seinem Notizbuch: »Was ist ›Volk‹, öffentliche Meinung? Die Ansicht, welche sich – zuerst meist im Widerspruch zu den Anschauungen der großen Menge – 80 bis 90 intelligente und einflußreiche Köpfe gebildet haben und die sie dann allmählich verbreiten und zur *communis opinio* machen.«[30] Daher bot es sich vor allem an, die großen Zeitungsredaktionen sowie führende Journalisten auf informelle Weise zu beeinflussen. In inhaltlicher Hinsicht sah Bülow sein *arcanum imperii* darin, einen neuen, emotionalen Nationalismus imperialistischen Zuschnitts zu kultivieren. Im Sinne dieser politischen Strategie, in die er auch den Kaiser einzubinden gedachte, galt es folglich, die nationalen Empfindungen der bürgerlichen und konservativen Schichten, einschließlich der Intellektuellen, zu stärken.

Wenn Bülow eine weit ausgreifende Weltpolitik inaugurierte, ging es ihm dabei also vornehmlich um innenpolitische Ziele, genauer gesagt um die Konsolidierung des bestehenden, arg zerfahrenen Herrschaftssystems. Dazu fügte sich auch, dass Bülow in einer Sitzung des preußischen Staatsministeriums am 23. Oktober 1900 die preußischen Minister und die Staatssekretäre des Reiches darauf verpflichtete, nach außen hin ausschließlich die Linie des Kaisers und seines Reichskanzlers zu vertreten, statt, wie bisher üblich, hinter dem Rücken des Kanzlers im Schulterschluss mit dem Monarchen eigenständige politische Ziele zu verfolgen. Bülow beschrieb seine Rolle als die eines Vermittlers; seine Aufgabe sehe er vor allem darin, den vom Kaiser vorgegebenen Richtlinien zum Erfolg zu verhelfen.[31] Demgemäß hätten die Minister, nachdem Sachdifferenzen im Staatsministerium zur Sprache gekommen seien, hinfort mit einheitlicher Stimme aufzutreten. Anfänglich funktionierte diese institutionalisierte Variante des »persönlichen Regiments« denn auch relativ gut. Wilhelm II. war in geringerem Maße als zuvor den rivalisierenden Einflüssen der verschiedenen Minister und Ressorts ausgesetzt, und Männer wie der Finanzminister und Vizepräsident des preußischen Staatsministeriums Johannes von Miquel verloren allmählich ihre beherrschende Stellung.[32] Im Sommer 1901 bekundete der Kaiser gegenüber Eulenburg in aller Form seine Zufriedenheit mit dem Kanzler: »[…] Bernhard [Bülow] lasse ich ruhig schalten. Seit ich ihn habe, kann ich ruhig schlafen. Ich lasse ihn gewähren und weiß, daß alles gut geht!«[33]

Jedoch hatte diese Strategie, die darauf setzte, durch einen sorgsamen Umgang mit dem Kaiser die Auswüchse des »persönlichen Regiments« auf ein erträgliches Maß zu reduzieren, ihre Grenzen. Bei Personalentscheidungen bestand der Kaiser hartnäckig auf seinen Prärogativen, und vielfach war es Bülow nicht oder nur mit großer Mühe möglich, Männer seiner Wahl in die entsprechenden Positionen zu bringen. Meistens entschied Wilhelm II. aufgrund persönlicher Vorlieben; erträglich war das nur insofern, als dabei im Regelfall besondere politische Präferenzen keine ausschlaggebende Rolle spielten.

Bülows Herrschaftskonzept setzte dauerhafte außenpolitische Erfolge voraus. Es war ganz und gar darauf abgestellt, durch eine betont nationale Weltpolitik – und diese schloss den Schlachtflottenbau ein – eine integrierende Wirkung im Inneren zu entfalten und auf diese Weise die tiefen Gräben zwischen den konservativen Parteien in Preußen und dem Reichstag zu überbrücken, hinter denen der unlösbare Konflikt zwischen Industrie- und Agrarstaat stand. Schon als er zum Staatssekretär des Äußeren berufen wurde, hatte Bülow argumentiert: »Nur eine erfolgreiche äußere Politik kann helfen, versöhnen, beruhigen, sammeln, einigen. […] Die Hauptsache bleibt Stetigkeit und Maß d. h. die fremden Mächte – Rußland wie England – weder unnötig verletzen noch durch allzu lebhafte Avancen übermütig machen.«[34] Aber nach den spektakulären Anfangserfolgen in China, der Konsolidierung

109

der deutschen Kolonialherrschaft auf Samoa sowie der Anwartschaft auf die Hälfte der portugiesischen Kolonien in Afrika blieb der deutschen Diplomatie das Glück nicht treu, und der Schlachtflottenbau wurde immer deutlicher zu einer schweren Belastung. Die von Holstein inaugurierte und von Bülow mit Überzeugung fortgeführte Politik der »freien Hand« zwischen Großbritannien und Russland erwies sich als Weg in die Sackgasse: Es zeichnete sich ab, dass der offene Konflikt zwischen den beiden Großmächten, den man erwartet und nach dem Muster Bismarcks insgeheim geschürt hatte, nicht eintreten würde. Irritiert über die Zweideutigkeiten und Schwankungen der deutschen Außenpolitik, bestand in London keinerlei Neigung zu einem Arrangement, geschweige denn zu einem Bündnis mit dem Deutschen Reich. Der Angola-Vertrag war schon 1899 durch die Erneuerung des Bündnisabkommens mit Portugal zu einem Stück toten Papier geworden; imperialistische Zugewinnverträge waren nicht mehr aktuell.

Die Unzuverlässigkeit der deutschen Diplomatie trat dann, ganz unabhängig von den bombastischen Auftritten Wilhelms II., die in Großbritannien viel Sympathie gekostet hatten, neuerlich hervor, als Bülow den anfänglich so gefeierten Jangtse-Vertrag einfach fallen ließ. Der Kanzler begründete dies damit, dass das Deutsche Reich in China nur die heißen Kastanien für Großbritannien aus dem Feuer holen sollte. Tatsächlich befürchtete er negative Auswirkungen auf das deutschrussische Verhältnis, und die kontinentale Position des Reiches galt gegenüber imperialistischen Erfolgen als vorrangig. In den folgenden Jahren ging Großbritannien zu einer Neuordnung seiner internationalen Beziehungen über. Zunächst wurde ein Bündnis mit Japan abgeschlossen, dann folgte ein umfassender Kolonialausgleich mit Frankreich, der die Differenzen ausräumte, die seit Faschoda bestanden hatten (in dieser Siedlung am oberen Nil war es 1898 zu einem Zusammenstoß gekommen, der beinahe zu einem Krieg zwischen den beiden Mächten geführt hatte). Mit der Entente cordiale zwischen London und Paris 1904 fanden diese Bestrebungen ihren vorläufigen Abschluss.

Sehr viel ungünstiger stellte sich die außenpolitische Situation für das Deutsche Reich dar. Zwar waren die Verhältnisse in Österreich-Ungarn wieder zur Ruhe gekommen, nachdem man sich noch 1897 erhebliche Sorgen über die Stabilität der Donaumonarchie gemacht hatte. Hingegen schlug Italien nun eigene Wege ein, die auf eine Aushöhlung des Dreibundvertrages zwischen Berlin, Wien und Rom von 1882 hinausliefen. In einem Notenaustausch zwischen dem italienischen Außenminister Visconti Venosta und dem französischen Botschafter in Rom, Camille Barrère, vom 14. und 16. Dezember 1900 wurde Tripolis von Frankreich als italienische Interessensphäre anerkannt. Damit war die Sorge Roms ausgeräumt, dass Frankreich seinen Machtbereich von Tunesien aus auf Libyen ausdehnen könnte. Auch Großbritannien sicherte der italienischen Regierung nun zu, dass der politische Status quo in Nordafrika nur in Übereinstimmung mit den Wünschen Italiens verändert werde. Auf diese Weise stellte Rom die Weichen, um später Libyen erwerben zu können, ohne dabei die Bündnispartner Deutschland und Österreich-Ungarn einzubeziehen. Zwar wurde der Dreibundvertrag in jenen Monaten wiederum erneuert, aber er hatte seinen ursprünglichen Zweck, ein Gegengewicht zu Frankreich zu schaffen, weitgehend eingebüßt. Dies lag auch darin begründet, dass die Mittelmächte dem Ansinnen Italiens die kalte Schulter gezeigt hatten, den Dreibund in ein imperialistisches Erwerbsbündnis umzuwandeln – insbesondere im Hinblick auf Libyen –, und Rom auch die gewünschte Zusicherung verweigert hatten, künftig in allen Balkanangelegenheiten gleichberechtigt mitreden zu dürfen. Es hätte im Zug der Zeit gelegen, den Dreibundvertrag indirekt in eine Vereinbarung zum Zwecke imperialistischen Zugewinns umzudeuten, aber die deutsche Diplomatie erkannte die Möglichkeiten, die hier lagen, überhaupt nicht.

Insgesamt sah die Bilanz der Bülowschen Weltpolitik, die in der Öffentlichkeit so lautstark propagiert wurde, bislang äußerst bescheiden aus. Die anderen Mächte schickten sich an, ihre Kolonialreiche mit Hilfe bilateraler Vereinbarungen zu arrondieren oder Anwartschaften auf künftige Erwerbungen zu begründen, das Deutsche Reich hingegen ging leer aus. Alarmiert nahm die deutsche Diplomatie den Abschluss der Entente cordiale zur Kenntnis. Holstein, die Schlüsselfigur im

111

Auswärtigen Amt, erklärte: »Jetzt haben wir die Bescherung. England und Frankreich werden uns schwerlich angreifen [...], aber wir sind außer Stande, irgendwelche überseeische Erwerbungen zu machen. Ich verlange solche Erwerbungen nicht, aber eine Masse Menschen schreien danach und wundern sich, daß für Deutschland nichts abfällt. [...] Gegen England und Frankreich ist keine überseeische Politik möglich.«[35]

In Berlin sah man in dem Vertrag den ersten Schritt hin zu einer »Einkreisung« des Reiches durch die westlichen Mächte, obwohl er seinem Inhalt nach nur koloniale Fragen betraf. Nur aus einer imperialistischen Perspektive, die zudem in erster Linie auf die Rivalitäten der anderen Mächte als Ausgangspunkt für weltpolitische Erfolge setzte, konnte sich dies so darstellen. Im Augenblick eröffnete der Ausbruch des russisch-japanischen Krieges allerdings noch einmal die Aussicht, dass es zu einem tief greifenden Konflikt zwischen Großbritannien und Russland kommen und das Deutsche Reich dann die Rolle des *arbiter mundi* übernehmen könnte. Vor allem Wilhelm II. war von dieser Aussicht begeistert. Er spekulierte sogleich über die Möglichkeit einer russisch-deutsch-nordischen Kontinental-Allianz gegen Großbritannien und Japan, der sich dann auch Frankreich werde anschließen müssen.

Diese Überlegungen erwiesen sich als Hirngespinste. Die Reichsleitung suchte vielmehr nach anderen Möglichkeiten, um der sich abzeichnenden Koalition der *beati possidentes* gegen das Deutsche Reich zu begegnen. Im Auswärtigen Amt wurde die Idee entwickelt, die Entente cordiale wieder zu sprengen, indem man den Hebel an einem Kernbestandteil der französisch-britischen Vereinbarungen ansetzte, nämlich der von London zugestandenen Handlungsfreiheit Frankreichs in Marokko. Als Gegenleistung dafür, dass Frankreich der britischen Administration in Ägypten nicht länger Hindernisse in den Weg legen wollte, hatten die Engländer Paris unter anderem freie Hand für die ökonomische Durchdringung Marokkos gegeben. Im Gegensatz dazu verfolgte das Deutsche Reich das Ziel, die Souveränität Marokkos in aller Form zu bekräftigen und dies von einer internationalen Konferenz sanktionieren zu lassen. Auf diese Weise wollte die deutsche Diplomatie – formal an der bestehenden internationalen Rechtslage festhaltend – der informellen imperialistischen Penetration dieses Landes durch Frankreich Einhalt gebieten. Wenn Paris dergestalt seinen Teil der in der Entente cordiale festgeschriebenen *bargains* wieder einbüßte, so die Erwartung, würde dies Frankreich und Großbritannien wieder auseinander treiben. Im Hintergrund stand das Kalkül, dass man Frankreich dazu bewegen könnte, einem deutsch-russischen Kontinentalbündnis als Juniorpartner beizutreten.

Um diesem Vorhaben auf der außenpolitischen Bühne entsprechend Nachdruck zu verleihen, wurde Wilhelm II. dazu ausersehen, während einer Mittelmeerreise dem Sultan von Marokko demonstrativ einen Staatsbesuch abzustatten und so dessen Souveränität persönlich zu bestätigen. Wilhelm II., der wiederum nicht zu den Urhebern dieses reichlich machiavellistischen Planes gehörte, weigerte sich anfänglich hartnäckig, sich für ein solches Unternehmen zur Verfügung zu stellen. Der Beredsamkeit Bülows konnte er sich am Ende jedoch nicht widersetzen. Am 31. März 1905 ging der Kaiser in einer theatralischen Inszenierung in Tanger an Land, allerdings nur für wenige Stunden, und machte dem Sultan sowie der deutschen Kolonie seine Aufwartung.

Frankreich sollte auf diese Weise dazu gezwungen werden, das Mitspracherecht des Deutschen Reiches in der Marokko-Frage förmlich zu akzeptieren und auch der deutschen Wirtschaft freien Zugang zu diesem Lande zu gewähren. Die anderen europäischen Großmächte begegneten dem Vorgehen Berlins mit einer Mischung aus Unverständnis und Irritation; unter den bestehenden Voraussetzungen ließ sich die schrittweise politische und ökonomische Durchdringung Marokkos durch die wirtschaftlich übermächtigen Industriestaaten ohnehin nicht aufhalten. Überdies schwächte Wilhelm II. von vornherein selbst die Strategie der Reichsleitung, weil er zum Ärger Bülows hatte durchblicken lassen, dass er keinesfalls an einen Krieg gegen Frankreich denke – obwohl der Kanzler dem Monarchen zuvor auferlegt hatte, gegenüber den französischen Diplomaten eine eisige Miene aufzusetzen.

In den sich anschließenden mächtepolitischen Auseinandersetzungen befand sich die deutsche Diplomatie in einer weit weniger starken Position, als Bülow und Holstein angenommen

113

hatten. Zwar gelang es ihr, Frankreich dazu zu bringen, sich den Beschlüssen einer internationalen Konferenz zu unterwerfen, die über die Zukunft Marokkos befinden sollte. Ebenso erzwang sie den Rücktritt des französischen Außenministers Théophile Delcassés, dessen deutschfeindliche Einstellung in Frankreich selbst als Belastung empfunden wurde, und die Bildung eines neuen, Berlin freundlicher gesinnten Kabinetts in Paris. Aber als die Konferenz im Frühjahr 1906 schließlich in der südspanischen Hafenstadt Algeciras zusammentrat, fand sich das Deutsche Reich, nur von Österreich-Ungarn unterstützt, in einer verhängnisvollen Isolierung. Zwar ließ sich das Prinzip der »offenen Tür« für Marokko durchsetzen. Ansonsten aber wurde die französische Vorherrschaft im Scherifischen Königreich international anerkannt und die Bahn für eine noch weiter gehende imperialistische Unterwerfung des Landes durch Frankreich frei gemacht.

In der Wilhelmstraße wies man die Schuld für das Scheitern des deutschen Kalküls nicht zuletzt dem Monarchen zu, da er keinen Hehl daraus gemacht habe, einen deutsch-französischen Waffengang abzulehnen. Aus heutiger Sicht kann man Wilhelm II. gewiss zugute halten, dass er, ungeachtet seiner großsprecherischen Reden, ein besseres Gespür als seine Berater dafür hatte, wo die Grenzen der Anwendbarkeit kriegerischer Gewalt lagen. Dabei mag auch eine Rolle gespielt haben, dass ihm ein Krieg mit Frankreich angesichts der angespannten Situation im Reich, wo Streiks und Massendemonstrationen der Sozialdemokratie gegen das preußische Dreiklassenwahlrecht für Unruhe sorgten, nicht eben ratsam erschien. Diese Bedenken brachte er freilich wie gewohnt in exaltierter Weise zum Ausdruck. Am 31. Dezember 1905 schrieb er an den Kanzler, die auswärtige Politik müsse so geführt werden, dass ihm die Entscheidung darüber, ob man einen Krieg führen solle, »soweit als irgendmöglich und *jedenfalls* für jetzt« erspart bliebe. Eine machiavellistische Risikopolitik, wie sie Holstein und Bülow gerade eben in den Blick genommen hatten, lehnte Wilhelm II. also ab. Für seine Haltung, so der Kaiser, sprächen letztlich auch innenpolitische Erwägungen. »[...] in einem solchen Augenblick wie jetzt, wo die Sozialisten offen Aufruhr predigen und vorbereiten«, könne er »keinen Mann

114

aus dem Lande nehmen ohne äußerste Gefahr für Leben und Besitz seiner Bürger«. Und er ließ die bei Lage der Dinge reichlich absurde Bemerkung folgen: »Erst die Sozialisten abschießen köpfen und unschädlich machen, wenn nötig, per Blutbad, und dann Krieg nach außen. Aber nicht vorher und nicht *a tempo.*«[36] Hier tauchte erstmals jener *Guillaume le timide* auf, der später die deutschen Diplomaten und Militärs so irritieren sollte. In der Tat hat die deutsche Politik in der Folge gar nicht ernstlich erwogen, Frankreich durch Drohung mit dem Kriege nachgiebiger zu stimmen, zumal sich erwies, dass dies nur dazu geführt hätte, die bestehende Entente mit Großbritannien noch stärker zusammenzuschmieden.

Das Fiasko der deutschen Außenpolitik, wie sie in den Jahren zuvor geführt worden war, hätte nicht größer sein können, obwohl Bülow sich alle Mühe gab, die Ergebnisse der Konferenz von Algeciras als Erfolg für Deutschland zu verkaufen. Die Reichsleitung hatte, ähnlich wie zuvor schon in Konstantinopel, auf die Strategie gesetzt, die fortschreitende Aufteilung der noch »freien« Gebiete des Erdballs einstweilen anzuhalten, bis die Flotte fertig und das internationale Gewicht des Deutschen Reiches stark genug wäre, um größere weltpolitische Konflikte riskieren zu können. Tatsächlich aber führte diese auf Zeitgewinn spielende Politik nur dazu, die anderen Mächte, namentlich Frankreich und Großbritannien, auf eine gemeinsame Politik gegen die Mittelmächte einzuschwören; sie bewirkte also das genaue Gegenteil dessen, was ursprünglich beabsichtigt worden war.

Aus heutiger Sicht springt die Kurzsichtigkeit dieser – keinesfalls Wilhelm II. anzulastenden – Strategie ins Auge, bei der die Stärke der Position der Mittelmächte fortwährend überschätzt wurde. Das zeigt sich noch deutlicher, wenn man die wenig später mit Russland aufgenommenen Verhandlungen in den Blick nimmt, die ebenfalls von illusionären Voraussetzungen ausgingen. Angesichts der Übermacht des mit Frankreich liierten Großbritannien, die sich in den Augen der Reichsleitung mit der Niederlage Russlands im Krieg gegen Japan eingestellt hatte, hoffte Bülow nichts weniger, als die Schwäche St. Petersburgs dazu ausnutzen zu können, um ein deutsch-russisches Bündnis zustande zu bringen. Dieses sollte dann die »Keim-

115

zelle für ein vereinigtes Kontinentaleuropa« abgeben. Auch in diesem Fall wollte Bülow das persönliche Prestige des Kaisers für die Ziele der deutschen Diplomatie einsetzen. Dabei verfiel er auf den Gedanken, sich der dynastischen Beziehungen zwischen Wilhelm II. und Zar Nikolaus II. zu bedienen, um die angestrebte Annäherung der beiden Mächte in die Wege zu leiten, statt über die üblichen diplomatischen Kanäle zu gehen.

Bei einem Treffen mit dem Zaren auf der finnischen Insel Björko am 4. Juli 1905 gelang es Wilhelm II. tatsächlich, Nikolaus II. dazu zu bewegen, seine Unterschrift unter ein Defensivbündnis zu setzen, das die beiden Länder für den Fall eines unprovozierten Angriffs einer dritten europäischen Macht aneinander binden sollte. Anschließend wollte man Frankreich einweihen und nachträglich dazu bewegen, sich dem Bündnis anzuschließen. Allerdings setzte Wilhelm II. auf Wunsch des Zaren in den vom Auswärtigen Amt vorbereiteten Text den qualifizierenden Zusatz »*en Europe*« ein, der die Geltung des Vertrages auf Europa beschränkte. Bülow wandte sich nach der Rückkehr des Monarchen energisch gegen diese Änderung, da sie die erhoffte potenzielle Bedrohung der britischen Herrschaft in Indien hinfällig und das Bündnis somit wertlos mache. Wilhelm II. freilich war stolz auf seinen diplomatischen Erfolg und wollte nicht einsehen, weshalb er wieder Abstand davon nehmen sollte. Als Bülow ihn überraschend mit einem Rücktrittsgesuch konfrontierte, versetzte ihm das einen schweren Schock, der ihn zeitweilig sogar an Selbstmord denken ließ.

An sich war die Sache gar nicht solcher Erregung wert, denn die Idee einer gegen Großbritannien gerichteten Kontinental-Liga erwies sich ohnehin als eine Chimäre. Die russischen Staatsmänner wollten von dem Vertrag nichts wissen, und von einer Zustimmung Frankreichs, die der Zar zur Bedingung gemacht hatte, konnte schon gar nicht ausgegangen werden. In dieser Situation aber gerieten die Beziehungen Wilhelms II. zu Bülow in eine schwere Krise. Bislang hatte der Kanzler ihm stets suggeriert, dass er, der Kaiser, letztlich die Entscheidungen treffe. Mit einem Mal wurde Wilhelm II. nun klar, dass er als Schachfigur in dem diplomatischen Spiel Bülows gedient hatte. Mit seinem monarchischen Selbstverständnis war das natürlich keinesfalls zu vereinbaren. Die Differenzen konnten zwar noch einmal überwunden werden, zumal nicht daran zu denken war, wegen einer solchen Frage den Kanzler auszuwechseln. Aber das persönliche Verhältnis Bülows zu Wilhelm II., das bislang das Erfolgsgeheimnis des Kanzlers gewesen war, blieb nachhaltig gestört, und mit ihm das »persönliche Regiment im guten Sinne«.

Dafür war auch die Tatsache bedeutsam, dass die jüngsten Unternehmungen der deutschen Diplomatie, bei denen der Monarch unmittelbar ins Spiel gebracht worden war, sämtlich gescheitert waren. Im Unterschied zu dem Eindruck, den die Öffentlichkeit gewinnen musste, war der Kaiser dabei keineswegs immer die treibende Kraft gewesen. Im Gegenteil waren die Auftritte des Monarchen vom Auswärtigen Amt sorgfältig inszeniert worden. Bülow war es im Ganzen durchaus recht gewesen, dass der Kaiser öffentlich immer wieder Deutschlands Aufstieg zur Weltmacht beschworen hatte. Ein Beispiel von vielen ist die Rede Wilhelms II. in Bremen anlässlich der Einweihung eines Kaiser-Friedrich-Denkmals, in der er sich zum Friedenskaiser stilisierte, auch wenn er durch die Wahl seiner Worte eher den gegenteiligen Eindruck erweckte: »Ich habe mir gelobt, auf Grund meiner Erfahrungen aus der Geschichte, niemals nach einer öden Weltherrschaft zu streben [...]. Das Weltreich, das ich mir geträumt habe, soll darin bestehen, daß vor allem das neuerschaffene Deutsche Reich von allen Seiten das absoluteste Vertrauen als das eines ruhigen, ehrlichen und friedlichen Nachbarn genießen soll, und daß, wenn man dereinst vielleicht von einem deutschen Weltreich oder einer Hohenzollern-Weltherrschaft reden sollte, sie nicht auf Politik begründet sein soll durch das Schwert, sondern durch gegenseitiges Vertrauen der nach gleichen Zielen strebenden Nationen.«[37] Natürlich waren es weniger diese wohlmeinenden Darlegungen als solche, die im Bewusstsein der Öffentlichkeit haften blieben, als vielmehr die pompöse Formel von der Hohenzollern-Weltherrschaft. Bülow blieb es vorbehalten, dem Monarchen angesichts dieser »mächtigen Rede« mit »wirklicher Bewunderung« Respekt zu zollen.[38]

Die politischen Realitäten nach dem Ende der Konferenz von Algeciras, die für das Deutsche Reich enttäuschend ausgegangen war, sahen ganz anders aus. Die Marokko-Aktion, die einen Befreiungsschlag gegenüber den Westmächten hätte bringen sollen, war kläglich gescheitert. Am Horizont zeichnete sich jetzt deutlich die Gefahr einer vollständigen Isolierung der Mittelmächte im Falle eines europäischen Krieges ab. Der so kostspielige Bau der Schlachtflotte hatte sich jedenfalls bislang nicht ausgezahlt. Mehr noch, die Reichsleitung konnte keinerlei nennenswerte koloniale Erwerbungen vorweisen, und die Aussichten, auf diesem Felde künftig Erfolge zu erzielen, waren trübe. Die von Bülow verfolgte Strategie, die Person des Kaisers öffentlich als Speerspitze einer »neudeutschen«, mit lautstarken Erklärungen und theatralischen Inszenierungen betriebenen Weltpolitik zu benutzen, fiel nun auf Wilhelm II. selbst zurück. Dies wurde dadurch begünstigt, dass die Öffentlichkeit über die Hintergründe des Marokko-Unternehmens und die fehlgeschlagenen Verhandlungen mit der russischen Regierung nichts wissen konnte. Die Misserfolge der deutschen Außenpolitik wurden daher in zunehmendem Maße auf die bombastischen Reden Wilhelms II. und auf seine Eingriffe in den Gang der diplomatischen Geschäfte zurückgeführt, während eigentlich Bülow und Holstein die Verantwortung dafür trugen.

Dabei war die Reichsleitung gerade von dem Motiv angetrieben worden, mit außenpolitischen Erfolgen die Verhältnisse im Innern zu stabilisieren. Nun aber kam die Flottenpolitik erneut auf den Prüfstand der öffentlichen Meinung. Die linken Parteien warfen der Reichsleitung vor, Deutschland in einen Krieg mit Großbritannien zu treiben, weil sie den Bau einer Flotte beabsichtige, die der englischen ebenbürtig sei. Das rechte Lager hingegen – und hier insbesondere der Alldeutsche Verband und der Flottenverein – forderte eine noch ungleich schnellere Expansion der Seestreitkräfte, um die Sicherheit der Mittelmächte vor einem eventuellen englischen Angriff zu erhöhen und die begehrten überseeischen Besitzungen gegebenenfalls mit militärischem Druck zu erlangen. Tirpitz hatte angesichts der nationalistischen Agitation einige Mühe damit, den Flottenausbau weiter nach Plan zu betreiben. Hinzu kam, dass Großbritannien dazu überging, weitaus größer dimensionierte Schlachtschiffe – die sogenannten *Dreadnoughts* – zu bauen; dadurch wurden die kalkulatorischen

Grundlagen des Tirpitzschen Flottenbauprogramms erschüttert.

Solange sich Wilhelm II. im Glanze einer erfolgreichen Außenpolitik hatte sonnen können, war er bereit gewesen, auch schwerwiegende Niederlagen in der inneren Politik wegzustecken, etwa das Scheitern der Umsturzvorlage oder die Ablehnung des Mittellandkanal-Projektes. Ebenso hatte er Bülow widerwillig freie Hand für Konzessionen an die im Reichstag dominierende Zentrumspartei gewährt, beispielsweise bei der Wiederzulassung des Jesuitenordens. Als das Zentrum jedoch Anstalten machte, die Kolonialpolitik der letzten Jahre, in die Wilhelm II. wegen der Aufstände in Ost- und Südwestafrika als oberster Kriegsherr unmittelbar verwickelt war, kritisch unter die Lupe zu nehmen, war es auch damit vorbei. Der Monarch hatte gewünscht, ein eigenständiges Reichskolonialamt einzurichten und den Prinzen Ernst von Hohenlohe-Langenburg an dessen Spitze zu stellen. Diesem Ansinnen erteilte das Parlament – unter führender Beteiligung der Zentrumsvertreter – eine Abfuhr und forderte darüber hinaus, den Sollbestand der Schutztruppe zu reduzieren. Das tiefe Misstrauen der Abgeordneten gegenüber dem Prinzen, der als militanter Protestant bekannt war und zudem Wilhelm II. persönlich nahe stand, spielte dabei eine wichtige Rolle. Entscheidend aber war, dass das Zentrum sich verpflichtet fühlte, die offensichtlichen Missstände in der Kolonialverwaltung, an denen der Kaiser nicht unschuldig war, zu beseitigen und für die Zukunft eine angemessene parlamentarische Kontrolle dieses Bereiches sicherzustellen.

Wilhelm II. war zutiefst entrüstet über das Votum des Reichstages. Der alte Hass gegen das widerspenstige Abgeordnetenhaus brach jetzt wieder hervor, ebenso die extreme Abneigung gegen den Katholizismus in jedweder Form. Der Kaiser erging sich in schärfsten Tönen gegen das Zentrum und zugleich auch gegen Bülow, der es trotz erheblicher Anstrengungen hinter den Kulissen nicht geschafft hatte, die Vorlage zu retten. Das Zentrum, so der Kaiser, wandle Arm in Arm mit den Sozialdemokraten.[39] Besonders massiv ergoss sich sein Zorn über Matthias Erzberger, den kolonialpolitischen Sprecher des Zentrums, als dieser in der Folge mit zahlreichen Enthüllun-

119

gen über die Verfehlungen der Kolonialverwaltung aufwartete.

Das »persönliche Regiment im guten Sinne«, gestützt auf die engen persönlichen Beziehungen zwischen Kaiser und Kanzler, wurde überdies durch einen weiteren Konflikt erschüttert und erwies sich damit einmal mehr als weitgehend fiktives Gebilde. Der preußische Innenminister Viktor von Podbielski sah sich wegen seiner Verwicklung in einen Bestechungsskandal mit Rücktrittsforderungen konfrontiert. Obwohl der Kaiser unbedingt an Podbielski festhalten wollte (die Vorwürfe waren bislang unbewiesen), bestand Bülow auf dessen Abgang und fand dafür schließlich auch die Unterstützung seiner Ministerkollegen. Der Monarch musste Podbielski zähneknirschend entlassen. Aus seiner Sicht handelte es sich hier um eine Ministerrebellion, wie es sie bereits 1897 in der Köller-Affäre gegeben hatte.[40] Fraglos ließ dieser Vorgang das Vertrauen des Kaisers in seinen Kanzler noch mehr schwinden. Die magische Kraft von Bülows persönlichem Einfluss auf den Monarchen war großteils dahin. Das lag allerdings auch daran, dass der Kanzler an erheblichen gesundheitlichen Beeinträchtigungen litt – am 5. April 1905 war er im Reichstag zusammengebrochen – und deshalb den direkten Kontakt mit Wilhelm II. nicht mehr pflegen konnte, der zuvor einer der tragenden Pfeiler seiner Kanzlerschaft gewesen war.

Überschattet wurde all dies aber von der anhaltenden öffentlichen Kritik an der Rolle, die der Kaiser nach Meinung der Öffentlichkeit in den internationalen Beziehungen gespielt hatte. Bülow sah sich daher veranlasst, Wilhelm II. in einer großen Reichstagsrede am 14. November 1906, die einer optimistischen Bewertung der außenpolitischen Lage des Reiches gewidmet war, in Schutz zu nehmen: Er bekannte sich erneut dazu, prinzipiell die moralische Verantwortung dafür zu übernehmen, wenn sich Äußerungen des Kaisers nachteilig auf den Gang der großen Politik auswirken sollten, obwohl sich seine verfassungsrechtliche Verantwortung nicht auf solche Kundgebungen erstrecke. Daran knüpfte er allerdings staatsrechtliche Überlegungen zur Stellung der Minis-ter im Regierungssystem des Deutschen Reiches: »Bei uns in Deutschland sind die Minister nicht die Organe des Parlamentes und seiner jeweiligen Mehrheit, sondern sie sind die Vertrauensmänner der Krone; die Regierungsanordnungen, welche ergehen, sind nicht die Anordnungen eines tatsächlich von dem Monarchen unabhängigen und von der jeweiligen Mehrheit des Parlaments abhängigen Ministers, sondern es sind die Regierungsanordnungen des Monarchen.«[41] Die einzige Möglichkeit zur Korrektur dieser Verhältnisse bestehe darin, dass der Monarch stets einen Minister finden müsse, der bereit sei, die jeweiligen Anordnungen unter seiner Verantwortung auszuführen.

Das war gut konservatives Staatsrecht gemäß dem 1871 begründeten halbkonstitutionellen System. Bülow ging jedoch noch weiter: Die Frage, ob der Minister – in diesem Falle der Reichskanzler – bereit sei, die Verantwortung für »das persönliche Hervortreten, die Meinungs- und Gefühlsäußerungen des Monarchen« zu übernehmen, stellte er in das subjektive Ermessen des jeweiligen Amtsinhabers. Das sei »Sache des politischen Augenmaßes, des Pflichtgefühls gegenüber Krone und Land«, es gehöre »in das Gebiet der politischen Imponderabilien«.[42] Damit spielte Bülow die Dimension der Verantwortlichkeit des leitenden Staatsmannes so weit wie möglich herunter, und dies konnte niemanden befriedigen. Allerdings verband er damit die Mahnung, dass »ein übertriebenes persönliches Hervortreten des Regenten«, »ein zu weit getriebener monarchischer Subjektivismus« und »ein zu häufiges Erscheinen des Monarchen ohne die ministeriellen Bekleidungsstücke« gegebenenfalls nicht verantwortet werden könnten. Darin ließ sich eine höchst vorsichtige, indirekte Warnung an den Kaiser erkennen, es mit dem »persönlichen Regiment« nicht überhand nehmen zu lassen.

Zu einer deutlicheren Sprache konnte und wollte sich Bülow jedoch nicht verstehen, hatte er doch in der Vergangenheit den persönlichen Regierungsstil des Monarchen immer wieder für seine Zwecke instrumentalisiert. Stattdessen suchte der Kanzler sein Heil in der Offensive: »[…] die Auffassung, als ob der Monarch in Deutschland keine eigenen Gedanken über Staat und Regierung haben dürfe, als ob er nur mit dem Kopfe seiner Minister denken, als ob er nur sagen dürfe, was diese ihm aufgesetzt hätten, die ist grundfalsch, – sie widerspricht dem deutschen Staatsrecht, sie widerspricht auch den Wünschen des deutschen Volkes. Das deutsche Volk will keinen Schattenkaiser, es will einen Kaiser von Fleisch und Blut.«[43] Der Kaiser habe niemals die Verfassung verletzt und werde sie auch weiterhin stets gewissenhaft beachten. Das war starker Tobak für alle diejenigen, die immer wieder mit den Staatsstreichgelüsten des Kaisers konfrontiert worden waren. Allerdings konnte man Bülows Worte auch als Garantie dafür lesen, dass dergleichen nun nicht mehr zu befürchten war. Gleichzeitig bestritt Bülow mit Verve, dass es in der Umgebung des Monarchen eine Kamarilla gebe, die den politischen Kurs bestimme.

Der Appell des Kanzlers an die monarchische Gesinnung der großen Mehrheit im Bürgertum war als solcher zweifellos erfolgreich. Aber seine eher zaghaften Ausführungen waren wenig geeignet, die Besorgnisse in der Öffentlichkeit über das Gebaren Wilhelms II. zu besänftigen, und auch der Kaiser selbst konnte mit diesen gewundenen Formulierungen schwerlich zufrieden sein.[44] Bülow glaubte denn auch Grund zu haben, seine Ausführungen im Reichstag nachträglich gegenüber Wilhelm II. persönlich zu rechtfertigen. Er habe die öffentliche Kritik am Monarchen ganz bewusst auf seine Person abgelenkt und dadurch die Stimmung verbessert. Die große Mehrheit der Deutschen sei monarchisch gesinnt, jedoch sei es nun einmal so, dass »das deutsche Volk unendlich empfindlich« sei gegenüber allem, was nach Absolutismus aussehe. Er habe »nur die Wahrheit gesagt«, wenn er öffentlich erklärt habe, »Eure Majestät hätten nie die Verfassung verletzt und würden sie nie verletzen. Aber manche Reden und Telegramme Eurer Majestät« seien »in diesem Sinne gegen Sie ausgebeutet worden. Die hierdurch hervorgerufene unruhige und mißtrauische Stimmung bei allen Parteien und in allen Schichten« erschüttere jedoch »in keiner Weise« sein »Vertrauen in Gott, zu Eurer Majestät und in den Stern des deutschen Volkes. [...] Sie wollen mir glauben, daß meine Worte und Vorstellungen eingegeben sind von wahrer Liebe und treuer Sorge für Eure Majestät.«[45] So weit glaubte Bülow in seiner Kritik am persönlichen Regierungsstil Wilhelms II., den er in den vergangenen Jahren in vieler Hinsicht selbst gefördert hatte, allenfalls gehen zu dürfen. Wilhelm II. aber quittierte das mit folgender Randbemerkung: »Einverstanden! Besten Dank!

Ich ändere mich nicht! Und es wird weiter geschimpft werden.«[46] Mit anderen Worten: Es war nicht damit zu rechnen, dass sich am Verhalten des Kaisers ernstlich etwas ändern würde. Bülow selbst war weder willens noch in der Lage, entschieden dafür zu kämpfen. Er war allenfalls bereit, den schlimmsten Auswüchsen des »persönlichen Regiments« mit »taktischen« Mitteln zu begegnen.

Das Ansehen des Kaisers blieb somit weiterhin beschädigt, und die Perspektiven für die Zukunft waren alles andere als gut. Nur wenig später schrieb Max Weber an Friedrich Naumann, dass sich die Fortschrittliche Volkspartei keinesfalls zu »einem Vertrauensvotum für den Kaiser und seine Art, Politik zu machen«, hergeben dürfe: »Das Maß von Verachtung, welches uns, als Nation, im Ausland (Italien, Amerika, überall!) nachgerade – mit *Recht*! Das ist entscheidend – entgegengebracht wird, *weil* wir uns *dieses* Regime *dieses* Mannes ›gefallen lassen‹, ist nachgerade ein Faktor von erstklassiger ›weltpolitischer‹ Bedeutung für uns geworden. [...] Wir werden ›isoliert‹, *weil* dieser Mann uns in dieser Weise regiert und *wir es dulden und beschönigen.*«[47] Damit brachte er nur die landläufige Meinung auf eine griffige Formel: Das Scheitern der deutschen Außenpolitik, so glaubte man, gehe in erster Linie auf das Konto des Kaisers. Tatsächlich aber war dafür weit mehr die engere Führungselite in seiner Umgebung verantwortlich, die die Person und das Ansehen des Monarchen für ihre Zwecke instrumentalisiert hatte. In der Erhaltung des »persönlichen Regiments« sah sie die notwendige Voraussetzung für eine nationalkonservative Herrschaft im Reiche und in Preußen; auf diese Weise sollte das drohende parlamentarische System verhindert werden.

Bülows Position als Kanzler war fortan angeschlagen, und im Umfeld Wilhelms II. mehrten sich die Bestrebungen, ihn aus dem Amt zu drängen. Bülow konnte sich nun nicht mehr der Entlassung Holsteins widersetzen, der über lange Jahre hinweg die Fäden in der Außenpolitik gezogen hatte. Gleichzeitig wurde der bisherige Staatssekretär des Auswärtigen, Freiherr von Richthofen, durch Heinrich von Tschirschky ersetzt, obwohl dieser sich insgeheim schon lange als Gegenspieler des Kanzlers gerierte. Als dann im Sommer 1906 die Zentrumsvertreter im Reichstag ihre Angriffe auf die Kolonialabteilung des Auswärtigen Amtes zur größten Irritation Wilhelms II. weiter verstärkten und am Ende auch ihr Direktor Prinz Hohenlohe-Langenburg das Handtuch warf, suchte Bülow sein Heil in der Flucht nach vorn. Dass der Nachtragsetat für die Kolonialverwaltung am 13. Dezember 1906 abgelehnt wurde – was unter anderen Umständen vielleicht hätte vermieden werden können –, nahm der Kanzler zum Anlass, um den Reichstag aufzulösen und Neuwahlen für Januar 1907 anzusetzen. Dies war ganz im Sinne des Kaisers, der nicht nur prinzipiell dafür zu haben war, das Parlament durch Auflösung gefügig zu machen, sondern auch darauf drängte, die Hegemonie des Zentrums in der Innenpolitik zu beseitigen.

Das große Ziel Bülows bestand darin, durch eine Reichstagswahl unter nationalem Vorzeichen eine grundlegend veränderte Parteienkonstellation herbeizuführen, bei der er nicht mehr wie bisher an das Zentrum gebunden wäre. Genau diese Abhängigkeit hatte sich ja als die Achillesferse in seinem Verhältnis zu Wilhelm II. erwiesen. Sollte der Urnengang in dem von ihm erhofften Sinne ausgehen und ein Block der konservativen und der liberalen Parteien unter Führung der Regierung möglich werden, dann gestaltete sich auch die schwierige Beziehung zum Monarchen einfacher. Dass sich auf diese Weise die Regierungspraxis im Deutschen Reich stärker auf das Parlament hin orientieren würde, sah Bülow nicht länger als Nachteil an, obwohl dies die Probleme mit einem Monarchen, der auf autokratischen Herrschaftsmethoden bestand, noch weiter vermehren musste.

Die Reichsleitung engagierte sich während der Wahlkampagne in aller Form gegen das Zentrum und die Sozialdemokratie. Trotz einer massiven amtlichen Wahlbeeinflussung kam es am Ende nicht ganz zu dem gewünschten Ergebnis. Das Zentrum erlitt nur geringfügige Verluste und blieb die stärkste Partei im Reichstag. Dass die Sozialdemokratie leichte Einbußen an Sitzen hinnehmen musste, stellte sich auf den ersten Blick als ein großer Erfolg für die Reichsleitung dar. Freilich sollte sich bald zeigen, dass der Rückhalt der Sozialdemokratie in der Wählerschaft nicht erschüttert worden war.

Monarchische Selbstherrschaft und bürgerlicher Imperialismus im Widerstreit
1906–1909

Die scharfen Konflikte der Reichsleitung mit dem Reichstag, insbesondere aber mit der Zentrumspartei, hatten den Anstoß zur Auflösung des Parlamentes gegeben. Diese Maßnahme war auch innerhalb des Staatsministeriums äußerst umstritten und traf die Öffentlichkeit weithin überraschend. Reichskanzler Bülow rechtfertigte den Schritt unter anderem damit, dass ihm der Machtegoismus des Zentrums, das seine Parteianliegen rücksichtslos über die nationalen Interessen des Deutschen Reiches stelle, keinen anderen Ausweg gelassen habe. Indirekt spielte er auch das populäre Unbehagen über den persönlichen Regierungsstil Wilhelms II. gegen das Zentrum aus: »Ich arbeite mit jeder Partei, welche die großen nationalen Gesichtspunkte achtet. Wo diese Gesichtspunkte mißachtet werden, hört die Freundschaft auf. Niemand in Deutschland will ein persönliches Regiment. Die große Mehrheit des deutschen Volkes will aber erst recht kein Parteiregiment.«[1] Tatsächlich waren es nicht zuletzt die zunehmenden Differenzen mit dem Kaiser über die Behandlung des Reichstages und namentlich des Zentrums, die Bülow zu seiner Entscheidung veranlasst hatten, ansonsten hätte er gewiss erneut seine taktischen Fähigkeiten eingesetzt, um das Zentrum auf die Linie der Kooperation mit der Reichsleitung zurückzuführen. Nun versuchte er, durch einen mit imperialistischen Parolen geführten Wahlkampf, der bewusst an die nationalistischen Instinkte der bürgerlichen Schichten appellierte, eine parlamentarische Konstellation herbeizuführen, die eine neue Diagonale zwischen den Wünsche des Monarchen und den Bestrebungen der Parteien ermöglichen würde. Max Weber sprach von einer »in tiefstem Grunde *frivolen*, rein ›machtpolitisch‹ im Interesse der Krone (welche die furchtbare Blamage der äußeren Politik durch einen ›inneren Sieg‹ unter einer

125

›Hurrah‹-Parole vertuschen möchte) motivierten Auflösung« des Parlamentes.[2]

Die Reichstagswahlen vom Januar 1907 fielen zwar nicht ganz so aus, wie Bülow sich das erhofft hatte: Der erklärte Hauptgegner, die Zentrumspartei, gewann sogar noch ein weiteres Mandat hinzu (trotz eines Rückgangs des Stimmenanteils) und behauptete sich daher als stärkste Fraktion im Reichstag. Andererseits war die Sozialdemokratie, gegen die sich die vereinten Bestrebungen der bürgerlichen und der konservativen Parteien in einer beispiellos überhitzten nationalistischen Atmosphäre gerichtet hatten, auf dreiundvierzig Mandate zurückgedrängt worden. Die Baronin Spitzemberg notierte noch vor den Stichwahlen in ihrem Tagebuch: »Das Ergebnis der Reichstagswahlen mit einem Verlust von ca. 20 Sitzen seitens der Sozialdemokraten ist ein sehr erfreuliches und von niemandem geahntes.«[3] Auch Wilhelm II. konnte diese Entwicklung nur begrüßen, zumal die nun etablierte Koalition des sogenannten Bülowblocks – ein informelles Bündnis der konservativen und der liberalen Parteien gegen das Zentrum und die Sozialdemokratie – seinen Wunschvorstellungen eines kaisertreuen konservativ-liberalen Zusammenschlusses protestantischer Observanz, wie er sie Anfang der neunziger Jahre verfolgt hatte, in vieler Hinsicht nahe kam. Zunächst reagierte er denn auch hoch erfreut – freilich vor allem deshalb, weil es dem Reichstag einmal so richtig gezeigt worden sei.[4]

Bülow seinerseits bemühte sich, den Kaiser in den nationalen Konsens einzubinden, den er als Grundlage seiner neuen politischen Linie proklamiert hatte. Er ließ den Monarchen in der Thronrede zur Eröffnung des neuen Reichstags beschwörend von der alle Gruppen der Gesellschaft, »Bürger, Bauern und Arbeiter einigenden Kraft des Nationalgefühls« reden, in der »des Vaterlandes Geschicke wohl geborgen« seien. »Wie Ich alle verfassungsmäßigen Rechte und Befugnisse gewissenhaft zu achten gewillt bin, so hege Ich zu dem neuen Reichstage das Vertrauen, daß er es als seine höchste Pflicht erkennt, unsere Stellung unter den Kulturvölkern verständnisvoll und tatbereit zu bewahren und zu befestigen.«[5] Zwischen dem Selbstverständnis des Monarchen und der Auffassung, wel-

126

che die Mehrheit der bürgerlichen Parteien und weite Kreise der Bevölkerung vom Kaisertum hatten, tat sich allerdings eine Kluft auf: Nicht als ein von Gottes Gnaden zu souveräner Herrschaft berufener Monarch, sondern als höchster Repräsentant der Nation sollte Wilhelm II. handeln, und dies sollte stets in enger Abstimmung mit dem verantwortlichen Kanzler geschehen, insbesondere dann, wenn Fragen der deutschen Weltpolitik auf der Agenda standen. Bülow trug dieser Stimmung Rechnung, als er im Reichstag in aller Form bestritt, dass es bei der Entscheidung zur Parlamentsauflösung oder während des Wahlkampfes zu Eingriffen des Monarchen gekommen sei: »Eine Bedrohung der Reichsverfassung durch das persönliche Regiment« liege »ganz außerhalb der Wahrscheinlichkeit und selbst der Möglichkeit«.[6] Im Übrigen pochte der Kanzler darauf, »daß wir in den großen Momenten, wo es um Ansehen, Ehre und Stellung des Landes geht, über eine große, über eine gewaltige Mehrheit im deutschen Volke verfügen«.[7]

Bülow durfte hoffen, gestützt auf die neue parlamentarische Mehrheit und unter Akzentuierung des Nationalgefühls, auch den Kaiser wieder einigermaßen auf seinen politischen Kurs bringen und von Alleingängen oder bedenklichen Reden in der Öffentlichkeit abhalten zu können. Auf einem Festmahl für die Provinz Westfalen am 31. August 1907 hielt Wilhelm II. eine für seine Verhältnisse ungewöhnlich versöhnliche Rede.

Wie bereits Bülow im Reichstag, sprach er von der Überwindung der sozialen Gegensätze und schloss dabei bemerkenswerterweise auch die Arbeiter ein, »die in den gewaltigen industriellen Unternehmungen vor den Hochöfen und unter Tage im Stollen mit nerviger Faust ihr Werk verrichten«. Er appellierte an die religiöse Gesinnung der Menschen und rief dazu auf, dass »Bürger, Bauer und Arbeiter sich zusammentun und einheitlich in gleicher Treue und Liebe zum Vaterlande zusammenwirken«. Aber dann fiel er doch wieder in den Jargon der »Weltmachtpolitik«: »Dann wird unser deutsches Volk der Granitblock sein, auf dem unser Herrgott seine Kulturwerke an der Welt aufbauen und vollenden kann. Dann wird auch das Dichterwort sich erfüllen, das da sagt: ›An deutschem Wesen wird einmal noch die Welt genesen‹.«[8] Das war

127

nicht eben ein gutes Omen. Ohnehin konnte es mit dem Appell an das Nationalgefühl allein nicht sein Bewenden haben. Auf Dauer würde das neue parlamentarische Bündnis ohne substanzielle Konzessionen an die linksliberalen Parteien keinen Bestand haben. Gefordert waren insbesondere ein liberales Vereinsgesetz und eine – wenn vielleicht auch nur moderate – Reform des preußischen Dreiklassenwahlrechts. Es war zweifelhaft, ob Wilhelm II. diese Kröten schlucken würde.

In der Anfangsphase seiner Regierungszeit hatte sich Bülow noch auf die enge Partnerschaft mit Philipp Eulenburg stützen können, der mehr als jeder andere über großen persönlichen Einfluss auf den Kaiser verfügte. Doch seit 1902 war es still um Philipp Eulenburg geworden. Eheskandale in seiner nächsten Verwandtschaft hatten die Gefahr mit sich gebracht, dass seine homosexuellen Neigungen öffentlich bekannt würden – angesichts der damals herrschenden Moralvorstellungen hätte das seine gesellschaftliche und politische Ächtung bedeutet. Um dem Risiko einer Enthüllung vorzubeugen, hatte Eulenburg seinen Botschafterposten in Wien 1902 niedergelegt und für einige Jahre unter dem Vorwand von gesundheitlichen Problemen zurückgezogen gelebt. Auch die ehemals sehr dichte Korrespondenz mit Wilhelm II. und mit Bülow war nahezu zum Erliegen gekommen. 1906 aber lebte die alte Verbundenheit mit dem Kaiser wieder auf. Dieser verlieh seinem Freund den Schwarzen Adlerorden, die höchste preußische Auszeichnung, und kam auch wieder wie früher zur Jagd auf Eulenburgs Residenz Liebenberg. Der Öffentlichkeit blieb das nicht verborgen; es war weithin bekannt, welche ungewöhnliche Machtposition Eulenburg bei dem Monarchen einnahm. Maximilian Harden, der Herausgeber der Zeitschrift »Zukunft«, hatte schon Jahre zuvor Andeutungen über die homosexuellen Neigungen Eulenburgs ausgestreut. Nun sah er sich veranlasst, mit publizistischen Mitteln Eulenburgs Rückzug aus der Politik zu erzwingen.[9]

Hardens Motive waren hochpolitischer Natur; sein Vorgehen richtete sich primär gegen Wilhelm II. und nur in zweiter Linie gegen dessen getreuen Paladin Eulenburg. Harden machte für die Misserfolge der deutschen Weltpolitik in den letzten Jahren vor allem das angebliche unbedingte Friedensbedürfnis des Kaisers verantwortlich, das sich Großbritannien und Frankreich insbesondere während der Marokko-Krise hätten zunutze machen können. In einem Leitartikel der »Zukunft« vom 6. April 1906 mit der Überschrift »Wilhelm der Friedliche« hatte Harden die These vertreten, dass die Reichsleitung zweimal vor den Westmächten zurückgewichen sei und deshalb nichts erreicht habe, weil die Repräsentanten des Reiches – und darunter in erster Linie Wilhelm II. selbst – die anderen Länder viel zu oft und viel zu laut der eigenen friedlichen Absichten versichert hätten. Er knüpfte daran die kaum verhüllte Drohung, »wenn ein Deutscher Kaiser so unkriegerisch wäre, daß ihm auch der Versuch einer Demüthigung nicht die Hand ans Schwert zwänge, würde das deutsche Volk, noch in Ungewittern, selbst sich sein Schicksal schmieden«. In Frankreich sei der Kaiser in den Ruf gekommen, »Wilhelm der Friedliche« zu sein.[10] Harden selbst hatte 1905, wie viele andere, einen Präventivkrieg gegen Frankreich befürwortet. Bekanntlich tendierten auch Bülow und Holstein dazu, der friedensgeneigten Redseligkeit des Kaisers die Schuld für das Scheitern des machiavellistischen Kalküls zu geben, durch die Dramatisierung des Rechtsstatus von Marokko die Entente cordiale im Keime zu ersticken.

Es steht dahin, ob Holstein, der seine Entlassung aus dem Auswärtigen Amt auf die Machenschaften Eulenburgs zurückführte (übrigens durchaus unzutreffenderweise), Harden über die Abneigung Wilhelms II., wegen Marokko notfalls einen Krieg gegen Frankreich zu riskieren, Informationen hatte zukommen lassen. Gerüchte dieser Art waren aber ohnehin weit verbreitet. Den letzten Anstoß für Hardens publizistischen Angriff lieferte dann offenbar der Umstand, dass Wilhelm II. so kurz nach dem Debakel der Konferenz von Agadir, die das Scheitern der deutschen Marokko-Politik offensichtlich machte, bei einer Tafelgesellschaft in Liebenberg mit dem Grafen Raymond Lecomte zusammentraf, dem Ersten Sekretär der französischen Botschaft in Berlin (und ihn angeblich sehr »agréable« fand). Am 17. November 1906 warf Harden in einem Artikel in der »Zukunft« Eulenberg und dessen Liebenberger Kreis vor, dass sie, gestützt auf ihre persönlichen Verbindungen zum Monarchen, seit längerem eine Nebenre-

129

gierung bildeten, die für die Fehlschläge der deutschen Außenpolitik wesentlich verantwortlich sei. Dabei stand die weit
verbreitete Vorstellung im Hintergrund, dass Homosexuelle
allemal verweichlichte, schwache Naturen seien, die zu über-
großer Sensibilität neigten und daher zu entschlossenem
Machtgebrauch nicht imstande seien. Schlimmer noch, Harden verdächtigte Eulenburg überdies, ein spiritualistischen
Neigungen verfallener »ungesunde[r] Spätromantiker« zu
sein. Gleichzeitig habe er die Tendenz des Monarchen, ein
»persönliches Regiment« zu führen, nach Kräften gefördert
und ihm suggeriert, er, der Kaiser, sei berufen, allein zu regieren, und dürfe, »als unvergleichlich Begnadeter, nur von dem
Wolkensitz, von dessen Höhe herab ihm die Krone verliehen
ward, Licht und Beistand erhoffen [...]«.[11] Diese Zustände
seien ein Unglück für das Deutsche Reich und müssten daher »mit allen erreichbaren Mitteln« beseitigt werden. Eulenburgs angeblich fehlende Maskulinität war dabei ein sensibler
Punkt.

Hardens Angriff galt nicht nur Eulenburg, sondern der ganzen »Liebenberger Tafelrunde«, insbesondere aber Kuno Graf
von Moltke, dem Stadtkommandanten von Berlin, der ebenfalls ein enger Vertrauter Wilhelms II. war. Harden ließ, zunächst in verschlüsselten Formulierungen, die nur Insidern
verständlich waren, durchblicken, dass die Mitglieder des Liebenberger Kreises homoerotische Beziehungen unterhielten.
Diese Insinuationen erregten in den Kreisen der aristokratischen Gesellschaft Berlins großes Aufsehen. Anfänglich hatte
Harden auf diese Weise nicht mehr erreichen wollen als den
Rückzug Eulenburgs und seiner Freunde aus der Politik; als
dann aber nichts geschah, wurde er deutlicher und brachte
damit eine Lawine ins Rollen.

Der Kaiser hatte zunächst keine Ahnung von diesen Vorgän-
gen, die sein Ansehen unmittelbar berührten. Bülow unterließ
es, den Monarchen über die nach damaligen Standards extrem
ehrenrührigen Vorwürfe gegen Persönlichkeiten in dessen
engster Umgebung zu unterrichten. Unglücksboten sind, wie
er sich gesagt haben mag, selten wohlgelitten. Anscheinend
hoffte er anfänglich, dass sich die Erregung über die Enthül-
lungen Hardens allmählich wieder legen würde und ein große

Affäre vermieden werden könnte. Er hatte ja auch gute Gründe, seinen langjährigen Gefolgsmann Philipp Eulenburg nach Möglichkeit zu schützen. Außerdem waren die Folgen absehbar, sollten sich die Dinge zu einem öffentlichen Skandal ausweiten: Die Stellung des Kaisers würde erheblich beeinträchtigt und dem Kanzler das politische Geschäft indirekt noch weiter erschwert werden. Jedenfalls erfuhr der Monarch erst durch den Kronprinzen von der Angelegenheit; es war ihm besonders unangenehm, von einem Mitglied seiner Familie informiert zu werden. Die Nachricht, dass seine engsten Freunde homosexuelle Neigungen hatten, erschütterte ihn zutiefst. Spontan ordnete er die sofortige Pensionierung Moltkes und Eulenburgs an. Bülow, der dies nicht verhindern konnte, wurde angewiesen, ihnen mitzuteilen, dass sie ihre befleckte Ehre unverzüglich auf geeignete Weise wiederherzustellen hätten.

Bülow versuchte anfänglich, eine gerichtliche Untersuchung des Sachverhalts zu vermeiden. Er legte Eulenburg nahe, einstweilen außer Landes zu gehen, bis Gras über die Sache gewachsen sei. Jedoch strengte Kuno Graf von Moltke am Landgericht Moabit ein Gerichtsverfahren gegen Harden an, nachdem dieser eine Duellforderung abgelehnt hatte. Der Prozess entwickelte sich zu einer Schlammschlacht sondergleichen; am Ende wurde Harden freigesprochen. Es hatte sich nicht nur erwiesen, dass Moltke wirklich homosexuelle Kontakte unterhalten hatte, durch die seine Ehe zerrüttet worden war. Vor allem wurde im Detail bekannt, dass der Liebenberger Kreis tatsächlich in engen persönlichen Verbindungen zum Kaiser stand und dieser in kleinerer Runde bisweilen als »das Liebchen« tituliert zu werden pflegte. Wilhelm II. war über das Urteil und mehr noch über die öffentliche Verbreitung solcher delikater Informationen verständlicherweise aufs Höchste aufgebracht. Er wandte sich in scharfer Form gegen die Verhandlungsführung des Gerichts, das es nicht verstanden habe, den Monarchen aus dem Spiele herauszuhalten: »[...] Moabit zeigt, daß wir Oberen und Monarchen heute vogelfrei sind und in der Justiz nicht den leisesten Schutz haben! Die preußische Justiz ist stolz, unabhängig zu sein! Das ist sie! Aber nur gegen die Krone und die Regierung und ihre Beamten; vor dem Plebs und dem Mob macht sie Cotau! [...] Wir werden in Zukunft zum Degen und zur Kugel greifen! Die Justiz möge es sich selbst zuschreiben, wenn die Zustände ›mittelalterlich‹ werden.«[12]

Im Übrigen wurde nun auch Bülow selbst von einem gewissen Adolf Brand der Homosexualität bezichtigt. Es gelang ihm allerdings mühelos, gerichtlich dagegen vorzugehen; sein persönliches Ansehen wurde nicht beschädigt. Der Schönheitsfehler des Verfahrens bestand allerdings darin, dass Eulenburg, der als Zeuge geladen war, die Gelegenheit nutzte, um unter Eid zu erklären, dass er niemals strafbare Handlungen im Sinne des Paragrafen 175 des Strafgesetzbuches begangen habe. Damit war zwar seine Respektabilität in der aristokratischen Gesellschaft wiederhergestellt, in der Harden ja ohnehin als unaufrichtiger jüdischer Journalist galt. Jedoch lieferte Eulenburg seinem Kontrahenten mit dem offensichtlichen Meineid selbst neue Munition. Unterdessen verbürgte sich Bülow im Reichstag für die Ehre der preußischen Armee und stellte sich in aller Form vor Wilhelm II.: »So wie es niemand gibt, der an dem sittlichen Ernst unseres Kaiserpaares zweifelt, das in seinem Familienleben dem ganzen Lande ein schönes Vorbild gibt, so ist auch das deutsche Volk kein Sodom, und in der deutschen Armee herrschen nicht Zustände wie im sinkenden römischen Kaiserreich.« Wilhelm II. werde »mit scharfem Besen alles ausfegen [...], was nicht zur Reinheit seines Wesens und seines Hauses paßt«.[13]

Hinter den Kulissen tat Bülow alles, was in seiner Macht stand, um die öffentlichen Debatten über die Liebenberger Tafelrunde einzudämmen und weitere gerichtliche Auseinandersetzungen zu verhindern. Es hätte alles sein Bewenden haben können, wenn nicht Wilhelm II. selbst dem Kanzler in die Arme gefallen wäre. Unter dem Druck seiner militärischen Umgebung, die auf die Wahrung der Ehre des preußischen Offizierkorps pochte, ordnete der Kaiser persönlich die Kassation des Urteils im Prozess Moltke/Harden an und veranlasste, dass von Seiten des Staates ein Strafprozess gegen Harden wegen Verleumdung Kuno von Moltkes eröffnet wurde. Nachdem man dafür einen obrigkeitlich gesinnten Richter gefunden hatte, fiel der Spruch nun gegen den Journalisten aus. Als

Harden jedoch ankündigte, gegen dieses krasse Fehlurteil in die Revision zu gehen, setzte Bülow alle Hebel in Bewegung, um ihn, wie es hieß, »im Interesse der Nation« von diesem Schritt abzuhalten. Es sollte nicht noch mehr schmutzige Wäsche in aller Öffentlichkeit gewaschen werden. Nach langem Hin und Her, nach einer Ehrenerklärung Moltkes für Harden und der Übernahme seiner Prozesskosten durch die Staatskasse verzichtete dieser am Ende darauf, das Urteil anzufechten.

Es handelte sich hier um einen Kuhhandel bedenklichster Art, den Bülow in der Absicht betrieb, den ganzen Vorgang, der das Ansehen der Krone und des Offizierskorps schwer beeinträchtigte, aus der öffentlichen Debatte herauszubringen. Er hatte allerdings nicht damit rechnen können, dass Harden wenig später in München, wohin die Einflussnahme der preußischen Staatsbehörden auf die Justiz nicht reichte, einen Prozess gegen sich selbst inszenierte, den er als Plattform nutzte, um Eulenburg des Meineids zu überführen. Eulenburg wurde anschließend in Berlin wegen seiner erwiesenen Straftat verhaftet und vor Gericht gestellt, wenn auch gegen eine hohe Kaution sogleich wieder freigelassen. Der Skandal war perfekt. General von Hahnke wurde in seiner Eigenschaft als preußischer Ordensmarschall von Wilhelm II. angewiesen, bis zur Klärung dieser Vorwürfe von Eulenburg die einstweilige Rückgabe der Insignien des Schwarzen Adlerordens einzufordern.[14] Die Auswirkungen dieser Affäre auf Wilhelm II. hätten kaum schlimmer sein können. Seine engste Umgebung erschien völlig diskreditiert. In den Kreisen der Bundesfürsten verlautete sogar, dass die Männer im Umfeld des Kaisers restlos ausgewechselt werden müssten. Wilhelm II. wurde durch diese Vorgänge in seinem Selbstbewusstsein schwer getroffen und blieb dauerhaft verunsichert. Das machte den Umgang mit ihm freilich nicht eben leichter. Er neigte nun noch mehr als bisher dazu, eigensinnig seinen Weg zu gehen, statt sich an den Rat seiner Minister zu halten.

Von den Zeitgenossen wurde weithin vermutet, dass Bülow bei dem Skandal seine Hand im Spiel gehabt habe, ja mehr noch, dass Eulenburgs Sturz insgeheim von ihm betrieben worden sei, weil dieser gegen ihn intrigiert habe.[15] Dies ist jedoch wenig wahrscheinlich. Gewiss durfte man von einem Mann wie Bülow nicht allzu viel Verbundenheit und Loyalität gegenüber Freunden erwarten, wenn es um die eigene Machtstellung ging. Gleichwohl macht es keinen Sinn, Bülow ein Komplott gegen Eulenburg zu unterstellen, allein schon deshalb, weil dieser den Kanzler schwer hätte kompromittieren können, wenn er ihre enge Zusammenarbeit in den neunziger Jahren publik gemacht hätte. Aber als Stütze für Bülows Politik kam Eulenburg sicherlich seit längerem nicht mehr in Frage. Bereits ab 1902 dürfte Bülow zumindest in Umrissen gewusst haben, dass der Freund des Kaisers wegen seiner Homosexualität angreifbar war. Daher hielt er wohl auch eine weitere Verwendung Eulenburgs in einem hohen Reichsamt nicht für angeraten. Das sich durch die Literatur schleppende Gerücht, Eulenburg habe während der Monate von Bülows Erkrankung Wilhelm II. dazu bewegen wollen, einen anderen Reichskanzler zu berufen, hält einer Überprüfung jedoch nicht stand. Bülow war sich darüber im Klaren, dass die Eulenburg-Affäre und alles, was damit zusammenhing, auch seine eigene Position gefährden konnte. Es ist daher schwer einzusehen, weshalb er den Skandal selbst initiiert haben sollte. In der Tat warf ja Wilhelm II. dem Kanzler vor, dass er ihn nicht von Anfang an informiert habe, und später, dass er die Debatten im Reichstag über die Affäre zugelassen habe – als ob der Kanzler dies mit einem Machtwort hätte verhindern können.

Aber nicht nur wegen dieser Frage wollte sich das alte vertrauensvolle Verhältnis zwischen Bülow und dem Kaiser nicht wieder einstellen. Wilhelm II. war – unter dem Einfluss hochkonservativer Kreise – immer weniger mit der Blockpolitik zufrieden, die langfristig Konzessionen an die Liberalen erforderte, insbesondere an die Fortschrittliche Volkspartei. Bülow vermochte dem Kaiser nicht einsichtig zu machen, weshalb eigentlich Zugeständnisse beim Vereinsrecht und vor allem beim preußischen Dreiklassenwahlrecht notwendig seien. Darüber hinaus stand Wilhelm II. nun unter wechselnden Einflüssen seiner Umgebung. Die Zeiten waren vorbei, in denen Bülow das enge Verhältnis zum Monarchen mit großen zeitlichem Aufwand für sich hatte monopolisieren können. Die Sorge, dass Wilhelm II., dessen plötzliche Entschlüsse sattsam bekannt waren, den Kanzler von einem Tag auf den anderen fallen lassen könnte, war nicht mehr von der Hand zu weisen. In Teilen der politischen Machtelite gab man Bülow nur noch wenige Monate Gnadenfrist. Ohnehin hatte er alle Hände voll zu tun, um den »Block« auf Kurs zu halten, der wegen der Widerstände im konservativen Lager gegen die Steuervorlagen, insbesondere gegen die Erbschaftssteuer, wieder auseinander driftete.

Die außenpolitische Karte, die Bülow zuvor mit so großem Geschick ausgespielt hatte, um den Monarchen in seinem Sinne zu lenken, stach auch nicht mehr. Die deutsche Diplomatie schlingerte in den alten Bahnen dahin, ohne einen Ausweg aus der sich verschlechternden Gesamtlage auch nur zu suchen. Bülow hegte inzwischen große Zweifel, ob es richtig sei, angesichts der gespannten Beziehungen zu Großbritannien weiterhin einseitig am Schlachtflottenbau festzuhalten. Möglicherweise bestünde die bessere Strategie darin, so seine Überlegung, die U-Boote und Kreuzer zu vermehren. Eine Änderung des Flottengesetzes wollte der Kaiser aber unter keinen Umständen zulassen. Er ging nach wie vor davon aus, die englische Regierung ließe sich schon durch die bloße Zusicherung beruhigen, dass die Schlachtflotte nicht gegen Großbritannien gebaut werde. Es stellte sich eine merkwürdig asymmetrische Konstellation ein: Der Kaiser plädierte, ungeachtet der Flottenpolitik, mit emotionalen Argumenten für eine Verbesserung des deutsch-britischen Verhältnisses, in dem naiven Glauben, dass beides zugleich erreicht werden könne, die Expansion der Marine und gute Beziehungen zu London. Bülow hingegen war von tiefem Misstrauen der britischen Politik gegenüber erfüllt.

Am 9. und 10. Juni 1908 trafen der englische König Eduard VII. und der russische Zar in Reval zusammen und besiegelten die Normalisierung des britisch-russischen Verhältnisses, nachdem bereits der Vertrag über Persien vom Vorjahr die guten Beziehungen zwischen den beiden Staaten wiederhergestellt hatte. Dies hätte auch dem letzten deutschen Staatsmann endgültig die Idee austreiben müssen, dass man nur zuzuwarten habe, bis die beiden großen Flügelmächte Europas aneinander geraten würden. Wilhelm II. aber pochte optimistisch auf

135

die Stärke des Deutschen Reiches zu Wasser und zu Lande. In einer spektakulären Rede auf dem Truppenübungsplatz in Döberitz, die Bülow nicht hatte verhindern oder beeinflussen können, erging sich der Kaiser in drohenden Formulierungen über die »Einkreisung« durch die anderen Großmächte, deren sich das Deutsche Reich, gestützt auf Armee und Flotte, notfalls zu erwehren wissen werde.[16] Im europäischen Ausland wurde dieser Auftritt nicht eben günstig aufgenommen. Derartige Fanfarenstöße konnten die bedrängte Lage des Reiches nur noch verschlimmern. Es war freilich keineswegs der Kaiser allein, der an der Grundüberzeugung festhielt, dass an der forcierten einseitigen Aufrüstung von Armee und Marine nicht gerüttelt werden dürfe. In diesem Punkt wusste er die preußisch-deutsche Führungselite in ihrer übergroßen Mehrheit hinter sich. Dem entsprach die Haltung der deutschen Diplomatie auf der Zweiten Haager Friedenskonferenz, die vom russischen Zaren einberufen worden war, um Möglichkeiten einer allgemeinen Rüstungsbegrenzung zu erörtern und rechtliche Schranken der Kriegführung zu vereinbaren. Ursprünglich war erwogen worden, es zur Bedingung für die Teilnahme des Deutschen Reiches zu erklären, dass die Thematik der internationalen Abrüstung nicht behandelt werde. Am Ende aber machten die Deutschen, wie schon bei der Ersten Haager Friedenskonferenz 1889, gute Miene zum aus ihrer Sicht bösen Spiel: Wilhelm II. artikulierte seinen Unwillen nur schroffer als die Diplomaten, wenn er meinte, dass er zwar die »Konferenzkomödie« mitzumachen bereit sei, aber »den Degen an seiner Seite« behalte.

Im Sommer 1906 trat Heinrich von Tschirschky von seinem Amt als Staatssekretär des Äußeren zurück und ging als Botschafter nach Wien. Für Bülow bedeutete der Abgang seines Gegenspielers eine Satisfaktion. Doch konnte oder wollte der Kanzler die beiden Nachfolgekandidaten von Mühlberg und Kiderlen-Wächter, die er selbst als am besten qualifiziert bezeichnete, wiederum nicht durchsetzen. Vermutlich hatte er auch gar nicht für sie gekämpft, sondern dem Kaiser den blassen Karrierediplomaten Wilhelm von Schön selbst nahe gelegt. Hier, in der Auswahl von Persönlichkeiten für hohe Staatsämter, die von vornherein geneigt waren, es in erster Linie dem

136

Kaiser recht zu machen, liegen die großen Versäumnisse Wilhelms II., nicht so sehr in den Direktiven, die er für die Gesamtrichtung der großen Politik ausgab. Jedenfalls gab es keine Versuche, mit Wilhelm II. ernsthaft über den Kurs der deutschen Außenpolitik zu sprechen.

Der Kaiser hatte im Sommer 1907 ohnehin nur eines im Sinn, nämlich seine bevorstehende Reise nach England. Diese sollte durch diplomatische Verwicklungen nicht gestört werden. Man darf annehmen, dass es dem Kaiser auch darum ging, der drückenden Atmosphäre in Berlin, die durch die Eulenburg-Affäre entstanden war, für eine Weile zu entkommen. Anders als man in der Wilhelmstraße erwartet hatte, verlief der fünftägige Staatsbesuch in London im November 1907 dann doch vergleichsweise erfolgreich. Die englische Presse war in ihrer übergroßen Mehrheit dem Kaiserbesuch wohlgesonnen. Der »Daily Telegraph« rief sogar dazu auf, sich gegenüber dem Kaiser freundlich und wohlwollend zu verhalten: »Let Kaiser Wilhelm to-day be received as of old, act only with hospitality without strain, but with true, chivalrous and generous enthusiasm.«[17] Sowohl auf Schloss Windsor am 12. November als auch beim Empfang durch die City of London am folgenden Tage wurde der Kaiser herzlich begrüßt, und alle kontroversen Themen, insbesondere die bevorstehende Flottennovelle, wurden durchweg vermieden.

Die englische Presse würdigte die Friedensliebe des Kaisers und seine emotionale Verbundenheit mit den Briten. Teilweise wurde sogar ein durchaus wohlwollendes Bild von der Persönlichkeit des Kaisers gezeichnet, der ungeachtet seiner exzentrischen Neigungen Sympathie verdiene. Der »Manchester Guardian« beispielsweise schrieb: »A fanatic with a rich strain of modernity and practicality, theatrical yet sincere, picturesque, warm-hearted, generous – by quite a host of personal traits the Kaiser makes us like him, and if Germany and England were as steadily drifting towards hostility as they are to friendship it would not destroy his power to interest and attract the English.«[18] Ausdrücklich bezeichnete das Blatt den Kaiser als »a great lover of peace«.[19] In seiner Rede in der Guildhall hob Wilhelm II. hervor, dass beide Mächte, das Deutsche Reich ebenso wie Großbritannien, durch ihre geographische Lage gezwungen seien, eine große Armee beziehungsweise eine große Flotte zu unterhalten. Die deutsche Armee aber habe in der Vergangenheit nur der Erhaltung des Friedens in Europa gedient und werde dies unter seiner Herrschaft auch in Zukunft tun.[20]

Die Verleihung der Ehrendoktorwürde der Universität Oxford an Wilhelm II. am 15. November 1907 rundete diesen überaus befriedigend verlaufenen Staatsbesuch glanzvoll ab. Für das deutsche Publikum dürfte es freilich etwas irritierend gewesen sein, zu hören, dass sich Wilhelm II. bei dieser Gelegenheit besonders für den Nachruhm von Cecil Rhodes, dem früheren Premierminister der Kapkolonie, und für die fünfzehn deutschen Cecil-Rhodes-Stipendiaten interessierte. Offenbar wollte der Kaiser auf diese Weise seine frühere Burenfreundschaft vergessen machen. Allerdings war der Eindruck, den der Kaiser bei dem britischen Außenminister Sir Edward Grey und dem Unterstaatssekretär im Foreign Office, Lord Hardinge, hinterlassen hatte, nicht ganz so gut; hier blieben erhebliche Reserven zurück. Immerhin erklärte Grey im Unterhaus, »all the public utterances connected with the visit have been most beneficial in tone«. Wilhelm II. habe dem britischen Volk eine so herzliche Botschaft überbracht, dass für die Zukunft freundschaftliche Beziehungen zwischen beiden Völkern zu erwarten seien.[21]

Im Anschluss an den Staatsbesuch begab sich der Kaiser für drei Wochen nach Highcliff Castle an der Südküste Englands. Er folgte damit der Einladung des etwas verschrobenen englischen Aristokraten Colonel Edward Montague Stuart-Wortley, der sich die Förderung des deutsch-britischen Verhältnisses zur persönlichen Aufgabe gemacht hatte. Wilhelm II. führte in diesen Wochen ausführliche Gespräche mit Stuart-Wortley über die zwischen beiden Nationen bestehenden Probleme; dabei kamen alle Fragen seit der unseligen Krüger-Depesche vom Januar 1896 erneut auf den Tisch. Augenscheinlich war Wilhelm II. der im Ganzen überaus herzliche Empfang nicht nur in Regierungskreisen, sondern vor allem auch durch die Öffentlichkeit zu Kopfe gestiegen, und er glaubte nun, höchstselbst zu einer Verbesserung der deutsch-britischen Beziehungen beitragen zu können.

Das Problem der Flottenrüstung blieb jedoch weiterhin akut. Im Frühjahr 1908 stand im Unterhaus die Entscheidung über den britischen Marinehaushalt zur Entscheidung an. Die Liberalen, angeführt von David Lloyd George und Sir William Harcourt, forderten eine Kürzung der Flottenausgaben zugunsten eines umfassenden Ausbaus der Sozialgesetzgebung. Ihnen wurde das deutsche Flottengesetz entgegengehalten, das eine weitere Verstärkung der britischen Seestreitkräfte unabweisbar mache. Wilhelm II. glaubte etwas Gutes zu tun, indem er auf die innerbritische Debatte mäßigend einzuwirken suchte. Ohne Konsultation des Reichskanzlers oder des Auswärtigen Amtes, hingegen mit der Ermutigung des Chefs des Marinekabinetts Admiral von Müller, richtete der Kaiser in seiner Eigenschaft als britischer Admiral ein Schreiben an den britischen Marineminister Lord Tweedmouth, in dem er einmal mehr versicherte, dass der deutsche Flottenbau nicht gegen Großbritannien gerichtet sei. Dies war ein klassischer Fall der von Wilhelm II. so geschätzten persönlichen Diplomatie, zumal es sich dabei in seinen Augen um eine militärische Angelegenheit handelte, für die er Handlungsbefugnis beanspruchte. Nun machte sich der Umstand bemerkbar, dass der Kanzler nicht mehr wie früher ständigen Kontakt zum Kaiser unterhielt und von dem Schritt daher erst nachträglich erfuhr. Allerdings kann man davon ausgehen, dass Bülow solche halbamtlichen Erklärungen des Monarchen an die britische Adresse gar nicht ungern sah, weil dadurch die Gefahr eines überraschenden Angriffs auf die noch im Aufbau befindliche deutsche Flotte reduziert wurde.

Lord Tweedmouth reagierte persönlich sehr konstruktiv auf das Schreiben Wilhelms II. und zog sogleich Sir Edward Grey ins Vertrauen; mehr noch, er sandte dem Kaiser eine Aufstellung der geplanten britischen Flottenvermehrung. Die Angelegenheit wurde auf englischer Seite strikt vertraulich behandelt, auch deshalb, um den positiven Eindruck, den der letzte Besuch des Monarchen hinterlassen hatte, nicht zu zerstören. Allerdings geriet der Brief dann doch in die britische und anschließend in die deutsche Presse, und dies sorgte für einige Erregung, entstand doch der Eindruck, dass der Kaiser versucht habe, auf die Entscheidungen des britischen Unterhauses in einer sinistren Weise Einfluss zu nehmen. Gleichwohl hielt sich der Schaden in Grenzen: Es sei offenkundig, schrieb die »Westminster Gazette«, dass der Kaiser sich seit vielen Monaten bemühe, die Beziehungen zwischen beiden Ländern zu verbessern.[22]

Allerdings hatte Bülow im Reichstag einige Schwierigkeiten, dieses neueste Beispiel kaiserlichen »persönlichen Regiments« zu verteidigen. Er bezog daher die Position, dass dem Monarchen prinzipiell das Recht zustehe, private Briefe, auch wenn diese politischer Natur seien, an fremde Staatsoberhäupter zu senden, eine bedenkliche Auslegung der kaiserlichen Prärogativen. Überdies erklärte er, dass sich der Tenor des Briefes an Lord Tweedmouth »nicht nur in Übereinstimmung mit dem Reichskanzler [...], sondern [...] in Übereinstimmung mit der gesamten Nation« befinde.[23] Das war äußerst leichtsinnig, denn Bülow bestätigte hiermit einen gefährlichen Präzedenzfall. Der Sache nach musste sich Wilhelm II. aufgefordert fühlen, dergleichen zu wiederholen, was – wie wir sehen werden – dann auch nicht lange auf sich warten ließ.

Der positiven Atmosphäre in Großbritannien gegenüber den deutsch-englischen Beziehungen fehlte eine Entsprechung im Reich. Hier herrschte in der Öffentlichkeit weiterhin eine starke anglophobe Stimmung, und Bülow, der ansonsten den amtlichen Presseapparat souverän einzusetzen verstand, tat wenig, um dies zu ändern. Nicht zufällig galt er in der Downingstreet als Englandfeind. Gravierender war freilich, dass mehrere diplomatische Initiativen der Briten, die sich über eine Reduzierung des beiderseitigen Flottenbaus verständigen wollten, von Wilhelm II. persönlich rigoros abgeblockt wurden. Jegliche Einflussnahme Großbritanniens auf das eigene Rüstungsprogramm zur See wies er scharf zurück, und er wurde dabei weder durch den Staatssekretär des Äußeren, Wilhelm von Schön, noch durch den Reichskanzler gebremst. »Wenn England uns nur seine Hand in Gnaden zu reichen beabsichtigt unter dem Hinweis, wir müßten unsere Flotte einschränken, so ist dies eine bodenlose Unverschämtheit, die eine schwere Insulte [!] für das deutsche Volk und seinen Kaiser in sich schließt [...].«[24] Der deutsche Botschafter in London, Paul Graf von Wolff-Metternich, wurde regelrecht zurückgepfiffen und

140

angewiesen, sich auf keinerlei Gespräche dieser Art einzulassen: »Das Gesetz wird bis ins letzte Tüttelchen ausgeführt; ob es den Briten paßt oder nicht ist egal! Wollen sie den Krieg, so mögen sie ihn anfangen, wir fürchten ihn nicht!«[25] Die britischen Staatsmänner, die angesichts der bevorstehenden Sozialgesetzgebung den Marineetat nach Möglichkeit reduzieren wollten, hofften, dass es möglich sein würde, bei dem Treffen Eduards VII. mit dem Kaiser in Kronberg im Taunus am 11. August 1908, das aus familiärem Anlass geplant war, doch noch über Rüstungsbegrenzungen ins Gespräch zu kommen. Aber Wilhelm II. fertigte den Unterstaatssekretär im britischen Außenministerium, Sir Charles Hardinge, barsch ab, als dieser auf die Flottenfrage zu sprechen kam. Im Nachhinein war seine Genugtuung groß, dass er den Engländern einmal so richtig die Meinung gesagt hatte. Eduard VII. hingegen fand das Auftreten seines Neffen in Kronberg schlichtweg unmöglich.

Es lässt sich nicht übersehen, dass die deutsche Diplomatie hier eine große Chance ausgeschlagen hatte, mit Großbritannien zu einem erträglichen Verhältnis zu gelangen. Denn zu diesem Zeitpunkt waren die jeweiligen Bündnisbeziehungen der Mächte noch nicht so zementiert wie später; daher hätte durchaus ein größerer Bewegungsspielraum bestanden. Überdies hegte Bülow, wie bereits erwähnt, ohnehin große Zweifel, ob sich das Deutsche Reich mit dem Schlachtflottenbau auf dem richtigen Wege befand. Aber weder er noch Wilhelm von Schön wagten es, dieses heiße Eisen anzupacken – Bülow wohl in erster Linie wegen der antienglischen Stimmungen in der deutschen Öffentlichkeit, Schön wiederum, weil er bemüht war, Wilhelm II. stets nach dem Munde zu reden.

Als im September 1908 die Annexion von Bosnien und der Herzegowina durch Österreich-Ungarn eine Krise auslöste, die Europa hart an den Rand eines großen Krieges führte, hätte dies erneut Anlass geben können, grundsätzlich über die deutsche Strategie des Schlachtflottenbaus um jeden Preis nachzudenken. Immerhin warnte Bülow den Kaiser davor, die Idee einer deutsch-englischen Vereinbarung über die Beschränkung der beiderseitigen Flottenrüstungen prinzipiell abzulehnen. Setze man die Aufrüstung der Seestreitkräfte ste-

141

tig fort, so werde dies am Ende einen Krieg mit Großbritannien nach sich ziehen, in den dann auch Frankreich und Russland eingreifen würden.[26] Dieser Einsicht folgten aber keine Taten, zumal Admiral Alfred von Tirpitz, der Staatssekretär des Reichsmarineamtes, die Flottenpolitik mit großem Geschick und beachtlicher Eloquenz verteidigte. Von Änderungen des Flottengesetzes wollte er nichts wissen, obwohl ihm klar sein musste, dass mit dem britischen *Dreadnought*-Bau sein ursprüngliches Konzept im Grunde bereits gescheitert war. Bülows Vorschlag, die Pläne für die deutsche Seerüstung zu modifizieren, beantwortete Tirpitz am 4. Januar 1909 mit einem Rücktrittsgesuch, und der innenpolitisch geschwächte Kanzler wagte es nicht, diesen Kampf aufzunehmen. Mehr als anderswo liegt hier ein hohes Maß persönlicher Verantwortung von Wilhelm II. für eine Entwicklung, die zu einer immer stärkeren Versäulung des europäischen Bündnissystems und schließlich zum Kriege führte.

Wie wenig sich der Kaiser selbst über die langfristigen Konsequenzen der Flottenpolitik und des dadurch bedingten Gegensatzes zu Großbritannien Rechenschaft gab, zeigte sich mit erschreckender Deutlichkeit, als am 28. Oktober 1908 im »Daily Telegraph« unter dem Titel »The German Emperor and England. – Frank Statement of World Policy. – Proofs of Friendship« ein ausführliches Interview mit Wilhelm II. erschien. Auf beiden Seiten des Kanals erregte die Veröffentlichung großes Aufsehen; sie löste die schwerste Krise des Hohenzollern-Kaisertums seit dessen Bestehen aus. Der Artikel beruhte auf den Gesprächen, die Wilhelm II. im Herbst 1907 während seines Besuchs auf Highcliff Castle mit seinem Gastgeber Edward Stuart-Wortley geführt hatte. Dieser hatte die Äußerungen des Kaisers unter Mitwirkung des englischen Journalisten Harold Spender in die Form eines fiktiven Interviews gekleidet, das Wilhelm II. am 23. September 1908 mit der Bitte zugesandt wurde, eine Publikation im »Daily Telegraph« zu genehmigen. Der Kaiser schickte den Text des »Interviews« daraufhin mit einem zustimmenden Schreiben an den Kanzler, der seinen üblichen Urlaub auf Norderney verbrachte, und bat darum, Bülow selbst, nicht das Auswärtige Amt, möge den Inhalt des Artikels prüfen und gegebenenfalls

Änderungen vorschlagen. Bülow aber las den Text – seinen späteren Einlassungen zufolge – überhaupt nicht, sondern leitete ihn unbesehen an das Auswärtige Amt zur Prüfung weiter. Dort nahm man nur einige wenige Korrekturen vor und ließ das Interview dann wieder Bülow zukommen. Dieser schickte die Vorlage – abermals ohne den Inhalt zur Kenntnis zu nehmen – an Wilhelm II. zurück und stimmte der Veröffentlichung zu.

Der Kaiser hatte sich also vollkommen korrekt verhalten; in verfahrensmäßiger Hinsicht war alles ordnungsgemäß abgelaufen. Allein, bei Bekanntwerden des Interviews brach in der deutschen Öffentlichkeit ein Sturm der Entrüstung los. In dem Text fand sich ein ganzes Bündel von höchst bedenklichen Äußerungen des Kaisers; es handelte sich hier um ein Meisterstück politischer Unklugheit und Taktlosigkeit. Wilhelm II. beteuerte in burschikosem Ton, dass er freundschaftliche Gefühle für Großbritannien hege, im Gegensatz zu der überwiegend englandfeindlichen Einstellung der deutschen Mittel- und Unterschichten. Gleichzeitig kritisierte er die Engländer dafür, dass sie ganz grundlos Argwohn gegenüber seiner Person hegten: »[…] my heart is set upon peace, and […] it is one of my dearest wishes to live on the best of terms with England.« Zum Beweis dieser Behauptung führte der Kaiser unter anderem an, dass er während des Burenkrieges eine kontinentaleuropäische Koalition gegen Großbritannien verhindert habe. Ebenso seien die Burengeneräle in allen Hauptstädten Europas, nur nicht in Berlin empfangen worden. Mehr noch, er habe der britischen Krone sogar einen Feldzugsplan zur Niederwerfung der Buren zugeleitet, den er zuvor dem deutschen Generalstab zur Prüfung unterbreitet habe. Es war gewiss nicht schmeichelhaft für die Briten, lesen zu müssen, dass der mühsam und mit großen Opfern erkämpfte Sieg über Transvaal einem Operationsplan des deutschen Kaisers zu verdanken sei, an dem noch dazu der deutsche Generalstab mitgewirkt habe. Noch viel irritierender aber musste diese Mitteilung auf die deutsche Öffentlichkeit wirken, die den Kampf der Buren mit großer Sympathie verfolgt hatte.

Aber damit nicht genug. Der Kaiser glaubte überdies versichern zu müssen, dass die Spannungen im deutsch-englischen

Verhältnis ausschließlich auf Missverständnissen beruhten. Die Schlachtflotte des Reiches werde in erster Linie zum Schutz des weltweiten deutschen Überseehandels gebaut, und sie solle insbesondere dazu beitragen, dass die deutschen Interessen im Fernen Osten respektiert würden. Nur Mächte mit einer starken Marine, so Wilhelm II., würden mitsprechen können, wenn über die Zukunft des Pazifischen Ozeans entschieden werde. Nicht Großbritannien, sondern Japan tauchte hier überraschend als der Hauptgegner der deutschen Seemacht auf.[27] Der Tenor dieser Äußerungen war ein ähnlicher wie in den Reden beim Staatsbesuch in England im vergangenen Herbst und in dem Brief an Lord Tweedmouth vom Frühjahr 1908. Das Plädoyer des Kaisers für freundschaftliche Beziehungen zu Großbritannien war unzweifelhaft aufrichtig gemeint, aber seine Argumente waren ebenso naiv wie irreführend.

Dieses unglückliche Interview war nur der Funke, der in ein Pulverfass fiel. Schon seit Jahren war die Öffentlichkeit in Deutschland zunehmend irritiert über die Auftritte Wilhelms II. und seine impulsiven Eingriffe in den Gang der politischen Geschäfte. Allmählich war jedermann klar geworden, wie nachteilig sich dessen bramarbasierende Reden auf die Einstellung des Auslandes auswirken mussten. In dem Maße, wie sich die gebildeten Schichten und das Wirtschaftsbürgertum für eine nationalistische Weltpolitik begeisterten, steigerte sich auch die Sensibilität für angebliche oder wirkliche Beeinträchtigungen der imperialistischen Zukunftschancen des Deutschen Reiches. Das »persönliche Regiment« Wilhelms II., in dem Bülow anfänglich die Speerspitze des neudeutschen Imperialismus gesehen hatte, erschien nun mehr und mehr als Negativfaktor für die deutsche Weltpolitik. Freilich wusste die Öffentlichkeit nicht, dass Wilhelm II. in entscheidenden Momenten gegen seinen eigenen Willen von seinen Ratgebern vorgeschoben worden war – etwa beim Staatsbesuch in Tanger 1905, der die Souveränität des Sultans von Marokko gegen den französischen Imperialismus bestätigen sollte, oder bei den Verhandlungen mit dem russischen Zaren im selben Jahr, die zum Fiasko des Vertrages von Björkö führten. Es war daher das »persönliche Regiment« des Kaisers, das nun in der deutschen Öffentlichkeit und im Reichstag einer vernichtenden Kritik unterzogen wurde. Obwohl eigentlich Bülow, nicht Wilhelm II., für die Veröffentlichung des Interviews konkret verantwortlich war, richtete sich die allgemeine Erbitterung nahezu ausschließlich gegen den Kaiser, auch nachdem eine amtliche Erklärung in der »Norddeutschen Allgemeinen Zeitung« offen gelegt hatte, wie die Dinge vor der Publikation des Textes abgelaufen waren.

Die ungeheure Erregung über das Interview lässt sich wohl nur erklären, wenn man die imperialistische Grundstimmung der deutschen Führungseliten in Rechnung stellt, die durch derartige öffentliche Erklärungen des Monarchen den Erfolg der deutschen Weltpolitik gefährdet glaubten. Denn an und für sich waren die Äußerungen Wilhelms II. ihrer Grundintention nach für die deutschen Interessen nicht so schädlich, wie damals weithin angenommen wurde – es sei denn, man hielt bereits Beteuerungen der unbedingten Friedensliebe für unerwünscht, wie dies in der Tat vielfach der Fall war. Wie gesehen, hatte ja etwa Maximilian Harden die notorische Friedensneigung Wilhelms II. öffentlich als wesentlichen Grund für das Scheitern der deutschen Marokko-Politik dargestellt. In England wurde das Interview keineswegs besonders kritisch aufgenommen. Zwar suchte es die antideutsche Presse weidlich auszuschlachten, aber die große Mehrheit der gemäßigten Blätter nahm die ganze Angelegenheit ziemlich gelassen, und nach dem »Novembersturm«, also den massiven Angriffen auf das »persönliche Regiment« des Kaisers im Reichstag, gab es sogar mitleidige Stimmen. Und die englische Diplomatie behandelte die Sache mit Takt und Zurückhaltung, auch wenn Außenminister Grey etwas beunruhigt urteilte: »The German Emperor is ageing me; he is like a battleship with steam up and screws going but no rudder and he will run into something one day and cause a catastrophe.«[28] Im Grunde handelte es sich also um einen Zusammenstoß der monarchischen Selbstherrschaft mit dem bürgerlichen Imperialismus. Dieser erwartete eine effiziente kaiserliche Führung der auswärtigen Politik, die mit der Person des gegenwärtig regierenden Monarchen nicht gewährleistet schien. Daher müsse, so der Tenor der gesamten bürgerlichen Presse, nunmehr endlich Remedur geschaffen und Wilhelm II. ein für alle Mal in seine Schranken verwiesen werden. Harden ging sogar so weit, dass er forderte, es müsse entweder zur »Abdankung« des Kaisers oder zu einer »Bürgschaft unverbrüchlicher Selbstbescheidung« kommen.[29] Die Turbulenzen in der Öffentlichkeit nahmen ein solches Ausmaß an, dass die Besorgnis aufkam, die Institution der Monarchie als solche könnte gefährdet sein. Dies bestimmte in hohem Maße das Verhalten der bürgerlichen Parteien; es galt, die Monarchie gegen den regierenden Monarchen zu schützen. Man tendierte deshalb überwiegend zu der Ansicht, dass dem Kanzler gegenüber dem Kaiser der Rücken gestärkt werden müsse, statt Bülow, wie es eigentlich angemessen gewesen wäre, selbst zur Rechenschaft zu ziehen. Ein Rücktritt des Kanzlers in diesem Augenblick hätte die Lage noch mehr destabilisiert und überdies Wilhelm II. die Chance eröffnet, die Verantwortung für das Interview gänzlich auf Bülow abzuwälzen. Dies war auch die Auffassung in den Kreisen der Bundesfürsten. Der König von Sachsen gab einer verbreiteten Meinung Ausdruck, als er den preußischen Innenminister von Loebell wissen ließ, »es käme in der jetzigen Lage nur darauf an, die Stellung des Fürsten Bülow zu halten und zu festigen«.[30] Ebenso beurteilte Ernst Bassermann, der Führer der Nationalliberalen Partei, die Lage: »Schwarze Stimmung. Erregung im Lande. Die Aktion richtet sich gegen den Kaiser, nicht den Kanzler [...]. Alles für Bülow gegen Kaiser.«[31]

Dem Reichskanzler eröffnete sich so die Chance, trotz seiner schwerwiegenden Versäumnisse auf der politischen Bühne zu überleben. Unaufrichtig und seiner eigenen Verfehlung bewusst, wagte es Bülow jedoch nicht, dem Monarchen reinen Wein über die tieferen Gründe des vulkanischen Unmutsausbruches der Nation einzuschenken. Wilhelm II. seinerseits verstand denn auch gar nicht, weshalb man nun so aufgebracht über ihn war. Er durfte davon ausgehen, dass die Aussagen in dem Interview im Wesentlichen mit seinen früheren Äußerungen an die Adresse Englands übereinstimmten, die Bülow gutgeheißen oder doch jedenfalls nicht beanstandet hatte.[32] Seiner Meinung nach waren die Dinge mit der amtlichen Verlautbarung in der »Norddeutschen Allgemeinen Zeitung«

146

wieder im Lot, mit der Bülow die mangelnde Kontrolle des Manuskripts auf sich genommen hatte. Dass die allgemeine Entrüstung mit den Inhalten des Interviews zu tun hatte, ganz unabhängig von der Frage, wie es zustande gekommen war, entzog sich seiner Einsicht, und frohgemut fuhr er zur Jagd nach Donaueschingen.

Die bürgerlichen Parteien waren durchweg der Ansicht, dass nun ernsthafte Schritte erforderlich seien, um derartige Entgleisungen des Monarchen künftig zu verhindern. Unter maßgeblicher Beteiligung Bassermanns planten sie, eine gemeinsame Adresse an den Kaiser zu richten, die diesem nahe legen sollte, sich in seinen öffentlichen Äußerungen künftig stärker zurückzuhalten. Dadurch sollte eine Debatte über die Vorgänge im Reichstag vermieden werden, nicht zuletzt deshalb, um der Sozialdemokratie nicht das Schauspiel massiver Kritik der bürgerlichen Parteien an Wilhelm II. zu bieten. Der Vorstand der Konservativen Partei jedoch veröffentlichte stattdessen am 5. November 1908 eine erstaunliche Resolution, die sich nur mit der akuten Besorgnis erklären lässt, dass nun alles über das monarchische System als solches herfallen werde: »Wir sehen mit Sorge, daß Äußerungen Seiner Majestät des Kaisers, gewiß stets von edlen Motiven ausgehend, nicht selten dazu beigetragen haben, teilweise durch mißverständliche Auslegung unsere auswärtige Politik in schwierige Lage zu bringen. Wir halten, geleitet von dem Bestreben, das Kaiserliche Ansehen vor einer Kritik und Diskussion zu bewahren, sowie von der Pflicht beseelt, das Deutsche Reich und Volk vor Verwicklungen und Nachteilen zu schützen, uns zu dem ehrfurchtsvollen Ausdruck des Wunsches verbunden, daß in solchen Äußerungen zukünftig eine größere Zurückhaltung beobachtet werden möge.«[33] Das war eine Flucht nach vorn; die Konservativen wollten auf diese Weise eine gemeinsame Entschließung aller Reichstagsparteien verhindern, ohne sich selbst bloßzustellen. Bei Lage der Dinge aber rissen sie damit die letzten Barrieren ein, die einem Scherbengericht des Parlamentes über den Regierungsstil des Kaisers noch im Wege standen. Bülow erkannte nun, dass es keinen Sinn mehr hatte, sich vor den Kaiser zu stellen, wenn selbst die Konservativen den Stab über das »persönliche Regiment« brachen. Über die erbitterte

Reaktion Wilhelms II., der hierin einmal mehr nichts als einen Verrat der Konservativen Partei sah, kann man nicht überrascht sein.[34]

Unter diesen Umständen sah jedermann mit Spannung der Reichstagsdebatte vom 10. und 11. November 1908 entgegen, bei der Bülow endlich Farbe bekennen musste. Die bürgerlichen Parteien griffen hier nun einhellig das »persönliche Regiment« Wilhelms II. an; das Interview im »Daily Telegraph« war für sie nur ein besonders markantes Beispiel für die bedenkliche Rolle des Monarchen in der Außenpolitik. Ernst Bassermann, der die Debatte eröffnete, sprach davon, dass man »ein Gefühl wie nach einer verlorenen Schlacht habe«.[35] Er brandmarkte die Zwiespältigkeit der offiziösen Politik, die es zulasse, dass hier die Regierung, dort der Kaiser spreche. Es gebe einen nahezu »einmütigen Protest gegen das, was man im Lande ›persönliches Regiment‹ nennt«. Für die Zukunft verlangte Bassermann daher sichere Garantien gegen ähnliche Vorkommnisse. Ebenso kritisierte er das Milieu am kaiserlichen Hofe, wo »nach bekanntem Liebenberger Rezepte« eine Bewunderungshaltung gegenüber dem Monarchen kultiviert werde: »Man behauptet, daß Scheu vor Widerspruch gegen Kaiserliche Meinung jede freie und männliche Äußerung zurückdrängt. [...] Das muß schädlich wirken.« Das Motiv für Bassermanns Kritik bestand freilich darin, dass er durch solche Missstände die Institution der Monarchie insgesamt gefährdet glaubte: »Das monarchische Gefühl, das monarchische Prinzip soll nicht Not leiden in den Zeiten, in denen in Deutschland eine starke republikanische Partei besteht.« Den Nationalliberalen ging es im Grunde genommen darum, die Monarchie, die als solche in Zweifel zu ziehen jenseits seines Horizontes lag, auch gegen die Person des regierenden Monarchen selbst zu verteidigen und mit ihr das bestehende gesellschaftliche System – zu einem Zeitpunkt, als die Sozialdemokratie einen stetig wachsenden Zustrom in der Bevölkerung verzeichnen konnte. Deshalb wollte er auch vermeiden, dass diese Auseinandersetzung zu einer »Machtfrage [...] zwischen Krone und Parlament« eskalierte. Konkrete verfassungspolitische Konsequenzen sollten seiner Meinung nach nicht gezogen werden.

Der Fortschrittler Otto Wiemer hingegen regte an, ein Gesetz über Ministerverantwortlichkeit zu erlassen, das eine justizförmige Verantwortlichkeit des Reichskanzlers etablieren sollte, um diesen für Übergriffe des Kaisers gegebenenfalls zur Rechenschaft ziehen zu können. Ferner schlug er vor, das Zivil- und das Militärkabinett behördlicher Aufsicht zu unterstellen, ohne allerdings näher auszuführen, wie dies bewerkstelligt werden könnte. Sein Hauptziel war es, der »Abnahme der monarchischen Gesinnung« in Deutschland entgegenzuwirken. Karl Schrader und Conrad Haußmann, beide von der Fortschrittlichen Volkspartei, lehnten einen Übergang zur parlamentarischen Regierungsform ebenfalls ab, vor allem mit dem Argument, dass die politische Verantwortlichkeit des Kanzlers gegenüber dem Reichstag mit dem föderalistischen Charakter des Reiches nicht zu vereinbaren sei. Im Grunde genommen handelte es sich dabei aber um Ausflüchte – die Linksliberalen wollten »kein parlamentarisches Regime«, weil sie sich vor einem Machtzuwachs der Sozialdemokratie fürchteten.[36] Haußmann erklärte, man müsse und könne »zu einer echt konstitutionellen Regierungsweise übergehen [...] ohne Verfassungsänderung«.[37] Auch Graf Hertling vom Zentrum brandmarkte zwar die Verfehlungen des Daily-Telegraph-Artikels, hielt sich aber mit konkreten verfassungspolitischen Forderungen zurück. Die Konservativen hingegen verweigerten überhaupt jegliche Stellungnahme, da der Reichstag nicht befugt sei, über kaiserliche Äußerungen zu debattieren. Es war ein Trauerspiel. Paul Singer von der Sozialdemokratie blieb es überlassen, den Reichstag an seine Verantwortung zu erinnern: »Wir wollen und müssen eine fester gestaltete Verantwortlichkeit des Reichskanzlers haben. Die gegenwärtige Situation verlangt gebieterisch, daß der Reichstag sich auf sich selbst besinnt, daß er sich seines Mandates bewußt wird, die Ehre, die Würde, die Wohlfahrt des deutschen Volkes zu wahren [...].«[38]

Die einhelligen Stellungnahmen der Parteien gegen das »persönliche Regiment«, vor allem aber das Verhalten der Konservativen, die mit ihrer bereits am 5. November veröffentlichten Erklärung den Kaiser der Kritik preisgegeben hatten, veranlassten den Reichskanzler, seine bereits vorbereitete Rede noch einmal zu überarbeiten.[39] Er hatte ursprünglich be-

149

absichtigt, sich vor den Kaiser zu stellen und der Presse und den Parteien vorzuwerfen, sie hätten das Daily-Telegraph-Interview ganz unangemessen aufgebauscht und damit dem nationalen Interesse geschadet. Stattdessen gab er nun eine Erklärung ab, die sich in der Sache den Vorhaltungen der Parteien anschloss: »Meine Herren, die Einsicht, daß die Veröffentlichung dieser Gespräche in England die von Seiner Majestät dem Kaiser gewollte Wirkung nicht hervorgerufen, in unserem Lande aber tiefe Erregung und schmerzliches Bedauern verursacht hat, wird [...] Seine Majestät den Kaiser dahin führen, fernerhin auch in Privatgesprächen jene Zurückhaltung zu beobachten, die im Interesse einer einheitlichen Politik und für die Autorität der Krone gleich unentbehrlich ist. Wäre dem nicht so, so könnte weder ich noch einer meiner Nachfolger die Verantwortung tragen.«[40]

Mit dieser vagen Zusage, die mit dem Kaiser nicht abgesprochen war, kam Bülow den Forderungen der bürgerlichen Parteien ein gutes Stück entgegen und nahm der Debatte einen Teil ihrer Spannung. Die Sprecher der Fortschrittlichen Volkspartei und der Sozialdemokratie wiesen freilich darauf hin, dass man auch nach dieser Erklärung vor künftigen Übergriffen des Monarchen nicht sicher sein könne. Bassermann verfolgte weiterhin die Absicht, dem Monarchen durch eine gemeinsame Adresse aller Parteien den Ernst der Situation darzulegen. Dies scheiterte an allgemeiner Uneinigkeit, vor allem aber am Widerspruch der Konservativen Partei, für die Elard von Oldenburg-Januschau einmal mehr argumentierte, dass der Reichstag überhaupt nicht das verfassungsmäßige Recht besitze, die Handlungen des Monarchen zu kritisieren. Daher verliefen die Dinge zunächst einmal im Sande. Die Frage der Adresse wurde von der Tagesordnung genommen, der Reichstag konnte sich nicht zu einer gemeinsamen Stellungnahme aufraffen. Im Grunde genommen handelte es sich hier um eine Bankrotterklärung der bürgerlichen Parteien, die sich nur damit erklären lässt, dass es ihnen wichtiger erschien, eine starke Monarchie als Gegengewicht zur Sozialdemokratie zu stützen, als auf die Herstellung angemessener verfassungspolitischer Verhältnisse zu dringen. Max Weber brandmarkte dieses Versagen gegenüber Friedrich Naumann: »Es

150

wird viel zu viel von der ›Impulsivität‹ [...] des Kaisers geredet. Die politische *Struktur* ist daran schuld. Nichts, *gar nichts* ist gebessert: Bülow *konnte* nichts versprechen, weil er die Vollmacht *nicht* hatte, auf die es ankam, und *jeder* Kaiser, in diese *Lage* gesetzt, wird in denselben Eitelkeits-Kitzel verfallen. [...] Entscheidend ist: ein *Dilettant* hat die *Fäden* der Politik in der Hand [...]. Consequenz: so lange das dauert, *Unmöglichkeit* einer ›Weltpolitik‹.«[41]

Die Krise war allerdings noch keineswegs überwunden, zumal ja die Anträge der Linken, die Verantwortlichkeit des Reichskanzlers für Äußerungen des Monarchen verfassungsmäßig zu fixieren, weiterhin auf der Tagesordnung standen. Wilhelm II. selbst reagierte empört. Er sah sich – nicht ohne Grund – von Bülow, aber auch von den Konservativen schmählich im Stich gelassen, ja verraten. Man muss hier berücksichtigen, dass Bülow den Kaiser bislang immer wieder dem Reichstag und der Öffentlichkeit gegenüber instrumentalisiert hatte, um seine politischen Ziele besser durchsetzen zu können. Dabei waren ihm auch die öffentlichen Äußerungen des Monarchen keineswegs immer als nachteilig erschienen, vielmehr hatte er in diesen Dingen ein erhebliches Maß an Großzügigkeit an den Tag gelegt. Den Kanzler zu entlassen war unter den gegebenen Umständen jedoch ein Ding der Unmöglichkeit. Die Einheitsfront gegen den Monarchen erstreckte sich auch auf die herrschenden Kreise selbst. Sowohl das preußische Staatsministerium als auch – was ungleich wichtiger war – der Bundesrat billigten die Stellungnahme Bülows im Reichstag und ergriffen damit eindeutig Partei gegen Wilhelm II. Trotz dieser günstigen Ausgangsposition gelang es dem Kanzler nicht, die von ihm in Aussicht gestellte Erklärung des Kaisers über die Einschränkung der Selbstherrschaft zu erwirken. Er erreichte lediglich, dass Wilhelm II. ihm das Vertrauen aussprach und nachträglich seine Reichstagsrede absegnete. Auch wenn Bülow momentan nicht entlassen werden konnte, so war er fortan doch ein Kanzler auf Abruf, der sich nicht länger auf den Monarchen stützen konnte. Gleichzeitig hatte das Ansehen des Kaisers stark gelitten. Wilhelm II. war zutiefst deprimiert und dachte zunächst sogar an Abdankung. In der Tat war seine monarchische Stellung schwer angeschlagen; er konnte hinfort nicht mehr so selbstherrlich agieren wie in den vergangenen beiden Jahrzehnten.

Andererseits wurde aber auch deutlich, dass die bürgerlichen Parteien außerstande waren, wirklich Abhilfe zu schaffen und ein parlamentarisches System oder doch wenigstens eine rechtlich abgesicherte konstitutionelle Regierungsweise im Reiche durchzusetzen. Der Reichstag hatte mehrheitlich gefordert, den Paragrafen 17 der Reichsverfassung zu präzisieren, der die Verantwortlichkeit des Kanzlers festlegte, aber offen ließ, in welcher Weise diese exekutiert werden sollte. Es gelang der Reichsleitung, die Debatte darüber zu verzögern. Erst Anfang Dezember 1908, als die Aufregung über die Daily-Telegraph-Affäre weitgehend abgeflaut war, kamen die Anträge der Parteien zur Verhandlung.[42] Die Forderung der Sozialdemokraten, die Verantwortlichkeit des Kanzlers gegenüber dem Reichstag eindeutig festzustellen, fand von vornherein keine Unterstützung. Allenfalls dachten die liberalen Parteien daran, dem Parlament das Recht einzuräumen, mit Zweidrittelmehrheit gegen den verantwortlichen Kanzler Klage vor einem eigens zu diesem Zwecke zu schaffenden Staatsgerichtshof zu erheben, wenn eines der Verfassungsorgane die Verfassung gröblich verletzen sollte – ein ebenso verklausulierter wie politisch wenig plausibler Vorschlag. Die Nationalliberalen waren bei Lage der Dinge nur daran interessiert, die Stellung des Reichskanzlers gegenüber dem Monarchen zu stärken, nicht aber an einer Machtverschiebung zugunsten des Reichstages. Das Zentrum wiederum war besorgt, dass das Prinzip der Ministerverantwortlichkeit die föderative Struktur des Reiches gefährden könnte. Hinter den Vorschlägen der Parteien stand kein fester politischer Wille, und es gelang dem neuen Staatssekretär des Innern, Theobald von Bethmann Hollweg, ohne große Mühe, die entsprechenden Vorstöße des Reichstages abzuwehren.

So blieb alles beim Alten. Die große Chance, durch den Übergang zur parlamentarischen Regierungsform die Missstände des bestehenden Herrschaftssystems zu beseitigen, wurde verspielt, und die einmalige Gelegenheit, die Funktionen des Kaisers auf repräsentative Aufgaben zu beschränken, blieb ungenutzt. Auch die bürgerlichen Parteien, von den Konservativen ganz zu schweigen, wünschten zu diesem Zeitpunkt keinesfalls eine Schwächung der Monarchie, da sie sich von ihr Sicherheit vor sozialen Umwälzungen erhofften. Sie waren zu guten Teilen mitverantwortlich für das Debakel eines Regierungsstils, der sich mit dem Begriff des »persönlichen Regiments« nur unzureichend bezeichnen lässt. Auch weiterhin konnten sich der Kanzler und die preußischen Minister von Fall zu Fall hinter dem Kaiser verstecken, und vor allen Dingen wurde die kaiserlichen Prärogative in militärischen Fragen nicht angetastet.

Auch wenn sich in der Sache eigentlich überhaupt nichts verändert hatte, so zeitigte die Krise doch weitreichende Folgen. Einstweilen hielt sich Wilhelm II. in seinen öffentlichen Äußerungen stärker zurück. Bülow gelang es glücklicherweise, in letzter Minute die Veröffentlichung eines weiteren Interviews zu verhindern, das der Kaiser noch vor dem Proteststurm im November dem amerikanischen Journalisten William Bayard Hale gegeben hatte.[43] Darin schlug der Kaiser unter anderem ein deutsch-amerikanisches Bündnis gegen Großbritannien vor. Wenn dieses Interview in die Presse geraten wäre, so hätte dies die Stellung des Kaisers mit einiger Sicherheit restlos zerstört, und seine Abdankung wäre vermutlich unabwendbar geworden. Gleichwohl wütete Wilhelm II. weiterhin gegen den Kanzler und teilte jedem, der es hören wollte, mit, dass Bülow ihn schmählich verraten und überdies gelogen habe – tatsächlich habe dieser das Daily-Telegraph-Interview sehr wohl gelesen.

Weil der Kanzler nunmehr jede monarchische Rückendeckung verloren hatte, war er weit mehr als zuvor auf die Kooperation mit dem Reichstag angewiesen. Hier aber kündigten sich neue Probleme an, da die Konservativen die von der Reichsleitung eingebrachte Finanzreform, die unter anderem eine Erbschaftssteuer auf Deszendenten vorsah, rigoros bekämpften. Unter diesen Umständen war Bülow, der Wilhelm II. monatelang nicht mehr gesehen hatte, verwundbar. Konservative Kreise am Hofe, die sich als kaisertreu ausgaben, begannen nun gegen den Kanzler zu arbeiten, vorgeblich, weil dieser die Demütigung des Monarchen verursacht habe, faktisch, weil sie den politischen Kurs Bülows in der Frage der

Erbschaftssteuer missbilligten. Sie setzten die Legende in die Welt, dass Bülow die Daily-Telegraph-Affäre inszeniert habe, um den Kaiser von sich abhängig zu machen. Um diesen Bestrebungen entgegenzuwirken, arrangierte der Chef des Kaiserlichen Zivilkabinetts, Rudolf von Valentini, im März 1909 eine Audienz Bülows beim Kaiser, die nach außen hin zu einer Versöhnung zwischen den beiden führte. Insgeheim jedoch polemisierte der Kaiser weiter gegen den »Verrat« des Kanzlers und hegte die Erwartung, dass auch die Öffentlichkeit demnächst erkennen werde, welch große Ungerechtigkeit ihm angetan worden sei. Zunächst fuhr er erst einmal für längere Zeit nach Korfu, widmete sich dort archäologischen Grabungen und ging dann auf seine jährliche Nordlandreise; die Lage blieb aber weiterhin gespannt.

Auf die großen politischen Probleme des Tages, insbesondere die Krise wegen der überraschenden Annexion Bosniens und der Herzegowina durch Österreich-Ungarn, die beinahe einen europäischen Krieg ausgelöst hatte, nahm Wilhelm II. keinen substanziellen Einfluss. Auch die durch den »*naval scare*« in Großbritannien veranlassten neuerlichen Erwägungen, ob man in der Flottenpolitik nicht doch einen Kurswechsel vornehmen sollte, gingen am Monarchen weitgehend vorbei. Dennoch hatte Bülow nicht eigentlich freie Hand. Denn es war jedermann bekannt, dass der Kaiser beabsichtigte, den Kanzler bei erstbester Gelegenheit zu entlassen, und von Bülow nur noch erwartete, die Reichsfinanzreform durchzubringen. Dies schwächte die Position des Kanzlers im Reichstag ganz entscheidend. Die Finanzreform scheiterte zuletzt am Widerstand der Konservativen, die nunmehr den Zorn des Monarchen nicht mehr zu fürchten hatten wie noch im Zuge der Ablehnung des Mittellandkanals im Jahre 1901, als zahlreiche hohe Beamte konservativer Observanz gemaßregelt worden waren. Der »Block« fiel auseinander, und damit war auch der Kanzler am Ende. Nunmehr akzeptierte Wilhelm II. Bülows Rücktrittsgesuch, obwohl zunächst einmal ganz ungeklärt war, wer denn sein Nachfolger werden sollte.

Der Kaiser mochte den Abgang Bülows als Satisfaktion betrachten; trotzdem zog er nur begrenzten Nutzen daraus. Bülow war bei allen seinen Verfehlungen doch darum bemüht gewesen, den Kaiser öffentlich als Speerspitze einer glanzvollen Weltpolitik herauszustellen, auch wenn dieser am Ende der Erfolg versagt blieb. Nun trat der Kaiser in der öffentlichen Wahrnehmung erheblich zurück, und sein Einfluss auf die diplomatischen Geschäfte wurde geringer. Gleichwohl nahm er weiterhin eine hegemoniale Stellung innerhalb des Herrschaftssystems ein, vornehmlich durch seine maßgebliche Rolle bei der Auswahl der leitenden Minister und Militärs.

Das kaiserliche Regiment in der Defensive und die deutsche Weltpolitik
1909 – 1912

Nach dem Rücktritt des Fürsten Bülow war zunächst völlig offen, wen man denn nun zum Reichskanzler bestellen sollte. Eine relativ ziellose Suche nach einer dafür geeigneten Persönlichkeit unter den Granden des Reiches setzte ein, die der Kaiser möglichst bald beenden wollte, weil er im Begriff war, seine Nordlandreise anzutreten. Unter anderem wurden August Eulenburg sowie sein Vetter Botho Eulenburg, der zur Zeit Caprivis nicht allzu erfolgreich als Ministerpräsident in Preußen amtiert hatte, in Erwägung gezogen. Es hätte sich dabei um eine bedenkliche hochkonservative Lösung gehandelt, doch ohnehin standen beide nicht zur Verfügung. Der Kaiser dachte ferner an den Grafen Anton Monts, einen Karrierediplomaten, sowie an General Colmar von der Goltz, der freilich gerade als Chef einer Militärmission in der Türkei tätig und daher schwer abkömmlich war. Fürst Bülow seinerseits hatte Theodor von Bethmann Hollweg vorgeschlagen, den derzeitigen Staatssekretär des Innern. Von Wilhelm II. war dieser »liberalisierende Parlamentarier« anfänglich abgelehnt worden: »Ich kenne ihn ganz genau, er doziert immer und will alles besser wissen. Ich kann mit ihm nicht arbeiten.«[1]

Am Ende aber setzte sich Bülow, obwohl seine eigene Meinung über Bethmann Hollweg nicht gerade die beste war, mit seinem Vorschlag durch – vielleicht auch nur deshalb, weil dies die einfachste Lösung schien. Eine nicht unwichtige Rolle dürfte freilich gespielt haben, dass Bethmann Hollweg im Dezember 1908 die Forderung der Parteien erfolgreich abgewehrt hatte, die Verantwortlichkeit des Reichskanzlers verfassungsrechtlich zu präzisieren.[2] Dass Bethmann Hollweg außenpolitisch völlig unerfahren war, kümmerte Wilhelm II. nicht weiter. In einem Gespräch mit dem scheidenden Kanzler (das Bülow allerdings wahrscheinlich verzerrt wiedergab) soll er lachend gemeint haben: »Die auswärtige Politik überlassen Sie nur Mir!«[3] Einstweilen galt es aber ohnehin nicht, große Taten auf dem Felde der internationalen Beziehungen zu vollbringen; im Vordergrund stand die Konsolidierung der inneren Verhältnisse. Wilhelm II. gab einmal mehr die Parole aus, künftig müsse der Reichstag »mehr an den Zügel genommen werden!«[4]

Bethmann Hollweg war bereit, diese Vorstellungen des Monarchen umzusetzen. Er trat seine Kanzlerschaft mit dem erklärten Ziel an, die Machtansprüche des Parlaments nach Möglichkeit einzudämmen. Im Gegensatz zu seinem Vorgänger lehnte er es daher auch strikt ab, sich an eine bestimmte Parteienkonstellation zu binden: »So entschieden es die Parteien von je her abgelehnt haben und noch ablehnen, Regierungsparteien zu sein, […] ebenso wenig wird in Deutschland jemals eine Regierung Parteiregierung sein können.«[5] Bethmann Hollweg war grundsätzlich entschlossen, eine obrigkeitliche Politik oberhalb der Parteien zu betreiben. Nicht zuletzt deshalb war er stets darum bemüht, dass die Regierungsinstanzen dem Reichstag gegenüber möglichst einheitlich auftraten. Auf keinen Fall sollte dem Parlament und den Parteien die Genugtuung zuteil werden, Gesetzgebungsvorhaben von sich aus anregen und am Ende auch durchsetzen zu können. Daher musste der Anschein gewahrt bleiben, dass die politische Initiative ausschließlich von der Reichsleitung oder dem preußischen Staatsministerium ausgehe – auch wenn in der Sache davon keine Rede mehr sein konnte. Notfalls wurden Vorlagen von der Regierung einfach zurückgezogen und zu einem späteren Zeitpunkt wieder eingebracht. Diese parlamentarische Strategie entsprach durchaus Bethmann Hollwegs Grundauffassungen. Er war zutiefst überzeugt davon, dass die Geschicke des Deutschen Reiches nur von einer aufgeklärten, im Staatsdienst geformten Beamtenelite gelenkt werden könnten, während er eine parlamentarische Regierungsweise für unmöglich hielt. Dies begründete er mit der bestehenden parteipolitischen Zersplitterung, vor allem aber mit dem Verhalten der Sozialdemokratie, die prinzipiell auf eine staatsfeindliche Politik festgelegt sei.

Mit dieser Einstellung kam Bethmann Hollweg dem Kaiser natürlich entgegen, der dem Reichstag nach wie vor mit schroffer Ablehnung gegenüberstand. Allerdings deckten sich die Motive des neuen Kanzlers nicht mit jenen Wilhelms II. Dieser hielt gegen den Geist der Zeit hartnäckig daran fest, dass sich die Autorität des Kaisertums aus dem Gottesgnadentum herleite und der Monarch seine Macht daher mit niemandem, schon gar nicht mit Parlamenten und Parteien, teilen dürfe. Bethmann Hollweg war zwar durchaus royalistisch gesinnt. Jedoch sah er sich als Repräsentant einer Beamtenregierung im besten Sinne des Wortes. Als solcher konnte er sich, auch wenn er den monarchischen Gedanken grundsätzlich unterstützte, im Zweifelsfall auch gegen bestimmte Verhaltensweisen des amtierenden Monarchen wenden, wenn diese die bestehende Ordnung zu beeinträchtigen drohten. Allerdings waren seiner Bereitschaft, Wilhelm II. in konkreten Sachfragen entgegenzutreten, enge Grenzen gesetzt. Schließlich bedurfte es unbedingt der Willensbekundungen des Monarchen, um jene Herrschaft der »aufgeklärten Bürokratie« oberhalb der Parteien und Interessenverbände zu legitimieren, als deren Repräsentant sich der Kanzler verstand. Daneben hatte es auch ganz praktische Gründe des eigenen Machterhalts, wenn Bethmann Hollweg für seine Regierung die Maxime aufstellte, dem Monarchen möglichst nie direkt zu widersprechen oder sich offen in Gegensatz zu ihm zu setzen. Vielmehr bemühte er sich immer wieder mit geduldiger Hartnäckigkeit darum, den Kaiser von seiner jeweiligen politischen Linie zu überzeugen, um dann, gestützt auf das »Allerhöchste Vertrauen«, entschieden auftreten zu können.

Die Fiktion, dass der persönliche Wille des Monarchen die Regierungsarbeit durchgängig bestimme, wurde mit großer Konsistenz aufrechterhalten. Gleichzeitig aber versuchte der neue Kanzler, Wilhelm II. von bedenklichen Auftritten und unbedachten Äußerungen in der Öffentlichkeit möglichst abzuhalten. Er fand dabei die Unterstützung des Chefs des Kaiserlichen Zivilkabinetts, Rudolf von Valentini, der das Debakel der Daily-Telegraph-Affäre aus nächster Nähe miterlebt hatte und selbst daran interessiert war, dass sich dergleichen nicht wiederholen würde. Dies galt vor allem für außenpolitische Fragen. In der Tat hielt sich Wilhelm II. seit 1909 mit entsprechenden öffentlichen Verlautbarungen zurück. Graf Robert von Zedlitz-Trützschler, der langjährige Hofmarschall des Kaisers, urteilte im Februar 1910: »Durch die November-ereignisse ist der Kaiser […] allerdings vorsichtiger geworden und hütet sich vor öffentlichen Äußerungen, die beunruhigend wirken könnten. Innerlich ist er aber nicht davon überzeugt, daß seine früheren Reden und Eingriffe in äußere wie innere Politik den heutigen Zeiten nicht entsprachen […].«[6] Auf einem Galadiner in Königsberg im November 1910 trat Wilhelm II. allerdings aus der Reserve heraus und erklärte emphatisch, dass die »preußische Königskrone« ausschließlich »von Gottes Gnaden«, nicht »von Parlamenten, Volksversammlungen und Volksbeschlüssen« abhängig sei. Weiter meinte er: »Als Instrument des Herrn mich betrachtend, ohne Rücksicht auf Tagesansichten und -meinungen gehe ich meinen Weg.«[7] Dies führte in der Presse und im Reichstag sogleich zu neuerlichen kontroversen Erörterungen über das »persönliche Regiment«. Der Kanzler stellte sich jedoch uneingeschränkt vor den Kaiser und warf umgekehrt den Sozialdemokraten ihre republikanische Gesinnung vor, unter dem Beifall der bürgerlichen Parteien.

Tatsächlich gelang es Bethmann Hollweg, die öffentlichen Auftritte des Kaisers einzuschränken. Dies aber hatte keineswegs nur positive Auswirkungen, denn Wilhelm II. zog sich nun vermehrt auf seine höfische Umgebung zurück und war für Bethmann Hollweg und seine politischen Berater in der Regel nur schwer zugänglich. Dagegen stieg der Einfluss anderer Kreise, insbesondere des Militärs. In Fragen der »kaiserlichen Kommandogewalt« fühlte sich Wilhelm II. nun zu alleiniger Entscheidung befugt und zog die Spitzen von Armee und Marine stärker als bisher an sich heran. Wenn es also gelungen war, den Kaiser in seinen öffentlichen Äußerungen zu mäßigen, so wurde dies damit bezahlt, dass die militaristischen Tendenzen innerhalb der deutschen Gesellschaft eine weitere Stärkung erfuhren.

Der partielle Rückzug des Kaisers aus den innenpolitischen Geschäften zeigte sich nicht zuletzt daran, dass der preußische Kronrat, der ursprünglich ein einflussreiches Instrument direkter monarchischer Einflussnahme gewesen war, überhaupt nicht mehr zusammentrat. Erst während der Julikrise 1914 fand wieder eine Sitzung statt. In außenpolitischen Fragen bestand der Kaiser hingegen auf permanenter Konsultation, und verschiedentlich verlangte er von einzelnen Botschaftern, von ihnen direkt informiert zu werden. Während der Auseinandersetzungen um ein Flottenabkommen 1912 ließ er sich von dem der deutschen Botschaft in London affiliierten Marineattaché Wilhelm von Widenmann, der ein kompromissloser Anhänger des Schlachtflottenbaus war, unabhängige Berichte zukommen, die ihrer Intention nach denen des Botschafters entgegengesetzt waren – das Auswärtige Amt protestierte vergeblich gegen diese Insubordination.

Aber im Großen und Ganzen ließ das Engagement des Kaisers sichtlich nach, es sei denn, es handelte sich um Angelegenheiten, die unmittelbar oder mittelbar das Militär und die kaiserliche Kommandogewalt betrafen. Allerdings bemühte sich die Reichsleitung auch auf diesem Gebiet stärker als zuvor, ein direktes Hineinregieren des Monarchen möglichst abzublocken. Der Kanzler trat Wilhelm II. entschieden entgegen, wenn dieser durch persönliche Eingriffe in die Politik das geltende Recht zu überschreiten drohte.[8] Dennoch war Wilhelm II. nach wie vor der Mittelpunkt der politischen Willensbildung im zweiten deutschen Kaiserreich. Daher fochten die verschiedenen politischen Ressorts auch weiterhin einen zähen Konkurrenzkampf um das Vertrauen und die Zustimmung des Monarchen aus, und hier zählte byzantinische Lobhudelei oft mehr als eine sachlich überzeugende Argumentation.

Solche Konflikte wurden freilich zunehmend auch in der Öffentlichkeit ausgetragen. Im Grunde war sich die gesamte preußisch-deutsche Führungsschicht, mit verschwindend geringen Ausnahmen, darüber einig, dass die öffentlichen Auftritte des Kaisers und seine politischen Interventionen höchst schädliche Folgen nach sich zogen. Zugleich aber glaubte man übereinstimmend, dass derlei eben hinzunehmen sei, weil ansonsten der Übergang zum parlamentarischen Regierungssystem am Ende unabwendbar sein würde. Ohne einen Monarchen, mochte dieser als Person auch noch so bedenklich auftreten, wäre eine halbautoritäre Regierung unabhängig von Parlamentsmehrheiten langfristig nicht möglich gewesen – und noch weniger die eigenständige, der Kontrolle des Parlaments weitgehend entzogene Stellung von Armee und Marine. Die Beharrungskraft des obrigkeitlichen Beamtenapparates und das Eigeninteresse des Offizierskorps – einschließlich der jüngst zu hohem Ansehen aufgestiegenen Marineoffiziere – wirkten sich bei Lage der Dinge zugunsten der ungeschmälerten Machtstellung des Monarchen aus. In den bürgerlichen Schichten war man grundsätzlich nicht daran interessiert, etwas an der monarchischen Struktur des Deutschen Reiches zu verändern. Hans Delbrück verglich 1913 das preußisch-deutsche dualistische Herrschaftssystem mit seiner Mischung aus bürokratischen und parlamentarischen Elementen mit den anderen europäischen Staatsverfassungen und urteilte, dass in Deutschland die fortschrittlichste Herrschaftsform der Gegenwart bestehe. Diese besitze zudem in der dualistischen Verfassung der antiken Römischen Republik in ihrer Aufstiegsphase ein geschichtliches Vorbild von universalhistorischem Rang.[9] Die theatralischen Auftritte und das martialische Gehabe von Wilhelm II. waren darüber hinaus in der allgemeinen Bevölkerung durchaus populär, sieht man einmal von den Sozialdemokraten ab.

In der Innenpolitik ließ Wilhelm II. dem Kanzler zunächst relativ freie Hand, und dieser zeichnete sich durch seine kämpferische Haltung gegenüber den Parteien als loyaler Diener des Monarchen aus. Die im Frühjahr 1910 im preußischen Abgeordnetenhaus eingebrachte Vorlage zur Reform des preußischen Dreiklassenwahlrechts, die noch Fürst Bülow dem Reichstag in Aussicht gestellt hatte, war äußerst bescheiden angelegt und eigentlich nur darauf ausgerichtet, die gröbsten Ungereimtheiten des Wahlverfahrens zu beseitigen. Durch ein kompliziertes System von Zusatzstimmen für Bildung und langjährige Tätigkeit im öffentlichen Dienst und die Einführung der direkten Wahl sollte der plutokratische Charakter des Wahlgesetzes geringfügig abgemildert werden. Dieser dürftige und in sich selbst unstimmige Entwurf, der kaum auf eine echte Reform zielte, sondern eigentlich nur den Status quo erhalten sollte, wurde von Bethmann Hollweg mit markigen Worten verteidigt. Gleichzeitig übte er massive Kritik am allgemeinen Wahlrecht, das die »politische Kultur und politische Erziehung« in Deutschland beeinträchtigt habe.[10]

Dass das Dreiklassenwahlrecht nahezu unverändert erhalten bleiben sollte, rechtfertigte er mit dem Hinweis auf »gottgewollte Abhängigkeiten«, denen ein Wahlrechtsgesetz nun einmal Rechnung tragen müsse – eine Formulierung, die nachträglich im amtlichen Protokoll zu »gottgegebene Abhängigkeiten« abgeschwächt wurde.[11] Zugleich wies der Kanzler jeden Gedanken an parlamentarische Regierungsformen scharf zurück: »Preußen läßt sich nicht in das Fahrwasser des Parlamentarismus verschleppen, solange die Macht seines Königtums ungebrochen ist.« Ebenso verwahrte er sich dagegen, seine Politik auf irgendeine Partei zu stützen: »Eine Regierung, die sich in den Dienst einer einzelnen Partei, und sei es auch der stärksten, stellte, [...] würde dem Lande einen halben Parlamentarismus vortäuschen, der außer allen übrigen Mängeln des Parlamentarismus noch den besonderen hätte, daß er innerlich unwahr und ungerecht wäre.«[12]

Solche starken Worte waren ganz nach dem Geschmack Wilhelms II., der von seinen Ministern erwartete, den Forderungen der Parlamente so entschieden wie möglich entgegenzutreten. Freilich ließ sich damit nicht darüber hinwegtäuschen, dass die Wahlrechtsvorlage niemanden befriedigte, nicht einmal die Konservativen selbst, deren Existenz von der Erhaltung des preußischen Dreiklassenwahlrechts abhing. Als die konservativen Parteien und das Zentrum im preußischen Abgeordnetenhaus dann Anstalten machten, einen Alternativentwurf auszuarbeiten, der die Regierungsvorschläge einfach beiseite schob, zog der Kanzler die Vorlage zurück und beendete damit fürs Erste die Beratungen, obwohl eine Reform des Wahlrechts unabweisbar geworden war. Dem Kaiser gegenüber rechtfertigte er diesen Schritt mit dem bezeichnenden Argument, dass ansonsten die Führung in dieser Frage an die Parteien übergegangen wäre. »Ansehen und Autorität der Regierung würden damit unter den entscheidenden Willen einer Parlamentsmehrheit gebeugt und so geschädigt werden, daß selbst das Scheitern der Vorlage als geringeres Übel angesehen werden müßte.«[13] Dies war eine nur schlecht verhüllte Armutserklärung der Exekutive, die mit ihrem Konzept der Regierung oberhalb der Parteien Schiffbruch erlitten hatte. Zugleich bot die Begründung dem Kanzler aber den Vorteil, dass er dem Monarchen gegenüber die eigene Prinzipientreue unter Beweis stellen konnte.

Bethmann Hollweg kam dem Monarchen auch in einer weiteren Frage entgegen: Wilhelm II. wünschte schon lange, dass gegen die Streikbewegungen der Arbeiterschaft, die im Jahre 1910 einen neuen Höhepunkt erreicht hatten, gesetzlich vorgegangen würde. Zwar verweigerte sich der Kanzler dem Ansinnen des Monarchen, nun erneut ein Gesetz zum Schutz von Arbeitswilligen einzubringen; damit war Wilhelm II. bereits 1899 kläglich gescheitert. Jedoch zeigte sich Bethmann Hollweg bereit, durch eine Novelle des Strafgesetzbuches eine Handhabe gegen Streikbrecher und gegen Streikbewegungen überhaupt zu schaffen. Der ursprüngliche Vorschlag, dem zufolge überhöhte Lohnforderungen als Erpressung unter Strafe gestellt werden sollten, hatte keine Chance, angenommen zu werden. Sehr wohl aber kamen zahlreiche Verschärfungen des geltenden Rechts zustande, die es den Staatsbehörden ermöglichen sollten, gegen die »aufhetzende und aufreizende Tätigkeit fanatischer Agitatoren« vorzugehen. Dies waren die letzten Ausläufer der repressiven Arbeitergesetzgebung, die Wilhelm II. in den neunziger Jahren auf den Weg gebracht hatte. An das Kernproblem trauten sich Bethmann Hollweg und der neue Staatssekretär des Innern, Clemens von Delbrück, nicht heran – dass nämlich die großen sozialen Gegensätze nur dann befriedet werden konnten, wenn man die Gewerkschaften als legitime Vertreter der Arbeiterschaft anerkannte. Daher scheiterte auch der zweite Anlauf zur Schaffung eines Arbeitskammergesetzes. An der staatlichen Sozialpolitik der folgenden Jahre, insbesondere der Reichsversicherungsordnung, die unter substanzieller Mitwirkung des Reichstages zustande kam, zeigte der Kaiser keinerlei Interesse mehr.

Dagegen tangierte die im Frühjahr 1910 eingeleitete elsasslothringische Verfassungsreform unmittelbar die Interessen Wilhelms II. Das Reichsland Elsass-Lothringen unterstand verfassungsrechtlich direkt dem Kaiser und wurde von einem Statthalter verwaltet, der vom Monarchen nach eigenem Gutdünken bestellt und jederzeit abberufen werden konnte. Theoretisch war dies ein Segment mit einer nahezu unbegrenzten

163

kaiserlichen Selbstherrschaft, denn der bestehende Landes-
ausschuss aus Honoratioren, die vom Statthalter berufen wurden, spielte keine nennenswerte Rolle. Dieser Zustand ging
noch auf die Situation unmittelbar nach dem Ende des
Deutsch-Französischen Krieges zurück und war dringend re-
formbedürftig. Nicht nur die Elsässer und Lothringer selbst,
sondern auch alle Parteien im Reichstag (außer den Konservativen) verlangten schon seit längerem, den Status des Reichslandes zu normalisieren. Der kaiserliche Statthalter Graf von
Wedel hatte im Oktober 1909 ebenfalls entschieden dafür plä-
diert, dem Reichsland die volle Selbständigkeit nach Art eines
deutschen Bundesstaates und eine parlamentarische Vertretung zu geben. Dies sei notwendig, um Elsässer und Lothringer auf Dauer für die deutsche Sache zu gewinnen.

Die militärischen Instanzen hingegen betrachteten die Einheimischen im Reichsland weiterhin als frankreichhörig und
potenziell unzuverlässig. Dazu trug der Umstand bei, dass es
zwischen den in Elsass-Lothringen stationierten, ganz überwiegend aus dem Reich stammenden Truppenverbänden und
der Bevölkerung immer wieder zu Reibereien kam. Bedeutung
hatte dies insofern, als das Reichsland im Falle eines Krieges
mit Frankreich als wichtiges Aufmarschgebiet dienen würde.
Wilhelm II. stand in diesen Fragen unter dem Einfluss seiner
militärischen Umgebung und misstraute der Loyalität der Elsässer und Lothringer ebenfalls. Nur mit einiger Mühe konnte
man ihm, nach langen Auseinandersetzungen innerhalb der
Regierung und im Reichstag, das Einverständnis abringen, die
Verfassungsverhältnisse im Reichsland umzugestalten. Demnach wurden Elsass-Lothringen nicht nur ein Zweikammer-
system, sondern auch das allgemeine, gleiche, direkte und
geheime Wahlrecht und drei (allerdings mit Restriktionen be-
haftete) Stimmen im Bundesrat in Aussicht gestellt. Der Weg
dorthin war allerdings dornenreich: Man hatte Wilhelm II. die
Zustimmung zu diesem Verfassungswerk, das in seinen Augen
äußerst weit ging, dadurch erleichtert, dass seine kaiserlichen
Prärogativen unangetastet blieben. Der Monarch behielt das
Recht, den Statthalter zu ernennen und zu entlassen, und er
konnte auch die beiden Kammern auflösen. Bethmann Hollweg hatte dies ausdrücklich zur Bedingung gemacht: »Kon-

zessionen, welche die kaiserliche Macht [...] irgendwie einschränken, sind ausgeschlossen.« Er versicherte Wilhelm II., dass er ansonsten »mit Eurer Majestät Zustimmung [...] den Entwurf einfach scheitern lassen« würde.[14]

Die Verfassung, die Elsass-Lothringen schließlich gewährt wurde, blieb weit hinter demokratischen Erfordernissen zurück. Elsässer und Lothringer blieben weiterhin »deutsche Staatsbürger zweiter Klasse« (Wehler), mit minderen Rechten und einem Status, der ihre Selbstachtung verletzte, zum Schaden ihrer Integration in den Nationalstaat. Diesmal war jedoch nicht der Kaiser die entscheidend bremsende Kraft gewesen, auch wenn sich Bethmann Hollweg sicherlich von Rücksichtnahmen auf dessen Empfindlichkeiten hatte leiten lassen. Die maßgebliche Rolle hatten vielmehr die konservativen Parteien, die preußische Staatsbürokratie und nicht zuletzt das preußische Offizierskorps gespielt. Das sollte sich freilich schon bald wieder ändern.

Auf den ersten Blick schien die Streitfrage des »persönlichen Regiments« im Sommer 1911 von der politischen Tagesordnung verschwunden zu sein. In der Tat war es dem Kanzler gelungen, das Verhältnis des Kaisers zur Öffentlichkeit deutlich zu verbessern, und spektakuläre Reden des Monarchen, die zu Konflikten hätten führen können, unterblieben weitgehend. Allerdings verhieß es nichts Gutes, dass sich Wilhelm II. in seiner hochkonservativen Umgebung abkapselte und vorläufig darauf verzichtete, auf die Tagespolitik Einfluss zu nehmen. Zum einen hatte der Kaiser der Vorstellung keineswegs abgeschworen, er könne über den Kopf des Kanzlers hinweg unmittelbar auf Reichsstaatssekretäre und preußische Minister einwirken. Zum anderen war er nur allzu empfänglich für die Einflüsterungen der Konservativen, dass der Kanzler schlapp und entschlusslos sei. Solche Stimmen mehrten sich in dem Maße, wie deutlich wurde, dass man auch zu Besitzsteuern würde greifen müssen, um den wachsenden Finanzbedarf des Reiches zu decken, obwohl die Konservativen diese weiterhin erbittert bekämpften.

Das Ergebnis der Reichstagswahlen vom 12. Januar 1912 erleichterte die Situation für die Reichsleitung nicht gerade. Die Sozialdemokratie errang mit 34,8 Prozent der Stimmen einen erneuten, diesmal dramatischen Wahlsieg und steigerte die Zahl ihrer Mandate von 43 auf 110, während die konservativen Parteien einen schweren Einbruch in der Wählergunst hinnehmen mussten. Bethmann Hollweg eröffnete den neuen Reichstag am 16. Februar 1912 mit einer scharfen Polemik gegen die Sozialdemokratie. Diese arbeite daran, »den monarchischen Sinn des Volkes zu untergraben« und den Klassenkampf zu predigen – starke Worte, die am kaiserlichen Hofe befriedigt zur Kenntnis genommen wurden. Das änderte wenig daran, dass die »Politik der Diagonale« oberhalb der Parteien, die Bethmann Hollweg im Namen des Kaisers betrieb und die im Grunde alle Parteien gleichermaßen antagonisierte, nun noch schwieriger geworden war.

Allerdings konnte Bethmann Hollweg den Kaiser grundsätzlich davon überzeugen, dass angesichts der prekären außenpolitischen Lage, in die sich das Deutsche Reich in der Ära Bülow hineinmanövriert hatte, vorläufig eine behutsame Politik des Ausgleichs mit den anderen Großmächten notwendig sei. Zur äußeren Politik hatte es bereits in der kaiserlichen Thronrede vom 30. November 1909 geheißen, dass die Regierung, »um dem deutschen Volke eine ruhige und kraftvolle Entwicklung zu sichern«, »andauernd bemüht« sei, »friedliche und freundliche Beziehungen zu den anderen Mächten zu pflegen und zu festigen«.[15] Dies war durchaus aufrichtig gemeint.

In diesem Sinne wurden Verhandlungen mit Frankreich aufgenommen, um die Missstimmungen, die nach der Konferenz von Algeciras aufgetreten waren, mit dem neuen deutsch-französischen Vertrag vom 9. Februar 1909 einvernehmlich auszuräumen. Die Bestimmung, dass Frankreich in Marokko unter ökonomischen Gesichtspunkten im Prinzip freie Hand haben solle, wurde dabei erneut bestätigt. Dagegen liefen insbesondere die Gebrüder Mannesmann Sturm, die geltend machten, dass ihre Schürfrechte im Sus-Gebiet im südlichen Marokko nicht respektiert worden seien. In Ernst Bassermann, dem Vorsitzenden der Nationalliberalen Partei, fanden sie einen einflussreichen Fürsprecher. Gleichwohl ließ sich die Reichsleitung nicht von ihrem konzilianten Kurs abbringen. Wilhelm II. war in diesem Falle mit dem Verhalten der Regierung völlig einverstanden; er wollte den Zankapfel Marokko, der in der Vergangenheit auch ihm persönlich so viel Ärger gebracht hatte, so bald wie möglich vom Tisch haben.

Weit folgenreicher war, dass Bethmann Hollweg versuchte, das Einverständnis des Kaisers zu erwirken, nun doch mit Großbritannien Gespräche über ein Flottenabkommen und eine politische Verständigung aufzunehmen. Er knüpfte hier an die vorsichtigen Initiativen des Fürsten Bülow in den letzten Monaten von dessen Regierungszeit an. In einem Immediatbericht vom 13. August 1909 versuchte der Kanzler, den Stier bei den Hörnern zu packen. Er verlangte, in Verhandlungen über ein Flottenabkommen einzutreten, ohne ein solches mit Kompensationsforderungen auf weltpolitischem Gebiet zu belasten: »Damit, daß Alldeutsche, Flottenverein usw. ein gewaltiges Geschrei erheben, muß gerechnet werden. Das kann indessen nicht abhalten, das an sich Richtige zu tun [...].«[16] Wilhelm II. war von der zwingenden Logik der Argumentation Bethmann Hollwegs beeindruckt, der ihm allerdings keineswegs reinen Wein über das Ausmaß der gegebenenfalls notwendigen Konzessionen einschenkte. Der Kanzler erhoffte sich ein Neutralitätsabkommen, das Großbritannien für den Fall eines vom Deutschen Reich nicht provozierten europäischen Krieges von einem Eingreifen abhalten würde. Dafür hätte Berlin zumindest auf den Bau weiterer Großkampfschiffe verzichten müssen; für eine bloße Verlangsamung des deutschen Flottenbaus war ein solcher Vertrag unter gar keinen Umständen zu erlangen.

Admiral Alfred von Tirpitz, der Staatssekretär des Reichsmarineamtes, wollte einem Flottenabkommen ohnedies nur dann zustimmen, wenn ein deutsch-britisches Kräfteverhältnis von 2 : 3 für große Schiffe festgelegt würde, und darin wurde er vom Monarchen entschieden unterstützt. Diese Regelung hätte die Suprematie der deutschen Schlachtflotte in der Nordsee vertraglich festgeschrieben und war für die britische Politik von vornherein inakzeptabel. Dennoch wurden bis zum Mai 1910 unter strikter Geheimhaltung intensive Verhandlungen über ein derartiges Abkommen geführt. Die Briten wollten das deutsch-englische Verhältnis nicht durch einen einseitigen Abbruch belasten. Bethmann Hollweg wiederum hoffte,

167

dass der Kaiser sich am Ende – ungeachtet des zu erwartenden Widerstands der Marine – einem umfassenden, auch koloniale Fragen einschließenden Ausgleich mit Großbritannien nicht entziehen könnte, wenn es denn gelingen sollte, eine Art von Neutralitätsabkommen zustande zu bringen. Die geheime Liebe Wilhelms II. zu Großbritannien, die sich inzwischen nur noch in einer Mischung aus Trotz, Größenwahn und verletztem Stolz äußerte, wäre dann vermutlich wieder durchgebrochen.

Ebenfalls in diesen Gesamtkontext gehört die »Entrevue von Potsdam« vom 3. und 4. November 1910, durch die der »Draht nach St. Petersburg«, der seit 1908 abgerissen war, wiederhergestellt werden sollte: Anlässlich des Besuchs von Zar Nikolaus II. in Potsdam sagte der russische Außenminister Sasonow zu, dem Weiterbau der Bagdadbahn keine weiteren Hindernisse in den Weg zu legen. Gleichzeitig erkannte das Deutsche Reich Persien als russische Interessensphäre an. Auch hier spielte der Kaiser willfährig seinen Part. Augenscheinlich war nun alles wieder in bester Ordnung. Es schien, als ob man nach allem mit dem Kaiser doch erfolgreiche Politik machen könnte, sofern man ihn nur entsprechend pfleglich behandelte und auf seine Lieblingsideen Rücksicht nahm.

Das weitgehende Einverständnis zwischen Wilhelm II. und der Reichsleitung wurde jedoch nur wenig später durch den »Panthersprung nach Agadir« in Frage gestellt. Es war der am 1. Mai 1910 zum Staatssekretär des Äußeren berufene Alfred von Kiderlen-Wächter, der die Marokko-Frage erneut aufwarf. Der Kaiser hatte sich fast ein Jahr lang gegen die Ernennung Kiderlen-Wächters gesträubt, vor allem wegen dessen vielfach respektlosen Äußerungen über hochgestellte Persönlichkeiten, aber auch, weil er ihm angesichts seiner Neigung zu radikalen Lösungen insgeheim misstraute. Im März 1911 sahen sich die Franzosen gezwungen, die Herrschaft des durch eine Revolte entmachteten Sultans Mulay Hafid mit militärischen Mitteln wiederherzustellen, weil die Legitimität ihrer eigenen informellen Machtstellung in Marokko an diese geknüpft war. Der Marsch französischer Truppen auf Fes im Frühjahr 1911 war jedoch mit den Bestimmungen der Algeciras-Akte und des deutsch-französischen Abkommens vom 9. Februar 1909 nicht vereinbar. Kiderlen-Wächter sah darin eine günstige Gelegenheit, das leidige Problem der Zukunft Marokkos nochmals aufzugreifen und das ungünstige Bild aufzubessern, das die deutsche Außenpolitik in den letzten Jahren in dieser Frage geboten hatte. Er wollte den Franzosen demonstrieren, dass die Entente cordiale kein Ersatz für erträgliche Beziehungen zum Deutschen Reich sei, und auf diese Weise indirekt die Bindung zwischen Frankreich und Großbritannien lockern. Außerdem sollte Frankreich dazu gezwungen werden, dem Deutschen Reich für die endgültige Aufgabe seiner Rechte in Marokko koloniale Kompensationen an anderer Stelle – gedacht war an den französischen Kongo – anzubieten.

Um die deutsche Ausgangsposition zu stärken, entsandte man das Kanonenboot »Panther« in den geschlossenen marokkanischen Hafen von Agadir, angeblich aus dem Grund, gefährdete deutsche Staatsangehörige zu schützen, obwohl es in Südmarokko so gut wie keine von ihnen gab. Doch wollte man sich ein Faustpfand für die kommenden Verhandlungen verschaffen. Gleichzeitig setzte Kiderlen-Wächter alle Hebel in Bewegung, um eine Eingabe von deutschen Unternehmen zu initiieren, die angeblich wirtschaftliche Interessen in Marokko besaßen (die einzigen, bei denen dies wirklich der Fall war, nämlich die Gebrüder Mannesmann, wurden dabei geflissentlich übergangen). Damit sollte das deutsche Vorgehen gerechtfertigt und die öffentliche Meinung mobilisiert werden.

Sowohl Bethmann Hollweg als auch Wilhelm II. waren nicht sonderlich erbaut über Kiderlen-Wächters Aktion. Der Kaiser hatte die Marokko-Angelegenheit längst abgeschrieben und wollte hier nicht neue Verwicklungen entstehen sehen. Er war strikt gegen ein Ausgreifen des Deutschen Reiches nach Marokko und hielt es sogar für vorteilhaft, wenn sich Frankreich dort mit Material und Truppen engagierte. Von Kiderlen-Wächters Plänen wurde er erst in Kenntnis gesetzt, als die Entsendung der »Panther« nach Agadir bereits angeordnet war. Zunächst sprach er sich entschieden dagegen aus. Von deutschen Kriegsschiffen in südmarokkanischen Häfen und von neuen diplomatischen Verhandlungen mit Frankreich über dieses Land wollte er nicht das Geringste wissen.

Nur mit großer Mühe gelang es Kiderlen-Wächter, dem Kaiser die grundsätzliche Zustimmung zu seinem Plan abzuringen, und dies auch nur deshalb, weil der Staatssekretär argumentierte, dass man die günstige Situation nicht tatenlos vorübergehen lassen dürfe. Ein diplomatischer Erfolg, so meinte er, würde sich vorteilhaft auf die bündnispolitische Lage des Reiches auswirken und auch bei den bevorstehenden Reichstagswahlen hilfreich sein. Kiderlen-Wächter wollte überdies die Chance nutzen, die darin lag, dass die Nordlandreise Wilhelms II. unmittelbar bevorstand und dieser daher für mehrere Wochen weitgehend handlungsunfähig sein würde. Dann könnte er dem Auswärtigen Amt nicht, wie mehrfach zuvor, in letzter Minute in den Arm fallen.

Die Erwartung Kiderlen-Wächters, dass Frankreich der Reichsleitung alsbald Kompensationsangebote unterbreiten würde, erwies sich jedoch als trügerisch. Vielmehr musste er am 13. Juli 1911 von sich aus die Karten auf den Tisch legen. Seine Forderung, dass Deutschland als Gegenleistung für den Verzicht auf Marokko den ganzen französischen Kongo erhalten müsse, löste in den europäischen Hauptstädten, aber auch in Deutschland selbst große Aufregung aus. Kiderlen-Wächter, der gehofft hatte, diese Frage rasch auf diplomatischem Wege klären zu können, sah sich mit einer abwartenden Haltung Frankreichs konfrontiert. Von Paris, so meinte er nun, könne man nur dann etwas erwarten, wenn man bereit sei, notfalls einen Krieg zu führen. Aber weder Bethmann Hollweg noch Wilhelm II. wollten es wegen der Marokko-Frage auf einen militärischen Konflikt mit Frankreich ankommen lassen.

Im Übrigen ging Kiderlen-Wächters Kalkül nicht auf, dass der Kaiser wegen seiner Nordlandreise als Unsicherheitsfaktor vorläufig ausscheide. Wilhelm II. war nicht bereit, sich ausschalten zu lassen, und erwog zeitweilig sogar den Abbruch der Reise: »Denn ich kann meine Regierung nicht so auftreten lassen, ohne an Ort und Stelle zu sein, um die Consequenzen genau zu übersehen und in der Hand zu haben! Das wäre sonst unverzeihlich und zu parlamentarisch! *Le Roi s'amuse*! Und derweilen steuern wir auf die Mobilmachung los! *Ohne mich* darf das nicht geschehen.«[17] Der Dienst ha-

170

bende Diplomat auf der kaiserlichen Jacht drahtete nach Berlin: »Jedenfalls wird damit gerechnet werden müssen, [...] daß es [...] sehr schwer sein wird, Seine Majestät für Schritte zu gewinnen, von denen der allerhöchstderselbe annimmt, daß sie den Krieg herbeiführen würden.«[18] Die Absage des Monarchen kam denn auch prompt. Kiderlen-Wächter antwortete mit einem Rücktrittsgesuch, in dem er erneut argumentierte, dass das Deutsche Reich nur dann etwas erreichen könne, wenn es gegebenenfalls zum Kriege entschlossen sei und dies die französische Seite auch wissen lasse. »Wenn wir das nicht dokumentieren, erhalten wir für unseren Rückzug aus Marokko kein Äquivalent, das ein Staatsmann vor dem deutschen Volke verteidigen könnte. [...] Wir müssen den ganzen französischen Kongo haben – es ist die letzte Gelegenheit, ohne zu fechten – etwas Brauchbares in Afrika zu erhalten.«[19] Der Kaiser war jedoch für diese offensive Drohpolitik im Prinzip nicht zu haben und wollte einen Krieg unter allen Umständen vermeiden.

Die Lage spitzte sich dann dramatisch zu, als der britische Schatzkanzler David Lloyd George in einer Rede im Mansion House in London am 21. Juli 1911 erklärte, dass Großbritannien im Falle eines deutschen Angriffskrieges gegen Frankreich wegen Marokko nicht abseits stehen werde. Dabei spielte eine Rolle, dass die Reichsleitung die britische Regierung über die tatsächlichen deutschen Absichten gänzlich im Dunkeln gelassen hatte, um den Druck auf Frankreich nicht zu schwächen. Daher war in London der Eindruck entstanden, das Deutsche Reich wolle sich in Südmarokko festsetzen. Deutsche Marinestützpunkte in Marokko waren das Letzte, was man sich in London wünschte. Die Äußerungen von Lloyd George hatten weitreichende Auswirkungen: Der Widerstand Frankreichs gegen substanzielle Kompensationen verfestigte sich, das Kalkül Kiderlen-Wächters brach damit zusammen. Dieser meinte tief resigniert: »Unser Ansehen ist heruntergewirtschaftet, im äußersten Fall müssen wir fechten.«[20] Der Kaiser war zwar über die britische Intervention äußerst aufgebracht und verschärfte schlagartig den Ton seiner Stellungnahmen. Aber von Krieg wollte er weiterhin nichts wissen. Nur mit einem zweiten Abschiedsgesuch konnte Kiderlen-

Wächter erreichen, dass ihm die Fortführung der eingeleiteten Aktionen gestattet wurde, mit der Maßgabe, dass er es nicht zum Äußersten kommen lassen sollte.

In der deutschen Öffentlichkeit brach nun ein Proteststurm gegen den Verzicht auf Südmarokko los. Insbesondere schwerindustrielle Kreise, an vorderster Stelle die Gebrüder Mannesmann, hatten sich dafür eingesetzt, das Gebiet zu erwerben, und von den Alldeutschen war es bereits als neue deutsche Kolonie gefeiert worden. Der Gedanke, deutsche Ansprüche in Marokko möglicherweise gegen Kompensationen in Zentralafrika fallen zu lassen, war höchst unpopulär, vor allem, wenn dafür auch noch Teile des deutschen Togo aufgegeben werden sollten. Der Alldeutsche Verband brandmarkte den Verzicht auf Südmarokko, wofür auch immer, als Ausverkauf der deutschen überseeischen Interessen. Er entfachte eine wilde nationalistische Kampagne, die sich in erster Linie gegen Großbritannien richtete; den Engländern gab man mit einigem Recht die Schuld dafür, dass die Verhandlungen über die Marokko-Frage ins Stocken gerieten und das Deutsche Reich am Ende leer ausgehen könnte. Die freikonservative »Post« und Hardens »Zukunft« gingen Anfang August 1911 so weit, Wilhelm II. öffentlich vorzuwerfen, er sei feige vor den anderen Mächten zurückgewichen – eine Auffassung, die auch in den Führungskreisen des Reiches weit verbreitet war.

Unter dem Druck dieser Strömungen zeigte sich der Kaiser auf einmal sehr viel konfliktbereiter, auch wenn er weiterhin keinesfalls eine bewaffnete Auseinandersetzung um Marokko führen wollte. Zweimal, Mitte August und dann noch einmal Anfang September 1911, standen die Zeichen auf Krieg. Das deutsche Publikum reagierte darauf mit einer Börsenpanik, was Kiderlen-Wächter das Geschäft nicht eben erleichterte. In den diplomatischen Verhandlungen mit Frankreich sah sich der Staatssekretär nunmehr gezwungen, erhebliche Abstriche von seinen ursprünglichen Forderungen zu machen. Für den endgültigen Verzicht auf Marokko erhielt das Deutsche Reich einen großen Teil des französischen Kongo. Damit Paris seinerseits das Gesicht wahren konnte, fand das Ganze allerdings formell als Gebietstausch gegen Teile der Kolonie Togo statt, der einzigen deutschen Besitzung in Übersee, die sich wirtschaftlich aus eigener Kraft trug. Dieses bescheidene Ergebnis, das noch dazu durch die Rücktrittsdrohung des Kolonialstaatssekretärs von Lindequist in ein ungünstiges Licht gerückt wurde, stand in krassem Gegensatz zu den sanguinischen Erwartungen der Öffentlichkeit, die Kiderlen-Wächter anfänglich selbst geschürt hatte.

Der Unmut der Öffentlichkeit über das Fiasko der deutschen Marokko-Politik schlug sich in einer großen Reichstagsdebatte vom 9. November 1911 nieder. Bethmann Hollweg versuchte tapfer, dem Vorwurf entgegenzutreten, dass das Deutsche Reich (und damit implizit auch der Kaiser) schmählich zurückgewichen sei. Er ließ im Übrigen durchblicken, dass mit einem Erwerb des Sus die Machtstellung des Deutschen Reiches auf dem europäischen Kontinent geschwächt worden wäre, ein Reflex auf die Meinung Wilhelms II., dass die militärische Schlagkraft Frankreichs abnehme, wenn es sich in Marokko festsetze. Überseeische Erwerbungen, so argumentierte der Kanzler, ließen sich nur erlangen, wenn man in sehr langen Zeiträumen rechne, eine reichlich vage Anspielung auf die Pläne, ein mittelafrikanisches Kolonialreich zu schaffen. Bethmann Hollwegs Ausführungen gipfelten darin, dass er den Gedanken an einen Präventivkrieg, wie er im Sommer mancherorts vertreten worden sei, leidenschaftlich zurückwies. »Niemand kann wissen, ob Deutschland dereinst ein Krieg mit seinen Nachbarn beschieden sein wird. Für mich aber, der ich heute die Verantwortung zu tragen habe, ist es Pflicht, die Geschäfte so zu führen, daß ein Krieg, der vermieden werden kann, der nicht von der Ehre Deutschlands gefordert wird, auch vermieden wird.«[21]

Für diese Position fand der Kanzler freilich wenig Zustimmung. Selbst der Fraktionsvorsitzende des Zentrums, Graf Hertling, meinte, »daß es unter Umständen nichts schaden würde, wenn einmal von autoritativer Seite gesagt würde, daß allerdings die Aufrechterhaltung des Friedens ein hohes Gut sei, daß es aber zu teuer erkauft sei, wenn es nur auf Kosten unserer Weltstellung geschehen kann«.[22] Ernst Bassermann von den Nationalliberalen brandmarkte das Ergebnis der Marokko-Krise als schwere Niederlage. Er forderte, nun die politische Verantwortlichkeit des Reichskanzlers in der Verfassung zu präzisieren, was nach der Daily-Telegraph-Affäre unerledigt geblieben war. Der konservative Parteiführer Ernst von Heydebrand und der Lasa hingegen erklärte emphatisch, dass die Deutschen »auf eine Regierung zu sehen« hofften, die gewillt sei, »unser gutes deutsches Schwert [...] zu gegebener Zeit nicht rosten zu lassen«.[23] Heydebrand gab seinen Ausführungen eine schroff antienglische Stoßrichtung: Die Vorgänge hätten »für das ganze deutsche Volk gezeigt, wo sein Feind sitzt«. Er bot die Unterstützung der Konservativen an, sollte sich die kaiserliche Regierung zum Krieg gegen England – das allerdings nicht explizit genannt wurde – entschließen, um die deutsche Ehre zu wahren. Seine nationalistischen Tiraden gipfelten in den Worten: »Nichtswürdig ist die Nation, die nicht Alles setzt an ihre Ehre«,[24] eine Formulierung, die den demonstrativen Beifall des anwesenden Kronprinzen fand.

Bethmann Hollweg trat den Erklärungen der konservativen und bürgerlichen Parteien, die mehr oder minder offen dafür plädierten, imperialistische Erwerbungen notfalls durch einen Krieg zu erzwingen, entschieden entgegen. Eine solche Position richtete sich indirekt ja auch gegen Wilhelm II., der – angeblich oder wirklich – prinzipiell vor einem Krieg zurückschreckte. Heydebrands Äußerungen wies der Kanzler mit ungewöhnlicher Schärfe zurück. Direkt auf dessen Ausführungen gemünzt, erklärte er: »Um utopischer Eroberungspläne und um Parteizwecke willen [...] die nationalen Leidenschaften bis zur Siedehitze zu bringen, das heißt den Patriotismus kompromittieren und wertvolles Gut vergeuden.«[25] Wilhelm II. übermittelte Bethmann Hollweg aus Kiel seinen Glückwunsch zu dessen Rede, die »auch hier in allen Kreisen, militärischen, maritimen und zivilen, hervorragenden Eindruck gemacht« habe. Allerdings forderte er bei diesem Anlass sogleich eine neuerliche Flottennovelle, wie Tirpitz sie bereits seit Mitte August 1911 verlangt hatte: »Das Volk erwartet so etwas jetzt und würde dieses als nationale Tat mit Jubel begrüßen. Frisch ans Werk!«[26]

Es gilt festzuhalten, dass Wilhelm II. während der Zweiten Marokko-Krise nicht die treibende Kraft der deutschen Außenpolitik war. Der »Panthersprung nach Agadir« war nahezu ausschließlich das Werk Kiderlen-Wächters, und für sein Projekt hatte er nur mit einiger Mühe die Zustimmung zunächst des Kanzlers und dann auch des Kaisers gefunden. Beide misstrauten in gewissem Umfang den Absichten des Staatssekretärs und klagten über dessen Eigensinn, der, wie Bethmann Hollwegs Privatsekretär Kurt Riezler zu berichten wusste, »elementar und nicht zu bekämpfen« sei.[27] Obwohl auch Bethmann Hollweg »die echt deutsche idealistische und richtige Überzeugung« geteilt haben dürfte, »daß das Volk einen Krieg nötig hat«,[28] wollte der Kanzler es wegen der Marokko-Frage nicht auf einen Waffengang ankommen lassen. Immerhin erklärte er sich dazu bereit, wie es heißt, »das Kriegsrisiko zu tragen«. Wilhelm II. hingegen sträubte sich gegen die machiavellistische Strategie Kiderlen-Wächters, den er wegen dessen Neigung zu extremen Ansichten ohnehin nicht sonderlich schätzte. Offenbar sah er aber keinen Weg, sich der suggestiven Argumentation des Staatssekretärs zu widersetzen.[29]

Die reservierte Haltung des Kaisers blieb während der monatelang andauernden Krise im Prinzip unverändert bestehen, auch wenn er zeitweilig eine ziemlich martialische Sprache an den Tag legte. Dazu kam es insbesondere, als die französische Regierung durch einen Mittelsmann wissen ließ, dass man ja gegebenenfalls auch ein französisches und ein britisches Kriegsschiff nach Agadir entsenden könne, was das Faustpfand der »Panther«, die inzwischen durch den kleinen Kreuzer »Berlin« abgelöst worden war, entwertet hätte. Der Kaiser verlangte empört, dass sich der französische Premier Joseph Caillaux binnen vierundzwanzig Stunden bei ihm für diese »Unverschämtheit« entschuldigen solle.[30] Tatsächlich mussten Bethmann Hollweg und Kiderlen-Wächter auch weiterhin die Sorge haben, dass der Kaiser womöglich »nicht durchhalten« würde.

Die Ansicht war weit verbreitet, dass nur die Ängstlichkeit des Kaisers, der es nicht auf einen Krieg habe ankommen lassen wollen, einen positiven Ausgang der Risikopolitik Kiderlen-Wächters verhindert habe. Helmuth von Moltke, der Chef des Großen Generalstabs, schrieb damals an seine Frau: »Die unglückselige Marokko-Geschichte fängt an, mir zum Halse herauszuhängen. Es ist gewiß ein Zeichen lobenswerter Ausdauer, unentwegt auf Kohlen zu sitzen, aber angenehm ist es

175

nicht. Wenn wir aus dieser Affäre wieder mit eingezogenem Schwanz herausschleichen, wenn wir uns nicht zu einer energischen Forderung aufraffen können, die wir bereit sind mit dem Schwert zu erzwingen, dann verzweifle ich an der Zukunft des Deutschen Reiches.«[31] Ganz ähnlich kommentierte Erich von Falkenhayn, damals noch Kommandeur des 4. Garderegiments, die Situation: »Unsere politische Situation ist äußerlich gebessert [...]. Innerlich aber hat sich Nichts geändert, insofern S[eine] M[ajestät] nach wie vor das Äußerste [d. h. den Krieg] abzuwenden entschlossen ist. Damit sind unsere Diplomaten natürlich schachmatt. Ob nicht schließlich doch der allgemeine Unwille, der sich gegen diese Art, die Reichsgeschäfte zu betreiben, täglich mehr und in einflußreicheren Kreisen Geltung verschaffte, den Kaiser zum Kriege zwingen wird, ist eine andere Frage.«[32]

Heute wird man die Haltung des Kaisers anders bewerten müssen. Tatsächlich teilte er nicht die forsche Haltung der großbürgerlichen Schichten in Sachen der deutschen Weltpolitik. Diese wollten kolonialpolitische Erwerbungen mit Hilfe einer Politik des »trockenen Krieges« (Hans Delbrück) unter rückhaltlosem Einsatz des deutschen Militärpotenzials erzwingen. Das Reich dürfe gegebenenfalls vor dem Risiko des heißen Krieges nicht zurückschrecken, legte etwa Bassermann in der Reichstagssitzung vom 5. Dezember 1911 der Regierung nahe: »Was wir wünschen, [...] ist, daß die deutsche *auswärtige Politik eine wohlvorbereitete, von Improvisationen sich fernhaltende und zielbewußte sein* möge, eine Politik, die sich in jedem Augenblick bewußt ist der gewaltigen Machtmittel, die wir besitzen, und für die unser Volk gern diese großen Opfer bringt.«[33] Wilhelm II. hingegen lehnte eine machiavellistische Risikopolitik ab, wie sie im Auswärtigen Amt seit Holstein als höchste Form der Staatskunst galt. Ungeachtet seiner lautstarken Äußerungen in der Öffentlichkeit und der oft aggressiven Randbemerkungen in diplomatischen Dokumenten wollte er vielmehr eine Politik der mittleren Linie, die großen Risiken aus dem Wege ging, jedenfalls solange der Flottenbau noch nicht abgeschlossen war. Obwohl Wilhelm II. immer wieder die Notwendigkeit einer deutschen Weltpolitik beschwor, zeigte er sich gegenüber dem Erwerb kolonialer

Territorien in Übersee eher reserviert. Die Machtstellung des Deutschen Reiches auf dem Kontinent, gestützt auf eine hochgerüstete Armee und eine starke Flotte, hielt er für wichtiger als den Besitz eines überseeischen Kolonialreiches. Seine Auffassung von deutscher Weltmachtpolitik deckte sich keineswegs vollständig mit der öffentlichen Meinung, auch wenn er sich von dieser zunehmend ins Schlepptau nehmen ließ.

Aus dem Scheitern der deutschen Politik in der Zweiten Marokko-Krise, das sich schon lange vor dem Abschluss der deutsch-französischen Verhandlungen abzeichnete, zog der Kaiser die Folgerung, dass die Rüstung des Reiches zur See und zu Lande weiter verstärkt werden müsse, um künftige Demütigungen durch die anderen Großmächte, namentlich Großbritannien, auszuschließen. Damit lenkte er die Entwicklung in Richtung eines gegenseitigen Rüstungswettlaufs der europäischen Großmächte. Im Vordergrund stand dabei zunächst der deutsche Flottenbau. Die Erbitterung über die Intervention Lloyd Georges mit seiner Mansion-House-Rede spielte dabei eine entscheidende Rolle. Nicht ohne Grund gab der Kaiser der kompromisslosen Unterstützung Frankreichs durch Großbritannien während der Marokko-Krise die Hauptschuld für das deutsche Fiasko. Seine Antwort bestand darin, dass man den Flottenbau erneut beschleunigen müsse. Während eines Festmahls des Hamburger Senats am 27. August 1911 gab Wilhelm II. zur Irritation des Kanzlers die ihm verordnete Zurückhaltung auf und ließ in einem Trinkspruch seine Absichten erkennen: »Der Schutz für Handel und Seefahrt ist durch das deutsche Volk in den letzten Jahrzehnten geschaffen worden in der mächtig sich entwickelnden und allerwärts durch ihre Manneszucht und Disziplin sich auszeichnenden deutschen Kriegsflotte. Sie ist es, welche den Willen des deutschen Volkes zur Seegeltung darstellt. [...] Wenn anders ich den Ausdruck der Begeisterung der Hamburger richtig verstanden habe, so glaube ich annehmen zu können, daß es Ihre Ansicht ist, unsere Flotte auch fürderhin zu verstärken, so daß wir sicher sein können, daß uns niemand den uns zustehenden Platz an der Sonne streitig machen werde.«[34] Dies wurde allerorten, auch in London, als Ankündigung einer bevorstehenden neuen Flottennovelle verstanden. Bethmann

177

Hollweg war alarmiert. Die Tischrede des Monarchen fand ein großes Presseecho und heizte die Stimmung in der Öffentlichkeit weiter an. Es würde also schwer werden, eine solche Novelle zu verhindern, obwohl sie die britische Regierung provozieren musste und womöglich mit kriegerischen Schritten beantwortet werden würde.

Der eigentliche Urheber dieser neuen Initiative war jedoch nicht Wilhelm II. selbst, sondern der Staatssekretär des Reichsmarineamts Tirpitz. Gemäß dem bisherigen Flottengesetz sollte 1912 das Bautempo bei großen Schiffen von vier auf zwei Einheiten pro Jahr zurückgehen, doch Tirpitz war von vornherein darum bemüht, den Flottenbau nicht zu verlangsamen und wenigstens drei Schiffe jährlich zu realisieren. Am 3. August 1911 hatte er gegenüber dem Chef der Admiralität, Admiral Eduard von Capelle, erklärt, dass man die momentane englandfeindliche Stimmung in der Öffentlichkeit unbedingt ausnutzen müsse, die in den bürgerlichen Parteien die Bereitschaft geweckt hatte, die deutsche Rüstung zu verstärken. Bereits zum Jahre 1912 solle daher eine neue Flottenvorlage eingebracht werden, mit der das »Vierertempo« wiederhergestellt werden könne: »Der Strom der öffentlichen Meinung kann sehr stark werden und wir können in Gefahr kommen, den Moment zu verpassen, wenn wir bis 1913 warten.«[35]

Angesichts der Erregung Wilhelms II. über die britische Haltung war es nicht schwer, ihn für diese Pläne zu gewinnen. Eine Flottennovelle, so meinte Tirpitz am 10. August 1911, sei die einzig richtige Antwort auf die Rede Lloyd Georges im Mansion House vom 21. Juli. Bereits Ende August lag Bethmann Hollweg der Gesetzentwurf vor. Sowohl der Kanzler als auch der Staatssekretär des Äußeren Kiderlen-Wächter hielten es für äußerst bedenklich, zu diesem Zeitpunkt eine Flottennovelle einzubringen: Vor Abschluss der Verhandlungen über die Marokko-Frage würde diese provozierend wirken und womöglich zu einem offenen Konflikt mit Großbritannien führen. Einstweilen vermochten sie gegenüber dem Kaiser aber nicht durchzudringen. Mit Blick auf die öffentliche Meinung bestand Wilhelm II. auf der Novelle: »Das Volk verlangt es. Wenn der Reichskanzler und Kiderlen und Wermuth [der Staatssekretär des Reichsschatzamtes] das nicht mitmachen wollen, dann fliegen sie. Der Reichskanzler sollte sich mehr über die Stimmungen des Volkes unterrichten.«[36]

In der Flottenfrage prallten zwei radikal unterschiedliche Standpunkte aufeinander. Der Kanzler und Kiderlen-Wächter gingen, gerade nach den Erfahrungen der Zweiten Marokko-Krise, davon aus, dass eine erfolgreiche deutsche Weltpolitik nur bei einer Verständigung mit Großbritannien möglich sein würde. Eine Flottennovelle aber, noch dazu zu diesem Zeitpunkt, musste alle Bemühungen von vornherein zum Scheitern verurteilen, das Verhältnis zu London zu verbessern. Hinzu kam, dass auch der Admiralstab angesichts der Tatsache, dass sich die Flotte noch im Aufbau befand, einen Krieg mit Großbritannien zum gegenwärtigen Zeitpunkt scheute. Gleichzeitig drohten sich die Gegensätze zwischen den Parteien auf einem anderen Felde enorm zu verschärfen: Weil die Erbschaftssteuer gescheitert war, wurden neue Steuervorlagen erforderlich, die zu einer noch stärkeren politischen Isolierung der Konservativen führen mussten.

Tirpitz seinerseits berief sich primär auf militärtechnische Gesichtspunkte, die seiner Ansicht nach eine kontinuierliche Fortführung des Schlachtflottenbaus notwendig machten. Darüber hinaus meinte er, dass die deutschen Seestreitkräfte niemals an die britische Flotte herankommen würden, wenn man jetzt nicht zum »Dreiertempo« überginge. Dann aber werde die Geschichte über die Flottenpolitik des Kaisers »den Stab brechen«.[37] Um den Einwänden der Diplomaten zu begegnen, schlug Tirpitz erneut vor, ein Kräfteverhältnis von 2 : 3 in einem deutsch-britischen Flottenabkommen festzuschreiben. Wilhelm II. war begeistert; er stimmte den Argumenten von Tirpitz uneingeschränkt zu und verlangte vom Reichskanzler, die Flottennovelle sofort öffentlich anzukündigen: »Wir stehen unleugbar an einem entscheidenden Wendepunkt in der Geschichte unseres Vaterlandes. Wir haben den Gegner erkannt, sein fast demütigendes Wirken gespürt und knirschend ertragen müssen [...]. Ihm imponieren nur Gewalt und Kraft.«[38]

Nun entbrannte unter den Reichsressorts ein erbitterter Kampf um den Entwurf. Letztlich rangen beide Lager mit allen verfügbaren Waffen um die Stimme des Kaisers, dem die Rolle des Schiedsrichters zufiel. Die »Zivilisten« suchten die Novelle mit innenpolitischen und finanziellen Argumenten doch noch zu verhindern oder zumindest in ihrem Umfang erheblich einzuschränken, um sie für Großbritannien weniger bedrohlich erscheinen zu lassen. Bethmann Hollweg sorgte dafür, dass ein großer Teil der verfügbaren Finanzmittel für eine ebenfalls anstehende Heeresvermehrung eingeplant wurde. Dafür erlangte er auch die Billigung Wilhelms II., obwohl es ihm dabei in erster Linie darum ging, den Flottenplänen von Tirpitz das Wasser abzugraben. Der Staatssekretär des Reichsschatzamtes, Adolf Wermuth, verwies zusätzlich auf die angespannte Lage der Reichsfinanzen, für die nicht zuletzt das Scheitern der Erbschaftssteuervorlage verantwortlich war, und sperrte sich ebenfalls gegen eine große, kostenträchtige Flottennovelle. Und eine Reihe von Marinefachleuten, einschließlich des Flottenchefs von Holtzendorff, hielt angesichts der bestehenden Organisationsprobleme der Schlachtflotte den Zeitpunkt für ein neues Gesetz für verfrüht. Darüber hinaus aber setzten Bethmann Hollweg und Kiderlen-Wächter auf Verhandlungen mit Großbritannien über ein politisches Abkommen. Damit sollte die Novelle doch noch abgewendet werden, die in ihren Augen das deutsch-britische Verhältnis schwer zu belasten drohte.

Ein solches Abkommen sollte Großbritannien keineswegs aus seinen bestehenden Bündnissen herausbrechen, sondern nur sicherstellen, dass London im Falle eines unprovozierten Krieges gegen das Deutsche Reich neutral bleiben würde. Durch die Vermittlung von Sir Ernest Cassel, einem einflussreichen britischen Bankier, und dem Chef der deutschen Reederei Hapag, Albert Ballin, gelang es, die englische Regierung dazu zu bewegen, Sondierungsgespräche über eine politische Vereinbarung aufzunehmen. Diese sollte an eine Reduzierung des deutschen Flottenbauprogramms gekoppelt sein. Dem Kaiser gegenüber wurde dieser Schritt sorgfältig geheim gehalten. Bethmann Hollweg ging dabei mit guten Gründen davon aus, dass Wilhelm II. eine substanzielle Beschränkung der Marinerüstung hinnehmen würde, wenn ein Vertrag mit Großbritannien in Reichweite kommen sollte – ungeachtet der von Tirpitz zu erwartenden Obstruktion.

180

Sir Ernest Cassel signalisierte nach Berlin, dass die britische Regierung bereit sei, ein derartiges Abkommen, dessen Umrisse er skizzierte, abzuschließen, und regte an, zunächst in informelle Gespräche einzutreten. Nachdem Außenminister Edward Grey anfänglich erwogen hatte, selbst nach Deutschland zu reisen, wurde beschlossen, den Kriegsminister Lord Haldane, der ein guter Kenner des Landes war, formell als Privatmann nach Berlin zu entsenden, um das Terrain für eine Vereinbarung zu erkunden. Dies war ein bemerkenswerter Anfangserfolg für Bethmann Hollweg. Die Aussicht, dass es tatsächlich zu einem Vertrag zwischen beiden Ländern kommen könnte, elektrisierte Wilhelm II. und seine Umgebung. Im Zusammenspiel mit dem deutschen Botschafter in London, Paul Graf von Wolff-Metternich, und seinem Geschäftsträger Richard von Kühlmann versuchte Bethmann Hollweg, die britische Regierung neben einem politischen Abkommen auch für Vereinbarungen zu gewinnen, die Deutschland als Gegenleistung für eine Reduzierung des Flottenbauprogramms koloniale Erwerbungen zugesichert hätten.

Tirpitz aber blieb seinerseits nicht untätig. Er bemühte die Nachrichtenabteilung des Reichsmarineamtes, um öffentlich Stimmung für die Flottennovelle zu machen, was angesichts der Agitation des Flottenvereins und der Erklärungen der bürgerlichen Parteien im Reichstag eigentlich kaum noch nötig gewesen wäre. Tirpitz wollte unter allen Umständen verhindern, dass die deutsche Seerüstung auf das »Zweiertempo« zurückfallen würde. Daher suchte er den Preis für eine deutsch-englische Vereinbarung von vornherein so hoch zu schrauben, dass die Initiative Ballins und Cassels ins Leere laufen würde. Er erklärte sich nur zu einer Verlangsamung des Flottenbaus, keinesfalls aber zu einer gänzlichen Preisgabe der Novelle bereit, und dies auch nur für den Fall, dass ein Kräfteverhältnis von 2 : 3 festgeschrieben würde und Großbritannien sich überdies zu einem uneingeschränkten Neutralitätsabkommen bereit fände.

Beide Lager pokerten hoch. Tirpitz bemühte sich, Wilhelm II. davon zu überzeugen, dass eine bloße Verlangsamung des Flottenbaus genügen werde, um eine Vereinbarung mit Großbritannien zustande zu bringen. Bethmann Hollweg und Bot-

181

schafter Metternich wiederum skizzierten in Umrissen ihre Zielvorstellungen: Ein umfassendes Abkommen mit London würde Deutschland im Kriegsfalle Sicherheit vor einer britischen Intervention zugunsten Frankreichs geben, und ein Bündel von Vereinbarungen über Kolonialerwerbungen könnte das Reich der Verwirklichung eines zusammenhängenden deutschen Mittelafrika ein großes Stück näher bringen. Die Stimmung in Großbritannien neige stärker als jemals zu einer Verständigung mit dem Deutschen Reich, und man müsse die Gunst der Stunde nutzen.

Unter den Diplomaten war man sich einig darüber, dass ein Abkommen nur bei einem völligen Verzicht auf die Flottennovelle erreichbar sein würde. Aus taktischen Gründen sah der Kanzler jedoch davon ab, dies dem Kaiser schon jetzt in aller Deutlichkeit zu sagen. Er hoffte, dass sich Wilhelm II. dann von der Vorlage würde abbringen lassen, wenn sich die Verhandlungen erst einmal viel versprechend entwickelten.

Richard von Kühlmann brachte die Strategie der »zivilen« Reichsleitung auf die Formel: das Ziel sei, »in friedlichem Einvernehmen mit England Deutschland zur kolonialen Großmacht zu erheben«. »Klar und scharf getrennt liegen die beiden Wege jetzt vor der deutschen Politik. Auf der einen Seite liegt die Möglichkeit ehrenvollen Friedens, kolonialer Ausbreitung und erfolgreicher Kulturarbeit mit wachsendem Reichtum, auf der anderen Seite Neubelebung alten Haders, Stärkung jeder uns feindlichen Politik und die Heraufbeschwörung ernster Gefahren.«[39] Wilhelm II. aber wollte sich den weiteren Flottenbau nicht durch die – ohnehin unsichere – Aussicht auf künftige Kolonialerwerbungen blockieren lassen, zumal er insgesamt nicht besonders an zusätzlichen überseeischen Besitzungen interessiert war: »Colonien haben wir genug. Wenn ich welche haben will, kaufe ich sie oder nehme ich sie ohne England!«[40] Durch diese Auseinandersetzungen innerhalb der engeren Führungsschicht des Deutschen Reiches gelangte Wilhelm II. wieder in den Mittelpunkt der politischen Entscheidungsprozesse. Bethmann Hollweg legte es in gewissem Sinne sogar darauf an, Tirpitz mit Hilfe des Kaisers am Ende doch noch in die Schranken zu verweisen. Er setzte alles auf das persönliche Gespräch Wilhelms II. mit Lord Haldane, das am 9. Februar

1912 stattfinden sollte, und suchte diesen im Vorfeld dazu zu bewegen, in der Frage der Novelle eine feste Haltung an den Tag zu legen. Unglücklicherweise fand die Unterredung dann aber in Gegenwart von Tirpitz statt. Haldane machte den schweren taktischen Fehler, sich zunächst einmal auf die absolut intransigenten Vorschläge von Tirpitz einzulassen, wenn auch vorbehaltlich der Stellungnahme der britischen Regierung. So entstand bei Wilhelm II. der Eindruck, das Abkommen sei in der Tat mit einer zeitlichen Streckung des Schlachtflottenbaus zu haben, ohne an der Flottenrüstung als solcher nennenswerte Abstriche machen zu müssen. Haldane schlug eine provisorische Formulierung für die Übereinkunft vor: Für den Fall eines nicht provozierten Angriffs auf eine der beiden Mächte sollte gegenseitige Neutralität gelten, im Übrigen wäre der Eintritt in Bündnisse mit aggressiver Zielsetzung ausgeschlossen. Auf deutscher Seite sah man das als nicht ausreichend an; Bethmann Hollweg und Kiderlen-Wächter betrachteten den Vorschlag aber als gute Grundlage, um zu einem befriedigenden Abkommen zu gelangen. Wilhelm II. hingegen interpretierte das Ergebnis des Gesprächs mit Lord Haldane als großen Sieg seiner persönlichen Diplomatie und wähnte sich bereits am Ziel: nämlich einen Vertrag mit Großbritannien abschließen *und* eine so gut wie ungeschmälerte Flottennovelle durchsetzen zu können.[41]

Der Kaiser fiel daher aus allen Wolken, als dann klar wurde, dass die britische Regierung eine bloße Verlangsamung des deutschen Flottenbaus keinesfalls als ausreichende Voraussetzung für ein Abkommen ansah, schon gar nicht mit einer Reichweite, wie sie die deutsche Reichsleitung anstrebte, und auch nicht für kolonialpolitische Absprachen, über die mit Haldane ausführlich verhandelt worden war. Trotzig wie ein Kind verlangte Wilhelm II. in barschem Ton die Rückkehr der britischen Diplomatie zu der ursprünglichen »Vereinbarung« mit Haldane. Gleichzeitig verstieg er sich zu der These, dass Botschafter Metternich mit der englischen Regierung über die Frage der Flottennovelle überhaupt nicht hätte verhandeln dürfen, weil dies »eine Ingerenz in die Befugniße des obersten Kriegesherrn«, also Wilhelms II. selbst, darstelle.[42] Der Kaiser erregte sich immer mehr und pochte nun darauf, dass er zu-

künftig »über jede officielle wie inofficielle Phrase und Mit-
theilung [in] der englischen Angelegenheit sofort« unterrichtet werden müsse und »kein Schritt« ohne ihn getan werden
dürfe.[43]

Das hieß im Klartext, dass Wilhelm II. im Begriff war, wieder zur Regierungspraxis des »persönlichen Regiments« zurückzukehren. Es kam aber noch schlimmer. Am 5. März 1912
wies Wilhelm II. Botschafter Metternich unter Umgehung des
Kanzlers an, der britischen Regierung umgehend mitzuteilen,
dass er an der »Vereinbarung« mit Haldane festhalte und verlange, dass Großbritannien sich mit der Novelle und einem
nur verlangsamten Flottenaufbau abfinde. Dass London die
Möglichkeit andeute, britische Flotteneinheiten aus dem
Mittelmeer in die Nordsee zu verlegen, müsse als Kriegsdro-
hung aufgefasst werden, so Wilhelm II., und würde mit einer
»verstärkten Novelle – 3er Tempo – und eventuell [mit der]
Mobilmachung« – also mit Krieg – beantwortet werden.[44]
Dieser massive Eingriff in die außenpolitischen Geschäfte war
für Bethmann Hollweg bei aller Unterwürfigkeit doch zu viel
und wurde unverzüglich mit einem Rücktrittsgesuch beantwortet: »Wird uns ein Krieg aufgenötigt, so werden wir ihn
schlagen und mit Gottes Hilfe dabei nicht untergehen. Unse-
rerseits aber einen Krieg heraufbeschwören, ohne daß unsere
Ehre oder unsere Lebensinteressen tangiert sind, würde ich für
eine Versündigung an dem Geschicke Deutschlands halten
[…].«[45] Das verfehlte seine Wirkung nicht. Für den Augenblick gewann der Kanzler wieder etwas mehr Bewegungsfrei-
heit, auch wenn die Ankündigung der Flottennovelle am Ende
nicht mehr aufgeschoben werden konnte.

In den folgenden Wochen unternahm Bethmann Hollweg
zusammen mit dem Grafen Metternich alles, um die verfah-
rene Situation zu retten und doch noch eine politische Vereinbarung mit Großbritannien zustande zu bringen, auch
wenn diese nicht die angestrebte Neutralitätsklausel enthalten würde. Dann könnte man den Kaiser und Tirpitz zwingen,
so das Kalkül, einer weitgehenden Beschneidung der deutschen Flottenrüstung zuzustimmen. Zweifelsohne war bei den
englischen Staatsmännern die Bereitschaft vorhanden, eine
Detente mit dem Deutschen Reich zu erreichen, die dem Wett-

rüsten zur See eine Grenze gesetzt hätte. Auf deutscher Seite aber waren die Erwartungen an ein politisches Abkommen zu hoch gespannt, und der Preis, den man dafür zu zahlen bereit war, viel zu niedrig.

Davon abgesehen wurden die Bemühungen Metternichs, einen beiderseits akzeptablen Kompromiss zu finden, durch die nassforschen Berichte des deutschen Militärattachés in London, Wilhelm von Widenmann, konterkariert. Dieser lag voll auf der Linie von Tirpitz und plauderte dessen Planungen gegenüber der britischen Admiralität vorzeitig aus. Widenmann unterstellte der Regierung in London, dass es ihr nur darum gehe, die Novelle zu verhindern und damit das Flottengesetz zu zerstören. »Es wird sich jetzt darum handeln, daß die deutschen Volksvertreter so viel nationalen Geist besitzen, diese englische Falle zu vereiteln.«[46] Wie Tirpitz ging Widenmann davon aus, dass es darauf ankomme, die gegenwärtige Phase, in der ein potenzieller britischen Angriff drohte, durchzustehen, bis die deutsche Flotte so stark sein würde, dass für Großbritannien das Risiko eines offenen Kampfes zu groß wäre. Außerdem suggerierte nun auch Widenmann dem Kaiser, dass das ersehnte politische Abkommen auch ohne eine nennenswerte Reduzierung des deutschen Flottenbauprogramms zu haben sei. Bethmann Hollweg wurde von Wilhelm II. brüsk zurückgewiesen, als er versuchte, Widenmann wegen Überschreitung seiner Befugnisse zurechtweisen zu lassen.

Als dem Kaiser mitgeteilt wurde, dass Außenminister Edward Grey festes Vertrauen in die Absichten des gegenwärtigen Reichskanzlers besitze, dies aber nicht ohne weiteres gelte, wenn die verantwortliche Leitung der deutschen Politik künftig einmal anderen Persönlichkeiten anvertraut werden sollte, reagierte er entrüstet: »Aus obigem geht hervor, daß Grey keine Ahnung hat[,] wer hier eigentlich der Herr ist und daß *ich* herrsche.«[47] Unter diesen Umständen blieb Bethmann Hollweg am Ende nichts anderes übrig, als nach London mitzuteilen, dass nur »ein die Neutralität Englands verbürgendes, einem [...] Schutzbündnis nahekommendes Abkommen [...] einen Verzicht auf wesentliche Bestandteile der Flottennovelle [...] rechtfertigen« könne.[48] Damit war der große Versuch gescheitert, eine Verständigung mit Großbritannien zu erreichen, die das Deutsche Reich wieder aus der Isolierung herausgeführt hätte, in die es sich in den vergangenen Jahren hineinmanövriert hatte. Zwar wurden die Verhandlungen über ein politisches Abkommen noch einige Wochen weitergeführt, zu konkreten Ergebnissen gelangte man aber nicht.

Die treibende Kraft in allen diesen Fragen war in erster Linie Tirpitz gewesen. Er hatte hartnäckig darauf beharrt, den Schlachtflottenbau konsequent fortzusetzen, und nur zeitweilig taktische Zugeständnisse gemacht, die der britischen Politik niemals genügen konnten. Gleichwohl trug auch Wilhelm II. ein hohes Maß an Verantwortung dafür, dass die deutsch-englische Verständigung misslang. In dieser Angelegenheit hatte er die von ihm in den letzten Jahren geübte Zurückhaltung aufgegeben. Es war vor allem seine Politik, die dazu führte, dass das Deutsche Reich nun endgültig auf die Bahn eines maßlosen Wettrüstens zur See und zu Lande einschwenkte, an dessen Ende die von August Bebel im November 1911 vorhergesagte »Götterdämmerung der bürgerlichen Welt« stehen sollte. Dabei konnte der Kaiser allerdings für sich in Anspruch nehmen, dass die öffentliche Meinung – oder »das Volk« – hinter seiner Politik stehe, auch wenn dies ein merkwürdiges Argument für einen Monarchen war, der sich ansonsten auf das Gottesgnadentum zu berufen pflegte.[49]

Für die Haltung Wilhelms II. waren zunächst rein militärtechnische Erwägungen maßgeblich, wie sie ihm von Tirpitz nahe gebracht worden waren, obwohl auch er diesem im Grunde nicht uneingeschränkt vertraute. Außerdem spielte für ihn die Hassliebe gegenüber Großbritannien eine wesentliche Rolle, verbunden mit dem emotionalen Bedürfnis, von seinen englischen »Vettern« endlich ernst genommen zu werden. Entscheidend aber war, dass Wilhelm II. von der Woge nationalistischer Leidenschaft, welche die deutsche Gesellschaft seit 1911 in steigendem Maße erfasst hatte, selbst mitgerissen wurde. Die Vorstellung, dass das Deutsche Reich seine Weltmachtstellung durch verschärften Rüstungsdruck gegenüber den anderen Mächten, insbesondere Großbritannien, durchsetzen müsse, war in den deutschen Führungsschichten inzwischen zu einem Gemeinplatz geworden. Die Führer der bürgerlichen Parteien, namentlich der Nationalliberalen und der Konservativen, vertraten diese Sichtweise offensiv im Reichstag.

Insofern war das forsche Auftreten, das Wilhelm II. nun erneut an den Tag legte, durchaus populär. In einer solchen Konstellation blieben die Bemühungen von Bethmann Hollweg und Kühlmann erfolglos, kolonialpolitische Vereinbarungen mit Großbritannien anzubahnen, mit denen die Reibungen zwischen beiden Ländern vermindert und die imperialistischen Begehrlichkeiten der deutschen Öffentlichkeit zugleich ein Stück weit befriedigt worden wären. Der Kaiser zeigte an diesen Initiativen kein sonderliches Interesse mehr. Ihm war es weit wichtiger, die militärische Machtstellung des Deutschen Reiches zu erhalten und auszubauen, als Kolonialbesitz in Übersee zu erwerben. Das entsprach jenem »objektlosen Imperialismus« ohne konkrete Ziele (Schumpeter), dem sich damals weite Teile der deutschen Gesellschaft verschrieben hatten.

Dem Weltkrieg entgegen.
Die zwiespältige Rolle Wilhelms II.
in den letzten Vorkriegsjahren
1912–1914

Die heftigen Auseinandersetzungen innerhalb der Führungsschicht des Deutschen Reiches um die Haldane-Mission und
die am Ende durchgesetzte neue Flottenvorlage, die für ab-
sehbare Zeit das sogenannte Dreiertempo für den Bau großer
Kampfschiffe sicherstellte, blieben nicht ohne Folgen. Der
Kaiser war in gewissem Maße wieder zur zentralen Figur der
Entscheidungsprozesse geworden und ließ sich nun nicht
mehr, wie in den ersten Jahren nach der Daily-Telegraph-
Affäre, in den Hintergrund drängen. Dass er in der Schluss-
phase der Haldane-Verhandlungen forderte, die Diplomaten
müssten wieder stärker seinen Zielvorgaben Rechnung tragen, hatte allerdings keine unmittelbaren Auswirkungen.
Namentlich der Staatssekretär des Auswärtigen Amtes, Alfred
von Kiderlen-Wächter, ließ sich auch vom Monarchen nicht
– oder nur widerstrebend – in die Karten schauen. In die von
Bethmann Hollweg auf außenpolitischem Gebiet betriebenen
Bemühungen mischte sich der Kaiser nicht ein: Der Kanzler
arbeitete nach wie vor konsequent daran, in Verhandlungen
mit Großbritannien Anwartschaften auf künftigen Kolonial-
erwerb zu schaffen, unter anderem mit einer Neuauflage des
Angola-Vertrages aus dem Jahre 1898, der für den Fall, dass
Portugal seine kolonialen Besitzungen aufgeben sollte, eine
Teilung von Angola und Mozambique zwischen dem Deutschen Reich und Großbritannien vorsah. Gleichzeitig wollte
Bethmann Hollweg die politischen Hindernisse, die der Fertigstellung der Bagdadbahn im Wege standen, nach Möglichkeit ausräumen.

Für Wilhelm II. war entscheidend, dass er seine Flottennovelle ins Trockene gebracht hatte, und sein Augenmerk galt
ohnehin vor allem dem Heer und der Marine. Als es zu erneuten parlamentarischen Reibereien über die Heeresvorlage von

1913 kam, erregte er sich zwar einmal mehr über die aus seiner Sicht unverschämten Anmaßungen der Abgeordneten in militärischen Fragen, doch dies blieb folgenlos. Aggressive Töne wie noch in den neunziger Jahren waren von ihm jetzt kaum noch zu hören. Das hatte in erster Linie damit zu tun, dass die Mehrheit des Reichstages die nationalistische Gesinnung teilte, die seit 1911 die deutsche Gesellschaft zunehmend beherrschte. Die Notwendigkeit einer starken Rüstung wurde im Grundsatz nicht mehr bestritten, sahen die Parlamentarier darin doch weithin das Unterpfand einer Erfolg versprechenden Weltmachtpolitik.

Die Fragmentierung der politischen Willensbildung im Deutschen Reich nahm in den Jahren vor 1912 weiter zu. Die Kluft zwischen dem militärischen Establishment und den »Zivilisten« der Reichsleitung, die sich ja schon während der Haldane-Verhandlungen offen gezeigt hatte, blieb unvermindert bestehen; in mancher Hinsicht vergrößerte sie sich sogar. Dies stärkte in gewissem Sinne die Machtstellung des Kaisers, da ihm im Zweifelsfall die letzte Entscheidungsbefugnis zustand. Andererseits war er viel zu beschäftigt mit seinen zahlreichen Reisen und mit seinen Ausgrabungen auf Korfu, um den diplomatischen Geschäften der Tagespolitik oder den innenpolitischen Problemen sonderliche Aufmerksamkeit zuwenden zu können. Dies alles lief mehr oder weniger an ihm vorbei, zumal sich die Hofgesellschaft von den gesellschaftlichen Prozessen weitgehend abschirmte – sieht man einmal von den sorgfältig inszenierten Besuchen in zahlreichen Städten und Regionen des Reiches ab, bei denen Wilhelm II. regelmäßig von einer jubelnden Volksmenge begrüßt wurde, aber nur wenig vom Alltagsleben der Menschen mitbekam. Überdies nahm eine nicht abreißende Kette von glanzvollen Jagdgesellschaften auf den Besitzungen des deutschen Hochadels den Kaiser in Anspruch. Und schließlich fanden auch immer wieder Manöver unter aktiver Beteiligung des Monarchen statt, die stets so arrangiert werden mussten, dass seine Partei den Sieg davontrug.

Die Entrevue mit dem Zaren Nikolaus II. in dem estländischen Hafen Baltisch-Port vom 4. bis zum 6. Juli 1912, die dem traditionellen Ritual der Monarchenbesuche entsprach,[1] war eigentlich mehr ein gesellschaftliches als ein politisches Ereignis. Nikolaus II. und Wilhelm II. versicherten sich gegenseitig ihrer Freundschaft und bekundeten ihren Willen zur Erhaltung des Friedens in Europa. Substanziellere Gespräche blieben den beteiligten Staatsmännern vorbehalten. Deren Aufmerksamkeit konzentrierte sich auf die Entwicklungen auf dem Balkan, wo die kleinen Staaten gegen das Osmanische Reich loszuschlagen drohten. Wilhelm II. nahm die Bereitschaft Russlands, auf »eventuelle kriegerische Velleitäten der Balkanstaaten bremsend einzuwirken«, mit Befriedigung zur Kenntnis.[2]

Doch schon im Oktober 1912 wurde die relative Stabilität der politischen Lage in Europa, die den Druck bilateraler Allianzen oder Absprachen zwischen Russland, Frankreich und neuerdings auch Großbritannien auf die Position der Mittelmächte abgeschwächt hatte, durch den Ausbruch des Ersten Balkankrieges erschüttert. Die Kriegserklärung von Serbien, Bulgarien und Griechenland, die sich im Balkanbund zusammengetan hatten, an das Osmanische Reich brachte die Gefahr mit sich, dass das fragile Gleichgewicht der Großmächte beeinträchtigt werden könnte. Diese hatten anfänglich versucht, den Krieg durch ein gemeinsames diplomatisches Vorgehen noch abzuwenden. Doch der Kaiser sprach sich nachdrücklich gegen eine solche Aktion aus. Seiner Meinung nach sollte man den Krieg ruhig hochkommen lassen: »Die ewige Betonung des Friedens bei allen Gelegenheiten – passenden und unpassenden – hat in den 43 Friedensjahren eine geradezu eunuchenhafte Anschauung unter den leitenden Staatsmännern und Diplomaten Europas gezeitigt.«[3] Die Großmächte seien ohnehin nicht imstande, diesen Konflikt zu verhindern, daher solle man den Dingen lieber ihren Lauf lassen. Davon abgesehen sei es besser, wenn die Auseinandersetzung der Balkanstaaten mit der Türkei jetzt und nicht später erfolge, zu einem Zeitpunkt, da Russland und Frankreich »noch nicht gegen uns fertig« seien.[4]

Mit seiner vehementen, teilweise durch dynastische Rücksichten bedingten Parteinahme für den Balkanbund setzte sich der Kaiser freilich nicht durch, zumal er unberücksichtigt ließ, dass die wirtschaftlichen Interessen des Reiches in der Türkei

190

durch einen Krieg schweren Schaden nehmen konnten. Kiderlen-Wächter schloss sich vielmehr einer gemeinsamen Demarche der Großmächte gegen eine gewaltsame Lösung an, nicht zuletzt deshalb, weil ihm an einer engen Zusammenarbeit mit Großbritannien in den Balkanfragen gelegen war. Dem Kaiser blieb die Genugtuung, dass seine Prognose sich als richtig herausstellte; die Balkanstaaten ließen sich nicht von einem Waffengang gegen die Türkei abhalten. Allerdings hatte auch Wilhelm II. eine so vollständige Niederlage des Osmanischen Reiches, wie sie dann eintrat, nicht vorhergesehen. Der Triumph der Balkanstaaten führte zum Zusammenbruch der sogenannten europäischen Türkei und machte es erforderlich, die territorialen Verhältnisse auf dem Balkan neu zu ordnen. Die großen Zugewinne Serbiens nahm man in Wien mit großer Beunruhigung zur Kenntnis, und mehr noch, dass der serbische Ministerpräsident einen eigenen Hafen an der Adria als Schlussstein der Nationalstaatsgründung verlangte. Die Donaumonarchie setzte nun alles daran, ein Vordringen Serbiens ans Mittelmeer zu verhindern, und forderte daher die Gründung eines eigenständigen albanischen Staates. Dabei stand Österreich-Ungarn übrigens Italien zur Seite, das hier Chancen für seine eigenen imperialistischen Ziele an der Adria sah, während das zaristische Russland und Frankreich die serbischen Aspirationen nachdrücklich unterstützten.

Wilhelm II. sprach sich in dieser Konstellation dafür aus, den Balkanstaaten entgegenzukommen, namentlich Serbien, weil er erwartete, dadurch »moralische Eroberungen« machen und den Einfluss des Deutschen Reiches in der Balkanregion fördern zu können. Einigermaßen überraschend erklärte er am 7. November 1912, dass er in einem serbischen Hafen an der Adria »absolut gar keine Gefahr für Oesterreich's Existenz oder gar Prestige« sehe. Ein »Vernichtungskrieg« der fünf Großmächte wegen dieser Frage müsse unbedingt vermieden werden.[5] Bethmann Hollweg hatte einige Mühe, dem Monarchen klarzumachen, dass das Deutsche Reich die verbündete Donaumonarchie unter dem Druck Russlands nicht einfach im Stich lassen dürfe, wenn es nicht den Zweibund aufs Spiel setzen wolle. Wilhelm II. war wieder einmal vorgeprescht,

191

ohne die Sachzwänge des bestehenden Bündnissystems angemessen zu berücksichtigen. Sein Standpunkt, dass man der nationalen Entfaltung der Balkanstaaten nicht unnötig Steine in den Weg legen sollte, war im Grunde konsequent und zukunftsweisend, passte aber nicht in die bündnispolitische Konstellation zwischen Zweibund und Dreibund, die sich seit 1894 entwickelt hatte.

Der Kaiser fügte sich der Linie Bethmann Hollwegs und Kiderlen-Wächters, die bemüht waren, im Zusammenspiel mit Großbritannien den Großmachtstatus Österreich-Ungarns auf dem Balkan zu verteidigen. Aber er war äußerst irritiert, als Anfang November 1912 ein russisch-österreichischer Krieg, in den das Deutsche Reich unvermeidlich hineingezogen worden wäre, unmittelbar bevorzustehen schien. Er wurde von einer regelrechten Panik ergriffen und erklärte, er wolle es nicht zulassen, dass »Deutschland in einen Existenzkampf mit 3 Großmächten« verwickelt werde, »weil Oesterreich die Serben nicht in Albanien oder Durazzo haben« wolle.[6] Einmal mehr wehrte er sich gegen Kiderlen-Wächters Neigung zu Risikostrategien. Der Staatssekretär wollte das zaristische Russland, wie schon im Jahre 1908, durch ein rückhaltloses Eintreten für die Donaumonarchie zum Rückzug zwingen, auch auf die Gefahr eines europäischen Krieges hin. Wilhelm II. gehörte zu denjenigen, die eine behutsamere Politik vorgezogen hätten und einen allgemeinen Krieg unter allen Umständen vermeiden wollten, aber er wurde von Kiderlen-Wächter ausmanövriert. Wenig später bekundete der Kaiser dann gegenüber dem österreichisch-ungarischen Generalstabschef Blasius von Schemua die Bündnistreue des Deutschen Reiches auf allzu forsche Weise, als er diesem zusicherte, dass die Donaumonarchie »in jeder Lage auf Deutschlands vollste Unterstützung« zählen könne.[7] Das fein gesponnene Geflecht von Kiderlen-Wächters Diplomatie vermochte er nicht zu durchschauen; nicht ohne Grund misstraute er dessen Methoden. Jedenfalls steht fest, dass in dieser Situation nicht Wilhelm II., sondern Kiderlen-Wächter und diesem folgend auch Bethmann Hollweg »große Politik« am Rande eines europäischen Krieges betrieben.

Am 2. Dezember 1912 meinte Bethmann Hollweg im Reichstag, dass Deutschland zwar entschieden dafür eintrete, den

Frieden in Europa zu erhalten. Sofern aber Österreich und Italien »bei der Geltendmachung ihrer Interessen wider alles Erwarten von dritter Seite angegriffen und damit in ihrer Existenz bedroht werden sollten«, würde das Reich, seiner »Bündnispflicht getreu, fest und entschlossen an ihre Seite zu treten haben«.[8] Diese ungewöhnlich scharfe Erklärung richtete sich in erster Linie an die Adresse Russlands, das dazu gebracht werden sollte, den österreichischen Bestrebungen in der Balkanfrage nicht länger entgegenzutreten. Im Grunde ging Bethmann Hollweg insofern über die Verpflichtungen des Zweibundvertrages hinaus, als er die territorialen Neuregelungen auf dem Balkan gleichsam als Bestandteil desselben behandelte, eine völkerrechtlich durchaus problematische Auslegung, mit der ein unguter Präzedenzfall geschaffen wurde.

In der deutschen Öffentlichkeit wurde die Rede des Kanzlers als Zeichen akuter Kriegsgefahr verstanden. Genauso sah man die Dinge in London. Außenminister Edward Grey, der bislang den Kurs der Mittelmächte in der Balkanfrage weitgehend unterstützt hatte, hielt es für angemessen, eine energische Warnung an Berlin zu senden, dass man dort die Dinge nicht zu weit treiben solle. In diesem Sinne gab Kriegsminister Richard Haldane am 3. Dezember 1912 gegenüber dem deutschen Botschafter in London, Fürst Max von Lichnowsky, eine Erklärung ab. In diplomatischer Sprache, aber doch unmissverständlich wies Haldane darauf hin, dass Großbritannien schwerlich neutral bleiben könne, wenn es wegen des Balkans zu einem allgemeinen Kriege kommen sollte. Aus Gründen der Erhaltung des europäischen Gleichgewichts könnte England es keinesfalls hinnehmen, wenn Frankreich niedergeworfen werde. Am folgenden Tage missbilligte auch Grey den Tenor von Bethmann Hollwegs Rede; diese erwecke den Eindruck, als ob der Kanzler Österreich-Ungarn einen Blankoscheck habe ausstellen wollen. Das war nun allerdings durchaus nicht der Fall, und deshalb zeigte sich Kiderlen-Wächter über die britischen Vorstellungen nicht sonderlich beunruhigt. Das Ziel war ja gerade, Russland durch eine unzweideutige Stellungnahme dazu zu bringen, in der Sache zurückzuweichen.

Wilhelm II. hingegen geriet in Panik, als ihm mit einigen Tagen Verspätung am 8. Dezember 1912 die Verlautbarung Haldanes vorgelegt wurde. Er glaubte, der Ausbruch eines europäischen Krieges stehe womöglich unmittelbar bevor, und die Mittelmächte hätten nicht nur Frankreich und Russland, sondern auch Großbritannien zum Gegner. Offensichtlich hatte Kiderlen-Wächter keine Anstalten gemacht, den Kaiser über die Einzelheiten seiner Strategie genauer zu informieren, sonst wäre die Reaktion des Monarchen vermutlich gemäßigter ausgefallen. Wie dem auch sei, Wilhelm II. erklärte in höchster Erregung: »Der event[uelle] Existenzkampf, den die Germanen in Europa (Österreich, Deutschland) gegen die von Romanen (Galliern) unterstützten Slaven (Rußland) zu fechten haben werden[,] findet die Angelsachsen auf der Seite der Slaven. Grund: Neidhammelei, Angst unseres zu groß werdens!«[9] Der Kaiser rief unverzüglich seine engsten militärischen Berater zu einer »Krisenkonferenz« zusammen. In einer Anwandlung tiefen Misstrauens gegenüber Bethmann Hollweg und Kiderlen-Wächter, die ihm angeblich immer wieder eingeredet hatten, dass sich die Beziehungen zu Großbritannien fortlaufend verbessern würden, beraumte er diese Besprechung in seiner Eigenschaft als Oberster Kriegsherr an, ohne den Kanzler oder den Staatssekretär des Äußeren hinzuziehen. Die »Zivilisten« sollten ausgeschlossen bleiben. An dieser Sitzung, die in der Forschung gemeinhin als »Kriegsrat« vom 8. Dezember 1912 bekannt ist, nahmen der Chef des Großen Generalstabes, Helmuth von Moltke, der Staatssekretär des Reichsmarineamtes, Alfred von Tirpitz, der Chef des Admiralstabes, August von Heeringen, sowie der Chef des Kaiserlichen Marinekabinetts, Georg Alexander von Müller, teil, während der preußische Kriegsminister Josias von Heeringen offenbar nicht geladen worden war.[10]

Zunächst erging sich der Kaiser über die politische Situation, wie sie mit der Mitteilung Haldanes eingetreten war, dass im Falle eines europäischen Krieges mit der Gegnerschaft Großbritanniens gerechnet werden müsse. Die Haltung Wilhelms II. wurde maßgeblich von der These des völkischen Schriftstellers Houston Stewart Chamberlain beeinflusst, dass der große Endkampf zwischen der slawischen und der germanische Rasse früher oder später unvermeidlich sei. Er sprach sich deshalb dafür aus, die Donaumonarchie bei der Abwehr der

Slawen zu unterstützen. Österreich müsse »den auswärtigen Slaven (Serben) gegenüber kraftvoll auftreten, sonst verliere es die Macht über die Serben der österreichisch-ungarischen Monarchie«.[11] Wenn Russland Serbien unterstützen sollte, wäre der Krieg auch für das Deutsche Reich unvermeidlich. In diesem Fall, so Wilhelm II., sei jedoch mit günstigen bündnispolitischen Konstellationen auf dem Balkan zu rechnen. Er gab sich zuversichtlich, dass man Bulgarien, Rumänien und auch Albanien, zudem vielleicht die Türkei als Bündnispartner gewinnen könnte. Hier tauchte also erneut die waghalsige Annahme auf, es ließe sich gegebenenfalls mit der Mehrzahl der Balkanmächte gemeinsame Sache machen. In diesem Sinne hatte sich der Kaiser schon an Kiderlen-Wächter gewandt und ihn ersucht, unverzüglich entsprechende Vereinbarungen anzubahnen.[12] Sollten die gewünschten Koalitionen zustande kommen, würde das Deutsche Reich »soweit frei« sein, »gemäß den Vorgaben des Schlieffenplans den Krieg mit der ganzen Wucht gegen Frankreich zu führen«. Über dieses auf unrealistischen Prämissen beruhende Szenario wurde dann offenbar eingehend gesprochen, auch über die Notwendigkeit, im Kriegsfalle sofort Seeoperationen gegen Großbritannien einzuleiten, insbesondere durch den Einsatz von Unterseebooten und einen Minenkrieg im Kanal. Der Kaiser forderte Tirpitz in diesem Zusammenhang auf, dafür Sorge zu tragen, dass der Bau von U-Booten verstärkt werde.

Diese Erörterungen fanden gleichsam im luftleeren Raum statt, sie gingen einstweilen von fiktiven Voraussetzungen aus. Denn es war unklar, ob eigentlich von dem womöglich unmittelbar bevorstehenden Konflikt die Rede war oder ob es um einen langfristig drohenden Zusammenstoß zwischen der germanischen und der slawischen Rasse ging. Der Chef des Generalstabes Helmuth von Moltke plädierte dafür, diesen großen Krieg schon jetzt zu führen: »Ich halte einen Krieg für unvermeidbar u[nd] je eher je besser. Wir sollten aber durch die Presse besser die Volkstümlichkeit eines Krieges gegen Rußland im Sinn der Kaiserl[ichen] Ausführungen vorbereiten.« Tirpitz hingegen machte darauf aufmerksam, »daß die Marine gern das Hinausschieben des großen Kampfes um anderthalb Jahre sehen würde«.[13] Er wollte abwarten, bis der

195

Flottenbau abgeschlossen und die Erweiterung des Nord-Ost-see-Kanals für Schlachtschiffe fertig gestellt sein würde.

Moltke kommentierte dies mit den Worten, dass die Marine ja nie fertig sei, während sich das Verhältnis der militärischen Rüstungen fortlaufend zuungunsten Deutschlands entwickle. Er plädierte unabhängig von der aktuellen Konstellation für einen Präventivkrieg zum frühestmöglichen Zeitpunkt, während Tirpitz auf Zeitgewinn setzte. Wilhelm II. selbst traf offenbar keine Entscheidung, und Admiral von Müller wertete das »Ergebnis« der Besprechung als »so ziemlich null«.[14] Die einzige konkrete Folge bestand darin, dass Müller dem Reichskanzler die Aufforderung übermittelte, dieser möge das deutsche Volk darüber aufklären, »welche großen nationalen Interessen auch für Deutschland bei einem durch den Österreichisch-Serbischen Konflikt entstehenden Krieg auf dem Spiele ständen. Das Volk dürfe nicht in die Lage versetzt werden, sich erst bei Ausbruch eines großen europäischen Krieges die Frage vorzulegen, für welche Interessen Deutschland in diesem Kriege zu kämpfen habe.«[15] In seinem Schreiben erwähnte Admiral von Müller jedoch mit keinem Wort, worum es sich bei dieser »Besprechung der militärpolitischen Lage im [kaiserlichen] Schloß« eigentlich genau gehandelt hatte.

Tatsächlich erfuhr der Kanzler erst einige Tage später und auch nur auf Umwegen, dass bei dieser Gelegenheit die Frage eines Präventivkrieges erörtert worden war.[16] Dies spricht nicht dafür, dass, wie schon Fritz Fischer geltend gemacht hat, bei diesem »Kriegsrat« beschlossen worden sei, planmäßig einen Krieg zum Zeitpunkt der Fertigstellung des Nord-Ost-see-Kanals, also im Sommer 1914, herbeizuführen. Allerdings war der Kaiser von Moltkes Plädoyer für einen frühestmöglichen Präventivkrieg beeindruckt und schätzte offenbar die gegenwärtige Situation für einen europäischen Waffengang als überaus vorteilhaft ein. Am 9. Dezember 1912 schrieb er an Erzherzog Franz Ferdinand, dass »der Augenblick für Oesterreich und Deutschland jetzt sehr günstig« sei. »Wir müssen das Eisen schmieden solange es warm ist.«[17] Daher darf man davon ausgehen, dass die »Krisenkonferenz«, sofern sie überhaupt die konkrete Vorbereitung eines Krieges zum Gegenstand hatte, den damals unmittelbar drohenden Konflikt im Auge hatte und es nicht um die langfristige Planung einer militärischen Konfrontation des Zweibundes mit Frankreich, Russland und England ging.

Was die Vorbereitung der Öffentlichkeit auf einen möglichen Krieg wegen des österreichisch-serbischen Zusammenstoßes anging, so waren sowohl Bethmann Hollweg als auch Kiderlen-Wächter bemüht, den Kaiser umgehend zufrieden zu stellen. Der Kanzler lieferte einen ziemlich hölzern abgefassten Artikel mit der Überschrift »Um Durazzo«, und auch Kiderlen-Wächter blieb nicht untätig. Aber es wäre absurd, in diesen mageren offiziösen Stellungnahmen eine groß angelegte Kampagne zur Einstimmung des deutschen Volkes auf einen europäischen Krieg zu sehen. Die öffentliche Meinung nationalistisch gegen Russland aufzuheizen, hätte den Absichten Kiderlen-Wächters zu diesem Zeitpunkt ja auch widersprochen. Es kann also nicht die Rede davon sein, dass als Folge der »Krisenkonferenz« vom 8. Dezember 1912 eine systematische Propaganda zur Kriegsvorbereitung einsetzte. Wohl aber sollte aufgrund der Weisungen Wilhelms II. der Rüstungswettlauf weiter beschleunigt werden, mit einer nun erheblich umfangreicheren Heeresvorlage, über die schon zuvor Verhandlungen zwischen den Reichsressorts geführt worden waren, und einer neuen Flottenvorlage. Allerdings gelang es Bethmann Hollweg, die Flottennovelle wieder abzuwenden, weil ein solcher Schritt das mühsam aufgebaute Vertrauensverhältnis zur britischen Regierung, auf das der Kanzler setzte, um diese Krise ohne Krieg zu meistern, mit einem Schlage zerstört hätte. Ebenso wies Bethmann Hollweg wenig später die zuständigen Stellen an, vorläufig jegliche Propaganda für die Militärvorlagen zu unterlassen.

Die unmittelbaren Auswirkungen der »Krisenkonferenz« waren also gering. Zurück blieb allerdings das tiefe Misstrauen des Kaisers gegenüber der Art und Weise, wie seine engsten Berater die außenpolitischen Geschäfte führten. Vor allem sah Wilhelm II. ihre englandfreundliche Orientierung als vollständig verfehlt an, seit er die Mitteilungen Haldanes erhalten hatte. Seine Schlussfolgerung war, dass nun eine nochmalige Steigerung der deutschen Rüstungsanstrengungen zur See und zu Lande unvermeidlich sei. Am 12. Dezember 1912 schrieb Wilhelm II. aufgeregt an Karl von Eisendecher, der als preußischer Gesandter in Karlsruhe diente und ein guter Englandkenner war: »Jedenfalls werden mehr Schiffe und Soldaten die Folge davon sein, denn es geht nun um unsere Existenz. Sein oder nicht sein! Daraus ersieht man, was es mit all den Englischen Friedensversicherungen, Reden und Schriften auf sich hat, hat Alles *politisch* absolut garkeinen Wert, geschweige denn Einfluß auf die Entschlüsse der Regierung. Hier geht England kaltblütig im Kampfe der Germanen gegen die Slawische Ueberflutung mit den Slawen gegen ihre eigene Race! Militärisch ziehen wir bereits die Konsequenzen und machen uns auf Alles gefaßt.«[18] Er nahm vor allem an einem Punkt Anstoß: Großbritannien könne es nicht dulden, dass Deutschland »die Vormacht des Continents werde und der unter seiner Führung sich vereinige«, also eben das, was er insgeheim als sein eigentliches großes Ziel ansah.[19] In nahezu gleich lautender Diktion äußerte sich der Kaiser am selben Tage auch in einem Brief an den Prinzen Heinrich von Preußen.[20]

Noch spielte die Vorstellung, sich aus der kritischen außenpolitischen Lage des Reiches durch die radikale Lösung eines Präventivkrieges zu befreien, im Denken Wilhelms II. keine nennenswerte Rolle, obwohl sie in militärischen Kreisen immer stärker an Boden gewann. Später sollte dieser Gedanke den Kaiser allerdings erneut beschäftigen, wie noch zu zeigen sein wird. Moltkes Plädoyer für ein unverzügliches Losschlagen in der »Krisenkonferenz« hatte jedenfalls nicht seine uneingeschränkte Unterstützung gefunden. Er setzte vielmehr darauf, das Militärpotenzial des Deutschen Reiches weiter zu vergrößern, um dessen Machtstellung auf dem europäischen Kontinent und ebenso zur See unangreifbar zu machen. Bei Lage der Dinge bedeutete dies eine noch stärkere Militarisierung der deutschen Gesellschaft. Noch schwerer wog indes, dass sich der Kaiser, der sich eben noch zum Protektor der kleineren slawischen Völker auf dem Balkan hatte aufschwingen wollen, nun gänzlich die verbreitete Idee eines »früher oder später unausbleiblichen Kampfes zwischen Slawentum und Germanentum« zu eigen machte. Dies färbte seine Weltsicht in einem höchst ungünstigen Sinne ein. Mehr

198

als bisher war er daher auch geneigt, die österreichisch-ungarischen Aspirationen auf dem Balkan entschieden zu unterstützen.[21]

Auf die von Bethmann Hollweg und – nach dem plötzlichen Tode des bisherigen Staatssekretärs Kiderlen-Wächter am 30. Dezember 1912 – von Gottlieb von Jagow geleitete amtliche Außenpolitik hatte dies alles zunächst keinen nennenswerten Einfluss. Die große Krise vom November und Dezember 1912 ging ohne Krieg vorüber, und es gelang den Großmächten, im Bukarester Frieden vom Mai 1913 erträgliche Verhältnisse auf dem Balkan zu schaffen. Die deutsche Diplomatie bemühte sich dabei, eine Entente mit Griechenland und Rumänien zu schmieden, gestützt nicht zuletzt auf die dynastischen Beziehungen zwischen den Hohenzollern und den dortigen Fürstenhäusern. Dies setzte eine freundliche Haltung gegenüber Serbien voraus. Im Oktober 1913 machte die serbische Regierung indes Anstalten, militärisch zugunsten der Aufstandsbewegung in Albanien zu intervenieren, die sich gegen das von Österreich-Ungarn abhängige Duodez-Regime richtete. Diese flagrante Verletzung des Bukarester Vertrages drohte die mühsam vereinbarte territoriale Neuordnung der Region wieder zu Fall zu bringen. In dieser Situation erklärte sich die deutsche Regierung bereit, Österreich-Ungarn, falls dies notwendig werden sollte, freie Hand für eine Militäroperation gegen Serbien zu geben. Aber grundsätzlich sollte sich die Donaumonarchie mit den Regelungen des Bukarester Vertrages zufrieden geben.

Bei Wilhelm II. traten nun die alten antislawischen Affekte erneut zutage: »Jetzt oder nie! Es muß mal da unten Ordnung und Ruhe geschafft werden.«[22] Der Kaiser ging allerdings von der Annahme aus, dass es angesichts der Rechtslage, die eindeutig für Österreich-Ungarn sprach, nicht zu einem allgemeinen Kriege kommen werde. Er rechnete sich sogar Chancen aus, dass die Serben zwangsweise dazu gebracht werden könnten, sich dem vom Deutschen Reich angestrebten Bündnis der Mittelmächte mit Rumänien, Griechenland und der Türkei anzuschließen. Daraus erklärt sich auch die zeitweilig wieder höchst aggressive Sprache Wilhelms II. gegenüber Serbien. Bei einem Staatsbesuch in Wien am 26. Oktober 1913 erklärte er:

»Die Slawen sind nicht zum Herrschen geboren, sondern zum Dienen.« Er legte dem österreichisch-ungarischen Außenminister Graf Berchtold in wortreichen Ausführungen dar, dass Serbien sich Österreich nicht nur völlig unterordnen, sondern diesem in einer Militärkonvention auch seine Armee zur Verfügung stellen müsse.[23] Allerdings entsprach dies durchaus nicht der Linie der offiziellen deutschen Balkanpolitik. Diese hielt vielmehr bis in die Anfänge der Julikrise 1914 hinein an der Ansicht fest, dass man Österreich-Ungarn auf eine Verständigung mit Serbien verpflichten müsse und eine gewaltsame Lösung des südslawischen Problems keinesfalls zugelassen werden dürfe. Dass Wilhelm II. auch mit Blick auf das Verhältnis der Donaumonarchie zu den südslawischen Völkern einem kriegerischen Vorgehen das Wort redete, stand in unübersehbarem Gegensatz zur amtlichen Politik Berlins. Freilich entsprang die Stellungnahme des Kaisers einer generellen militaristischen Gesinnung, und überdies war sie nicht so martialisch gemeint, wie sie klang.

Nachdem die Krise um Serbien und Albanien Europa an den Rand eines großen Krieges geführt hatte, beruhigten sich die internationalen Beziehungen wieder einigermaßen. Die Vorgänge während dieser Spannungszeit zeigen, dass Wilhelm II. sich nicht länger im Zentrum der Entscheidungsprozesse in der deutschen Außenpolitik befand. Diese wurden in erster Linie von Kiderlen-Wächter bestimmt, während der Kaiser sich auf seine Rolle als Oberster Kriegsherr konzentrierte. In der Folge engagierte sich Wilhelm II. nur noch punktuell in der auswärtigen Politik; von einer substanziellen Beeinflussung der außenpolitischen Weichenstellungen durch den Monarchen konnte nicht mehr die Rede sein. Die Reichsleitung versuchte unterdessen, die Beziehungen zu Großbritannien zu verbessern und London in der Balkanfrage wieder stärker an die Mittelmächte heranzuziehen; diesem Zweck sollten Abkommen über periphere Fragen dienen, insbesondere die Erneuerung des Angola-Vertrages von 1898 und Vereinbarungen über die Bagdadbahn. Wilhelm II. betrachtete diese Bemühungen eher mit Skepsis. Immerhin verlor die Frage des Schlachtflottenbaus ein wenig an Brisanz; die anfänglich weit verbreitete Furcht, Großbritannien könnte die deutsche Seestreitmacht noch in ihrer Aufbauphase durch einen plötzlichen Überfall zerstören (wie dies 1807 der im Hafen von Kopenhagen liegenden dänischen Flotte widerfahren war), hatte nachgelassen. Dennoch operierte die Reichsleitung auf einem schmalen Grat. Die Öffentlichkeit verlangte schnelle weltpolitische Erfolge und war mehr denn je bereit, eine Politik des »kalten Krieges« zu unterstützen, die weitere Zugewinne durch verstärkten Rüstungsdruck erzwingen sollte. Die Anwartschaften auf künftige koloniale Erwerbungen, welche die deutsche Diplomatie in jenen Jahren mühsam aushandelte, ließen sich aber nicht öffentlich vorzeigen, ohne sie zu entwerten. Ihre Realisierung war in jedem Falle an längere Fristen gebunden und erforderte geduldiges Zuwarten.

Die Meinung, dass ein europäischer Krieg unvermeidlich sei, gewann in der deutschen Gesellschaft seit geraumer Zeit mehr und mehr Anhänger und nahm schließlich die Qualität einer »self-fulfilling prophecy« an. Großen Einfluss auf die öffentliche Stimmung übte Friedrich von Bernhardis Buch »Deutschland und der nächste Krieg« aus: Mit großem rhetorischem Geschick wurde darin ein Präventivkrieg gefordert, um den Weltmachtstatus des Deutschen Reiches durchzusetzen, weil ansonsten die deutsche Kultur im kommenden Zeitalter des Weltstaatensystems auf einen minderen Rang absinken werde.[24] Auch Wilhelm II. blieb davon nicht unberührt, obwohl er im Prinzip vor einem Krieg nach wie vor zurückscheute. Eine Reaktion auf diesen Trend war die neue Heeresvorlage, die eine Aufrüstung in bisher nicht da gewesener Größenordnung vorsah und am 28. März 1913 im Reichstag eingebracht wurde. Grundsätzlich hatten die bürgerlichen Parteien durchaus nichts dagegen, die damit verbundenen Mehrausgaben zu bewilligen. Zur Finanzierung wurde sogar eine besondere »Vermögensabgabe« eingeführt, mit der vor allem die besitzenden Schichten herangezogen wurden. Das deutsche Volk war offensichtlich bereit, für die Expansion der Rüstung erhebliche materielle Lasten auf sich zu nehmen. Der Historiker Friedrich Meinecke schrieb anlässlich der Beratungen über die Heeresvorlage in einem Artikel, der vom Auswärtigen Amt angeregt worden war: »Wir wollen den Frieden, aber wenn uns der Krieg durch unabweisbare Notwendigkeit aufgedrängt wird, dann wollen und müssen wir siegen, um jeden Preis und unbedingt und mit dem äußersten Aufgebot der Volkskraft [...].«[25]

Dennoch kam es zu starken Reibungen mit dem Monarchen. Wilhelm II. missbilligte, dass die Reichstagsabgeordneten in Fragen der Reorganisation der Armee sehr selbstbewusst auftraten und sich auch in die Details des Heeresbetriebes einmischten. Die Parteien verlangten nahezu einhellig, eine ganze Reihe von funktionslos gewordenen Offiziersstellen zu streichen, unter anderem die zahlreichen persönlichen Adjutanturen bei den deutschen Fürsten, und ebenso traditionelle Privilegien abzuschaffen, etwa das Pferdegeld der Generale. Diese Forderungen betrachtete Wilhelm II. als massiven Eingriff in die Sphäre seiner Kommandogewalt. Es sei dies, so hieß es, ein Versuch, das unmittelbare Verhältnis des Offizierskorps zu seinem »Obersten Kriegsherrn« zu untergraben. Ähnlich schroff reagierte der Kaiser, als der Reichstag nur drei der sechs geforderten neuen Kavallerie-Regimenter bewilligen wollte, weil diese nicht mehr zeitgemäß erschienen, und zudem forderte, die Regierung möge unverzüglich eine Reform des Militärstrafrechts in die Wege leiten. Wilhelm II. sah darin einen Angriff auf die Eigenständigkeit des Offizierskorps, das er mit einigem Recht als das stärkste Bollwerk seiner persönlichen Machtstellung ansah. Ursprünglich wollte er darauf nach hergebrachtem Muster mit einer Auflösung des Reichstages antworten. Angesichts der Bereitschaft der bürgerlichen Parteien zur Kooperation mit der Reichsleitung wäre dies freilich ein Ding der Unmöglichkeit gewesen. Der Kaiser geriet erneut in hysterische Erregung, als die Parlamentsmehrheit verlangte, dass im Rahmen des Wehrbeitrags auch das persönliche Vermögen der deutschen Fürsten herangezogen werden sollte.

Am Ende gaben die Parteien in diesen Einzelfragen weitgehend nach, um den Erfolg der Wehrvorlage nicht zu gefährden, die man allgemein als Angelegenheit von nationalem Interesse betrachtete. Zum Ärger der Konservativen stimmten sogar die Sozialdemokraten – zum ersten Mal in ihrer Geschichte – einer Steuer zur Finanzierung einer Rüstungsvorlage zu, nämlich dem Wehrbeitrag, der gemeinhin als Ausdruck einer gemeinsamen Anstrengung der Nation galt. Bei den Verhandlungen zeigte sich erstmals, dass sich neben dem traditionellen aristokratisch geprägten Militarismus eine neue Variante des bürgerlichen Militarismus herausgebildet hatte. Dessen Bereitschaft zur weiteren Aufrüstung war womöglich noch größer, allerdings gab er einer gesteigerten militärischen Effizienz den Vorrang vor traditionellen Loyalitäten und Organisationsmustern.[26] Weil Wilhelm II. an den herkömmlichen Formen des Umgangs innerhalb des Offizierskorps festhielt und die überlieferte Heeresorganisation verteidigte, geriet er unter diesen Umständen selbst in militärischen und rüstungspolitischen Fragen schrittweise ins Abseits.

Dies trat mit erschreckender Deutlichkeit in der Zabern-Affäre vom November und Dezember 1913 zutage. In dem kleinen elsässischen Städtchen Zabern hatte ein Leutnant Freiherr von Forstner einheimische Rekruten mit dem Schimpfwort »Wackes« tituliert. Er hatte sie zudem aufgefordert, bei Zwischenfällen mit Zivilisten die elsässischen »Dreckswackes« einfach zusammenzustechen.[27] Dieser Vorfall gelangte in die lokale Presse; heftige Proteste in der Zaberner Bevölkerung waren die Folge. Statt eine Versetzung des Leutnants anzuordnen, wie sie den Militärbehörden vom elsass-lothringischen Statthalter Graf Wedel nahe gelegt wurde, gingen die Vorgesetzten Forstners, der Regimentskommandeur von Reuter und der Kommandierende General von Deimling, über den Zorn der Einheimischen hinweg und beließen es bei einer Verurteilung zu sechs Tagen Hausarrest. Um die Ehre und das Ansehen der Armee zu wahren, so glaubten sie, müsse unbedingt Festigkeit gezeigt werden. Es kam nun zu einem symbolischen Kleinkrieg zwischen Militär und Zaberner Bevölkerung. Statt Forstner vorerst davon abzuhalten, sich außerhalb der Kaserne zu zeigen, stellte ihm das Garnisonskommando für seine öffentlichen Auftritte, die als Provokation wirken mussten, eine Eskorte von vier bewaffneten Soldaten zur Verfügung. Forstner wurde gleichwohl von meist jugendlichen Demonstranten wiederholt beschimpft und verhöhnt, ohne dass die lokalen Polizeibehörden dies verhindern konnten. Bei einem Zwischenfall dieser Art griff Forstner zum Säbel und verletzte einen gehbehinderten Schustergesellen, der gar nicht direkt an den Demonstrationen beteiligt gewesen war, schwer am Kopf. Nun eskalierte die Situation.

Nach neuerlichen Demonstrationen gegen Forstner nahmen die Militärs in Zabern das Recht in ihre eigene Hand. Sie beriefen sich dabei auf eine Kabinettsordre aus dem Jahre 1820, von deren Existenz niemand etwas gewusst hatte und deren Anwendung auf das Reichsland Elsass-Lothringen – das ja nicht zu Preußen gehörte – in jedem Falle unrechtmäßig war. Kurzerhand verhaftete man eine größere Zahl von Zaberner Bürgern, unter ihnen eine Reihe von Passanten, die mit der Sache gar nichts zu tun hatten, und sperrte sechsundzwanzig von ihnen über Nacht in einen Kohlenkeller ein. Ebenso wurden die Redaktionsräume der »Zaberner Nachrichten« rechtswidrig nach Hinweisen auf die Informanten durchsucht, die die Fehlgriffe Forstners an die Öffentlichkeit gebracht hatten. Der Konflikt zwischen Militär und elsässischer Bevölkerung, der lange geschwelt hatte, brach nun offen aus. »Stand Zabern unter militärischer Diktatur?«, so fragte der »Zaberner Anzeiger«. Als ein Vertreter des Kreisdirektors Oberst Reuter darauf hinwies, dass das Vorgehen der Armee ungesetzlich sei, und vor Blutvergießen warnte, erhielt er zur Antwort: »Ich betrachte es vielmehr als ein Glück, wenn jetzt Blut fließt. Wir haben lange genug Geduld gehabt, ich habe schon oft den Vorwurf bekommen, nicht energisch genug eingegriffen zu haben. Ich [...] bin es der Armee schuldig, Respekt zu verschaffen.«[28] Dies war ein typischer Ausspruch, der zeigte, dass sich die Armee jenseits von Recht und Gesetz wähnte und Elsass-Lothringen gleichsam als Feindesland betrachtete. Oberst Reuter durfte sich dabei der Unterstützung der Militärbehörden und letztendlich auch des Kaisers für sein scharfes, rechtlich nicht gedecktes Handeln sicher sein. Die militaristische Mentalität des Offizierskorps trat hier offen zutage.

Der Versuch der Armee, Selbstjustiz zu üben, erregte weit über die Grenzen des Reichslandes hinaus großes Aufsehen. Der Konflikt wurde vom Reichstag nun zum Gegenstand einer Anfrage gemacht. Der elsass-lothringische Statthalter Graf Wedel hatte schon zuvor in Appellen an den Chef des Kaiserlichen Zivilkabinetts von Valentini und Reichskanzler

Bethmann Hollweg vergeblich zu erreichen versucht, dass der Kaiser unverzüglich gegen das selbstherrliche Auftreten der Militärs in Zabern einschreiten würde. Nun ging er unter anderem daran, die örtlichen Polizeikräfte zu verstärken, um auf diese Weise den Übergriffen der Armee so schnell wie möglich ein Ende zu setzen. Eine sofortige, öffentlich sichtbare Maßregelung der Verantwortlichen hätte die Angelegenheit auch jetzt noch aus der Welt schaffen können. Aber die Militärs verweigerten sich einer solchen Maßnahme, weil bei ihnen die Ansicht vorherrschte, dass gegenüber den Elsässern allemal Härte und Entschiedenheit notwendig seien. Statthalter Graf Wedel wiederum war in seiner Handlungsfreiheit eingeschränkt; seine Stellung und seine Ehre als Offizier erlaubten es ihm nicht, öffentliche Erklärungen über die Differenzen zwischen Armee und Bevölkerung abzugeben.

Wilhelm II. selbst, der ja verfassungsrechtlich die höchste Regierungsverantwortung im Reichsland innehatte, weilte gerade bei dem Fürsten von Fürstenberg zur Jagd in Donaueschingen und war wenig geneigt, sich mit diesen Dingen zu befassen; überdies war er dort dem Einfluss des Reichskanzlers weitgehend entzogen. Er betrachtete die Zwischenfälle in Zabern ausschließlich als Angelegenheit seiner kaiserlichen Kommandogewalt und verkannte vollständig die politische Dimension, welche die Ereignisse inzwischen angenommen hatten. Der Bericht, den Graf Wedel an Wilhelm II. nach Donaueschingen geschickt hatte, zusammen mit einem Ersuchen um persönliche Rücksprache, wurde zunächst einmal dilatorisch behandelt, obwohl Wedel darin ausführte, dass die Vorgänge in Zabern so exzessiv und unrechtmäßig gewesen seien, dass ein sofortiges Eingreifen nötig sei. Wenn solche Zwischenfälle nicht verfolgt würden und den Eindruck bestätigten, dass die Bevölkerung militärischen Willkürakten schutzlos ausgeliefert sei, mache dies die Arbeit von Jahren zunichte. Die deutschfreundlichen Elemente, so Wedel, würden in die Arme »unserer Gegner getrieben«, und die deutsche Sache bekäme einen nicht wieder gutzumachenden Schlag versetzt.[29] Der Monarch beschied Wedel jedoch zuzuwarten, bis er den Bericht des Militärischen Hauptquartiers in Straßburg vorliegen habe. Als dieser dann Tage später eintraf, stellte sich

Wilhelm II. sogleich auf die Seite des Militärs und machte für die ganze Affäre ausschließlich das Versagen der lokalen Polizeibehörden verantwortlich. Den vor kurzem neu ernannten preußischen Kriegsminister Erich von Falkenhayn instruierte er, die Armee in der bevorstehenden Reichstagsdebatte energisch zu verteidigen und der Opposition keinen Fußbreit Boden preiszugeben.

Auf diese Weise entwickelte sich die Zabern-Affäre zu einer Debatte um die persönliche Stellung Wilhelms II. Der Reichskanzler wagte es – entgegen seiner persönlichen Sicht der Dinge – unter diesen Umständen nicht, sich von dem rechtswidrigen Verhalten des Militärs in Zabern eindeutig zu distanzieren. Er räumte zwar in gewundenen Formulierungen ein, dass »die gesetzlichen Grenzen« militärischer Gewaltanwendung in Zabern nicht eingehalten worden seien, stellte sich aber gleichwohl demonstrativ vor die Armee: »Der Rock des Königs muß unter allen Umständen respektiert werden.«[30] Obwohl Bethmann Hollweg wusste, dass sich die Zivilverwaltung unter Graf Wedel im Recht befand, verweigerte er ihr die Unterstützung. Im Grunde opferte er seine eigene Überzeugung, um die politische Position Wilhelms II. zu verteidigen. Noch ungleich schroffer trat Kriegsminister Falkenhayn im Reichstag auf. Mit äußerster Arroganz und in schneidigem Ton bezeichnete er die Maßnahmen der Armee gegen die »lärmenden Tumultuanten und hetzerischen Preßorgane« in Zabern als voll gerechtfertigt. Im Übrigen gehe dies alles den Reichstag überhaupt nichts an, da die Angelegenheit in die Zuständigkeit der »kaiserlichen Kommandogewalt« falle.

Es handelte sich hier um eine Neuauflage der traditionellen Lehre, dass die Armee eigenständig und allein dem Monarchen verantwortlich sei und die Parteien kein Recht hätten, über sie zu befinden. Dass diese längst anachronistische Position wieder aufgewärmt wurde, um die Kritik an Armee und Kaiser abzuwehren, löste bei allen Parteien, mit Ausnahme der Konservativen, Empörung aus. Der Zentrumsabgeordnete Konstantin Fehrenbach begann seine Rede mit den Worten: »Das Unzulängliche, hier wird es Ereignis. Das Unbeschreibliche, hier ist es getan.«[31] In einer langen Debatte kritisierten die Abgeordneten sowohl die militaristischen Strukturen der deutschen Gesellschaft als auch die Stellung der Reichsleitung, die theoretisch allein vom Kaiser abhängig war. Am Ende sprach der Reichstag dem Kanzler mit gewaltiger Mehrheit das Misstrauen wegen der Handhabung der Zabern-Affäre aus. Dieses Misstrauensvotum – das erste in der Geschichte des deutschen Halbparlamentarismus – richtete sich im Grunde nicht gegen Bethmann Hollweg, sondern gegen Wilhelm II. persönlich und dessen autokratischen Regierungsstil. Die Bemühungen Bethmann Hollwegs und Falkenhayns, durch eine kompromisslose Verteidigung der Armee zugleich den Kaiser selbst vor öffentlicher Kritik zu bewahren, waren charakteristisch für die Situation, in der sich die deutsche Politik befand. Wenn die führenden Repräsentanten des Regimes die Armee und damit – gegen besseres Wissen – auch Wilhelm II. vehement in Schutz nahmen, so ging es ihnen in erster Linie um die Institution der Monarchie als solche und nicht um die Person des Monarchen.

Hinter den Kulissen bemühten sich Bethmann Hollweg und der Chef des Kaiserlichen Zivilkabinetts, Rudolf von Valentini, den Scherbenhaufen zu beseitigen, den die Zabern-Affäre hinterlassen hatte. Dies gelang freilich nur begrenzt. Zwar wurden gegen Oberst von Reuter und Leutnant von Forstner Kriegsgerichtsverfahren eingeleitet, und das Regiment Nr. 99 verlegte man zeitweilig auf einen Truppenübungsplatz, um in Zabern wieder Ruhe einkehren zu lassen. Aber Statthalter Wedel wurde daran gehindert, seinen Rechenschaftsbericht zu veröffentlichen, weil dadurch, wie sich der Chef des Zivilkabinetts ausdrückte, »Fehler der staatsrechtlichen Construktion und unserer militärischen Anschauungen« offen gelegt würden, die »wir unter keinen Umständen vor der uns feindlichen Öffentlichkeit zugeben dürfen«.[32] Einmal mehr galt die Devise, die Unzulänglichkeiten des monarchischen Herrschaftssystems zu verschleiern. Mit dem Freispruch von Leutnant Forstner in zweiter Instanz sowie von Oberst Reuter am 10. Januar 1914 triumphierte die Armee erneut über die Zivilbehörden. Elsässer und Lothringer wurden mehr denn je als Staatsbürger zweiter Klasse behandelt: Im Februar 1914 verfügte man, dass Rekruten aus dem Reichsland mit Ausnahme der Einjährig-Freiwilligen (also der Söhne der lokalen, viel-

207

fach reichsdeutschen Honoratiorenelite) ihren Wehrdienst künftig außerhalb Elsass-Lothringens ableisten müssten.

Die kontrollfreie Spähre der »kaiserlichen Kommandogewalt« hatte sich also behauptet, und die privilegierte Stellung des Offizierskorps in der deutschen Gesellschaft war erneut bestätigt worden. Allerdings setzte Bethmann Hollweg im Nachhinein und auf Umwegen durch, dass der Armee in einer Dienstvorschrift vom 19. März 1914 ausdrücklich untersagt wurde, sich ohne Aufforderung der Zivilbehörden polizeiliche Befugnisse anzumaßen. Das änderte wenig daran, dass das Ansehen Wilhelms II. in der Öffentlichkeit erheblich beschädigt worden war. In vielen Köpfen setzte sich der Eindruck fest, dass der Kaiser ein willkürliches und ungesetzliches Auftreten der Armee decke. Heinrich Manns Roman »Der Untertan«, der in jenen Jahren entstand, ist nur eines von vielen Beispielen für die ätzende Kritik, die an der persönlichen Herrschaft des Monarchen und der von ihm ausgehenden autoritären politischen Kultur im Kaiserreich geübt wurde.

Am 15. Juni 1913 feierte Wilhelm II. mit großem Pomp den 25. Jahrestag seiner Thronbesteigung. An feierlichen Elogen auf die Person des Monarchen fehlte es nicht. Auch der Reichstag würdigte das Werk des Kaisers; Parlamentspräsident Kaempf bezeichnete ihn als Idealbild fürstlicher Pflichterfüllung. Vor allem aber rühmte er Wilhelm II. als Friedensfürsten: »Er, der das mächtigste Kriegsinstrument in seiner Hand hält, hat es benutzt, nicht um kriegerische Lorbeeren zu pflücken, sondern um uns und der Welt den Frieden zu bewahren.«[33] Auch der Historiker Otto Hintze entwarf in einer Jubiläumsansprache ein glanzvolles Bild des Kaisers. Dessen Regierungszeit repräsentiere den »Anfang eines neuen Weltalters«, nämlich der Epoche des Weltstaatensystems, in der sich in Technik, Verkehr, Kunst, Weltanschauung und Wirtschaftsleben neue, globale Tendenzen zeigten und die durch weltweite Kämpfe um ökonomische und politische Interessen gekennzeichnet sei. In dieser Zeit bedürfe das Deutsche Reich »einer starken monarchischen Führung«, um den großen weltpolitischen und wirtschaftlichen Aufgaben gewachsen zu sein.[34]

Die zahllosen Huldigungen, die den Kaiser als Symbolgestalt für die Größe der Nation feierten, täuschten freilich darüber hinweg, dass der Einfluss Wilhelms II. auf die aktuellen politischen Entscheidungsprozesse in Wirklichkeit geringer geworden war. Die von Bethmann Hollweg repräsentierte »nichtparlamentarische« (wie der Kanzler gelegentlich selbst sagte) Beamtenregierung setzte zwar alles daran, in der Öffentlichkeit nicht in Gegensatz zum Kaiser zu geraten, allein schon deshalb, weil die Konservative Partei als Gralshüter einer obrigkeitlichen monarchischen Ordnung aus Eigeninteresse darüber wachte. Gleichwohl wurde Wilhelm II. aus der Tagespolitik weithin herausgehalten oder entsprechend gesteuert. Zwar verblieb ihm im Bereich der »kaiserlichen Kommandogewalt« beziehungsweise in seiner Rolle als »Oberster Kriegsherr« – einer Position, die er in Friedenszeiten allerdings mit den anderen Bundesfürsten teilte – eine Sphäre unkontrollierter Machtausübung. Doch gerade hier wurde er von seiner militärischen Umgebung weitgehend gelenkt. Diese trug daher ein wesentliches Maß an Mitverantwortung für die Entwicklungen, die zum Ersten Weltkrieg führten. Die hegemoniale Stellung des Militärs in der wilhelminischen Gesellschaft brachte ein bedenkliches irrationales Element in das Herrschaftssystem. Dies sollte in den kommenden Monaten schwerwiegende Auswirkungen haben.

Noch im Frühjahr 1914 ging die Reichsleitung optimistisch davon aus, dass sie sich mit ihrer Strategie einer »Weltpolitik ohne Krieg« auf dem richtigen Wege befinde, obwohl sich seit einiger Zeit eine Zuspitzung der internationalen Lage abzeichnete. Am 23. April 1914 erklärte Bethmann Hollweg dem deutschen Botschafter in Konstantinopel, Hans Freiherr von Wangenheim, »unser Nationalvermögen nähme so zu, daß wir in zehn bis fünfzehn Jahren alle Nationen überholt hätten. Dann würden wir in der Weltpolitik, die letzten Endes Wirtschaftspolitik wäre, an gesicherter Stelle stehen. Unsere Aufgabe wäre es, uns ohne große Konflikte durch diese Zeit durchzuwinden.«[35] Auch in Kreisen der deutschen Wirtschaft dachte man so. Der Industrielle Hugo Stinnes hatte schon 1911 Heinrich Claß, dem Vorsitzenden des Alldeutschen Verbandes, der für einen Präventivkrieg plädierte, zum Zuwarten geraten: »[...] lassen Sie noch 3–4 Jahre ruhiger Entwicklung, und Deutschland ist der unbestrittene wirtschaftliche Herr in Europa.«[36]

In der deutschen Öffentlichkeit aber gewann die entgegengesetzte Meinung an Boden, dass nämlich früher oder später mit einem großen europäischen Krieg zu rechnen sei. Die Generalität neigte schon seit längerem dazu, einen Präventivkrieg zu führen, weil sich die Lage der Mittelmächte fortlaufend verschlechtere. Generalstabschef Helmuth von Moltke hatte dem Staatssekretär des Auswärtigen Amtes, Gottlieb von Jagow, am 24. Februar 1914 eine Ausarbeitung über die »Kriegsbereitschaft Rußlands« gesandt, die recht alarmierend klang. Wenig später, am 2. März, erschien in der als regierungsnah geltenden »Kölnischen Zeitung« der Artikel eines Oberleutnants Ullrich, in dem behauptet wurde, dass Russland nach Abschluss seiner auf Hochtouren laufenden Rüstungsmaßnahmen, also in zwei bis drei Jahren, einen Krieg gegen das Deutsche Reich führen wolle. In der sich daran anschließenden Pressefehde erklärte der russische Kriegsminister Suchomlinow in einem französischen Blatt, dass Russland zwar den Frieden wolle, aber notfalls zum Kriege »bereit« sei. Als der deutsche Botschafter in St. Petersburg, Graf Friedrich von Pourtalès, dieserhalb mit dem russischen Außenministers Sasonow Rücksprache nahm, erhielt er zwar ein unzweideutiges Dementi, aber Wilhelm II. war nicht überzeugt: »Ich als *Militair* hege nach allen Meinen Nachrichten nicht den allergeringsten Zweifel, daß Russland den Krieg systematisch gegen uns vorbereitet; und danach führe ich meine Politik.«[37]

Beim Kaiser verfestigte sich der Eindruck, dass die zaristische Politik zielbewusst einen Waffengang anstrebe, obgleich davon in Wirklichkeit nicht die Rede sein konnte. Gleichwohl lehnte er es auch jetzt ab, einen Präventivkrieg zu führen, wie es ihm von militärischer Seite nahe gelegt wurde.[38] Der Chef des Militärkabinetts, Moritz Freiherr von Lyncker, stellte am 11. März mit Bedauern fest, Wilhelm II. sei von dem militärischen Argument nicht überzeugt, dass man den gegenwärtig günstigen Augenblick für den unvermeidlichen Krieg nutzen müsse.[39] Einstweilen wollte sich der Kaiser den Stimmen im Generalstab nicht anschließen, die für einen baldigen Krieg plädierten. Moltke hingegen erklärte Anfang Juni 1914 dem Freiherrn von Eckardstein: »Wir sind bereit, und je eher, desto besser für uns.«[40]

Ungeachtet der Skepsis des Monarchen suchte Moltke hinter dessen Rücken Anhänger für seinen Standpunkt zu gewinnen. Er wollte zumindest erreichen, dass das Deutsche Reich einem Krieg nicht aus dem Wege gehen würde, falls dieser sich in einer günstigen Konstellation anbieten sollte. Ende Mai oder Anfang Juni 1914 – das genaue Datum der Unterredung lässt sich nicht mehr feststellen – legte er dem Staatssekretär des Äußeren, Gottlieb von Jagow, in aller Form nahe, die deutsche Politik »auf die baldige Herbeiführung eines Krieges einzustellen [...]. In 2–3 Jahren würde Rußland seine Rüstungen beendet haben. Die militärische Übermacht unserer Feinde wäre dann so groß, daß er [Moltke] nicht wüßte, wie wir ihrer Herr werden könnten. Jetzt wären wir ihnen noch einigermaßen gewachsen. Es bliebe seiner Ansicht nach nichts übrig, als einen Präventivkrieg zu führen, um den Gegner zu schlagen, solange wir den Kampf noch einigermaßen bestehen könnten.«[41]

Bethmann Hollweg aber lehnte einen Präventivkrieg, wie er »von vielen Militärs gefordert« werde, zu diesem Zeitpunkt kategorisch ab. 1905 hätten dafür große Chancen bestanden, jetzt aber sei der rechte Augenblick dafür versäumt: »[...] der Kaiser habe keinen Präventivkrieg geführt und werde keinen führen. Es gebe aber Kreise im Reich, die von einem Krieg eine Gesundung der inneren Verhältnisse in Deutschland erwarten, und zwar im konservativen Sinn. Er – der Reichskanzler – denke aber, daß ganz im Gegenteil ein Weltkrieg mit seinen gar nicht zu übersehenden Folgen die Macht der Sozialdemokratie, weil sie den Frieden predigt, gewaltig steigern und manche Throne stürzen könnte.«[42] Zumindest im Moment konnte sich der Kanzler offenbar sicher sein, dass auch Wilhelm II. diese Position vertrat.

Der Kaiser neigte im Prinzip nach wie vor einer Politik der Friedenswahrung zu, aber er wurde zunehmend von der Sorge erfasst, dass doch ein großer Krieg ausbrechen könnte. Im Juni 1914 kam es auf dem Balkan zu erneuten Verwicklungen: Zwischen Griechenland und der Türkei entspann sich ein

Streit über den Besitz der dem türkischen Festland vorgelagerten Inseln, und es erschien zweifelhaft, ob die beiden Länder im Falle eines europäischen Konfliktes auf die Seite der Mittelmächte treten würden. Wilhelm II. reagierte geradezu hysterisch: »Es kommt bald das III. Kapitel des Balkankrieges, an dem wir alle betheiligt sein werden, daher die emsigen und kolossalen Russ[isch-] Französ[ischen] Kriegsvorbereitungen!«[43] Der Kanzler müsse nun unverzüglich »Klarheit im Verhältniß zu England schaffen«. Wilhelm II. wollte sicherstellen, dass Großbritannien neutral bleiben würde, wenn es wegen der Balkanfrage zu einem Krieg zwischen Russland und Frankreich auf der einen und den Mittelmächten auf der anderen Seite kommen sollte.

Diese Forderung beruhte darauf, dass Bethmann Hollweg und Jagow bislang immer versichert hatten, Großbritannien würde einen europäischen Konflikt verhindern. Sie war im Grunde naiv, denn dergleichen ließ sich natürlich nicht so ohne weiteres bewerkstelligen. Zur Verunsicherung des Kaisers trug die Nachricht von britisch-russischen Flottenverhandlungen bei, von denen die Reichsleitung durch einen Agenten in der russischen Botschaft in London erfahren hatte. Am 21. Juni 1914 erörterte Wilhelm II. die politische Situation unter anderem mit dem befreundeten Reeder Albert Ballin, den die Reichsleitung gerade zu Sondierungsgesprächen nach London geschickt hatte. Der Kaiser wollte von ihm wissen, ob es angesichts der russischen Kriegsvorbereitungen, die auf einen Angriffskrieg des Zarenreiches im Jahr 1916 hindeuteten, nicht »besser wäre loszuschlagen anstatt zu warten«.[44] Ballin gewann freilich den Eindruck, dass Wilhelm II. ungeachtet des Ernstes der Lage auch jetzt noch friedensgeneigt war.

Nur eine Woche später, am 28. Juni 1914, wurden der österreichische Thronfolger Erzherzog Franz Ferdinand und seine Gattin in Sarajevo von serbischen Nationalisten ermordet. Damit hatte sich die Situation schlagartig verändert: Es war abzusehen, dass die Donaumonarchie das Attentat zum Anlass nehmen würde, um die schon lange angestrebte Militäraktion gegen Serbien, dessen großserbische Bestrebungen die Existenz der Monarchie zu gefährden schienen, endlich in die Tat umzusetzen.

212

Wilhelm II. zeigte sich über das Attentat in Sarajevo zutiefst empört, allein schon deshalb, weil er darin eine schwerwiegende Verletzung des monarchischen Prinzips sah. Er tendierte dazu, Österreich-Ungarn freie Hand für eine »Strafexpedition« gegen Serbien zu geben, obwohl noch völlig ungeklärt war, ob die serbische Regierung für diesen Gewaltakt überhaupt verantwortlich war. Der deutsche Publizist Victor Naumann berichtete am 1. Juli 1914 in Wien dem Kabinettschef im österreichisch-ungarischen Außenministerium, Graf Alexander Hoyos, über die Stimmung in Deutschland und riet, die Situation zu nutzen, um einen Vernichtungsschlag gegen Serbien zu führen. Einigermaßen zutreffend beschrieb er die wachsende Besorgnis angesichts der russischen Aufrüstung. Gleichzeitig sah er richtig voraus, dass die Reichsleitung eine Aktion der Donaumonarchie gegen Serbien als »Prüfstein« ansehen würde, »ob Rußland den Krieg wolle oder nicht«. Ebenso schätzte er die Haltung des deutschen Monarchen ziemlich korrekt ein, wenn er meinte, »dass Kaiser Wilhelm, wenn man im jetzigen Augenblicke, wo er über die Bluttat von Sarajevo entsetzt ist, in richtiger Weise mit ihm spricht, [...] Österreich-Ungarn jede Zusicherung geben und diesmal auch bis zum Kriege durchhalten wird, weil er die Gefahren für das monarchische Prinzip sieht«.[45]

In der Tat setzte sich in Berlin bereits Anfang Juli die Ansicht durch, dass man in dieser Situation der verbündeten Donaumonarchie nicht ein weiteres Mal in den Arm fallen dürfe, ohne den Bestand des Bündnisses aufs Spiel zu setzen. Man entschied sich daher für eine Neuauflage der Risikostrategie, die Kiderlen-Wächter sowohl 1908 als auch Ende 1912 erfolgreich angewandt hatte: Durch ein unbedingtes Eintreten für den Bundesgenossen sollte Russland erneut zum Zurückweichen gezwungen werden. Die Armeeführer versicherten, dass die militärische Lage für die Mittelmächte nie wieder so günstig sein würde wie jetzt. Dadurch wurde die Sorge abgeschwächt, dass Russland vielleicht doch zugunsten Serbiens intervenieren könnte, obwohl es nach Auskunft des Generalstabs noch »nicht fertig« war. Daher entschloss sich die Reichsleitung, mit ihrem bisherigen politischen Kurs zu brechen, der Österreich-Ungarn immer wieder auf eine Verstän-

213

digung mit Serbien verwiesen hatte. Nun wollte man den erwarteten Konflikt über Serbien hochkommen lassen, auch auf
die Gefahr eines allgemeinen europäischen Krieges hin.

Noch am 30. Juni 1914 hatte der deutsche Botschafter in
Wien, Heinrich von Tschirschky, gemäß der bisherigen Haltung der Reichsleitung »sehr nachdrücklich und ernst vor
übereilten Schritten« gewarnt.[46] Seinen diesbezüglichen Bericht an den Reichskanzler, der am 2. Juli 1914 in Berlin eintraf, versah der Kaiser am 3. oder 4. Juli mit abfälligen Randbemerkungen: »Tschirschky soll den Unsinn gefälligst lassen!
Mit den Serben muß aufgeräumt werden, und zwar bald.«[47]
Weiter schrieb er auf die Depesche: »jetzt oder nie«. Bereits am
2. Juli, also noch bevor Tschirschky von diesen Marginalien
erfahren haben konnte, änderte der Botschafter seine Position – ob auf unmittelbare Veranlassung Wilhelms II. oder auf
Weisung des Auswärtigen Amtes, muss dahingestellt bleiben.
In einer Audienz bei Kaiser Franz Joseph erklärte er, dass die
österreichisch-ungarische Monarchie Deutschland bei der
»Verteidigung eines ihrer Lebensinteressen« geschlossen hinter sich finden werde.[48] Auch gegenüber dem österreichisch-
ungarischen Außenminister Graf Berchtold vertrat Tschirschky
nun die Ansicht, dass »nur ein tatkräftiges Vorgehen gegen
Serbien zum Ziele führen könne«.[49]

Man hat aus den schroffen Randbemerkungen Wilhelms II.
geschlossen, dass der Kaiser höchstpersönlich durch eine uns
nicht bekannte Intervention bei Tschirschky diese grundlegende Kursänderung herbeigeführt habe, und darin einen Beweis seines unbedingten Kriegswillens sehen wollen. Dies ist,
wie schon der chronologische Ablauf der Dinge zeigt, nicht
zutreffend. Selbst in der Situation Anfang Juli 1914 war Wilhelm II. nicht die eigentlich treibende Kraft. Der Beschluss,
der österreichisch-ungarischen Regierung unverzüglich energisches Handeln gegen Serbien nahe zu legen, sich selbst dabei jedoch im Hintergrund zu halten und für diese Schritte die
Verantwortung zu übernehmen, war Teil der deutschen Risikostrategie. Diese wollte ja einen österreichisch-serbischen
Konflikt, bei dem sich das Deutsche Reich nach außen hin völlig unbeteiligt gegeben hätte, als Prüfstein für die Kriegswilligkeit Russlands nutzen. Die grundsätzliche Entscheidung, es

zu einem österreichisch-serbischen Krieg kommen zu lassen, ja mehr noch, Österreich-Ungarn dazu zu ermutigen, war bereits gefallen, bevor Graf Hoyos dem deutschen Monarchen in einer Audienz am Morgen des 5. Juli 1914 ein Handschreiben des Kaisers Franz Joseph nebst einem ausführlichen Memorandum überreichte und um den Beistand des Deutschen Reiches für ein gewaltsames Vorgehen gegen Serbien ersuchte.

In dem Handschreiben wurde argumentiert, dass man versuchen müsse, Griechenland, Bulgarien und die Türkei in einem neuen Balkanbund unter Führung der Mittelmächte zusammenzuschweißen, um »dem Vordringen der panslawistischen Hochflut ein Ziel zu setzen[...]«.[50] Das aber werde nur möglich sein, »wenn Serbien, welches gegenwärtig den Angelpunkt der panslawistischen Politik bildet, als politischer Machtfaktor am Balkan ausgeschaltet wird«.[51] Diese Argumentation fügte sich sehr gut in jenes weit verbreitete Weltbild ein, das einen Endkampf zwischen Germanen und Slawen heraufdämmern sah und das sich der Kaiser unter dem Einfluss Houston Stewart Chamberlains angeeignet hatte. So kann es nicht überraschen, dass Wilhelm II. dem Grafen Hoyos noch in dieser Unterredung die uneingeschränkte Unterstützung des Deutschen Reiches für ein militärisches Vorgehen gegen Serbien zusagte, obwohl dies zu »einer ernsten europäischen Komplikation« führen könne. Allerdings machte Wilhelm II. den Vorbehalt, dass er zuvor noch den Kanzler anhören müsse.

Letzteres aber war nur noch eine Formsache. Denn die Würfel waren in Berlin bereits gefallen, bevor dem Grafen Hoyos der bekannte »Blankoscheck« ausgestellt wurde. Tschirschky war schon seit Tagen instruiert, dass er auf eine unverzügliche österreichisch-ungarische Aktion gegen Serbien drängen solle, ohne der Donaumonarchie freilich die Hand zu führen. Der deutsche Botschafter in London, Fürst Max von Lichnowsky, wurde vom Unterstaatssekretär des Auswärtigen Amtes, Arthur Zimmermann, der den in Urlaub befindlichen Staatssekretär Jagow vertrat, in Umrissen über die deutsche Strategie informiert, noch bevor die entscheidenden Audienzen des österreichischen Botschafters Graf Szögyény-Marich bei Wilhelm II. und Bethmann Hollweg stattfanden. Man wolle »in Wien den unerträglichen Zuständen an der serbischen Grenze nunmehr durch ein energisches Vorgehen ein Ende bereiten«. Zimmermann fügte hinzu, dass, sofern »der Krieg für uns nun doch unabwendbar sei, infolge der unfreundlichen Haltung Rußlands es vielleicht besser sei, ihn jetzt zu führen als später«.[52] Lichnowsky war in der Lage, dem britischen Außenminister Edward Grey bereits am 6. Juli mittags, also noch bevor ihn irgendwelche Nachrichten über die Ergebnisse der Mission Hoyos' erreichen konnten, privatim mitzuteilen, man habe in Berlin das Gefühl, dass »sicher Verwicklungen eintreten würden und es deshalb besser sei, Österreich nicht zurückzuhalten und das Übel lieber jetzt als später herankommen zu lassen«.[53]

Dies beweist, dass der Audienz mit dem Grafen Hoyos nicht die Bedeutung für den Entscheidungsprozess der Reichsleitung im Juli 1914 zugemessen werden kann, die man ihr gemeinhin zuschreibt. Der schicksalsträchtige Beschluss, Österreich-Ungarn freie Hand für eine Militäraktion gegen Serbien zu geben, trotz der Gefahr eines allgemeinen europäischen Krieges, kann also keineswegs Wilhelm II. allein angelastet werden. Im Gegenteil, die Reichsleitung rechnete zu diesem Zeitpunkt zuversichtlich damit, dass sich ein Krieg gegen Serbien lokalisieren ließe, auch wenn Bethmann Hollweg gegenüber seinem Privatsekretär Kurt Riezler nachdenklich einräumte: »Eine Aktion gegen Serbien kann zum Weltkrieg führen.«[54]

Ein wesentlicher Teil des machiavellistischen Kalküls der Reichsleitung bestand darin, von deutscher Seite alles zu unterlassen, was darauf hindeuten konnte, dass man in Berlin mit kriegerischen Entwicklungen rechnete. Deshalb wurde davon abgesehen, Generalstabschef Moltke aus seinem Sommerurlaub zurückzuholen, und auch sein Stellvertreter, Graf von Waldersee, wurde in die Ferien geschickt. Vor allem aber überredete Bethmann Hollweg den Kaiser, seine bevorstehende Nordlandreise wie üblich anzutreten. Man darf vermuten, dass es dafür nicht allein ausreichte, dem Monarchen die taktischen Vorteile eines solchen Verhaltens aufzuzeigen, sondern ihm auch die Möglichkeit, dass es zu einem allgemeinen Kriege kommen könnte, klein geredet werden musste. In der Tat entstand vielfach, unter anderem bei der Marineleitung, der Eindruck, dass die ganze Angelegenheit allmählich

216

»versumpfen« werde. Auch die Presse wurde vorsichtig in dem Sinne instruiert, dass das Deutsche Reich an der serbischen Angelegenheit kein gesteigertes Interesse habe und kriegerische Töne nach Möglichkeit unterbleiben sollten.

Wilhelm II. fuhr denn auch einigermaßen unbesorgt mit seiner Jacht nach Nordnorwegen. Auch wenn er versuchte, in ständigem Kontakt mit der Reichsleitung zu bleiben, war er an den Entscheidungsprozessen der folgenden Wochen faktisch nicht beteiligt. Mit Bedauern nahm er zur Kenntnis, dass die Österreicher zunächst alle energischen Schritte unterließen. Das Ultimatum an Serbien, mit dem ein militärisches Vorgehen legitimiert werden sollte, wollten sie schließlich erst am 25. Juli 1914 übergeben, nach dem Ende des Staatsbesuches des französischen Präsidenten Poincaré in St. Petersburg. Die Österreicher verhielten sich also nicht in der Weise, wie die deutsche Reichsleitung es vorausgesetzt hatte, nämlich rasch und entschieden gegen Serbien vorzugehen, solange die Entrüstung über die Morde von Sarajevo an den europäischen Fürstenhöfen noch frisch sei. Bethmann Hollweg hatte ursprünglich ja gemeint: »Ein schnelles *fait accompli* und dann freundlich gegen die Entente, dann kann der Chok ausgehalten werden.«[55] Stattdessen wurde die deutsche Diplomatie nun in die ungewünschte Lage gebracht, Wien zu einem raschen Vorgehen drängen zu müssen, auch wenn dies ihre Ausgangsposition kompromittierte und sie womöglich am Ende als der eigentliche Kriegstreiber dastehen würde. Damit aber hatte der Kaiser ebenso wenig zu tun wie mit den ungeschickten Schritten Jagows, der seit dem 22. Juli auf die anderen Mächte einzuwirken suchte, das bevorstehende österreichische Ultimatum hinzunehmen, obwohl er gleichzeitig vorgab, dieses nicht zu kennen.

Der Kaiser brach nun seine Nordlandreise ab und kehrte nach Kiel zurück, obgleich Bethmann Hollweg ihn inständig ersucht hatte, dies nicht zu tun. Am 27. Juli traf Wilhelm II. in Potsdam ein und hielt sogleich einen Kronrat ab. Aber inzwischen war das Netz der Arrangements der Reichsleitung bereits so dicht gestrickt, dass er, selbst wenn er dies gewollt hätte, daran nicht mehr viel hätte ändern können. Die in der Konsequenz fatale Entscheidung Bethmann Hollwegs, den britischen Vorschlag einer Konferenz der Großmächte abzulehnen, billigte der Monarch offenbar. Es spricht allerdings einiges dafür, dass der Kanzler erst auf das Drängen Wilhelms II. hin den englischen Vermittlungsvorschlag »dem Wiener Kabinett zur Erwägung« anheim stellte, denn damit setzte er sich in Widerspruch zu seinen bisherigen Weisungen nach Wien, in denen der österreichisch-ungarischen Regierung angeraten worden war, *vor* einem Militärschlag gegen Serbien jegliche Verhandlungen abzulehnen.[56] Jetzt hingegen sollte Wien bereits im Voraus mit den Mächten über die Modalitäten einer österreichischen Aktion verhandeln. Damit wurde die ursprüngliche Position der Mittelmächte erheblich aufgeweicht, denn zunächst hatte man einen Angriff auf Serbien ja als Test für die Kriegsbereitschaft Russlands betrachtet. Als der Kaiser, der allerdings in die Einzelheiten des deutschen Kalküls vermutlich gar nicht eingeweiht worden war, am Morgen des 28. Juli die serbische Antwortnote zur Kenntnis erhielt, meinte er: »Eine brillante Leistung für eine Frist von bloss 48 Stunden. Das ist mehr als man erwarten konnte! Ein grosser moralischer Erfolg für Wien; aber damit fällt jeder Kriegsgrund fort […].«[57]

Österreich-Ungarn sollte durch die vorübergehende Besetzung eines Teils von Serbien, insbesondere Belgrads, eine »äußere Satisfaktion d'honneur« erhalten. Zudem sollte Wien garantiert werden, dass es die strafrechtliche Verfolgung der Attentäter ohne jede Einschränkung werde durchführen können. Auf dieser Basis wollte Wilhelm II. »den Frieden in Österreich […] vermitteln«. Er sah sich bereits als Friedenskaiser, der Europa vor einem Weltkrieg retten würde. Aber seine Anweisungen an Bethmann Hollweg liefen ins Leere, denn zu diesem Zeitpunkt wäre es gar nicht mehr möglich gewesen, die Donaumonarchie vollständig zurückzupfeifen, ganz abgesehen davon, dass sich die deutsche Regierung dann vollständig decouvriert hätte. Am Ende wurde Wien lediglich – wenn auch mit großer Dringlichkeit – ersucht, unverzüglich Verhandlungen mit Russland über Art und Umfang der erst für den 12. August vorgesehenen militärischen Operationen gegen Serbien aufzunehmen.

Die Österreicher wollten sich ihren Krieg gegen Serbien jetzt jedoch nicht mehr nehmen lassen, zumal ihnen Tage zuvor

218

von Bethmann nahegelegt worden war, eventuelle englische Vermittlungsvorschläge, die ihnen von deutscher Seite zugeleitet werden würden, nicht zu befolgen. Wenn es dem Kaiser wirklich darum gegangen wäre, die anlaufende Kriegsmaschinerie zu stoppen, wären weit schärfere Schritte erforderlich gewesen. Aber auch er wollte nicht so weit gehen, Österreich-Ungarn das Recht auf einen Waffengang gegen Serbien ganz zu versagen. Es lässt sich festhalten, dass die gut gemeinten Interventionen Wilhelms II. nur dazu führten, die illusorischen Komponenten des deutschen Kalküls noch zu verstärken. Der geringfügige Kurswechsel der Reichsleitung, der wesentlich auf die Wünsche des Kaisers zurückgegangen sein dürfte, stand im Widerspruch zu deren ursprünglicher Haltung und diskreditierte die Glaubwürdigkeit der deutschen Diplomatie vollständig.

Auch der Briefwechsel zwischen Zar Nikolaus II. und Wilhelm II. vom 29. und 30. Juli 1914 zeigt, dass der Kaiser – auch wenn er den allgemeinen Frieden erhalten wollte – nicht bereit war, Österreich-Ungarn den Verzicht auf eine Militäraktion gegen Serbien zuzumuten. Aus seiner Sicht war dies schon allein aus Gründen der »Honneur« nicht möglich. Zudem war der Lauf der Dinge auch deswegen nicht mehr ohne weiteres zu stoppen, weil Österreich-Ungarn Serbien inzwischen den Krieg erklärt hatte. In seinem Schreiben an den Zaren vom Abend des 29. Juli verlangte der Kaiser, Russland solle einen Waffengang Österreich-Ungarns gegen Serbien nicht zum Anlass für einen allgemeinen Krieg nehmen und mit der Donaumonarchie in Verhandlungen über die Modalitäten des geplanten Feldzuges eintreten.[58] Als Unterpfand für dieses Verlangen konnte die – im Grunde unaufrichtige – Erklärung Österreich-Ungarns dienen, dass es die territoriale Integrität Serbiens nicht antasten wolle. Störend war nur, dass die Wiener Diplomatie sich bisher geweigert hatte, überhaupt derartige Verhandlungen aufzunehmen.

Der Telegrammwechsel mit dem Zaren fügte sich insofern in die Strategie der Reichsleitung ein, als damit Russland die Verantwortung für die entscheidenden Schritte zugeschoben wurde, die den Krieg unabweisbar machen sollten. Aber der Kaiser selbst hatte immer noch die Hoffnung, dass sein Vor-

219

schlag eines »Halt in Belgrad« in modifizierter Form durchgesetzt werden könnte und sein persönlicher Einfluss beim Zaren dabei hilfreich wäre. Er bekam einen regelrechten Wutanfall, als ihm dann am 30. Juli mitgeteilt wurde, dass die russische Teilmobilmachung keinesfalls zurückgenommen werden könne, sondern vielmehr zwangsläufig die Generalmobilmachung nach sich ziehen würde, wenn Österreich-Ungarn nicht von seiner Aktion gegen Serbien Abstand nehme.

Über das Verhalten des Zaren gab es für Wilhelm II. nun keinen Zweifel mehr: »England, Rußland und Frankreich haben sich *verabredet* [...] den Österreichisch-Serb[ischen] Konflikt zum *Vorwand* nehmend gegen uns den *Vernichtungskrieg* zu führen.«[59] Dass es eher umgekehrt war, wollte der Kaiser sich nicht eingestehen, zumal er das Kalkül der Reichsleitung offenbar nicht wirklich durchschaut hatte. In erster Linie richtete sich sein Zorn aber gegen Großbritannien: »Das Netz ist uns plötzlich über den Kopf zugezogen und hohnlächelnd hat England den glänzendsten Erfolg seiner beharrlich durchgeführten puren *antideutschen* Weltpolitik, [...] indem es uns *isolirt* im Netze zappelnd aus unserer Bundestreue zu Österreich den Strick zu unserer Politischen und ökonomischen Vernichtung dreht.«[60] Diese Sichtweise verzerrte den wirklichen Sachverhalt bis zur Unkenntlichkeit; tatsächlich hatte das Deutsche Reich mit dem österreichisch-serbischen Konflikt die Kriegswilligkeit Russlands prüfen wollen.

Am Morgen des 29. Juli verlangte Generalstabschef Moltke, nun endlich zu einer Entscheidung über den weiteren Ablauf der Dinge zu kommen. Er hielt den Krieg für unvermeidbar; jetzt müsse so schnell wie möglich losgeschlagen werden. Bethmann Hollweg aber wollte den Ausgang der jüngst eingeleiteten Vermittlungsgespräche abwarten. Er wusste, dass der Kaiser darauf immer noch einige Hoffnungen setzte, und fand dessen Zustimmung. Offenbar in diesem Zusammenhang aber erging an den Kanzler die Aufforderung, er möge nunmehr »Klarheit im Verhältnis zu England« schaffen. Daraufhin suchte Bethmann Hollweg noch am späten Abend des 29. Juli den englischen Botschafter in Berlin, Sir Edward Goschen, auf. Überraschend unterbreitete er ihm den Vorschlag eines deutsch-britischen Neutralitätsabkommens; das Reich würde sich im Gegenzug verpflichten, die territoriale Integrität Hollands und Frankreichs zu wahren. Dieser panikartige Schritt machte auf die britische Regierung einen vernichtenden Eindruck, zeigte sich doch, dass die deutsche Diplomatie bisher unaufrichtig taktiert hatte. Dennoch gaben Bethmann Hollweg und mit ihm Wilhelm II. am 30. Juli das Spiel noch nicht gänzlich verloren. Obwohl der Generalstab nun mit zunehmender Dringlichkeit die sofortige Erklärung der drohenden Kriegsgefahr verlangte, die automatisch die Mobilisierung nach sich gezogen hätte, wurde dieser Schritt offenbar auf Wunsch des Kaisers am 30. Juli noch einmal aufgeschoben.[61]

Erst als am 31. Juli vormittags die Meldung eintraf, dass die russische Regierung die Generalmobilmachung angeordnet habe, bekamen die Militärs freie Hand für ihren Krieg. Am 1. August 1914 unterzeichnete Wilhelm II., angeblich, wie Tirpitz berichtet, mit Tränen in den Augen, die Mobilmachungsorder. Die deutsche Kriegsmaschine setzte sich unaufhaltsam in Bewegung. Der Kaiser wurde nun endgültig an den Rand des Geschehens gedrängt. Er trat allerdings überraschend am 1. August noch einmal in Aktion, als aus London die Nachricht kam, dass Großbritannien gegebenenfalls neutral bleiben werde, falls das Deutsche Reich von einem Angriff auf Frankreich Abstand nehme. Der Jubel in der Umgebung des Kaisers war riesengroß; nun schien das deutsche Kalkül doch noch aufzugehen. Allerdings protestierte Moltke energisch gegen den Befehl Wilhelms II., den bereits auf vollen Touren laufenden Westaufmarsch in letzter Minute zu stoppen. Dies sei eine militärische Unmöglichkeit.

Wenig später löste sich die Hoffnung auf englische Neutralität in Luft auf. Der Kaiser aber hatte Schwierigkeiten, auf den Boden der Realitäten zurückzufinden. Er fühlte sich von Zar Nikolaus II. und jetzt auch vom englischen König Georg V. persönlich hintergangen. Nach wie vor war er außerstande, die komplizierte Risikostrategie seiner eigenen Regierung und die Kriegstreiberei des Generalstabes zu durchschauen. Noch immer wähnte er sich als unschuldiges Opfer einer angeblich von langer Hand vorbereiteten Einkreisungspolitik der Entente.

Das Schattenregiment.
Der Kaiser im Ersten Weltkrieg
1914–1918

Dank der geschickten Regie der Reichsleitung zogen die Deutschen in dem Glauben in den Ersten Weltkrieg, von den Alliierten hinterrücks überfallen worden zu sein. Die breiten Massen wurden von einer Welle nationaler Aufbruchstimmung erfasst, die anfänglich alle Gegenstimmen hinwegschwemmte. Vor allem das städtische Bürgertum war von der Idee ergriffen, dass die Deutschen sich nun zu einem klassenübergreifenden Bekenntnis der nationalen Solidarität zusammenfänden, und beschwor den »Geist des August 1914«. Dabei geriet freilich aus dem Blickfeld, dass insbesondere die ländliche Bevölkerung, aber zu Teilen auch die Industriearbeiterschaft eher von Sorge und Zukunftangst als von Euphorie erfüllt waren. Für das Kaisertum bedeutete der 1. August 1914 gleichwohl eine Sternstunde. Vor dem Berliner Stadtschloss Unter den Linden versammelte sich eine riesige Menschenmenge und begrüßte die Bekanntgabe der Mobilmachung mit »einem unbeschreiblichen Jubel und [...] Hurrarufen«.

Wilhelm II. hielt vom Balkon des Schlosses aus eine kurze Ansprache, in der es hieß: »Wenn es zum Kriege kommen soll, hört jede Partei auf, wir sind nur noch deutsche Brüder. In Friedenszeiten hat mich zwar die eine oder andere Partei angegriffen, das verzeihe ich ihr aber jetzt von ganzem Herzen. Wenn uns unsere Nachbarn den Frieden nicht gönnen, dann hoffen und wünschen wir, daß unser gutes deutsches Schwert siegreich aus dem Kampf hervorgehen wird«,[1] eine Formel, die er dann am 4. August in seiner Thronrede zur Eröffnung des Reichstages in etwas veränderter Weise wiederholte. Die Begeisterung der Menschen, die sich Unter den Linden drängten und ihren Kaiser sehen und hören wollten, ließ sich als handgreiflicher Beweis für die Geschlossenheit der Nation deuten, mit dem Kaiser als ihrem Führer. Das Ideal des Nationalkaisertums, das Wilhelm II. immer als Richtschnur angesehen hatte, schien mit einem Male erfüllt. Die wenigen Protestdemonstrationen, die es noch gegen den Krieg gab, wurden weiter nicht wahrgenommen. Für den Augenblick wenigstens erlahmte alle Opposition gegen die Kriegspolitik der Regierung.

Dies zeigte sich dann auch in der Eröffnungssitzung des Reichstages. Wilhelm II. verlas persönlich die traditionelle Thronrede und erklärte mit Emphase, dass der Krieg durch einen von langer Hand geplanten Überfall der Feindmächte ausgelöst worden sei: »Die Feindseligkeit, die im Osten und im Westen seit langer Zeit um sich gegriffen hat, ist nun zu hellen Flammen aufgelodert. Die gegenwärtige Lage ging nicht aus vorübergehenden Interessenkonflikten oder diplomatischen Konstellationen hervor; sie ist das Ergebnis eines seit Jahren tätigen Übelwollens gegen Macht und Gedeihen des deutschen Volkes. Uns treibt nicht Eroberungssucht, uns beseelt der unbeugsame Wille, den Platz zu bewahren, auf den Gott uns gestellt hat, für uns und alle kommenden Geschlechter.« Er eignete sich also in aller Form die Propagandathese vom unschuldig angegriffenen Deutschen Reich an. In der Thronrede fielen auch die später berühmt gewordenen Worte: »Ich kenne keine Partei mehr, ich kenne nur Deutsche.« Darin sah der Kaiser freilich weniger ein Entgegenkommen als vielmehr eine Verpflichtung, der die Parteien sich zu unterwerfen hatten: »Zum Zeichen dessen, daß Sie fest entschlossen sind, ohne Standes- und Konfessionsunterschiede mit mir durch dick und dünn zu gehen, fordere ich die Vorstände der Parteien auf, vorzutreten und mir dies in die Hand zu geloben.«[2] Auch Reichskanzler Bethmann Hollweg appellierte an den »Geist der Einheit Deutschlands, des unbedingten, rückhaltlosen, gegenseitigen Vertrauens auf Leben und Tod«.[3]

Die von Wilhelm II. geforderte Geschlossenheit der Nation in der Stunde der Gefahr schien zu einer unbezweifelbaren Realität geworden zu sein. Dies wurde, jedenfalls in der öffentlichen Wahrnehmung, dadurch bestätigt, dass die Sozialdemokraten die Kriegskredite sowie die Ermächtigungen des Bundesrates einstimmig billigten. Der »Burgfrieden« sollte dieser nationalen Einheit im Krieg Dauerhaftigkeit verleihen.

Während der Kampfhandlungen wollte man alle politischen Auseinandersetzungen zwischen den Parteien ruhen lassen, eine zunächst freiwillige Vereinbarung, die in der Folgezeit jedoch durch den Zwang der Militärzensur aufrechterhalten wurde.

Der Reichskanzler ging bei Kriegsausbruch davon aus, dass die Innenpolitik einstweilen vollständig in den Hintergrund treten werde. Die notwendigen Regierungsmaßnahmen sollten in bewährter autoritärer Manier von den Staatsbehörden getroffen werden, aufgrund der dem Bundesrat erteilten Vollmachten. Der Reichstag hingegen wurde auf unbestimmte Zeit vertagt. Die Devise lautete »Mars regiert die Stunde«. Faktisch lief dies auf die Übertragung umfassender Machtbefugnisse auf die staatliche Verwaltung hinaus, die allerdings ihre Grenze an den aufgrund des Kriegszustandes ebenfalls weitreichenden Kompetenzen der Militärbehörden fanden. Diese Konstellation war ganz nach dem Geschmack des Kaisers. Die Kriegsanstrengungen des Deutschen Reiches sollten nicht durch innenpolitische Konflikte beeinträchtigt werden, daher war nach außen hin die völlige Einheit der Nation zu demonstrieren.

Wilhelm II. hatte seine Befugnisse als Oberster Kriegsherr unmittelbar bei Kriegsbeginn an den Chef des Großen Generalstabes, Helmuth von Moltke, übertragen. Dieser wurde von ihm ermächtigt, alle operativen Befehle im Namen des Kaisers eigenständig zu erteilen. Eine analoge Regelung wurde auch für die Seekriegsleitung getroffen; hier vermochte sich Admiral von Pohl allerdings insbesondere gegenüber dem Staatssekretär des Reichsmarineamtes, Alfred von Tirpitz, nicht in gleichem Maße durchzusetzen. In den ersten Kriegsjahren hielt man konsequent an der Fiktion fest, dass alle operativen Schritte und alle politischen Entscheidungen wenn schon nicht durch Wilhelm II. persönlich, so doch zumindest in seinem Namen und mit seiner Billigung erfolgten.

In der preußisch-deutschen Führungselite bestand Einigkeit darüber, dass die unter den Bedingungen des Krieges nahezu unumschränkte Autorität des Monarchen erhalten bleiben müsse, nicht zuletzt deshalb, um damit das Handeln sowohl der Militärbehörden als auch der »zivilen« Reichsleitung gegenüber den Parteien und der Öffentlichkeit legitimieren zu können. Dies betraf nicht zuletzt die Pressezensur, die von den Stellvertretenden Generalkommandos im Namen des Kaisers ausgeübt wurde und prinzipiell keiner parlamentarischen und – was sich später als nachteilig erweisen sollte – streng genommen auch keiner politischen Kontrolle durch den Reichskanzler unterlag.[4] Auch hier galt: »Die im Auftrage S. M. des Kaisers vom Reichskanzler geleitete auswärtige Politik darf in dieser kritischen Zeit, die über ein Jahrhundert entscheidet, durch keine offene oder versteckte Kritik gestört und behindert werden. Zweifel an ihrer Festigkeit zu äußern, schadet dem Ansehen des Vaterlandes. Das Vertrauen in sie muß gehoben und darf ebenso wenig erschüttert werden, wie das Vertrauen in die militärische Führung.«[5]

Dieses Arrangement der Verantwortlichkeiten hätte funktionieren können, wenn der Kaiser wirklich dazu imstande gewesen wäre, eine wirksame Koordination der obersten Reichsbehörden zu gewährleisten und die Rolle eines Führers der Nation in einem existenziellen militärischen Konflikt effektiv auszufüllen. Doch dafür fehlten Wilhelm II. alle mentalen Voraussetzungen.[6] Seine Neigung, zum einen Zeitpunkt eine markige, ja an Brutalität grenzende Sprache zu gebrauchen, um nur wenig später in Pessimismus und Selbstmitleid zu verfallen, irritierte seine engere Umgebung immer wieder. Depressionen und nervöse Krisen häuften sich, insbesondere dann, wenn wichtige Entscheidungen anstanden; allein schon deshalb konnte Wilhelm II. die Funktionen eines Obersten Kriegsherrn nicht erfolgreich wahrnehmen.

Schon lange vor Kriegsausbruch hatte sich namentlich in militärischen Kreisen die Ansicht verfestigt, dass der Kaiser einen kritischen bewaffneten Konflikt nicht durchstehen und am Ende doch zur Nachgiebigkeit raten würde. Davon abgesehen, war er an dauerhafte konzentrierte Arbeit überhaupt nicht gewöhnt. Wilhelm II. verfügte unzweifelhaft nicht über das Potenzial, die militärischen Operationen persönlich zu leiten, und es spricht für ihn, dass er sich darüber selbst im Klaren war und sich entsprechend zurückhielt.[7] Unter den Militärs wurde schon 1914 die Möglichkeit erwogen, den Kaiser ganz beiseite zu schieben; die Alternative einer Regentschaft des Kronprinzen bot aber eine ebenso wenig einladende Per-

225

spektive. Am Ende beließ man es dabei, die Fassade des souverän entscheidenden »Obersten Kriegsherrn« zu erhalten.

Die Reichsleitung und die militärischen Kommandobehörden versteckten sich im Zweifelsfall hinter der – tatsächlich weitgehend fiktiven – Autorität des Kaisers, weil sie glaubten, sich nur auf diesem Wege der demokratischen Tendenzen erwehren zu können, die in der Gesellschaft immer stärker hervortraten. Dies trug freilich von vornherein ein hohes Maß an Irrationalität in die deutsche Kriegführung und mehr noch in die deutsche Politik hinein, im Innern wie nach außen. Obwohl die militärischen und politischen Entscheidungen nach Kriegsausbruch nahezu ausschließlich am Kaiser vorbei oder nur nach seiner nominellen Konsultation getroffen wurden, verblieb ihm die Aufgabe, zwischen den verschiedenen Regierungsinstanzen und Kommandobehörden zu vermitteln und, soweit möglich, für ein einheitliches, abgestimmtes Handeln der jeweils verantwortlichen Personen zu sorgen.

Aber bei ebendieser Aufgabe versagte Wilhelm II. weitgehend. Es gelang ihm noch nicht einmal, einen ausreichenden Informationsfluss zwischen den militärischen und den politischen Stellen zu gewährleisten. Die einzelnen Ressorts verteidigten ihre jeweiligen Kompetenzen zäh gegen Einwirkungen von anderer Seite und ließen sich so wenig wie möglich in die Karten schauen, sofern sie nicht sogar die öffentliche Meinung für ihre Ziele zu mobilisieren suchten. Besonders ausgeprägt war die Rivalität zwischen der »zivilen« Reichsleitung und den militärischen Kommandobehörden. Dieser Konflikt sorgte von Anfang an für beständige Reibungsverluste und führte, wie noch zu zeigen sein wird, auf beiden Seiten zu regelrechten Verschwörungsstrategien. In den sich stetig verschärfenden Richtungskämpfen um strategische und politische Entscheidungen glaubte jede Seite dann obsiegen zu können, wenn es ihr gelänge, die persönliche Gunst des Monarchen zu gewinnen. Wie weit Wilhelm II. nämlich auch immer an den Rand des Geschehens gedrängt wurde, eine monarchische Prärogative verblieb ihm, nämlich die Berufung oder Entlassung des politischen und militärischen Führungspersonals.

Die Grundfragen der Kriegführung sowie der inneren und äußeren Politik wurden also einem irrationalen Prozess überlassen, in dem Beschlüsse vielfach willkürlich gefasst wurden. Am Ende war es immer weniger möglich, den Monarchen vom Rampenlicht der öffentlichen Meinung und des Parteienkampfes fernzuhalten, denn dort entwickelte sich eine Vielzahl von dynamischen Prozessen, die mit den gängigen administrativen Methoden eines Beamtenregiments immer weniger kontrolliert werden konnten.

Unter den gegebenen Umständen war es nur folgerichtig, dass sich Wilhelm II. bereits am 16. August 1914 zur Westfront in das Große Hauptquartier begab, und sei es auch nur, um den Anschein zu wahren, dass er sich als Oberster Kriegsherr bei seiner Truppe aufhalte. Das Große Hauptquartier befand sich anfangs in Koblenz, anschließend in Luxemburg und ab Ende September 1914 in Charleville. Später kam als östliches Hauptquartier Pleß in Schlesien hinzu. In der zweiten Kriegshälfte wurde das Hauptquartier dann wieder nach Bad Kreuznach zurückverlegt und schließlich nach Spa in Belgien. Dabei residierte der Generalstab mit seinem umfangreichen militärischen und administrativen Stab jeweils in einem, der Kaiser mit seinem engeren Gefolge in einem anderen, benachbarten Gebäude. Die Anwesenheit Wilhelms II. garantierte also keineswegs, dass er über militärische Entscheidungen und Abläufe kontinuierlich informiert wurde. Er ließ sich vormittags in aller Regel vom Generalstabschef oder einem seiner Vertrauensleute Vortrag über die militärischen Ereignisse halten, und ebenso vom Chef des Admiralstabes – damals Admiral Pohl – über die Vorgänge bei der Marine. Der Verlauf der militärischen Operationen wurde eingehend verfolgt und auf großen Karten sorgfältig festgehalten. Aber ansonsten befasste sich der Kaiser in der Regel nicht mit strategischen Fragen, zumal die Militärs bestrebt waren, ihn so wenig Einblick wie möglich in ihre Planungen und Entscheidungen nehmen zu lassen. Die Maxime lautete, dass man den Monarchen möglichst aus dem Spiele lassen müsse, allein schon deshalb, weil man immer noch befürchtete, dass er plötzlich wieder als Bremser auftreten könnte.

Schon wenige Wochen nach Kriegsausbruch klagte Wilhelm II. gegenüber Prinz Max von Baden, dass er über nichts informiert werde: »Der Generalstab sagt mir gar nichts und fragt mich auch nicht. Wenn man sich in Deutschland einbildet, daß ich das Heer führe, so irrt man sich sehr. Ich trinke Tee und säge Holz und gehe spazieren, und dann erfahre ich von Zeit zu Zeit, das und das ist gemacht, ganz wie es den Herren beliebt. Der Einzige, der ein bißchen netter zu mir ist, ist der Chef der Feldeisenbahnabteilung, der erzählt mir alles, was er macht und beabsichtigt.«[8] Das war gewiss übertrieben, aber es ist gut bezeugt, dass der Kaiser gleichsam als fünftes Rad am Wagen neben dem militärischen Betrieb im Hauptquartier herlief und meist nur unzureichend unterrichtet war. Unter Generalstabschef Falkenhayn war dies noch ausgeprägter der Fall als unter Moltke. Gegenüber Generaloberst von Plessen meinte Wilhelm II.: »Er würde vom Chef des Generalstabes total bei Seite geschoben, er erführe nichts. Er hätte nur zu allem ›Ja‹ zu sagen, das könnte er von Berlin gerade so gut!«[9] Ähnlich äußerte er sich gegenüber dem Kriegsminister Wild von Hohenborn: »Falkenhayn meint, er müsse mir immer ein fertig gebundenes Bouquet bringen. [...] Vorbereitungen, Einzelheiten erfahre ich überhaupt nicht [...]. Ich rede ja so wenig rein wie möglich; aber Falkenhayn muß doch nach außen die Fiktion erhalten, daß ich alles persönlich anordne.«[10] Der Kaiser versuchte erst gar nicht, auf die konkreten militärischen Entscheidungen Einfluss zu nehmen, von ganz wenigen Ausnahmen abgesehen.

Zur näheren Umgebung Wilhelms II. gehörten vor allem die Leiter der drei kaiserlichen Kabinette: Rudolf von Valentini, der Chef des Zivilkabinetts, der im Umkreis des Kaisers immer mehr zu einer Schlüsselfigur wurde, Admiral Georg Alexander von Müller, der Chef des Marinekabinetts, und schließlich General Moritz Freiherr von Lyncker, der Chef des Militärkabinetts, der namentlich in den Personalfragen das Ohr des Monarchen besaß. Hinzu kam als Vertreter der Reichsleitung der Gesandte Carl Georg von Treutler, und schließlich Generaloberst von Plessen, der enge Beziehungen zum Hohenzollernhause unterhielt. In seinem normalen Tagesablauf war der Kaiser im Wesentlichen von diesem Kreis von Beratern umgeben. Die gelegentlichen Besuche der Kaiserin, die sich über den seelischen Zustand von Wilhelm II. ernstliche Sorgen machte, waren bei den Kabinettschefs nicht gern gesehen, weil Frauen ihrer Ansicht nach nicht in dieses militärische Milieu gehörten. Die Monarchin machte da keine Ausnahme, zumal sie immer wieder darauf drängte, dass man den »armen Wilhelm« von allzu negativen Nachrichten verschonen und vor Belastungen schützen möge. Der labile psychische Zustand des Kaisers wurde für seine Umgebung zu einem ernsten Problem, nicht zuletzt, weil sie unter seinen immer wieder auftretenden Depressionen als Erste zu leiden hatte. Namentlich Plessen drängte darauf, dass man »mit allen Mitteln die Stimmung des Kaisers hochhalten« müsse.[11] Dies führte dazu, dass Wilhelm II. durchweg positiv gefärbte Berichte zu lesen bekam, in denen die Lage in rosigem Licht geschildert wurde. Er kapselte sich nun mehr und mehr ab und machte sich ein immer unwirklicheres Bild von den tatsächlichen Verhältnissen.

Der Sache nach war der Kaiser in Koblenz und später in Charleville sowohl von den politischen Entwicklungen in Berlin als auch von den militärischen Geschehnissen weitgehend abgeschirmt. Alle Informationen, die er erhielt, liefen über die Schreibtische seiner Kabinettschefs, und es war in erster Linie Valentini, der die Fäden der Kommunikation mit der Außenwelt in der Hand hielt. Natürlich kamen ständig Besucher in das Kaiserliche Hauptquartier. Aber insbesondere die »Zivilisten« fanden hier nicht immer wohlwollende Aufnahme, jedenfalls solange die Fiktion aufrechterhalten wurde, dass die Kriegführung eine Sache der kaiserlichen Kommandogewalt sei und alles Übrige dahinter zurückzustehen habe. Der Reichskanzler erschien in den ersten sechs Monaten des Krieges kein einziges Mal im Hauptquartier; sein dienstlicher Verkehr mit dem Monarchen lief, soweit erforderlich, über den Gesandten von Treutler. Zwar tauchten auch prominente Persönlichkeiten auf, nicht zuletzt die Bundesfürsten und die Oberhäupter verbündeter Staaten. Aber insgesamt war das Leben in Charleville eintönig und ereignisarm, und abends wurde, nicht eben zur Erbauung der Kabinettschefs, immer Skat gespielt.

Gegenüber der Öffentlichkeit verstummte Wilhelm II. nun mehr oder weniger, in krassem Gegensatz zu seinem Regierungsstil in den Vorkriegsjahren. Die Zahl der kaiserlichen Verlautbarungen und Erlasse, die an die Bevölkerung gerichtet waren oder veröffentlicht wurden, hielt sich in bescheidenen Grenzen. Dazu gehörten solche nachrangigen Dinge wie ein telegrafisches Grußwort zur Eröffnung der Universität Frankfurt am 20. August 1914, aber auch der übliche Austausch von Glückwünschen an Geburtstagen oder zum Jahreswechsel. Der Geburtstag des Kaisers selbst wurde auf seinen ausdrücklichen Wunsch hin öffentlich nur sehr einfach gefeiert. Häufig dienten die publizierten Erlasse Wilhelms II. lediglich dazu, bestimmten Maßnahmen der Reichsleitung nachträglich die kaiserliche Weihe zu verleihen. Die erste bedeutendere öffentliche Stellungnahme zum Kriege erfolgte nicht vor Jahresende 1914, in einem »Erlaß an Heer und Flotte«. Darin drückte der Kaiser seine unbegrenzte Zuversicht in den weiteren Fortgang des Krieges aus: »Glänzende Siege sind erfochten, große Erfolge errungen. Die deutschen Armeen stehen fast überall in Feindesland.« Zugleich aber beschwor er erneut die nationale Geschlossenheit, die sich bei Kriegsbeginn gezeigt hatte. »Hinter dem Heere und der Flotte steht das deutsche Volk, in beispielloser Eintracht, bereit, sein Bestes herzugeben für den heiligen heimischen Herd, den wir gegen frevelhaften Überfall verteidigen. [...] Darum unverzagt dem neuen Jahre entgegen, zu neuen Taten, zu neuen Siegen für das geliebte Vaterland.«[12]

Wilhelm II. residierte im Prinzip während des ganzen Krieges im Kaiserlichen Hauptquartier, von einigen wenigen Aufenthalten in Berlin, Potsdam und Bad Homburg abgesehen. Mit dem Generalstab reiste er zwischen den verschiedenen Standorten hin und her. Außerdem begab er sich wiederholt in besetzte Territorien oder auch in Gebiete, die zeitweilig von russischen Truppen okkupiert worden waren, zumal in Posen und Ostpreußen; ebenso fuhr er 1916 nach Serbien und sogar zu einem Staatsbesuch nach Bulgarien. Aber in der Regel blieb der Kaiser hochgradig isoliert. Zwar stattete er immer wieder verschiedenen Truppenteilen an den Fronten Besuche ab. Jedoch vermieden es die Verantwortlichen dabei, ihn unmittelbar in Frontnähe zu bringen. Mit den furchtbaren Realitäten des Grabenkrieges wurde er daher nur mittelbar konfrontiert. Die konkreten Eindrücke, die er bei seinen Aufenthalten in Kampfgebieten sammeln konnte, waren meist wenig geeignet, ihm ein authentisches Bild der Verhältnisse zu vermitteln. Bei solchen Gelegenheiten hielt der Kaiser immer wieder ermutigende Ansprachen an die Soldaten, die stets Siegeszuversicht ausstrahlten und über Rückschläge und Niederlagen ebenso hinweggingen wie über die schweren Verluste in den eigenen Reihen. Vielmehr neigte er zu markigen Formulierungen, wie beispielsweise in einer Rede vor der sächsischen Landwehrbrigade Graf Pfeil am 20. August 1915, in der er die großen militärischen Erfolge der Offensive bei Tarnow-Gorlice ansprach: »Ihr habt Eure Taten mit gewaltigen Hammerschlägen in die Annalen der Geschichte gemeißelt. Ihr konntet es, weil Ihr Gott vertrautet. [...] Ihr konntet den Sieg erringen, weil Ihr wußtet: Wir sind im Recht! Nur so kann man Schlachten gewinnen!«[13]

Selbstgerechtigkeit war ein besonderes Merkmal dieser Reden, die sich in ihrem Tenor weitgehend glichen. Zuweilen brach jedoch auch tiefe Verunsicherung durch. Der »Kundgebung« des Kaisers »an das deutsche Volk« zum ersten Jahrestag des Kriegsausbruchs am 31. Juli 1915 fehlte auch ein rechtfertigender Unterton nicht: »Vor Gott und Geschichte ist mein Gewissen rein. Ich habe den Krieg nicht gewollt!«[14]

Mit Blick auf die Kriegsziele des Deutschen Reiches gebrauchte auch Wilhelm II. jene dehnbaren Formulierungen, zu denen der Reichskanzler in seinen Reden Zuflucht nahm, um die These vom Verteidigungskrieg mit den expansionistischen Bestrebungen der Reichsleitung in Einklang zu bringen: »In heroischen Taten und Leiden harren wir ohne Wanken aus, bis der Friede kommt – ein Friede, der uns die notwendigen militärischen, politischen und wirtschaftlichen *Sicherheiten für die Zukunft* bietet und die Bedingungen erfüllt zur ungehemmten Entfaltung unserer schaffenden Kräfte in der Heimat und auf dem freien Meere.«[15] Allerdings befasste sich der Kaiser weder mit den politischen Erwägungen noch mit den Kriegszielplanungen der Reichsleitung in eingehender Weise. Versuche, Wilhelm II. gegen den angeblich wankelmütigen und schlappen Kanzler in Stellung zu bringen, prallten zumeist schon am Chef des Kaiserlichen Zivilkabinetts Valentini ab. Dies gilt beispielsweise für die Kriegszieleingabe der sechs großen Wirtschaftsverbände vom Mai 1915, die dem Kaiser durch den Chef des Stellvertretenden Generalkommandos in Münster, General von Gebsattel, am Kanzler vorbei zugeleitet werden sollte.[16]

Verschiedentlich wurde die Klage laut, dass Valentini, Müller und Lyncker einen nahezu undurchdringlichen Schutzwall um den Kaiser errichtet hätten. In der Tat gewannen die Kabinettschefs unter den gegebenen Umständen ein hohes Maß an Macht, denn sie kontrollierten den Zugang zu Wilhelm II., oder besser, sie kanalisierten den Strom an Informationen, die ihn erreichten. Gleichzeitig benutzte der Kaiser die Kabinettschefs, wenn Schriftsätze aufzusetzen waren, die aus seinen Entscheidungen oder auch Nicht-Entscheidungen resultierten. Hier eröffneten sich Möglichkeiten, um kaiserliche Verlautbarungen zu manipulieren und gelegentlich auch unsinnige Erlasse zu verhindern. In den ersten Kriegsjahren konnte sich Reichskanzler Bethmann Hollweg weithin auf die Loyalität insbesondere der Kabinettschefs Valentini und Müller stützen. Dadurch gelang es ihm, sich in kritischen Situationen beim Kaiser immer wieder gegen seine Gegenspieler durchzusetzen, in erster Linie Großadmiral von Tirpitz und Admiral von Capelle. Aber dem waren Grenzen gesetzt, denn Wilhelm II. behielt, ungeachtet seiner zurückgezogenen Position, seinen eigenen Kopf. Vor allem scheute er personalpolitische Veränderungen.

Die erste große Entscheidung dieser Art ging noch relativ glimpflich über die Bühne. General Erich von Falkenhayn löste im September 1914 den bisherigen Chef des Großen Generalstabes, Helmuth von Moltke, ab, der nach dem Scheitern der Marneschlacht einen nervösen Zusammenbruch erlitten hatte. Zunächst wurde dieser Schritt öffentlich nicht bekannt gegeben. Falkenhayn entsprach ganz den Erwartungen des Monarchen: 1913 hatte er als preußischer Kriegsminister in der Zabern-Affäre, den Wünschen Wilhelms II. gemäß, eine entschlos- sene Haltung gegenüber dem Reichstag eingenommen. Darüber hinaus war er eine elegante Erscheinung mit glänzenden Umgangsformen, weltgewandt und ungewöhnlich gebildet. Ob er auch die Fähigkeiten zu einem hervorragenden Truppenführer besaß, war freilich ungewiss; aber in der damaligen kritischen Situation musste ohnehin rasch gehandelt werden.

Bereits im Spätherbst 1914 erhielt das zunächst glanzvolle Bild Falkenhayns erste Risse. Seine Strategie an der Westfront nahm zu immer neuen Angriffen mit ungewöhnlich hohen Blutopfern Zuflucht, was in den Kreisen des hohen Offizierskorps äußerst kritisch beurteilt wurde. Außerdem waren weder die politische Leitung noch die Führer der Armee bereit, der ungemein pessimistischen – und dabei durchaus realistischen – Einschätzung zuzustimmen, die Falkenhayn im November 1914 über die militärische Lage der Mittelmächte abgab. Auch der Reichskanzler wurde unsicher, ob Falkenhayn weiterhin der richtige Mann an der Spitze der Armee sei, nachdem dieser ihm am 18. November erklärt hatte, dass der Krieg mit rein militärischen Mitteln nicht mehr gewonnen werden könne und nunmehr politische Wege gesucht werden müssten, um ihn zu beenden. Die Zweifel an den Feldherrenqualitäten Falkenhayns verstärkten sich weiter, als dieser am 7. Dezember einigermaßen unbedacht erklärte, dass die Armee »ein zertrümmertes Werkzeug« sei.[17]

Hinzu kam ein Konflikt zwischen Falkenhayn und den beiden Armeeführern im Osten, Paul von Hindenburg und Erich Ludendorff. Diese warfen dem Generalstabschef vor, ihnen im entscheidenden Moment die zusätzlichen Truppenverbände verweigert zu haben, die notwendig gewesen wären, um die russischen Armeen in Polen in einer großen Umfassungsoperation zu schlagen. Hindenburg und Ludendorff verlangten nun, den Schwerpunkt der militärischen Operationen nach Osten zu verlagern, wo die Fronten noch nicht im Stellungskrieg erstarrt waren. Falkenhayn wäre dazu grundsätzlich bereit gewesen, aber er ging mit einigem Recht davon aus, dass im Osten angesichts der Weite des russischen Raumes der Krieg niemals definitiv entschieden werden könnte. Für ihn hatten nach wie vor die Operationen im Westen Vorrang, die den größten Teil der Heeresreserven banden. Major Hans von Haeften versuchte im Frühjahr 1915 im Auftrag Hindenburgs und Ludendorffs, direkt auf Wilhelm II. einzuwirken, um zu erreichen, dass Falkenhayn seine Strategie ändern und den Wünschen der Heerführer entsprechen würde. Bethmann Hollweg unterstützte diese Forderungen. Er erwog ernstlich, den Kaiser dazu zu bewegen, Falkenhayn abzulösen und durch die beiden zu ersetzen.

Aber diese Aktionen brachten keine nennenswerten Ergebnisse, zumal Falkenhayn sich dazu bereit erklärte, nunmehr stärkere Verbände in den Osten zu entsenden. Ohnehin war Wilhelm II. an Falkenhayn gewöhnt und konnte keinen Fehl an ihm entdecken. Außerdem hatte er eine sehr negative Meinung von Ludendorff: »Ludendorff würde er niemals zum Chef nehmen. Der sei ein zweifelhafter, von persönlichem Ehrgeiz zerfressener Charakter.«[18] Bethmann Hollweg blieb Falkenhayn gegenüber aber auch weiterhin misstrauisch eingestellt, nicht zuletzt, weil dieser sich in die außenpolitischen Fragen einmischte. Der Generalstabschef hoffte zunächst, den Krieg durch einen Sonderfrieden mit Russland beenden zu können. Als sich dies als Chimäre erwies, zog er die Gründung eines mitteleuropäischen Wirtschaftsverbandes in Betracht, der den Alliierten die Hoffnung nehmen sollte, Deutschland könne ausgehungert werden. Vorläufig war Falkenhayns Stellung bei Wilhelm II., die vor allem auf persönlicher Wertschätzung beruhte, allerdings nicht zu erschüttern. Im Gegenteil, noch am Jahresende 1915 versicherte der Kaiser dem Chef des großen Generalstabes in einem Handschreiben, das der Presse zugeleitet wurde, seines uneingeschränkten Vertrauens: »Unter Ihrer vorbildlichen, sicheren Leitung hat der deutsche Generalstab seine oft erprobte Tüchtigkeit von neuem bewiesen und sich im alten Rufe bewährt.«[19] Bethmann Hollweg aber zweifelte weiterhin daran, dass er unter diesem Generalstabschef, der immer neue politische Rezepte erdachte, um das Dilemma der Mittelmächte zu lösen, militärisch hingegen ratlos schien, den Krieg zu einem guten Ende bringen könnte.

Der Konflikt zwischen dem Kanzler und dem Generalstabschef erreichte im Sommer 1916 einen neuen Höhepunkt. Die Brussilow-Offensive hatte im Juni überraschend die ganze österreichische Südostfront in Galizien überrannt. Die österreichisch-ungarische Heeresleitung sah sich gezwungen, die Front unter riesigen Verlusten an Menschen und Material bis an die Karpatenpässe zurückzunehmen. Das Versagen der österreichisch-ungarischen Armeeführung unter Conrad von Hötzendorff war offensichtlich. Wieder einmal mussten die Deutschen dem Bündnispartner zur Seite springen. In dieser Situation forderte der Kanzler, unterstützt von Hindenburg und Ludendorff, dass nunmehr die Leitung der gesamten Ope-

234

rationen an der Ostfront, unter Einschluss auch der österreichischen Verbände, dem Oberkommando Ost (Oberost) übertragen werde. Angesichts der akuten Notlage, in der sich die Donaumonarchie befand, stimmte auch die Regierung in Wien diesem Vorschlag zu. Jedoch weigerte sich Falkenhayn auch jetzt noch, Hindenburg und Ludendorff den Gesamtbefehl über die deutschen Streitkräfte im Osten zu übergeben, geschweige denn auch über die österreichischen Verbände.

Für Bethmann Hollweg war dies der geeignete Moment, um bei Wilhelm II. endlich durchzusetzen, dass Falkenhayn als Generalstabschef abgelöst und Hindenburg und Ludendorff zu seiner Nachfolge berufen wurden. Insgeheim hatte er daran schon seit längerem gearbeitet. Dabei spielte auch eine Rolle, dass der Kanzler die Verdun-Offensive Falkenhayns wegen der ungeheuren, zum Teil einkalkulierten menschlichen Verluste als »Verbrechen« ansah.[20] Aber abgesehen von den Zweifeln an der Strategie Falkenhayns war für die Reichsleitung der Gesichtspunkt ausschlaggebend, dass die ungeheure Popularität Hindenburgs und Ludendorffs in der Bevölkerung politisch nicht länger ungenutzt bleiben dürfe. »Der Name Hindenburg ist der Schrecken unserer Feinde, elektrisiert unser Heer und unser Volk, die grenzenloses Vertrauen zu ihm haben. Selbst wenn wir eine Schlacht verlören, was Gott verhüten wolle, unser Volk würde auch dies hinnehmen, wenn Hindenburg geführt hat, und ebenso jeden Frieden, den sein Name deckt.«[21] Dass Falkenhayn Widerstand dagegen leistete, den Oberbefehl im Osten Hindenburg und Ludendorff zu übertragen, machte das Maß für Bethmann Hollweg voll. Dabei verkannte er den Charakter der beiden Generale und führte das Verhalten des Generalstabschefs vorwiegend auf persönliche Motive zurück. Er verstärkte nun den Druck auf Valentini, die Schlüsselfigur im engeren Führungskreis um den Kaiser in Charleville: »Die Riesengefahr im Osten erkennt man nicht und stemmt sich gegen den einheitlichen Oberbefehl bis zu dem Augenblick, wo es trotz des bereits in Strömen vergossenen Blutes vielleicht schon zu spät ist. Wo hört die Unfähigkeit auf und fängt das Verbrechen an?«[22]

Wilhelm II. war »sehr ungehalten«, als man ihm nahe legte, den Oberbefehl über sämtliche Truppen der Mittelmächte im

235

Osten den Siegern von Tannenberg anzuvertrauen, und dies damit begründete, dass die Volksstimmung diesen Schritt gebieterisch verlange. Dies »bedeute eine Abdankung für ihn, und Hindenburg« sei »damit als Volkstribun an seine Stelle getreten«.[23] Er spürte, dass es sich bei Hindenburg um eine Persönlichkeit handelte, die ihn kraft ihres eigenständigen Charismas als Obersten Kriegsherrn in den Hintergrund drängen würde. Zwar konnte sich Falkenhayn vorläufig noch hinter dem Widerstand der österreichischen Armeeführung verstecken, die sich nicht den Weisungen eines deutschen Generals unterwerfen wollte, aber am Ende wurde er von Wilhelm II. in nahezu ultimativer Form gezwungen, Hindenburg und Ludendorff den geforderten Oberbefehl im Osten zuzugestehen. Dies gelang jedoch erst, nachdem der Kanzler schwerstes Geschütz zugunsten der beiden Feldherren aufgefahren hatte: »Es handele sich dabei auch um die Dynastie der Hohenzollern. Mit Hindenburg könne er [der Kaiser] einen enttäuschenden Frieden machen, ohne ihn nicht.«[24] Auch jetzt noch kam es zu heftigen Auseinandersetzungen in Pleß, insbesondere zwischen Falkenhayn und Hindenburg, unter denen der Kaiser außerordentlich litt. Er hasste es ohnedies, zu Entscheidungen dieser Art gezwungen zu werden.

Der überraschende Kriegseintritt Rumäniens am 26. August 1916 mit dem Falkenhayn nicht gerechnet hatte, ruinierte dessen bereits angeschlagene Stellung als Generalstabschef endgültig. Wilhelm II. war über diese Nachricht tief deprimiert und rechnete nun mit dem Zusammenbruch der Donaumonarchie. Dann wäre das Deutsche Reich genötigt, ebenfalls Frieden zu schließen. Admiral von Müller, der Chef des Marinekabinetts, berichtete: »[…] der Kaiser war ganz resigniert. Man hatte den Eindruck: nur Frieden – alles andere ist ihm gleichgültig.« Seiner Umgebung gelang es nur mit Mühe, ihn wieder einigermaßen aufzurichten. Am folgenden Tage verfügte Wilhelm II. – »unter Tränen«, wie es heißt – die Entlassung Falkenhayns und die Berufung Hindenburgs und Ludendorffs in die Oberste Heeresleitung. Aber er blieb sich unsicher, ob er das Richtige getan hatte. Der Hinweis, dass die Bevölkerung die Entscheidung für Hindenburg jubelnd begrüßt habe, überzeugte ihn überhaupt nicht. Im Grunde hatte er das Gefühl, dass sich die Ernennung Hindenburgs und des Gewaltmenschen Ludendorff als Fehler herausstellen könnte: Am Ende würde das persönliche Prestige Hindenburgs die Stellung der Hohenzollerndynastie im Volke untergraben – eine Vermutung, mit der Wilhelm II. durchaus nicht falsch lag.

Die Frage des U-Bootkrieges sorgte seit Februar 1915 für noch ungleich schärfere Konflikte. Erneut zeigte sich der Kaiser außerstande, für eine angemessene Kooperation zwischen der Reichsleitung und den Streitkräften, diesmal der Marine, zu sorgen. Er war vollkommen überfordert, wenn es darum ging, für alle Lager verbindliche Entscheidungen zu treffen. Vielmehr entbrannte auch hier zwischen den Ressorts ein erbitterter Konkurrenzkampf hinter den Kulissen, in den sich allerdings zunehmend auch die Öffentlichkeit einmischte, die von interessierter Seite immer wieder mit Informationen versorgt wurde. Am 4. Februar 1915 hatte die Seekriegsleitung eine Zone rings um die britischen Inseln zum Kriegsgebiet erklärt, innerhalb dessen alle Handelsschiffe damit rechnen müssten, ohne Warnung angegriffen zu werden. Die Seekriegsleitung setzte darauf, dass eine solche Ankündigung einen entsprechenden Abschreckungseffekt auf die neutrale Schifffahrt haben würde, denn die Zahl der verfügbaren U-Boote war vorläufig noch viel zu gering, um eine auch nur annähernd wirksame Seeblockade zu erzwingen. Stattdessen sah sich das Auswärtige Amt nun mit wütenden Protesten der Neutralen gegen diese Verletzung des Völkerrechts konfrontiert, während Großbritannien gleichzeitig ankündigte, die Fernblockade des deutschen Seeverkehrs drastisch verschärfen zu wollen. Daraufhin wurden die Kommandanten der U-Boote angewiesen, neutrale, insbesondere amerikanische Schiffe zu schonen.

Am 7. Mai 1915 versenkten die Deutschen das britische Passagierschiff »Lusitania«. Weil sich unter den insgesamt 1198 Todesopfern auch 139 amerikanische Bürger befanden, kam es zu ernsten Verwicklungen mit den Vereinigten Staaten. Die Reichsleitung sah sich gezwungen, der Seekriegsleitung die Rückkehr zum völkerrechtlich legitimen Kreuzerkrieg mit U-Booten nach der Prisenordnung zu oktroyieren, was einem Verzicht auf die warnungslose Versenkung von unbewaffneten Handelsschiffen gleichkam. Die Seekriegsleitung lehnte das freilich ab. Großadmiral von Tirpitz stellte sich vielmehr an die Spitze einer breit angelegten Kampagne, mit der ein uneingeschränkter Einsatz der U-Bootwaffe durchgesetzt werden sollte, auch auf die Gefahr hin, dass es zum Bruch mit den USA käme. Wilhelm II., der nur zeitweilig zu den Verhandlungen der zuständigen Ressorts hinzugezogen wurde, schwankte zwischen beiden Lagern hin und her. Bethmann Hollweg hatte es nur der energischen Fürsprache Admiral von Müllers zu verdanken, dass er zunächst obsiegte. Müller war sich einerseits über die beschränkten Möglichkeiten der deutschen U-Bootwaffe im Klaren, zum anderen wusste er um die Gefahr, die von den Vereinigten Staaten ausging.

Aber die U-Bootfrage war damit nicht vom Tisch, und Wilhelm II. erklärte am 31. Mai 1915: »Ich kann es mit meinem Gewissen nicht vereinigen, daß einerseits der U-Bootkrieg [das heißt der Kreuzerkrieg mit U-Booten] fortgesetzt, andererseits die Neutralen geschont werden sollen.«[25] Die Reichsleitung versuchte zunächst, einen Mittelweg zu beschreiten, indem sie zum sogenannten verschärften U-Bootkrieg überging, ohne damit den Admiralstab und die Seekriegsleitung befriedigen zu können. Angesichts der anhaltenden Resistenz der Marineleitung, den Kreuzerkrieg mit U-Booten fortzuführen, sah sich der Kanzler veranlasst, einen eindeutigen Befehl des Kaisers zu erwirken. Zu diesem kam es aber nicht, lediglich zu einer ergänzenden Dienstanweisung an die U-Bootführung, die Admiral von Müller herbeiführte.

Hinter den Kulissen verstärkte sich jedoch die Agitation für den unbeschränkten U-Bootkrieg, und die treibende Kraft war einmal mehr der Staatssekretär des Reichsmarineamtes, Alfred von Tirpitz. Auch die Parteien der Rechten übten in diesem Sinne vermehrt Druck auf den Reichskanzler aus. Im März 1916 erreichten die Auseinandersetzungen innerhalb der Reichsleitung und auch in der Öffentlichkeit einen neuen Höhepunkt. Auf einem Kronrat am 4. März wurde beschlossen, vorerst am »verschärften U-Bootkrieg« festzuhalten, sich aber eine spätere Entscheidung vorzubehalten.[26] Es war ein taktischer, kein definitiver Sieg für Bethmann Hollweg, zu dem allerdings auch der Umstand beitrug, dass Tirpitz wegen seiner gegen die Reichsleitung gerichteten Pressepolitik zum Rücktritt gezwungen wurde.

Im Herbst 1916 steigerte sich die öffentliche Kampagne für den schrankenlosen U-Bootkrieg schließlich zu ungekannten Ausmaßen. In ihm sahen viele das letzte, aber unfehlbare Mittel, den Krieg doch noch für die Mittelmächte entscheiden zu können. Bethmann Hollweg ließ sich nun dazu herbei, am 9. Oktober im Hauptausschuss des Reichstages zu erklären, dass der unbeschränkte U-Bootkrieg nur »pro tempore«, nicht definitiv ausgesetzt sei. Im Hintergrund stand die Tatsache, dass jetzt auch Hindenburg und Ludendorff dafür eintraten, zu diesem Instrument der Seekriegsführung zu greifen. Es war kaum darauf zu hoffen, dass der Kaiser sich der Kampagne für den U-Bootkrieg energisch widersetzen würde, die sich im Grunde zugleich gegen ihn und den Kanzler richtete. Wilhelm II. wollte durchaus nicht aus seiner selbst gewählten Isolation im Hauptquartier hervortreten.

Der einzige Ausweg bestand in dem deutschen Friedensangebot an den Präsidenten der Vereinigten Staaten vom 12. Dezember 1916, mit dem, wie man hoffte, auch im Falle eines negativen Ausgangs der Kriegseintritt der USA verhindert werden könnte. Die Offerte wurde allerdings durch einen maßlosen Katalog von Kriegszielen von vornherein belastet. Dieser Katalog ging im Wesentlichen auf den Druck der Obersten Heeresleitung zurück; zugleich war er aber auch das Ergebnis einer Addition der unterschiedlichen Vorstellungen, wie sie in den verschiedenen Ressorts und beim österreichisch-ungarischen Bundesgenossen bestanden. Einmal mehr hatte der Kaiser in seiner Führungsfunktion vollständig versagt. Über die Friedensbedingungen, die den Verhandlungen gegebenenfalls zugrunde liegen würden, war im Kaiserlichen Hauptquartier offenbar gar nicht eingehend gesprochen worden. Vielmehr hatte man, wie es heißt, lediglich »die Zustimmung des Kaisers« eingeholt. Admiral von Müller urteilte resigniert, dass die Kriegsziele nicht der militärischen Lage entsprächen und viel zu weit gingen.[27]

Mit dem Scheitern des Friedensangebotes und der sich daran anschließenden Friedensaktion von US-Präsident Woodrow Wilson wurde die Entscheidung für den unbeschränkten

239

U-Bootkrieg dann unabwendbar. Der Kaiser beschloss am 8. Januar 1917, ohne Bethmann Hollweg erneut zu konsultieren, dieses Mittel nun einzusetzen, und rechtfertigte den Schritt damit, dass dies eine »rein militärische Sache sei, die den Kanzler gar nichts anginge«.[28] Auf diese Weise also wurden unter den damaligen Verhältnissen schicksalhafte Weichenstellungen vorgenommen. Bethmann Hollweg war zutiefst verbittert; er klagte, »der Kaiser habe das deutsche Volk in den letzten zwanzig Jahren von Grund aus verdorben und Eitelkeit und Chauvinismus großgezogen«.[29] Als der unbeschränkte U-Bootkrieg am 1. Februar 1917 eröffnet wurde, gab der Kaiser einen Tagesbefehl an die Marine heraus, der durchblicken ließ, dass auch er im Einsatz der U-Bootwaffe gleichsam die letzte Karte des Deutschen Reiches sah: »In dem bevorstehenden Entscheidungskampfe fällt meiner Marine die Aufgabe zu, das englische Kriegsmittel der Aushungerung, mit dem unser gehässigster und hartnäckigster Feind das deutsche Volk niederzwingen will, gegen ihn und seine Verbündeten zu kehren durch Bekämpfung ihres Seeverkehrs mit allen zu Gebote stehenden Mitteln. Hierbei werden die Unterseeboote in erster Reihe stehen. Ich erwarte, daß diese Waffe [...] im Zusammenwirken mit allen anderen Kampfmitteln der Marine und getragen von dem Geist, der sie im ganzen Verlauf des Krieges zu glänzenden Taten befähigt hat, den Kriegswillen unserer Gegner brechen wird.«[30]

Schon zuvor hatten verschiedentlich Bemühungen eingesetzt, den Kaiser politisch stärker einzubinden und seine Autorität für die Entscheidungen der Reichsleitung beziehungsweise der militärischen Instanzen zu nutzen. Besonders Admiral von Müller, der Chef des Marinekabinetts, setzte sich schon seit geraumer Zeit dafür ein, Wilhelm II. aus seiner Einsiedelei im Großen Hauptquartier herauszuholen. Der Kaiser sollte nach Berlin zurückkehren und im Schloss Bellevue, nicht im Neuen Palais in Potsdam, seine Residenz nehmen, um den politischen Ereignissen nahe zu sein und die Stimmungen des Volkes selbst wahrzunehmen. Zeitweise war auch die Rede davon, das Kaiserliche Hauptquartier vom fernen Pleß nach Berlin zu verlegen. Immerhin gelang es, die Legitimität des Kaisertums stärker als bisher für wichtige Maßnahmen der Reichsleitung in Anspruch zu nehmen. Beispielsweise wurde Wilhelm II. bemüht, um das Vaterländische Hilfsdienstgesetz mit seiner monarchischen Autorität zu stützen. So erklärte er am 2. Dezember 1916, kurz bevor das lange umkämpfte Gesetz im Reichstag verabschiedet wurde, in einem zur Veröffentlichung bestimmten Telegramm an Bethmann Hollweg: »Mein wärmster Dank gebührt der von vaterländischem Geist getragenen gemeinsamen Arbeit der Reichsregierung und des Reichstags. Das deutsche Volk bezeugt damit von neuem, daß es fest entschlossen ist, für die siegreiche Durchführung der Verteidigung seines Landes und seiner Macht jedes Opfer an Blut, Gut und Arbeit darzubringen. Ein von solchem einheitlichen Willen beseeltes Volk [...] kann nicht besiegt werden.«[31]

Diese starken Worte konnten freilich nicht darüber hinwegtäuschen, dass die deutsche Gesellschaft zutiefst zerrissen war. Inzwischen hatte sich die politische Rechte immer mehr auf den Reichskanzler eingeschossen. Man warf ihm Schlappheit vor, bemängelte, dass er sich nicht energisch genug für die Kriegsziele einsetze, und machte ihn persönlich dafür verantwortlich, dass der angeblich sicher zum Siege führende unbeschränkte U-Bootkrieg nicht schon längst eröffnet worden war. Besonders gefährlich war dabei, dass die Kreise der Rechten nun nicht nur von den militärischen Zensurbehörden, sondern auch von der neuen Obersten Heeresleitung unterstützt wurden.

Gleichzeitig verstärkte sich die Kritik der Reichstagsparteien und insbesondere der Sozialdemokratie an der politischen Führung. Es gehörte zu den Fernwirkungen der russischen Februarrevolution auf die deutsche Gesellschaft, dass die Forderungen nach demokratischen Reformen nun immer lauter wurden. Im Zentrum stand die Kritik am preußischen Dreiklassenwahlrecht, das nicht mehr zeitgemäß war. Auch Bethmann Hollweg gelangte nun zu der Überzeugung, dass sowohl die innere wie die äußere Politik des Deutschen Reiches nach Ende des Krieges nur dann erfolgreich geführt werden könne, »wenn die politischen Rechte der Gesamtheit des Volkes in allen seinen Schichten, auch in seinen breiten Massen, vollberechtigte und freudige Mitwirkung an der staat-

lichen Arbeit ermöglichen«.[32] Daher hielt er eine weitreichende
Reform des Dreiklassenwahlrechts für unabdingbar. Allerdings sollte diese Frage erst nach Kriegsende angepackt werden, eine Konzession an den Kaiser. Es war aber ein hartes
Stück Arbeit, Wilhelm II., der fernab von den industriellen
Zentren Deutschlands lebte und die allgemeine Stimmung in
der Bevölkerung gar nicht zur Kenntnis nahm, zu Zugeständ-
nissen in dieser so umstrittenen Frage zu bewegen. Ohnehin
stand er in diesem Punkt unter dem Einfluss seiner militärischen Umgebung, die jegliche Veränderung des preußischen
Wahlrechts nach wie vor ablehnte.

Der Kanzler konnte nicht mehr erreichen, als dass der Kaiser in der sogenannten Osterbotschaft vom 7. April 1917 für
die Zukunft eine Wahlrechtsreform ankündigte. In der Verlautbarung, mit der Wilhelm II. erstmals wieder aus seiner re-
lativen Isolierung im Hauptquartier heraustrat, hieß es viel sa-
gend: »Die Wehrmacht als wahres Volksheer zu erhalten, den
sozialen Aufstieg des Volkes in allen seinen Schichten zu fördern, ist vom Beginn meiner Regierung an mein Ziel gewesen.
Bestrebt, in fest bewahrter Einheit zwischen Volk und Monarchie dem Wohle der Gesamtheit zu dienen, bin ich entschlossen, den Ausbau unseres inneren politischen, wirtschaftlichen und sozialen Lebens, so wie es die Kriegslage gestattet,
ins Werk zu setzen.« Den eigentlichen Kernpunkt, nämlich die
Neugestaltung des Wahlrechts, sprach der Kaiser nur indirekt
an: »Nach den gewaltigen Leistungen des ganzen Volkes in diesem furchtbaren Kriege ist nach meiner Überzeugung für das
Klassenwahlrecht in Preußen kein Raum mehr.« Aber er unterließ eine positive Aussage zu dieser Angelegenheit; die »Osterbotschaft« stellte nur die »unmittelbare und geheime«, nicht
aber die – was entscheidend gewesen wäre – gleiche Wahl in
Aussicht.[33]

Dies befriedigte niemanden. Während die Parteien der Linken die Zusage Wilhelms II. sogleich als unzureichend kritisierten, brach im rechten Lager eine heftige Polemik dagegen
los, überhaupt eine Änderung des Dreiklassenwahlrechts ins
Auge zu fassen, obwohl die Osterbotschaft diese Frage nur in
ziemlich unverbindlicher Weise angesprochen hatte. Das war
Wasser auf die Mühlen der Gegner Bethmann Hollwegs. In

den Massenstreiks, die wegen der akuten Versorgungskrise in den Industriestädten im Herbst losbrachen, wurde nun erstmals auf breiter Basis eine Wahlrechtsreform gefordert. Max Weber wies in einem viel beachteten Artikel darauf hin, dass es »unsere gesamte innenpolitische Entwicklung weiter vergiften« würde, wenn das Verlangen nach dem allgemeinen, gleichen, direkten und geheimen Wahlrecht unerfüllt bliebe.[34]

Die Möglichkeiten des Kanzlers, auf Wilhelm II. im Kaiserlichen Hauptquartier einzuwirken, waren jedoch äußerst begrenzt. Auch wenn er mit der bewährten Hilfestellung Valentinis rechnen konnte, waren die Einflüsse von dritter, namentlich von militärischer Seite unkontrollierbar. Bethmann Hollweg hoffte vergeblich, dass der Kaiser ihn vor ungerechtfertigter Kritik von rechts in Schutz nehmen würde. Stattdessen geriet Wilhelm II. zunehmend in das Fahrwasser der Obersten Heeresleitung. Diese lehnte eine Wahlrechtsreform schroff ab und warf dem Kanzler schon seit längerem vor, gegenüber den Parteien der Linken zu nachgiebig zu sein. Oberst Max Bauer, die rechte Hand Ludendorffs in politischen Fragen, arbeitete schon damals an einer Denkschrift, die auf den Sturz Bethmann Hollwegs abzielte und in der Schlussfolgerung gipfeln sollte, »daß wir mit keinem unserer Feinde zum Frieden und zur Verständigung kommen, solange ein Mann, der weder im Innern noch im Auslande Vertrauen genießt, an der Spitze der Reichsleitung steht«.[35]

Allerdings waren die Verhältnisse noch nicht reif dafür, zu einer Militärdiktatur überzugehen, wie Oberst Bauer sie bereits jetzt anstrebte; auch Hindenburg und Ludendorff selbst wollten nicht so weit gehen. Wilhelm II. seinerseits unterwarf sich immer stärker den Wünschen der beiden Feldherren. In einer Ansprache zum Geburtstag Hindenburgs am 2. Oktober 1916 ließ der Kaiser erkennen, dass er gleichsam selbst an dem großen Prestige partizipieren wollte, über das Hindenburg als Sieger der Schlacht von Tannenberg verfügte: »Im Namen der gesamten Armee spreche ich Ihnen meinen herzlichen Glückwunsch zum heutigen Tage aus. Durch das Vertrauen Ihres allerhöchsten Kriegsherrn an die Spitze des Generalstabes berufen, sind Sie getragen von dem Vertrauen des deutschen Volkes – und ich darf wohl sagen – aller verbündeten Völker. Möge Gott Ihnen bescheren, den gewaltigen Weltkrieg zum endgültigen Sieg zu führen [...].«[36]

Wie unwillig und unfähig der Kaiser war, Hindenburgs und Ludendorffs Machtfülle auch nur begrenzt anzutasten, zeigte sich in krasser Weise am 23. April 1917 auf der Kriegszielkonferenz in Bad Kreuznach, wohin das Hauptquartier inzwischen verlegt worden war. In gewissem Sinne reagierte man hier darauf, dass sich die Sozialdemokratie die Forderung des Petrograder Arbeiter- und Soldatenrates nach einem Frieden ohne Annexionen und Kontributionen zu eigen gemacht hatte. Im Gegenzug wurde nun ein gigantischer Katalog von Kriegszielen in Ost und West aufgestellt, der jede Aussicht auf einen Sonderfrieden im Osten oder auf einen Verständigungsfrieden zunichte machen musste. Irritiert nahmen die engsten Berater des Kaisers zur Kenntnis, wie dieser sich den Vorschlägen der Obersten Heeresleitung umstandslos beugte. »Völlige Maßlosigkeit im Osten wie im Westen«, notierte Admiral von Müller, während Valentini die Verhandlungen schlichtweg als »kindisch« bezeichnete.[37]

Der Reichskanzler wagte es nicht, sich den Heerführern frontal entgegenzustellen und nahm Zuflucht zu einer Aktennotiz: »General Ludendorff hat seit längerer Zeit auf eine Vereinbarung der Kriegsziele gedrängt und auch Seiner Majestät zu suggerieren verstanden, daß das jetzt das wichtigste Geschäft sei. [...] Wahrscheinlich hoffte der General[,] mich bei Differenzen über die Kriegsziele stürzen zu können, was augenblicklich wohl leicht durchzusetzen wäre. Oder er glaubte mich festlegen zu können, damit ich nicht auf billigerer Grundlage (Friedensangebot vom 12. Dezember) Friedensverhandlungen betreibe. Ich habe das Protokoll mitgezeichnet, weil mein Abgang über Phantastereien lächerlich wäre. Im übrigen lasse ich mich durch das Protokoll natürlich in keiner Weise binden. Wenn sich irgendwo und irgendwie Friedensmöglichkeiten eröffnen, verfolge ich sie. Was ich hiermit aktenmäßig festgestellt haben will.«[38] Zu solch skurrilen Auswüchsen kam es bei Entscheidungsfindungen, weil der Kaiser des Deutschen Reiches unfähig war, die Probleme auch nur annähernd richtig einzuschätzen. Seit dem Frühjahr 1917 folgte er der Obersten Heeresleitung fast blindlings.

Noch stärker aber wurde die prekäre Stellung des Reichskanzlers durch innenpolitische Entwicklungen untergraben. Ende April 1917 wurde ein Verfassungsausschuss des Reichstages eingesetzt, der nun definitiv die Frage der Verantwortlichkeit des Reichskanzlers prüfen und Vorschläge zur Änderung der Reichsverfassung ausarbeiten sollte.[39] Im Kaiserlichen Hauptquartier löste das große Unruhe aus. Wilhelm II. reagierte auf die Beschlüsse des Ausschusses, der am 4. Mai seine Beratungen aufgenommen hatte, unter anderem mit einem ungewöhnlich detaillierten Telegramm an Bethmann Hollweg. Darin wurde eingehend begründet, warum die Parlamentarisierung der Reichsverfassung unmöglich sei. Im Übrigen lehnte der Kaiser alle über die Osterbotschaft hinausgehenden politischen Konzessionen rundheraus ab.[40] Obwohl dieses Telegramm konziliant gehalten war (vermutlich auf die Einwirkung Valentinis hin), signalisierte es doch, dass Bethmann Hollweg an der Grenze verfassungspolitischer Zugeständnisse angelangt war und von ihm nun erwartet wurde, die bestehende Ordnung gegenüber den Mehrheitsparteien mit aller Härte zu verteidigen. Der Kanzler stand deshalb bei seinen Verhandlungen mit den Reichstagsparteien mit leeren Händen da; er war zum bloßen Befehlsempfänger degradiert worden.

Der letzte Akt dieses Dramas kam dann mit der Julikrise 1917. Auslöser war eine Rede Matthias Erzbergers im Hauptausschuss des Reichstages am 6. Juli. Der Zentrumsabgeordnete entlarvte die Voraussagen der Seekriegsleitung, der unbeschränkte U-Bootkrieg werde Großbritannien binnen sechs Monaten zum Frieden zwingen, als falsch und verlangte eine grundlegende Änderung des politischen Kurses. Mit der sogenannten Juliresolution wollten die Mehrheitsparteien des Parlamentes die Reichsleitung nun förmlich darauf festlegen, einen Verständigungsfrieden herbeizuführen. Die Oberste Heeresleitung und die gesamte Rechte lehnten das entschieden ab. Bethmann Hollweg gelang es mit großer Mühe, nach dem ersten Schock die politische Lage wieder einigermaßen in den Griff zu bekommen, unter anderem durch die Ankündigung des gleichen Wahlrechts, für die er Wilhelm II. die Zustimmung abgerungen hatte. Nun konfrontierten Hindenburg und Ludendorff den Kaiser mit einem Ultimatum, das die um-

245

gehende Entlassung des Kanzlers forderte. Zwar wies Wilhelm II. das nach einer Unterredung mit Bethmann Hollweg zunächst mit Nachdruck zurück, dann aber erklärte der Kanzler selbst, dass er ohne das Vertrauen der Obersten Heeresleitung sein Amt nicht weiterführen könne.

So sah sich der Kaiser gezwungen, ganz gegen seine persönliche Neigung Bethmann Hollweg zu entlassen und nach einem neuen Kanzler Ausschau zu halten. Einen Rücktritt der beiden Heerführer, zu dem es sonst wohl gekommen wäre, hätte er als eine noch größere Katastrophe betrachtet. Zudem hatten auch die Führer der Nationalliberalen, der Fortschrittlichen Volkspartei, des Zentrums und der Sozialdemokratie erklärt, dass sie mit diesem Kanzler nicht länger zusammenarbeiten könnten. Dennoch trugen die Umstände des Kanzlersturzes Züge einer Schmierenkomödie. Niemand, auch Wilhelm II. nicht, konnte mit diesem Ergebnis wirklich zufrieden sein. Der Kaiser beklagte sich nachträglich darüber, dass die Oberste Heeresleitung ihn mit ihrem Abschiedsgesuch »vor eine Zwangslage gestellt« habe.[41] Sonst hätte er wohl trotz allem an Bethmann Hollweg festgehalten.

Die Suche nach einem geeigneten Nachfolger aber gestaltete sich zu einem Trauerspiel. Man hat es hier mit einem Musterbeispiel negativer Führerauslese im Sinne Max Webers zu tun. Es zeigte sich, dass das kaiserliche Beamtenregiment keinerlei akzeptable Kanzlerkandidaten hervorgebracht hatte. Die profilierteren Persönlichkeiten innerhalb der preußisch-deutschen Führungselite schieden in ihrer großen Mehrheit schon deshalb aus, weil sie früher oder später mit dem Kaiser in Konflikt geraten oder sonst irgendwie in Ungnade gefallen waren. Fürst Bülow, der sich einige Hoffnungen auf die Nachfolge Bethmann Hollwegs gemacht hatte und in nationalliberalen Kreisen als zukünftiger Kanzler protegiert wurde, galt als undenkbar, ebenso Tirpitz, obwohl es angesichts der Entwicklung der Dinge in gewissem Sinne logisch gewesen wäre, ihn zu berufen. Der deutsche Geschäftsträger in Washington, Graf von Bernstorff, hatte angeblich die Interessen des Reiches in den USA zu schwächlich vertreten. Der Staatssekretär im Reichsschatzamt, Karl Helfferich, galt wiederum als zu stark mit dem bisherigen Regime verknüpft. Dem Kaiser und seinen Beratern fiel zunächst nur der bayerische Ministerpräsident Graf Hertling ein, trotz dessen hohen Alters. Als dieser ablehnte, war die Ratlosigkeit groß. Valentini und Lyncker wälzten im Kaiserlichen Hauptquartier allen Ernstes das Staatshandbuch und den Gotha, um einen geeigneten Kandidaten zu finden.[42]

Generaloberst von Plessen kam schließlich auf die glorreiche Idee, den preußischen Staatskommissar für Ernährung, Georg Michaelis, vorzuschlagen, der sich den Ruf erworben hatte, ein energisch durchgreifender Beamter zu sein. Dieser wurde nun mit Zustimmung Hindenburgs und Ludendorffs tatsächlich berufen, zumal auch die Reichstagsparteien nichts gegen die Oktroyierung des neuen Kanzlers durch die Krone unternahmen. Ein völlig ungeeigneter Bürokrat übernahm jetzt also den Posten des Regierungschefs, und das in einer Situation, in der sich die Mittelmächte militärisch in größter Bedrängnis befanden. Das System des unparlamentarischen Beamtenregiments, das die preußisch-deutsche Führungsschicht als die für das Reich allein taugliche Regierungsform betrachtete, hatte sich selbst ad absurdum geführt. Der Obersten Heeresleitung war eine schwache Beamtennatur auf dem Kanzlerstuhl natürlich recht. Sie wollte die Richtung ja ohnehin selbst vorgeben, ohne freilich dafür die politische Verantwortung zu übernehmen.

Allerdings konnten Hindenburg und Ludendorff nicht durchsetzen, dass der neue Kanzler sich in aller Form von der »Friedensresolution« des Reichstages distanzierte. Ein solcher Schritt hätte wohl schon jetzt zu revolutionären Unruhen im Land geführt. Dafür konzentrierten sich die beiden Heerführer nun darauf, die letzte Bastion eines gemäßigten Kurses der rechten Mitte, wie ihn Bethmann Hollweg gesteuert hatte, zu beseitigen, nämlich den Chef des Kaiserlichen Zivilkabinetts, Rudolf von Valentini. Oberst Bauer lieferte die Argumente: Valentini habe in unverantwortlicher Weise die Politik Bethmann Hollwegs mitgetragen, die ohne rechte vaterländische Gesinnung gewesen sei und die Linke unterstützt habe. Darunter habe das »Ansehen der Krone unendlich gelitten«; sie sei »in schwerster Gefahr«.[43] Nur unter erheblichem Druck und nach zweimaligen Rücktrittsgesuchen der beiden Feldherren trennte sich Wilhelm II. am 16. Januar 1918 von Valentini; später hat dieser seinen Abschied als Rückzug aus einer verkehrten Welt empfunden.[44] Die Oberste Heeresleitung oktroyierte nun mit dem bisherigen Oberpräsidenten der Provinz Ostpreußen, Friedrich Wilhelm von Berg, einen linientreuen Repräsentanten der Rechten und langjährigen Gefolgsmann Ludendorffs.

Von nun an war Wilhelm II. eigentlich nur noch ein Spielball in den Händen der Obersten Heeresleitung; jedenfalls wagte er in der Öffentlichkeit keine Schritte mehr, die den Wünschen Hindenburgs und Ludendorffs zuwiderliefen. Das Fiasko der Kanzlerschaft von Michaelis bedarf hier keiner näheren Erörterung. Es war abzusehen, dass dieser sich angesichts der immensen Probleme in kürzester Zeit als unfähig erweisen würde. Der Kaiser selbst gab dem neuen Regiment am 1. August 1917, dem dritten Jahrestag des Kriegsausbruchs, nur schwache Schützenhilfe: Er veröffentlichte einen »Erlaß an das deutsche Volk«, der Siegeszuversicht vermitteln sollte, im Übrigen aber der Friedenssehnsucht der Bevölkerung, die in der Juliresolution ihren politischen Ausdruck gefunden hatte, vage Rechnung zu tragen suchte: »Drei Jahre harten Kampfes liegen hinter uns. [...] So stehen wir unerschüttert, sieghaft und furchtlos am Ausgang dieses Jahres. [...] Noch gilt es, weiterzukämpfen und Waffen zu schmieden. Aber unser Volk sei gewiß: *nicht für den Schatten hohlen Ehrgeizes wird deutsches Blut und deutscher Fleiß eingesetzt, nicht für Pläne der Eroberung und Knechtung, sondern für ein starkes und freies Reich, in dem unsere Kinder sicher wohnen sollen.*«[45]

Von der Realität war dieser Erlass denkbar weit entfernt. Nur kurz zuvor hatte der Kaiser die Kreuznacher Kriegszielvereinbarungen abgesegnet, die maßloser nicht hätten sein können. Darüber hinaus war bekannt, dass Hindenburg und Ludendorff einem Verhandlungsfrieden, wie er der Reichstagsmehrheit vorschwebte, keinesfalls zustimmen würden. Vor allem aber schmiedeten die Oberste Heeresleitung und das Auswärtige Amt unter Beteiligung des Monarchen weitreichende Annexionspläne. Kurland und Litauen sollten von Russland abgelöst und dem Reich angegliedert werden. Insofern war die Versicherung Wilhelms II., dass deutsches Blut

nicht für Eroberungen vergossen werden solle, reine Augen-
wischerei. Wenig später musste Michaelis dann durch Graf
Hertling ersetzt werden. Der Kaiser spielte dabei eine wenig
erfreuliche Rolle, aber das tat nichts mehr zur Sache. Im politischen und militärischen Geschehen war er mehr und mehr
zu einer Randfigur geworden, obgleich die verantwortlichen
Männer und die politischen Eliten bestrebt waren, ihn nach
Kräften für ihre jeweiligen Ziele in Anspruch zu nehmen.
Auch im Hauptausschuss des Reichstages wurde über einen
zunehmenden Schwund an monarchischer Gesinnung in der
Bevölkerung geklagt.[46]

Der Zusammenbruch des Zarenreiches in der Oktoberre-
volution und die sich daran anschließenden Friedensverhandlungen zwischen Russland und den Mittelmächten in
Brest-Litowsk gingen an Wilhelm II. im Wesentlichen vorbei.
Seit Anfang Dezember 1917 wurde über einen Unterwer-
fungsfrieden von gigantischen Ausmaßen verhandelt, verbunden mit der Annexion beziehungsweise der indirekten Anglie-
derung weiter Gebiete des Ostens an die Mittelmächte. Auch
an den neu aufflammenden Konflikten zwischen der politischen Führung und der Obersten Heeresleitung über die Vor-
gehensweise im Osten hatte der Kaiser im Großen und Ganzen keinen Anteil. Er beschwerte sich, dass er »von beiden
Seiten übergangen« werde.[47] Als die Gespräche von Brest-Litowsk zeitweilig ins Stocken gerieten und der sehnlichst erwartete Abschluss eines Sonderfriedens gefährdet schien,
führte das in der letzten Januarwoche 1918 in zahlreichen
Städten Deutschlands zu spontanen Massenstreiks. Diese
richteten sich gegen die Verhandlungsführung der Mittelmächte in Brest-Litowsk, die die »Knechtung« der Völker in
den Randstaaten des ehemaligen Zarenreiches anstrebe.

Das Misstrauen hätte nicht größer sein können, mit dem die
breiten Massen den Friedensbekundungen der Reichsleitung
und der Obersten Heeresleitung begegneten, auch wenn sich
die Verhältnisse zeitweilig wieder etwas beruhigten. Wilhelm II.
bekam von diesen Entwicklungen offenbar überhaupt nichts
mehr mit. Er war sich sicher, dass angesichts des Sieges im
Osten das Ansehen der Krone in der Bevölkerung wieder gestiegen sei. In einem zur Veröffentlichung bestimmten Erlass

an den Reichskanzler vom 2. Februar 1918 hieß es voller Selbstzufriedenheit: »Das Vertrauensverhältnis zwischen Krone und Volk, von meinen Vorfahren in langer Geschichte erworben, ist gerade in den schwersten Zeiten am innigsten geknüpft. Es leuchtet mir entgegen, wenn ich unseren heldenmütigen Kämpfern an der Front den Dank des Vaterlandes ausspreche.« In Wirklichkeit spielte der Kaiser im öffentlichen Bewusstsein eine immer marginalere Rolle.[48] Seine Versicherung, dass »unser […] Volk […] voll starker Zuversicht einem guten Frieden entgegensehen« könne, hatte daher keinerlei Wirkung, und dasselbe galt für seinen Appell, die Einheit der Nation zu erhalten: »Hierzu bedarf es aber jetzt der ernsten Selbstzucht, der innern Geschlossenheit, der willigen Unterordnung unter große Ziele, der Bereitschaft, auch das Schwerste zu ertragen, des Vertrauens auf die eigene Unbesiegbarkeit und der Einstellung aller Kräfte für das eine große Ziel der Erkämpfung einer starken und sichern Zukunft des Vaterlandes.«[49]

In der Tat setzte nun bei Wilhelm II. ein Prozess fortschreitenden Realitätsverlustes ein. Er war nicht länger imstande, sich ein klares Bild von der wirklichen Lage zu verschaffen, und seine engere Umgebung konnte und wollte daran nichts ändern. In der Konsequenz fiel er als politischer Faktor weitgehend aus. Im Kaiserlichen Hauptquartier führte der neue Chef des Zivilkabinetts Berg nun das große Wort, und der Impulsivität Wilhelms II. stellte sich niemand mehr entgegen. Zudem brach bei ihm jetzt die Neigung zum Philosophieren durch. In einer Ansprache an Hindenburg vom 15. Juni 1918 betrieb er Reflexionen über die ungeheure Schwere des Weltkrieges und behauptete, er habe dies, im Unterschied zur Öffentlichkeit, von vornherein gewusst: »Das deutsche Volk ist beim Ausbruch des Krieges sich nicht darüber klar gewesen, was dieser Krieg bedeuten wird. Ich wußte es ganz genau; deswegen hat mich auch der erste Ausbruch der Begeisterung nicht getäuscht. […] Ich wußte ganz genau, um was es sich handelte, denn der Beitritt Englands bedeutete einen Weltkampf, ob gewollt oder nicht. […] es handelte sich um den Kampf von zwei Weltanschauungen. Entweder soll die preußisch-deutsch-germanische Weltanschauung – Recht, Freiheit, Ehre und Sitte – in Ehre bleiben oder die angelsächsische, das

250

bedeutet: dem Götzendienste des Geldes verfallen. Die Völker der Welt arbeiten als Sklaven für die angelsächsische Herrenrasse, die sie unterjocht. [...] Den Sieg der deutschen Weltanschauung, den gilt es!«[50]

Das klang nicht mehr sonderlich siegesbewusst, sondern eher wie eine indirekte Rechtfertigung. Tatsächlich war dem Kaiser die frühere Selbstgewissheit zunehmend abhanden gekommen, seinen festen Willen hatte er verloren. Ein einziger Auftritt in der Öffentlichkeit bereitete ihm noch Freude, eine Rede vor Arbeitern in den Krupp-Werken in Essen am 11. September 1918. Hier zeigte er sich stolz und zufrieden darüber, dass die Krupp-Arbeiterschaft der »zweite[n] industrielle[n] Mobilmachung«, nämlich der forcierten Aufrüstung, »willig und freudig entsprochen« habe. Gleichzeitig aber versuchte er sich zu verteidigen, was die Länge des Krieges betraf. Er habe »keinen Schritt unversucht gelassen, [...] diesen Krieg möglichst abzukürzen«. Dabei bezog er sich ausdrücklich auf das Friedensangebot von 1916, unterschlug aber wohlweislich, dass die exorbitanten deutschen Forderungen, insbesondere das Festhalten an der Annexion Belgiens, einen Erfolg dieser Offerte von vornherein ausgeschlossen hatten. Natürlich fehlte es auch jetzt nicht an Durchhalteparolen: »Deutsche, die Schwerter hoch, die Herzen stark und die Muskeln gestrafft zum Kampfe gegen alles, was gegen uns steht, und wenn es noch so lange dauert.«[51]

Noch immer täuschte sich der Kaiser über die tatsächliche Stimmung in der Arbeiterschaft, die nichts sehnlicher wünschte als ein baldiges Ende des Krieges, zu welchen Bedingungen auch immer. Ein »noch Jahre dauernder« Krieg, von dem der Kaiser gesprochen hatte, war unter diesen Umständen eine vollständige Illusion. Die erhoffte Wirkung der Rede blieb denn auch aus; selbst unter der Belegschaft der Krupp-Werke, in der Sozialdemokraten ja nicht geduldet wurden, zeigte sich offene Ablehnung.[52] Nur vierzehn Tage später, am 29. September 1918, verlangte Ludendorff in Spa die unverzügliche Aufnahme von Waffenstillstandsverhandlungen, weil er befürchtete, dass ansonsten die Front im Westen zusammenbrechen könnte und die deutschen Armeen restlos vernichtet würden.

Schon in den letzten Monaten hatte der Kaiser immer wieder Phasen tiefer Depression durchgemacht. Jetzt aber verstand er die Welt nicht mehr. Nach dem Bericht des bayerischen Militärbevollmächtigten soll er die niederschmetternde Nachricht der Niederlage zunächst mit Fassung aufgenommen haben, dennoch war er ein gebrochener Mann. Bei den Besprechungen in Spa am 29. und 30. September 1918, zu denen der Reichskanzler anfänglich noch nicht eingeladen war, diktierte die Oberste Heeresleitung einmal mehr den Gang der Dinge. Ludendorff verlangte, sofort ein Friedensangebot an den amerikanischen Präsidenten Woodrow Wilson zu richten. Gleichzeitig forderte er eine grundlegende Umbildung der Reichsregierung: Eine parlamentarische Regierung sollte unverzüglich die notwendigen Schritte einleiten. Ludendorffs Motiv war ein doppeltes: Zum einen würde nur eine demokratisch legitimierte Regierung in den Augen des US-Präsidenten als handlungsfähig erscheinen. Zum anderen aber wollte er die Verantwortung für die Niederlage den Politikern der Linken zuschieben.[53] Ludendorffs Mitteilungen kamen für alle Anwesenden überraschend, am meisten aber für den bislang völlig ahnungslosen Kaiser.[54] Völlig betäubt und nahezu willenlos entsprach er Ludendorffs Ersuchen. Der Kanzler und der Staatssekretär des Äußeren erklärten ihren Rücktritt, und auch der Chef des Kaiserlichen Zivilkabinetts Berg hielt ein weiteres Verbleiben im Amt für unmöglich. Wilhelm II. stand plötzlich ohne seine höchsten Berater da und fügte sich in das Unvermeidliche.

Zwar plädierte Berg noch für eine »Revolution von oben«: Er wollte einen Reichskanzler mit diktatorischen Befugnissen einsetzen, um der »Revolution von unten« zuvorzukommen. Dieser Vorschlag wurde jedoch sowohl von der Obersten Heeresleitung als auch von Wilhelm II. abgelehnt. Für einen solchen Schritt fehlten offenkundig alle politischen Voraussetzungen; das Deutsche Reich ließ sich nicht länger am Reichstag vorbei regieren. Der Übergang zum parlamentarischen System war der einzige Weg, der noch blieb, auch wenn es paradox wirkte, dass jetzt ausgerechnet Ludendorff am energischsten darauf drängte, eine dem Reichstag verantwortliche Regierung zu bilden. Der Kaiser verständigte sich mit Graf Hertling

252

darüber, dass die beste Lösung darin bestehen würde, Prinz Max von Baden an die Spitze eines parlamentarisch zu bildenden Kabinetts zu berufen. Der auf die Mehrheitsparteien des Reichstages zurückgehende Vorschlag, Friedrich von Payer von der Fortschrittspartei zum Kanzler zu ernennen, fand im Hauptquartier dagegen keine Zustimmung. Auf Betreiben des Staatssekretärs des Äußeren, Admiral Paul von Hintze, der im Juni 1918 zum Nachfolger Kühlmanns berufen worden war, wurde außerdem eine Kaiserliche Botschaft veröffentlicht, in der es hieß, dass der Monarch eine stärkere Mitwirkung des Volkes an den Entscheidungen über die Zukunft Deutschlands wünsche: »Es ist daher mein Wille, daß Männer, die von dem Vertrauen des Volkes getragen sind, in weiterem Umfange teilnehmen an den Rechten und Pflichten der Regierung.«[55] Vermutlich hatte Hintze dem Kaiser diesen Text aufoktroyiert.

Prinz Max von Baden fiel es nicht leicht, zusammen mit den Mehrheitsparteien im Parlament eine neue Regierung zu bilden. Vergeblich appellierte er an die Oberste Heeresleitung, für eine bessere diplomatische Vorbereitung des deutschen Friedensangebotes eine längere Frist einzuräumen. Ludendorff blieb unnachgiebig, weil er glaubte, nur so die Armeen an der Westfront retten zu können. Drei Wochen später, als sich die Lage an den Fronten wieder etwas stabilisiert hatte, änderte er dann unter dem Eindruck der Noten des amerikanischen Präsidenten seine Meinung. Dieser hatte nicht nur die Ablösung der bisherigen Führungselite des Reiches, sondern auch drückende Waffenstillstandsbedingungen gefordert. Während sich die Ereignisse überstürzten, verhielt sich der Kaiser passiv. Stück für Stück musste er die Forderungen der neuen Reichsleitung akzeptieren, unter anderem die Einstellung des U-Boot-krieges. Am Ende hatte er auch die Entlassung Ludendorffs zu verfügen, als dieser Ende Oktober ultimativ verlangte, die Bedingungen Woodrow Wilsons abzulehnen und die Kampfhandlungen wieder aufzunehmen. Wilhelm II. war in den Entscheidungsprozessen längst kein ernst zu nehmender Faktor mehr. Er verlor zunehmend die Selbstkontrolle, erging sich in visionären Plänen, den Bolschewismus mit Hilfe Großbritanniens niederzuwerfen, und spekulierte über einen Zweiten Punischen Krieg, der dem jetzigen Konflikt folgen und die endgültige Abrechnung mit dem britischen Weltreich bringen werde.

Nun begann – zunächst hinter den Kulissen, dann auch in der Öffentlichkeit – eine kontroverse Debatte über eine Abdankung des Kaisers. Vorläufig dachte in den politisch maßgebenden Kreisen, einschließlich der Sozialdemokratie, niemand daran, Wilhelm II. zu einem solchen Schritt zu veranlassen. Noch viel weniger zog man in Erwägung, das Kaisertum als solches zu beseitigen, auch wenn es als Quelle der Legitimation staatlicher Herrschaft immer weniger tauglich schien. Im Moment gingen auch die Führer der Sozialdemokratie davon aus, dass es genügen würde, die verfassungsmäßige Stellung des Kaisers auf die eines rein konstitutionell regierenden Monarchen zurückzuführen, und dies sollte mit den unmittelbar anstehenden Verfassungsänderungen geschehen. Das Kabinett Prinz Max von Baden setzte sogar die immer noch funktionierende Pressezensur ein, um unliebsame Veröffentlichungen zur Frage der Abdankung des Kaisers zu unterdrücken, etwa einen Artikel in der »Saarbrücker Zeitung« mit der bissigen Überschrift »Ich führe Euch herrlichen Zeiten entgegen«.

Aber die amerikanische Regierung forderte immer deutlicher, dass der Kaiser und Hindenburg abtreten müssten. Die dritte Antwortnote Woodrow Wilsons vom 23. Oktober 1918 sprach nahezu unverhüllt aus, dass die Vereinigten Staaten nicht mit den alten Gewalten Friedensverhandlungen aufnehmen würden. Das hieß im Klartext, dass der Monarch seinem Thron entsagen musste. Jetzt mehrten sich auch in der kaiserlichen Umgebung die Stimmen, die dafür plädierten, dass Wilhelm II. die Krone zugunsten seines Enkels niederlegen solle, um auf diese Weise zumindest den Bestand der Monarchie zu retten. Jedoch fand sich so gut wie niemand, der dies dem Kaiser ins Gesicht zu sagen wagte. Max Weber versuchte, die ihm zugänglichen Politiker für einen solchen Schritt zu gewinnen; »der jetzige Kaiser« müsse »im Interesse des Reiches und der Dynastie« zurücktreten. »Ich müßte lügen, wenn ich Sympathie mit ihm heuchelte, aber um der Nation willen und im Interesse des Kaisertums darf ich einem Kaiser kein *würdeloses* Regierungsende wünschen, wie es ihm selbst dann bevorsteht, wenn man ihn formell auf seiner Rolle

254

in einem verkleinerten oder sonst verkümmerten Deutschland beläßt, sozusagen als ›Kaiser in Gnadenbrot‹.«[56]

Ende Oktober wurde die Stimmung in Deutschland übermächtig, die nach der Abdankung des Kaisers verlangte. Mit rasender Schnelligkeit brach sich die Meinung Bahn, dass nur Wilhelm II. einem erträglichen Friedensschluss im Wege stehe. Schließlich machten die Mehrheitssozialdemokraten, nicht zuletzt unter dem Druck der Unabhängigen Sozialdemokratie, ihr Verbleiben in der Regierung von einem Thronverzicht abhängig. Daraufhin reiste Staatsminister Drews ins Hauptquartier nach Spa, wohin sich der Kaiser geflüchtet hatte, um sich dem Druck der öffentlichen Meinung zu entziehen. Drews legte ihm dar, dass die Abdankung bei Lage der Dinge unvermeidlich geworden sei. Der Kaiser lehnte dies rundweg ab und erklärte, nach dem Bericht von Drews: »[…] ich danke nicht ab. Es würde dies mit den Pflichten, die ich als preußischer König und Nachfolger Friedrich des Großen vor Gott, dem Volke und meinem Gewissen habe, unvereinbar sein. Ich kann und darf meinen Posten nicht im gefährlichsten Moment verlassen. Meine Abdankung würde der Anfang vom Ende aller deutschen Monarchien sein. […] Vor allem aber verbietet mir auch meine Pflicht als Oberster Kriegsherr, jetzt die Armee im Stich zu lassen. Das Heer steht in heldenhaftem Kampfe mit dem Feinde. Sein fester Zusammenhalt beruht in der Person des obersten Kriegsherrn. Geht dieser fort, so fällt die Armee auseinander und der Feind bricht ungehindert in die Heimat ein.«[57] Das war zwar auch im Offizierskorps die herrschende Meinung, mit der Realität hatte sie jedoch nicht mehr viel zu tun. Die Frage war vielmehr, wie lange das Heer dem Monarchen überhaupt noch Gefolgschaft leisten würde.

Wilhelm II. aber erklärte trotzig, er werde, »wenn zuhause der Bolschewismus kommt«, sich »an die Spitze einiger Divisionen stellen«, nach Berlin rücken und »alle aufhängen, die Verrat« geübt hätten: »Dann wollen wir mal sehen, ob die Masse nicht doch zu Kaiser und Reich hält.«[58] Diese Vorstellungen waren völlig illusorisch. Um Wilhelm II. von der Unmöglichkeit seines Vorhabens zu überzeugen, bestellte man eine größere Zahl von Frontoffizieren in das Hauptquartier. Ihnen wurde die Frage vorgelegt, ob die Armee gegebenenfalls

gegen revolutionäre Entwicklungen in der Heimat vorzugehen bereit sei; nur ein einziger bejahte die uneingeschränkt.
Wilhelm II. hatte längst den Boden unter den Füßen verloren
und machte sich höchst irreale Vorstellungen über die Möglichkeiten, die ihm noch blieben. Als er ankündigte, er werde
nach Abschluss des Waffenstillstands an der Spitze seiner
Truppen nach Berlin marschieren, gab ihm General Wilhelm
Groener, der an die Stelle Ludendorffs getreten war, eine dras-
tische Antwort, die den Monarchen mit Zorn erfüllte: »Unter
seinen Generalen wird das Heer in Ruhe und Ordnung in die
Heimat zurückmarschieren, aber nicht unter der Führung Eurer Majestät.«[59]

Wenige Tage später sorgte die Geschichte mit dem Sieg der
Deutschen Revolution für die nötige Klarheit. Bis zur letzten
Minute hatte Prinz Max von Baden händeringend versucht,
die Abdankung des Kaisers zu erwirken, um die Revolution
noch abzuwenden. Am Ende sah er sich genötigt, von sich aus
den Thronverzicht Wilhelms II. zu verkünden. Dieser aber
wollte auch jetzt nicht aufgeben. Er erklärte sich zwar schließlich dazu bereit, die Kaiserkrone niederzulegen; die preußische Königswürde hingegen wollte er behalten. Seine Proteste
gegen das eigenmächtige Handeln des Kanzlers in einer Serie
von Telegrammen verhallten bei Lage der Dinge freilich wir-
kungslos. Nun riet auch Hindenburg, den Wilhelm II. um
Unterstützung gebeten hatte, zur Abdankung und zur Flucht
nach Holland ins Exil. Im Morgengrauen des 10. November 1918 überschritt die Autokolonne des Ex-Kaisers die hol-
ländische Grenze. Eine Epoche deutscher Geschichte hatte ein
unrühmliches Ende gefunden.

Wilhelm II. in der deutschen Geschichte

Nicolaus Sombart hat der deutschen Geschichtswissenschaft vorgeworfen, in den zwanziger Jahren Wilhelm II. vor dem Hintergrund einer Idealisierung des Reichsgründers Bismarck zum »Sündenbock« der deutschen Politik gemacht zu haben.[1] Die Tendenz, dem Monarchen die unheilvollen Entwicklungen vor allem auf dem Gebiet der Außenpolitik persönlich anzulasten, war jedoch bereits im zeitgenössischen Bewusstsein angelegt. Es waren weniger die Historiker als vielmehr die Journalisten und ihnen nachfolgend die Publizisten, die sich dieses simplizistische Bild von Wilhelm II. und seiner politischen Rolle zu Eigen machten und popularisierten. Begünstigt wurde das dadurch, dass die verantwortlichen Staatsmänner und Politiker, in erster Linie Fürst Bülow, den Kaiser immer wieder in den Vordergrund schoben, um die kaiserliche Autorität für ihre Bestrebungen in Anspruch nehmen zu können. Die zwangsläufige Folge war, dass die Kette von Fehlentscheidungen in der deutschen Außenpolitik in erster Linie Wilhelm II. persönlich angerechnet wurde, obwohl er diese keinesfalls voll mitgetragen hatte: die Burenpolitik mitsamt der Krüger-Depesche, das doppelbödige und auch gegenüber der deutschen Öffentlichkeit unaufrichtige Vorgehen während der Ersten Marokko-Krise, das Debakel der deutsch-russischen Bündnisverhandlungen auf Björkö, schließlich die machiavellistische Risikostrategie des Staatssekretärs Kiderlen-Wächter 1911/12.

Ebenso ist es nur sehr begrenzt berechtigt, in Wilhelm II. die Speerspitze der deutschen Weltpolitik zu sehen, ungeachtet seiner beständigen Bekenntnisse zur überseeischen Zukunft des Reiches. Tatsächlich wollten die Deutschen den Kaiser in ebendieser Rolle sehen. Er selbst aber war weder imstande, diese Aufgabe wirklich zu erfüllen, noch identifizierte er sich uneingeschränkt mit ihr. Nicht ein großes außereuropäisches

Kolonialreich, sondern die durch militärische Macht bewehrte Hegemonialstellung des Deutschen Reiches auf dem Kontinent war sein eigentliches Ziel, sofern er ein solches überhaupt besaß. Auch die Schlachtflotte, die für Operationen auf den Weltmeeren ja gar nicht geeignet war, sollte ganz wesentlich diesem Zweck dienen. Dies alles wurde zusätzlich verunklart durch die theatralische Komponente, die dem politischen Wollen und Auftreten Wilhelms II. stets eigentümlich war. Ihm genügte der »Schein der Macht«, die glanzvolle Fassade, wie man gelegentlich beobachtet hat, während er in Konfliktsituationen eher zögerlich, ja ängstlich reagierte.

Die Auseinandersetzungen um das »persönliche Regiment« des Kaisers, die die gesamte deutsche Politik seit der Jahrhundertwende durchzogen, galten letztlich einem Vordergrundphänomen. Nicht die – tatsächlich oft bedenklichen – öffentlichen Auftritte Wilhelms II. oder seine willkürlichen Eingriffe in den Gang der diplomatischen Geschäfte führten zu den außenpolitischen Misserfolgen jener Jahre. Dafür war vielmehr das Handeln der Staatsmänner und Diplomaten verantwortlich, das von einer permanenten Überschätzung der Machtstellung und der strategischen Möglichkeiten des Deutschen Reiches bestimmt wurde. Allerdings wird man hinzufügen müssen, dass ihr Einfluss auf den Monarchen von vorzeigbaren, nach Möglichkeit spektakulären Erfolgen abhängig war. Davon abgesehen ließen sie sich durchweg von der Überzeugung leiten, dass das bestehende nichtparlamentarische oder besser halbautoritäre Herrschaftssystem nur dann wirkungsvoll stabilisiert werden könnte, wenn es zu außenpolitischen Fortschritten käme, die Deutschlands internationale Position sichtbar verbesserten. In mancher Hinsicht hatten diese Politiker die Maxime verinnerlicht, dass die charismatische Autorität des Monarchen, die sich aus dem Anspruch des »Gottesgnadentums« herleitete, im Fall dauernder Niederlagen dahinschwinden würde.[2]

Hinzu kam, dass die bürgerlichen und schließlich auch die konservativen Parteien immer nachdrücklicher auf weltpolitische Avancen großen Stils drängten und bereit waren, zu diesem Zwecke auf eine Politik des Rüstungsdrucks beziehungsweise des »trockenen Krieges« (Hans Delbrück) zu setzen, die das Risiko eines großen europäischen Konfliktes bewusst in Kauf nahm. Die Woge des imperialistischen Nationalismus, von der die Gesellschaft zunehmend erfasst wurde, setzte die verantwortlichen Politiker in Zugzwang und ließ sie zu gefährlichen Strategien greifen, die signifikante Erfolge zu bringen versprachen.

In einer Zeit, in der die Demokratie allerorten auf dem Vormarsch war, diente die Institution des Kaisertums der preußisch-deutschen Führungselite als Legitimation, um die Herrschaft einer weitgehend unkontrollierten Beamtenschaft oberhalb der Parteien zu behaupten.Deshalb bestand die Tendenz, die Aktionen Wilhelms II. auch dann vor der Öffentlichkeit zu verteidigen, wenn man sie als verfehlt oder sogar als schädlich ansah. Es handelte sich hier nicht nur um Byzantinismus; vielmehr ließ sich die Elite von ihrem eigenen Machtinteresse leiten. Besonders deutlich trat das in der Regierungszeit Bethmann Hollwegs hervor. Dieser befand sich durchgängig in großer Distanz zu Wilhelm II., nahm ihn im Zweifelsfall aber doch rigoros in Schutz, weil das monarchische Prinzip gewahrt werden musste, oder präziser, weil jede Beeinträchtigung der kaiserlichen Autorität zu vermeiden war, um das nichtparlamentarische System nicht zu gefährden. Diese Einstellung der politischen Führungselite korrespondierte mit dem Bestreben des Kaisers, seine monarchischen Prärogativen zu bewahren und – entgegen dem Zeitgeist – womöglich noch zu erweitern. Vor allem deswegen stützte sich Wilhelm II. in erster Linie auf das Offizierskorps von Armee und Flotte; deren verfassungsrechtliche Sonderstellung wurde einstweilen noch nicht ernstlich in Frage gestellt. Dies war auch die wichtigste Ursache für die fortschreitende Militarisierung der deutschen Gesellschaft in den letzten beiden Jahrzehnten vor 1914, die zugleich obrigkeitliche Formen des Sozialverhaltens förderte.

Wie schon dargelegt worden ist, war Max Weber ein erbitterter Gegner des »persönlichen Regiments« Wilhelms II. Schon 1908 hatte er die bestehenden Verhältnisse gegenüber Friedrich Naumann scharf kritisiert: »[...] ein Dilettant hat die Fäden der Politik in der Hand. Konsequenz: so lange das dauert, Unmöglichkeit einer ›Weltpolitik‹.«[3] Er hielt es aber

259

bereits damals für einen gröblichen Fehler, die Ursachen dafür ausschließlich oder auch nur in erster Linie in der Person des Monarchen zu suchen. 1917 begründete er dies dann eingehend in seiner Schrift »Politik und Regierung im neugeordneten Deutschland«, die ursprünglich als Artikelfolge in der »Frankfurter Zeitung« erschienen war. Die Fehlschläge des »persönlichen Regiments«, so Weber, seien auf die im Kaiserreich bestehende »Beamtenherrschaft in der auswärtigen Politik« zurückzuführen. Es gehe nicht »um die Diskussion etwaiger Fehlgriffe des Monarchen«, sondern um »die ganz andere Tatsache: daß die verantwortlichen *Leiter* des Reichs teils – und zwar in mindestens einem Fall sogar trotz der persönlichen Bedenken des Monarchen selbst dagegen – sich seines *öffentlichen* Auftretens oder der *Veröffentlichung* seiner Stellungnahme als diplomatischen Mittels geradezu bedienten, teils aber, ohne sofort ihr Amt zu quittieren, es duldeten, daß Äußerungen des Monarchen [...] über ihren Kopf hinweg der Öffentlichkeit übergeben wurden.«[4]

Max Weber sah die schädlichen Konsequenzen des »persönlichen Regiments« also vor allem im Verhalten der verantwortlichen Staatsmänner begründet, während er dem Kaiser durchaus das Recht zubilligte, seine eigene Meinung zu vertreten. Die Politiker hätten es zugelassen, dass Äußerungen des Monarchen, namentlich solche, die im Ausland Anstoß erregen mussten, unkontrolliert publik gemacht worden seien. Mehr noch, sie hätten es vielfach bewusst darauf angelegt, Wilhelm II. in Angelegenheiten von vitaler Bedeutung persönlich zu engagieren, statt ihn aus dem Spiel zu lassen und sich somit die Möglichkeit eines Rückzugs ohne Gesichtsverlust offen zu halten. Man wird Max Weber in der Tat darin folgen müssen, dass es sich hinsichtlich des persönlichen Regierungsstils Wilhelms II. um einen Fehler des politischen Systems, nicht der Personen, einschließlich des Monarchen selbst, handelte.[5] Aus dieser Perspektive erscheint die Rolle des Kaisers in einem anderen, vergleichsweise weniger ungünstigen Licht.

Das »persönliche Regiment« war jedoch nicht allein die Folge der politischen Versäumnisse der Führungseliten im engeren Sinne, die Max Weber besonders ins Visier genommen

260

hatte. Vielmehr bestand auch bei den Parteien, von der Sozialdemokratie abgesehen, wenig Neigung, an den bestehenden Verhältnissen grundsätzlich etwas zu ändern, auch wenn im Sommer 1908 selbst die Konservativen von der Furcht erfasst wurden, dass die Daily-Telegraph-Affäre die Institution der Monarchie als solche bedrohen könnte, und sie daher auf eine Remedur des kaiserlichen Herrschaftsstils drängten. Die bürgerlichen Parteien beanspruchten für sich zwar ein höheres Maß an Einfluss auf politische Entscheidungen, aber auch sie wollten das halbkonstitutionelle Verfassungssystem nicht antasten. Allenfalls erwog man, die Position des Reichskanzlers gegenüber dem Monarchen zu stärken, zu einer Parlamentarisierung der Reichsverfassung sollte dies aber nicht führen. Auch hier war die Vorstellung maßgebend, dass die Monarchie als Schutzschild gegenüber der Sozialdemokratie ohne Einschränkung erhalten bleiben müsse. Daher sollte nur das »persönliche Regiment« des Kaisers beseitigt werden, unbeschadet dessen verfassungsmäßiger Stellung. Über die Wege, wie dies zu erreichen sei, konnte allerdings keine Einigkeit erzielt werden. Max Weber kommentierte das Resultat der Auseinandersetzungen um die Daily-Telegraph-Affäre auf bissige Weise: »So sind die Deutschen u[nd] das nennen sie ›Politik‹: Schmollen mit ›ihrem‹ Kaiser, dann ein Canossa des letzteren […] u[nd] dann ›blickt man mit Stolz‹ auf ihn und um Gotteswillen keine parlamentarische Regierung!«[6]

Die zwiespältige Haltung nicht nur der Führungseliten, sondern auch der bürgerlichen Parteien erklärt sich zum Teil freilich auch daraus, dass der Kaiser in der Bevölkerung trotz allem populär war. Seine spektakulären Auftritte wurden als Manifestationen von Macht und Ansehen der deutschen Nation wahrgenommen und stießen schon deshalb weithin auf Zustimmung. Ebenso wurde die grandiose Hofhaltung Wilhelms II. durchweg begrüßt. Für viele Zeitgenossen war die pompöse monarchische Selbstdarstellung, die vornehmlich bei Staatsbesuchen und dynastischen Begegnungen zelebriert wurde, eine Sache von persönlichem Interesse; auf emotionale Weise identifizierten sie sich mit den Großen und Mächtigen, fernab aller konkreten politischen Orientierungen. Zu diesem volkstümlichen Monarchismus, der sich unabhängig von den

261

politischen Realitäten entfaltet hatte, wollten die Parteien, bei aller Kritik am Regierungsstil Wilhelms II., nicht in direkten Gegensatz geraten. Nur die Sozialdemokraten bekämpften konsequent das »persönliche Regiment«, aber auch sie und ihre Anhänger waren nicht frei von monarchistischen Einstellungen, wie nicht zuletzt ihr Verhalten in den Anfängen der Revolution von 1918 zeigt.

Die Popularität der Monarchie und ihres Trägers war auch der Grund für die zahlreichen Versuche, die Kaiseridee für unterschiedliche politische oder gesellschaftliche Zukunftsentwürfe in Anspruch zu nehmen. Das galt insbesondere für das »soziale Kaisertum«, aber auch für das namentlich von den Nationalliberalen propagierte »Nationalkaisertum«, das die Einheit der deutschen Nation zu vollenden versprach, für das »imperiale Kaisertum«, das den Deutschen eine glanzvolle weltpolitische Zukunft in Aussicht stellte, wie es der Historiker Otto Hintze beim Kaiserjubiläum von 1913 programmatisch verkündete, und nicht zuletzt für das populistische »Volkskaisertum«, das Friedrich Naumann um die Jahrhundertwende äußerst wirkungsvoll propagierte.[7] Das Dilemma bestand allerdings darin, dass Wilhelm II. im Grunde keine dieser Zukunftsvisionen zu verkörpern imstande war. Als Person blieb er weit hinter den Erwartungen zurück, die die Deutschen an das Kaisertum richteten. Namentlich in den späteren Jahren seines Regiments bemühten sich die Regierungen, seine Blößen nach Möglichkeit zu kaschieren und das kaiserliche Ansehen auf diese Weise vor Schaden zu bewahren. Gleichwohl hielten die Deutschen, in erster Linie natürlich die traditionellen preußisch-deutschen Führungseliten, unbeirrt an Wilhelm II. fest, gewiss auch deshalb, weil eine realistische Alternative fehlte.

Die negativen Folgen dieses Zustands waren weitreichend. Am schwersten wog, dass der eigentliche Krebsschaden des politischen Systems, nämlich die »negative Führerauslese«, niemals beseitigt wurde. Die gängigen Rituale, nach denen man die Spitzenkräfte für Politik und Militär auswählte, wurden in erster Linie von dynastischen Interessen bestimmt und waren immer weniger geeignet, starke und unabhängige Persönlichkeiten hervorzubringen. Obwohl Wilhelm II. zuweilen ein besseres Gespür als seine engsten Berater für die Qualitäten und Mängel der Männer zeigte, die zu Leitungsaufgaben im Staat ausersehen waren, kann man sicherlich nicht sagen, dass er bei personellen Entscheidungen eine glückliche Hand hatte. Es war im Grunde nur folgerichtig, dass am Ende Hindenburg und Ludendorff die Autorität der Monarchie für ihre militärischen und politischen Ziele usurpieren konnten. Wenn sie auch vor dem letzten Schritt zurückschreckten, nämlich eine förmliche Diktatur zum Zwecke des totalen Krieges zu errichten, war dem Kaiser von nun an doch ein Schattendasein beschieden.

Das lag auch darin begründet, dass Wilhelm II. bei der wichtigsten Aufgabe, die ihm als Herrscher und später auch als Oberstem Kriegsherrn oblag, vollständig versagt hatte, nämlich eine effiziente Zusammenarbeit zwischen den verschiedenen Regierungsinstanzen zu gewährleisten. Zwar drängte ihn die Reichsleitung seit 1908 schrittweise in den Hintergrund, und seine öffentlichen Äußerungen wurden vielfach gesteuert oder nachträglich zensiert. Gleichwohl war er verfassungsrechtlich weiterhin der Arbiter zwischen den verschiedenen Machtträgern, insbesondere zwischen der Reichsleitung und den Militärs. Die halbkonstitutionelle Ordnung des Reiches wurde damals oft mit dem Argument gerechtfertigt, dass sie in weit höherem Maße als die westlichen Demokratien (oder auch die zaristische Autokratie) in der Lage sei, eine straff organisierte Staatsführung zu gewährleisten. Während des Ersten Weltkrieges zeigte sich endgültig, dass das Gegenteil der Fall war. Das Herrschaftssystem zerklüftete sich immer mehr, nicht zuletzt deshalb, weil der Monarch die erbitterten Richtungskämpfe im Regierungsapparat nicht verhindern konnte. In jedem Falle wäre es eine herkulische Aufgabe gewesen, die widerstreitenden Bestrebungen der politischen und militärischen Instanzen auf effiziente Weise zu koordinieren; Wilhelm II. aber war hier schlichtweg persönlich überfordert.

Der Kaiser war nicht an allem schuld. Im Gegenteil, die Führungsschichten, die die Monarchie für ihre politischen und gesellschaftlichen Interessen instrumentalisierten, waren in weit höherem Maße für die großen Entscheidungen verantwortlich, die zum Ausbruch des Ersten Weltkrieges führten (und dann auch die militärische Strategie prägten). Als aber am Ende die Diskrepanz zwischen den Erwartungen, die Wilhelm II. mit seinem theatralischen Regierungsstil geweckt hatte, und den realen Ergebnissen der deutschen Politik immer größer wurde, konnte das nicht ohne Folgen bleiben. Dass Wilhelm II. angesichts der drückenden Wirklichkeit des Krieges weitgehend verstummte, führte mit einer gewissen Folgerichtigkeit zur Entzauberung der Kaiseridee und schließlich zum Sturz der Hohenzollerndynastie.

Anmerkungen

Vorwort

1 John C.G. Röhl, Wilhelm II. Die Jugend des Kaisers 1859–1888, München 1993; ders., Wilhelm II. Der Aufbau der Persönlichen Monarchie, 1888–1900, München 2001. Siehe ebenfalls seine frühere Untersuchung: Deutschland ohne Bismarck. Die Regierungskrise im Zweiten Kaiserreich 1890–1900, Tübingen 1969, die bereits alle wesentlichen Thesen enthält. Vgl. auch ders., Kaiser, Hof und Staat. Wilhelm II. und die deutsche Politik, München 1987; ders. (Hg.), Der Ort Wilhelms II. in der deutschen Geschichte, München 1991; sowie John C.G. Röhl und Nicolaus Sombart (Hg.), Kaiser Wilhelm II. New Interpretations. The Corfu Papers, Cambridge 1982.

2 Brief Max Webers an Friedrich Naumann vom 14. Dezember 1906, in: Max-Weber-Gesamtausgabe, Bd. II/5: Briefe 1906–1908, hg. von M. Rainer Lepsius und Wolfgang J. Mommsen, Tübingen 1990, S. 202.

3 So Röhl im Vorwort zu Kaiser, Hof und Staat, S. 11, wo er seine Thesen nochmals zusammenfasst.

4 Vgl. dazu die neueren Arbeiten von Margaret Lavinia Anderson, Practicing democracy. Elections and political culture in Imperial Germany, Princeton 2000, und Thomas Kühne, Dreiklassenwahlrecht und Wahlkultur in Preußen 1867–1914. Landtagswahlen zwischen korporativer Tradition und politischem Massenmarkt, Düsseldorf 1994.

5 Wolfgang J. Mommsen, Kaiser Wilhelm II. and German Politics, in: Journal of Contemporary History, Vol. 25, 1990, S. 469–485.

6 Philipp Eulenburgs Politische Korrespondenz, hg. von John C. G. Röhl, 3 Bände, Boppard 1976–1983.

7 Isabel V. Hull, The Entourage of Kaiser Wilhelm II. 1888–1918, Cambridge 1982.

8 Katharine A. Lerman, The chancellor as Courtier: Bernhard von Bülow and the governance of Germany, 1900–1909, Cambridge 1990.

9 Christopher Clark, Kaiser Wilhelm II. Profiles in Power, London 2000.

10 James Retallack, Germany in the Age of Kaiser Wilhelm II., London 1996.

11 Lamar Cecil, Wilhelm II. Prince and Emperor, 1859–90, Chapel Hill 1989, sowie ders., Wilhelm II. Emperor and Exile, 1900–1941, Chapel Hill 1996.

12 Wolfgang J. Mommsen, Bürgerstolz und Weltmachtstreben. Deutschland unter Wilhelm II. 1890–1918 (Propyläen Geschichte Deutschlands, 7,2), Berlin 1995, sowie ders., Der autoritäre Nationalstaat. Verfassung, Gesellschaft und Kultur im deutschen Kaiserreich, Frankfurt a. M. 1990.

Die Anfänge

1 Vgl. John C. G. Röhl, Wilhelm II. Die Jugend des Kaisers 1859 bis 1888, München 1993, S. 155.

2 Brief Graf Radolins an Holstein vom 21. November 1887, in: Die geheimen Papiere Friedrich von Holsteins, Bd. 3: Briefwechsel (30. Januar 1861 bis 28. Dezember 1896), hg. von Norman Rich und M. H. Fisher, Göttingen u. a. 1961, S. 208.

3 Röhl, Jugend, S. 795.

4 Brief Kaiser Wilhelms an Philipp Eulenburg vom 12. April 1888, in: Philipp Eulenburgs Politische Korrespondenz, hg. von John C. G. Röhl (= Deutsche Geschichtsquellen des 19. und 20. Jahrhunderts, 52), Bd. 1: Von der Reichsgründung bis zum Neuen Kurs, 1866–1891, Boppard 1976, S. 284. Auch Röhl, Jugend, S. 800.

5 Die geheimen Papiere Friedrich von Holsteins, hg. von Norman Rich und M. H. Fisher, Bd. 2: Tagebuchblätter, Göttingen u. a. 1957, S. 412.

6 Brief Eulenburgs an Friedrich von Holstein vom 25. Januar 1890, in: Eulenburgs Politische Korrespondenz, Bd. 1, S. 421.

7 Eintrag vom 19. August 1888, in: Das Tagebuch der Baronin Spitzemberg, hg. von Rudolf Vierhaus, Göttingen 1960, S. 253 f.

8 Brief vom 31. Dezember 1889 an Hermann Baumgarten, in: Max Weber, Jugendbriefe, Tübingen 1936, S. 323 f.

9 Eintrag 4. März bis 8. Juli, in: Theodor Fontane, Große Brandenburger Ausgabe, hg. von Gotthard Erler, Tage- und Reisetagebücher, Bd. 2: Tagebücher 1866–1882, 1884–1898, Berlin [2]1995, S. 243.

10 Die geheimen Papiere Friedrich von Holsteins, Bd. 2, S. 391.

11 Ebd.

12 Vgl. John C. G. Röhl, Philipp Graf zu Eulenburg – des Kaisers bester Freund, in: ders., Kaiser, Hof und Staat. Wilhelm II. und die deutsche Politik, München 1995, S. 35 ff., v. a. S. 43.

13 Brief Friedrich von Holsteins an Eulenburg vom 13. Dezember 1889, in: Eulenburgs Politische Korrespondenz, Bd. 1, S. 385 f.

14 Brief Friedrich von Holsteins an Eulenburg vom 7. August 1893, in: ebd., Bd. 2: Im Brennpunkt der Regierungskrise 1892–1895, Boppard 1979, S. 1094.
15 Vgl. Elisabeth Fehrenbach, Wandlungen des deutschen Kaisergedankens 1871–1918, München 1969.
16 Vgl. Eberhard Kolb, Gezähmte Halbgötter? Bismarck und die militärische Führung 1871–1890, in: Lothar Gall (Hg.), Otto von Bismarck und Wilhelm II. Repräsentanten eines Epochenwechsels?, Paderborn 2000, S. 41–60, hier S. 58 f.
17 Die große Politik der Europäischen Kabinette 1871–1914. Sammlung der diplomatischen Akten des Auswärtigen Amtes, hg. von Johannes Lepsius, Albrecht Mendelssohn Bartholdy und Friedrich Thimme, Bd. 6, Berlin 1922, S. 304 ff.
18 Denkwürdigkeiten des General-Feldmarschalls Alfred Grafen von Waldersee, bearb. und hg. von Heinrich Otto Meisner, Bd. 1: 1832 bis 1888, Stuttgart 1922, S. 395–398, das bei Waldersee leicht abgeschwächte Zitat S. 397. Vgl. Röhl, Jugend, S. 806–809, der nach dem Original zitiert.
19 Ernst Rudolf Huber, Deutsche Verfassungsgeschichte seit 1789, Bd. 4: Struktur und Krisen des Kaiserreichs, Stuttgart ²1982, S. 188.
20 Stenographische Berichte über die Verhandlungen des Reichstags, 7. Legislaturperiode, 3. Session 1888, Bd. 117, S. 6 ff.
21 Brief Alfred von Kiderlen-Wächters an Holstein vom 19. Juli 1888, in: Die geheimen Papiere Friedrich von Holsteins, Bd. 3, S. 253.
22 Vergleiche den kritischen, in ironischem Ton gehaltenen Bericht Kiderlen-Wächters an Holstein vom 25. Juli 1888, in: ebd., S. 255 f.
23 Philipp Fürst zu Eulenburg-Hertefeld, Mit dem Kaiser als Staatsmann und Freund auf Nordlandreisen, Bd. 1, Dresden 1931, S. 51.
24 Brief an Eulenburg vom 28. August 1888, in: Eulenburgs Politische Korrespondenz, Bd. 1, S. 310.
25 Ebd., S. 311.

Erste Schritte auf dem Weg zur monarchischen Selbstregierung 1888–1890

1 Z. B. Admiral Georg von Müller; Isabel V. Hull, The entourage of Kaiser Wilhelm II. 1888–1918, Cambridge 1982, S. 17.
2 Rudolf von Bennigsen, Ein deutscher liberaler Politiker, nach seinen Briefen und hinterlassenen Papieren, hg. v. Hermann Oncken, Bd. 2: Von 1867 bis 1902, Stuttgart 1910, S. 542 f., 546.

3 Hans Herzfeld, Johannes von Miquel. Sein Anteil am Ausbau des Deutschen Reiches bis zur Jahrhundertwende, Bd. 2: Konservative Wendung und staatsmännisches Wirken 1884–1901, Detmold 1938, S. 159.

4 Ebd.

5 Ebd., S. 161.

6 Bennigsen, Bd. 2, S. 633.

7 John C. G. Röhl, Wilhelm II. Der Aufbau der Persönlichen Monarchie 1888–1900, München 2001, S. 245.

8 Johannes Penzler (Hg.), Die Reden Kaiser Wilhelms II., Bd I: 1888–1895, Leipzig 1897, S. 53 ff.

9 Ernst Rudolf Huber (Hg.), Dokumente zur deutschen Verfassungsgeschichte, Bd. 2: Deutsche Verfassungsdokumente 1851–1900, Stuttgart ³1986, S. 474.

10 Brief Großherzog Friedrichs I. von Baden an Eulenburg vom 23. November 1889, in: Eulenburgs Politische Korrespondenz, hg. von John C. G. Röhl, Bd. 1: Von der Reichsgründung bis zum Neuen Kurs, 1866–1891, Boppard 1976, S. 377.

11 Brief an Kaiser Wilhelm II. vom 18. März 1890, in: Otto von Bismarck, Die gesammelten Werke, Politische Schriften, hg. von Werner Frauendienst, Bd. 6c: 1871 bis 1890, Berlin 1935, Nr. 440, S. 435–438. Die Ordre von 1852 ist abgedruckt bei Huber, Dokumente, Bd. 2, S. 10.

12 Herzfeld, Miquel, Bd. 2, S. 183.

13 Ebd.

14 Ebd., S. 189.

15 Zitiert nach Brigitte Hamann, Rudolf, Kronprinz und Rebell, Wien/München 1978, S. 360.

Das Experiment des Reichskanzlers Caprivi
1890–1894

1 Telegramm vom 22. März 1890. Dieses war ursprünglich an Hinzpeter, den früheren Erzieher Wilhelms II. gerichtet; später wurde der Großherzog Karl-Alexander von Weimar als Adressat substituiert. Vgl. Peter Leibenguth, Modernisierungskrisis des Kaiserreichs an der Schwelle zum Wilhelminischen Imperialismus, Politische Probleme der Ära Caprivi (1890–1894), Phil. Diss. Köln 1975, S. 104 und Anm. II, S. 386.

2 Die Reden des Grafen von Caprivi im Deutschen Reichstage, Preußischen Landtage und bei besonderen Anlässen 1883–1893, hg. von Rudof Arndt, Berlin 1894, S. 14.

3 Eintrag vom 30. März 1890, in: Das Tagebuch der Baronin Spitzemberg, geborene Freiin v. Varnbüler. Aufzeichnungen aus der Hof-

gesellschaft des Hohenzollernreiches, hg. von Rudolf Vierhaus, Göttingen 1960, S. 279.

4 Auftritt am 21. April 1890, in: Johannes Penzler (Hg.), Die Reden Kaiser Wilhelms II., Bd. 1: 1888–1895, Leipzig 1897, S. 105.

5 Vgl. James C. Albisetti, Secondary School Reform in Imperial Germany, Princeton 1983, S. 36 ff.

6 Text abgedruckt in: Deutsche Schulkonferenzen, Bd. 1: Verhandlungen über Fragen des Höheren Unterrichts, Berlin 4. bis 17. Dezember 1890, ND Glashütten/Ts. 1972, S. 2 f.

7 Ebd., S. 72.

8 Ebd., S. 74.

9 Ebd., S. 770. Vgl. auch Christopher Clark, Kaiser Wilhelm II. Profiles in Power, London 2000, S. 62.

10 Reden des Kaisers. Ansprachen, Predigten und Trinksprüche Wilhelms II., hg. von Ernst Johann, München 1966, S. 49.

11 Das Arbeitsverhältnis in den privaten Reisebetrieben. Diskussionsbeitrag auf der Generalversammlung des Vereins für Sozialpolitik am 26. September 1905, in: Max-Weber-Gesamtausgabe, Bd. I/8: Wirtschaft, Staat und Sozialpolitik. Schriften und Reden 1900–1912, hg. von Wolfgang Schluchter, Tübingen 1998, S. 256; siehe auch Wolfgang J. Mommsen, Max Weber und die deutsche Politik, Tübingen [2]1974, S. 131.

12 Caprivi an Berlepsch am 27. Mai 1890, zitiert nach Hans-Jörg von Berlepsch, »Neuer Kurs« im Kaiserreich? Die Arbeiterpolitik des Freiherrn von Berlepsch 1890 bis 1896 (= Politik- und Gesellschaftsgeschichte, 16), Bonn 1987, S. 155.

13 Stig Förster, Der doppelte Militarismus. Die deutsche Heeresrüstungspolitik zwischen Status-quo-Sicherung und Aggression 1890 bis 1913, Stuttgart 1985, S. 39.

14 Philipp Eulenburgs Politische Korrespondenz, Bd. 1: Von der Reichsgründung bis zum Neuen Kurs 1866–1891, hg. von John C. G. Röhl, Boppard 1976, S. 539.

15 Vgl. Hans Herzfeld, Johannes von Miquel. Sein Anteil am Ausbau des Deutschen Reiches bis zur Jahrhundertwende, Bd. 2, S. 298 f.

16 Ebd., S. 304.

17 Ebd., S. 306.

18 Förster, Doppelter Militarismus, S. 40 f.

19 Vgl. Brief Friedrich von Holsteins an Eulenburg vom 17. Juni 1891, in: Eulenburgs Politische Korrespondenz, Bd. 1, S. 696.

20 Förster, Doppelter Militarismus, S. 41.

21 Brief vom 19. April 1891, in: Eulenburgs Politische Korrespondenz, Bd. 1, S. 670 f.

22 Eulenburgs Politische Korrespondenz, Bd. 2: Im Brennpunkt der Regierungskrise 1892–1895, Boppard 1979, S. 1094.

23 Brief Otto von Helldorff-Bedras an Eulenburg vom 1. März 1894, in: ebd., S. 1236 f.
24 Reden des Kaisers, S. 56.
25 Ebd., S. 65.
26 Vgl. Herzfeld, Miquel, Bd. 2, S. 376.
27 Brief Axel Freiherr von Varnbülers an Eulenburg vom 16. Juli 1894, in: Eulenburgs Politische Korrespondenz, Bd. 2, S. 1329 f.
28 Ebd., S. 1328.
29 Zitiert nach John C. G. Röhl, Wilhelm II. Der Aufbau der persönlichen Monarchie 1888–1900, München 2001, S. 681.
30 Reden des Kaisers, S. 62 f.
31 Herzfeld, Miquel, Bd. 2, S. 379.

Das Fiasko der kaiserlichen Selbstherrschaft
1894–1897

1 Brief Bülows an Eulenburg vom 15. Oktober 1894, in: Philipp Eulenburgs Politische Korrespondenz, hg. von John C. G. Röhl, Bd. 2: Im Brennpunkt der Regierungskrise, Boppard 1979, S. 1384.
2 Vgl. Hans Wilhelm Burmeister, Prince Philipp Eulenburg-Hertefeld (1847–1921): his influence on Kaiser Wilhelm II. and his role in the German government, 1888–1902, Wiesbaden 1981, S. 115; Egmont Zechlin, Staatsstreichpläne Bismarcks und Wilhelms II.: 1890–1894, Stuttgart/Berlin 1929, S. 140.
3 Hohenlohe listete in einer Aufzeichnung die Gründe auf, die gegen die Annahme der Kanzlerschaft sprachen: »1. Alter und Gedächtnisschwäche, Krankheit. 2. Mangelnde Redegabe. 3. Mangelnde Kenntnis der preußischen Gesetze und Verhältnisse. 4. Nichtmilitär. 5. Mangel an den nötigen Mitteln. Ich kann wohl ohne das Statthaltergehalt leben, aber nicht in Berlin. […] Nun arbeite ich bald 30 Jahre, bin 75 Jahre alt und möchte nichts anfangen, was ich nicht bewältigen kann«, in: Fürst Chlodwig zu Hohenlohe-Schillingsfürst, Denkwürdigkeiten der Reichskanzlerzeit, hg. von Karl Alexander von Müller, Stuttgart u. a. 1931, Bd. 1, S. 4.
4 Brief Bülows an Eulenburg vom 15. Dezember 1894, in: Eulenburgs Politische Korrespondenz, Bd. 2, S. 1432 f.
5 Ebd.
6 Brief Bülows an Eulenburg vom 23. Juli 1896, in: ebd., Bd. 3: Krisen, Krieg und Katastrophen 1895–1921, Boppard 1983, S. 1714.
7 Brief Wilhelms II. an Eulenburg vom 25. Dezember 1895, zitiert nach John C. G. Röhl, Deutschland ohne Bismarck. Die Regierungskrise im zweiten Kaiserreich 1890–1900, Tübingen 1969, S. 147.

Vgl. auch Johannes Haller, Aus dem Leben des Fürsten Philipp zu Eulenburg-Hertefeld, Berlin 1924, S. 225.

8 Hohenlohe, Denkwürdigkeiten, S. 21.

9 Ebd., S. 182.

10 Brief Hohenlohes an Holstein vom 8. März 1896, ebd., S. 193.

11 Brief Holsteins an Eulenburg vom 9. Februar 1896, in: Die geheimen Papiere Friedrich von Holsteins, hg. von Norman Rich u. a., dt. Ausgabe von Werner Frauendienst, Bd. 3: Briefwechsel vom 30. Januar 1861 bis 28. Dezember 1896, Göttingen u. a. 1961, S. 531.

12 Hohenlohe, Denkwürdigkeiten, S. 369.

13 Vgl. Margaret Lavinia Anderson, Practicing democracy. Elections and political culture in imperial Germany, Princeton 2000, S. 244 bis 250, 423 f.

14 Brief Holsteins an Eulenburg vom 5. Mai 1896, in: Die geheimen Papiere Friedrich von Holsteins, Bd. 3, S. 548.

15 Lamar Cecil, Wilhelm II., Prince and Emperor, 1859–1900, Chapel Hill 1989, S. 298.

16 Ebd.

17 Vgl. Die geheimen Papiere Friedrich von Holsteins, Bd. 3, S. 497; das Interview mit Swaine bei John C. G. Röhl, Wilhelm II. Der Aufbau der persönlichen Monarchie 1888–1900, München 2001, S. 869 f.

18 Vgl. ebd., S. 874 f., sowie Konrad Canis, Von Bismarck zur Weltpolitik. Deutsche Außenpolitik 1890 bis 1902, Berlin 1997, S. 180 f.

19 Ebd., S. 180.

20 So auch Röhl, Aufbau, S. 874 f., gestützt auf den Privatnachlass Marschalls.

21 Hohenlohe, Denkwürdigkeiten, S. 154.

22 Ebd., S. 327.

23 Zitiert nach Röhl, Deutschland ohne Bismarck, S. 224.

Die Instrumentalisierung des »persönlichen Regiments« Wilhelms II. in der Ära Bülow
1897–1906

1 Brief Bülows an Eulenburg vom 22. August 1897, in: Philipp Eulenburgs Politische Korrespondenz, hg. von John C. G. Röhl, Bd. 3: Krisen, Krieg und Katastrophen 1895–1921, Boppard 1983, S. 1857.

2 Ebd., S. 1859.

3 Brief Eulenburgs an Bülow vom 23. August 1897, in: ebd., S. 1861 f.

4 Brief Wilhelms II. an Eulenburg vom 20. August 1897, in: Bernhard Fürst von Bülow, Denkwürdigkeiten, hg. von Franz von Stockhammern, Bd. 1: Vom Staatssekretariat bis zur Marokko-Krise, Berlin 1930, S. 137 ff.

5 Brief Wilhelms II. an Bülow vom 7. November 1897, in: Die große Politik der Europäischen Kabinette 1871–1914. Sammlung der diplomatischen Akten des Auswärtigen Amtes, hg. von Johannes Lepsius, Albrecht Mendelssohn Bartholdy und Friedrich Thimme, Bd. 14/I, S. 69 ff.

6 Dies entspricht übrigens dem bekannten Argument Max Webers in seiner Freiburger Antrittsrede von 1895, in der er die Reichsgründung als Jugendstreich bezeichnet hatte, wenn sie das Ende und nicht der Anfang einer deutschen Weltpolitik sei.

7 Reden des Kaisers. Ansprachen, Predigten und Trinksprüche Wilhelms II., hg. von Ernst Johann, München 1966, S. 74 f.

8 Stenographische Berichte über die Verhandlungen des Reichstags, IX. Legislaturperiode, 5. Session 1898, Bd. 160, S. 895; vgl. auch S. 907.

9 Ebd., S. 932.

10 Reden des Kaisers, S. 75.

11 Brief Eulenburgs an Wilhelm II. vom 18. August 1897, in: Eulenburg, Politische Korrespondenz, Bd. 3, S. 1853.

12 Brief Bülows an Eulenburg vom 19. März 1898, in: ebd., S. 1886.

13 Zitiert nach Gregor Schöllgen, Imperialismus und Gleichgewicht. Deutschland, England und die orientalische Frage 1871–1914, München 1984, S. 111. Vgl. allgemein Jan S. Richter, Die Orientreise Kaiser Wilhelms II. 1898. Eine Studie zur deutschen Außenpolitik an der Wende zum 20. Jahrhundert, Hamburg 1997.

14 Brief Bülows an Wilhelm II. vom 13. Novemeber 1902, in: Große Politik, Bd. 17, S. 118.

15 Brief Wilhelms II. an Königin Victoria vom 22. Mai 1899, in: Große Politik, Bd. 14/II, S. 618.

16 Brief Wilhelms II. an Edward von Wales vom 23. Februar 1900, in: Große Politik, Bd. 15, S. 560.

17 Briefe Wilhelms II. an Bülow vom 18. und 19. Juni 1900, in: Große Politik, Bd. 16, S. 12 ff.

18 Vgl. Jürgen Osterhammel, China und die Weltgesellschaft vom 18. Jahrhundert bis in unsere Zeit, München 1989, S. 215 ff. Dort findet sich auch eine anschauliche Schilderung des Ausmaßes der Strafaktionen gegen China.

19 Zitiert nach Bernd Sösemann, Die sogenannte Hunnenrede Wilhelms II. Textkritische und interpretatorische Bemerkungen zur Ansprache des Kaisers vom 27. Juli 1900 in Bremerhaven, in: Historische Zeitschrift, Bd. 222, 1976, S. 349 f.

20 Ebd., S. 343 f.
21 Vgl. zu diesen Manipulationen auch die ironischen Kommentare Liebers im Reichstag: »der ›Reichsanzeiger‹ weiß z. B. nichts von Hunnen. […] da müssen sich also die anderen Zeitungen, die darüber berichtet haben, wohl verhört haben.« Stenographische Berichte über die Verhandlungen des Reichstags, X. Legislaturperiode, 2. Session 1900, Bd. 179, S. 19; ebenso Eugen Richter, ebd., S. 54.
22 Vgl. Osterhammel, China, S. 216 f.
23 Brief Wilhelms II. an Eulenburg vom 17. August 1900, in: Eulenburg, Politische Korrespondenz, Bd. 3, S. 1988.
24 Stenographische Berichte über die Verhandlungen des Reichstags, X. Legislaturperiode, 2. Session 1900, Bd. 179, S. 128, 143 ff. Vgl. auch Konrad Canis, Von Bismarck zur Weltpolitik. Deutsche Außenpolitik 1890 bis 1902, Berlin 1997, S. 349.
25 Stenographische Berichte über die Verhandlungen des Reichstags, X. Legislaturperiode, 2. Session 1900, Bd. 179, S. 66 f.
26 Ebd., S. 20.
27 Ebd., S. 63.
28 Gerd Fesser, Reichskanzler Bernhard Fürst von Bülow. Eine Biographie, Berlin 1991, S. 64.
29 Vgl. dazu Wolfgang J. Mommsen, Der autoritäre Nationalstaat. Verfassung, Gesellschaft und Kultur im wilhelminischen Deutschland, Frankfurt a. M. 1992, S. 363 f.
30 Peter Winzen, Bülows Weltmacht-Konzept. Untersuchungen zur Frühphase seiner Außenpolitik 1897–1901, Boppard 1977, S. 67.
31 Vgl. Katharine Anne Lermann, The Chancellor as Courtier. Bernhard von Bülow and the Governance of Germany 1900–1909, Cambridge 1990, S. 49.
32 Vgl. ebd., S. 67 ff.
33 Brief Eulenburgs an Bülow vom 24. Juli 1901, in: Eulenburg, Politische Korrespondenz, Bd. 3, S. 2025.
34 Brief Bülows an Eulenburg vom 26. Dezember 1897, in: ebd., S. 1878.
35 Brief Holsteins an Ida von Stülpnagel vom 10. April 1904, in: Friedrich von Holstein, Lebensbekenntnis in Briefen an eine Frau, hg. von Helmut Rogge, Berlin 1932, S. 231.
36 Bülow, Denkwürdigkeiten, Bd. 2: Von der Marokko-Krise bis zum Abschied, Berlin 1930, S. 198. Es ist allerdings ungewiss, ob diese Formulierungen von Bülow nicht in einer absichtlich zugespitzten Form mitgeteilt worden sind.
37 Große Politik, Bd. 20/1, S. 272.
38 Ebd.
39 Vgl. Terry Cole, Kaiser versus Chancellor. The crisis of Bülow's chancellorship 1905–06, in: Richard J. Evans (Ed.), Society and Po-

litics in Wilhelmine Germany, London/New York 1978, S. 40–70, hier S. 49.

40 Vgl. ebd., S. 55 f.

41 Fürst Bülows Reden nebst urkundlichen Beiträgen zu seiner Politik, Bd. 2: 1905–1906, hg. von Johannes Penzler, Berlin 1907, S. 342.

42 Ebd.

43 Stenographische Berichte über die Verhandlungen des Reichstags, XI. Legislaturperiode, 2. Session 1906, Bd. 218, S. 3648 ff.

44 Vgl. Bülow, Denkwürdigkeiten, Bd. 2, S. 265.

45 Ebd., S. 266.

46 Ebd.

47 Brief Max Webers an Naumann vom 14. Dezember 1906, Max-Weber-Gesamtausgabe, Bd. II/5: Briefe 1906–1908, hg. von M. Rainer Lepsius u. Wolfgang J. Mommsen, Tübingen 1990, S. 202. Vgl. auch Wolfgang J. Mommsen, Max Weber und die deutsche Politik, Tübingen ²1974, S. 155 ff.

Monarchische Selbstherrschaft und bürgerlicher Imperialismus im Widerstreit
1906–1909

1 Brief Bülows an General von Liebert vom 31. Dezember 1906, in: Fürst Bülows Reden nebst urkundlichen Beiträgen zu seiner Politik, Bd. 2: 1905–1906, hg. von Johannes Penzler, Berlin 1907, S. 454.

2 Brief Max Webers an Naumann vom 14. Dezember 1906, in: Max-Weber-Gesamtausgabe, Bd. II/5: Briefe 1906–1908, hg. von M. Rainer Lepsius u. Wolfgang J. Mommsen, Tübingen 1990, S. 201 f.

3 Eintragung vom 27. Januar 1907, in: Das Tagebuch der Baronin Spitzemberg, geb. Freiin v. Varnbüler, Aufzeichnungen aus der Hofgesellschaft des Hohenzollernreiches (Deutsche Geschichtsquellen des 19. und 20. Jahrhunderts, Bd. 43), hg. von Rudolf Vierhaus, Göttingen 1960, S. 469.

4 Bernhard Fürst von Bülow, Denkwürdigkeiten, Bd. 4: Jugend und Diplomatenjahre, hg. von Franz von Stockhammern, Berlin 1931, S. 279.

5 Thronrede vom 19. Februar 1907, in: Bülow, Reden, Bd. 3: 1907 bis 1909, hg. von Otto Hötzsch, Berlin 1909, S. 1; Stenographische Berichte über die Verhandlungen des Reichstags, 12. Legislaturperiode, 1. Session 1907 (Eröffnungsrede), S. 1.

6 Bülow, Reden, Bd. 3, S. 7.

7 Ebd., S. 15.

8 Reden des Kaisers. Ansprachen, Predigten und Trinksprüche Wilhelms II., S. 121 f.

9 Vgl. Wolfgang J. Mommsen, Homosexualität, aristokratische Kultur und Weltpolitik, in: Uwe Schultz (Hg.), Große Prozesse. Recht und Gerechtigkeit in der Geschichte, München 1996, S. 279 bis 288.

10 Die Zukunft, Bd. 59, 15. Jg., Nr. 27 (6. April 1906), S. 12.

11 Ebd., Bd. 57, 15. Jg., Nr. 7 (17. November 1906), S. 266.

12 Zitiert nach Helmuth Rogge, Holstein und Harden. Politisch-publizistisches Zusammenspiel zweier Außenseiter des wilhelminischen Reichs, München 1959, S. 234.

13 Bülow, Reden, Bd. 3: 1907–1909, S. 66.

14 Philipp Eulenburgs Politische Korrespondenz, hg. von John C. G. Röhl, Bd. 3: Krisen, Krieg und Katastrophen 1895–1921, Boppard 1983, S. 2182 f.

15 Vgl. die Belege bei Katharine Anne Lermann, The Chancellor as Courtier. Bernhard von Bülow and the Governance of Germany 1900–1909, Cambridge 1990, S. 195 ff.

16 Rede Wilhelms II. vom 29. Mai 1908, vgl. Bernhard von Bülow, Denkwürdigkeiten, Bd. 2: Von der Marokko-Krise bis zum Abschied, hg. von Franz von Stockhammern, Berlin 1930, S. 317.

17 Zitiert nach Lothar Reinermann, Der Kaiser in England. Wilhelm II. und sein Bild in der britischen Öffentlichkeit, Paderborn u. a. 2001, S. 305.

18 Ebd., S. 307.

19 Ebd., S. 315.

20 Ebd., S. 316.

21 Ebd., S. 322 f.

22 Ebd., S. 329.

23 Bülow, Reden, Bd. 3, S. 120.

24 Erlaß Metternichs an Bülow vom 16. Juli 1907, in: Die große Politik der Europäischen Kabinette 1871–1914. Sammlung der diplomatischen Akten des Auswärtigen Amtes, hg. von Johannes Lepsius, Albrecht Mendelssohn Bartholdy und Friedrich Thimme, Bd. 24, Berlin ²1925, S. 104, Schlussbemerkung des Kaisers.

25 Ebd.

26 Große Politik, Bd. 28, S. 23 und 77. Gerd Fesser, Reichskanzler Bernhard Fürst von Bülow. Eine Biographie, Berlin 1991, S. 116.

27 Für den Wortlaut des Interviews siehe das Faksimile in: Bülow, Denkwürdigkeiten, Bd. 2, nach S. 352.

28 Zitiert nach Reinermann, Der Kaiser in England, S. 336.

29 Zitiert nach Leo Just (Hg.), Handbuch der deutschen Geschichte, Bd. 4: Deutsche Geschichte der neuesten Zeit von Bismarcks Entlassung bis zur Gegenwart, 1. Teil: Von 1890 bis 1933 (hg. von Werner Frauendienst), Frankfurt a. M. 1973, S. 252.

30 Zitiert nach Fesser, Bülow, S. 107.

31 Ebd.

32 Wilhelm Schüssler, Die Daily-Telegraph-Affaire. Fürst Bülow, Kaiser Wilhelm und die Krise des Zweiten Reiches 1908, Göttingen 1952, S. 59 ff.

33 Zitiert nach Graf Westarp, Konservative Politik im letzten Jahrzehnt des Kaiserreiches, Bd. 1: Von 1908 bis 1914, Berlin 1935, S. 41.

34 Vgl. ebd., S. 43–50.

35 Stenographische Berichte über die Verhandlungen des Reichstags, XII. Legislaturperiode, 1. Session 1908, Bd. 233, S. 5374–5380.

36 Ebd., S. 5413 ff. (Zitat S. 5415).

37 Ebd., S. 5424.

38 Ebd., S. 5393.

39 Vgl. Theodor Eschenburg, Das Kaiserreich am Scheidewege, Berlin 1929, S. 139 f. Der ursprüngliche Text ist ebd., S. 289–294, abgedruckt.

40 Stenographische Berichte über die Verhandlungen des Reichstags, XII. Legislaturperiode, 1. Session 1908, Bd. 233, S. 5396.

41 Brief Max Webers an Naumann vom 12. November 1908, in: MWG II/5, S. 694.

42 Stenographische Berichte über die Verhandlungen des Reichstags, XII. Legislaturperiode, 1. Session 1908, Bd. 233, S. 5903 bis 5938.

43 Vgl. Reinermann, Der Kaiser in England, S. 336 f.

Das kaiserliche Regiment in der Defensive und die deutsche Weltpolitik

1 Zitiert nach Bernhard Schwertfeger, Kaiser und Kabinettschef. Nach eigenen Aufzeichnungen und dem Briefwechsel des Wirklichen Geheimen Rats Rudolf von Valentini, Oldenburg 1931, S. 121 f.

2 Siehe Hans-Günter Zmarzlik, Bethmann Hollweg als Reichskanzler 1909–1914. Studien zu Möglichkeiten und Grenzen seiner innenpolitischen Machtstellung, Düsseldorf 1957, S. 30 f.

3 Bernhard von Bülow, Denkwürdigkeiten, Bd. 2: Von der Marokko-Krise bis zum Abschied, hg. von Franz von Stockhammern, Berlin 1930, S. 512.

4 Ebd., S. 510.

5 Stenographische Berichte über die Verhandlungen des Reichstags, XII. Legislaturperiode, 2. Session 1909, Bd. 258, S. 167.

6 Graf Robert Zedlitz-Trützschler, Zwölf Jahre am deutschen Kaiserhof, Stuttgart 1923, S. 229 f.

7 Zitiert nach dem Bericht Ledebours im Reichstag: Stenographische Berichte über die Verhandlungen des Reichstags, XII. Legislaturperiode, 2. Session 1910, Bd. 262, S. 3168.

8 Ein solcher Fall findet sich beispielsweise bei Zmarzlik, Bethmann Hollweg als Reichskanzler, S. 26 f.

9 Vgl. Wolfgang J. Mommsen, Die »deutsche Idee der Freiheit«, in: ders., Bürgerliche Kultur und politische Ordnung. Künstler, Schriftsteller und Intellektuelle in der deutschen Geschichte 1830–1933, Frankfurt a. M. 2000, S. 133–157.

10 Stenographische Berichte über die Verhandlungen des Preußischen Hauses der Abgeordneten, XXI. Legislaturperiode, 3. Session 1910, Bd. 2, Berlin 1910, S. 1415.

11 Ebd., S. 1418. – Bethmann zitiert hier einen Ausspruch Bismarcks.

12 Ebd., S. 1411.

13 Vgl. Konrad H. Jarausch, The Enigmatic Chancellor. Bethmann Hollweg and the Hubris of Imperial Germany, New Haven/London 1973, S. 78. – Der Wortlaut des Zitats bei Wolfgang J. Mommsen, Die latente Krise des Deutschen Reiches 1909–1914, in: Leo Just (Hg.), Handbuch der deutschen Geschichte, Bd. 4: Deutsche Geschichte der neuesten Zeit von Bismarcks Entlassung bis zur Gegenwart, 1. Teil: Von 1890 bis 1933 (hg. v. Werner Frauendienst, Frankfurt a. M. 1973, S. 15.

14 Zitiert nach: Zmarzlik, Bethmann Hollweg als Reichskanzler, S. 102.

15 Thronrede vom 30. November 1909, in: Stenographische Berichte über die Verhandlungen des Reichstags, XII. Legislaturperiode, 2. Session 1909, Bd. 258, S. 2.

16 Große Politik, Bd. 28, S. 213.

17 Zitiert nach Michael Balfour, Der Kaiser. Wilhelm II. und seine Zeit, Berlin 1967, S. 337. Vgl. das Telegramm von Bethmann Hollweg an Wilhelm II. vom 15. Juli 1911, in: Große Politik, Bd. 29, Berlin ²1927, S. 186, Randbemerkung des Kaisers Nr. 9.

18 Telegramm Treutlers an das Auswärtige Amt vom 17. Juli 1911, in: ebd., S. 188.

19 Abschiedsgesuch Kiderlen-Wächters an Bethmann Hollweg vom 17. Juli 1911, in: Kiderlen-Wächter, der Staatsmann und Mensch. Briefwechsel und Nachlaß, hg. von Ernst Jäckh, Berlin u. a. 1924, Bd. 2, S. 129.

20 Zitiert nach Otto Hammann, Bilder aus der letzten Kaiserzeit, Berlin 1922, S. 88. Vgl. Kurt Riezler, Tagebücher, Aufsätze, Dokumente, hg. von Karl Dietrich Erdmann, Göttingen 1972, S. 178 f. (Eintragung vom 30. Juli 1911).

21 Stenographische Berichte über die Verhandlungen des Reichstags, XII. Legislaturperiode, 2. Session 1911, Bd. 268, S. 7713.

22 Ebd., S. 7718.
23 Ebd., S. 7721.
24 Ebd., S. 7722.
25 Ebd., S. 7756.
26 Telegramm Wilhelms II. an Bethmann Hollweg vom 11. November 1911, in: Große Politik, Bd. 31, Berlin ²1927, S. 29.
27 Riezler, Tagebücher, S. 180.
28 Ebd.
29 Vgl. Georg Alexander von Müller, Regierte der Kaiser? Kriegstagebücher, Aufzeichnungen und Briefe des Chefs des Marinekabinetts, hg. von Walter Görlitz, Göttingen 1965, S. 88 f.
30 Telegramm Kiderlen-Wächters an Freiherr von Jenisch vom 8. August 1911, in: Große Politik, Bd. 29, S. 315, Randbemerkungen des Kaisers 1 und 2.
31 Brief Moltkes an Eliza von Moltke vom 19. August 1911, in: Generaloberst Helmuth von Moltke, Erinnerungen, Briefe, Dokumente 1877–1916. Ein Bild vom Kriegsausbruch, erster Kriegsführung und Persönlichkeit des ersten militärischen Führers des Krieges, hg. von Eliza von Moltke, Stuttgart 1922, S. 362.
32 Brief Falkenhayns an Hanneken vom 24. August 1911, zitiert nach Holger Afflerbach, Falkenhayn. Politisches Denken und Handeln im Kaiserreich, München 1994, S. 76.
33 Stenographische Berichte über die Verhandlungen des Reichstags, XII. Legislaturperiode, 2. Session 1911, Bd. 268, S. 8360.
34 Große Politik, Bd. 31, S. 3, Anmerkung 1.
35 Brief von Tirpitz an Capelle vom 3. August 1911, in: Alfred von Tirpitz, Politische Dokumente, Bd. 1: Der Aufbau der deutschen Weltmacht, Stuttgart u. a. 1924, S. 200. Vgl. auch Wilhelm Deist, Flottenpolitik und Flottenpropaganda. Das Nachrichtenbureau des Reichsmarineamts 1897–1914, Stuttgart 1976, S. 268 f.
36 Müller, Regierte er Kaiser?, S. 90
37 Deist, Flottenpolitik, S. 270.
38 Brief Wilhelms II. an Bethmann Hollweg vom 26. und 30. September 1911, in: Tirpitz, Dokumente, Bd. 1, S. 216 ff.
39 Ausfertigung Kühlmanns an Bethmann Hollweg vom 8. Januar 1912, in: Große Politik, Bd. 31, S. 91.
40 Ebd., Randbemerkung des Kaisers Nr. 4.
41 Vgl. den Bericht des Kaisers für Bethmann Hollweg vom 9. Februar 1912, in: ebd., S. 112 ff.
42 Brief Metternichs an Bethmann Hollweg vom 24. Februar 1912, in: ebd., S. 136, Kopfnote des Kaisers.
43 Telegramm Wilhelms II. an Bethmann Hollweg vom 4. März 1912, in: ebd., S. 154.

44 Telegramm Wilhelms II. an Metternich vom 5. März 1912, in: ebd., S. 156.

45 Ebd., S. 157, Anmerkung 2.

46 Brief Widenmanns an Tirpitz vom 7. März 1912 (Anlage zum Brief Metternichs an Bethmann Hollweg vom 7. März 1912), in: ebd., S. 164.

47 Brief Kiderlen-Wächters an Metternich vom 15. März 1912, in: ebd., S. 183, Schlussbemerkung des Kaisers.

48 Telegramm Bethmann Hollwegs an Metternich vom 18. März 1912, in: ebd., S. 189.

49 Müller, Regierte er Kaiser?, S. 89 f.

Dem Weltkrieg entgegen. Die zwiespältige Rolle Wilhelms II. in den letzten Vorkriegsjahren

1 Für die Rituale der Monarchenbesuche in Europa vgl. Johannes Paulmann, Pomp und Politik. Monarchenbegegnungen in Europa zwischen Ancien Régime und Erstem Weltkrieg, Paderborn 2000, S. 131–179, vor allem S. 177 ff.

2 Große Politik, Bd. 31, Nr. 11541, S. 438 f.

3 Aufzeichnung vom 4. Oktober 1912, in: Große Politik, Bd. 33, Nr. 12225, S. 164 f.

4 Ebd.

5 Ebd., 7. November 1912, S. 295.

6 Ebd., Nr. 12349, 11. November 1912, S. 302 f.

7 Zitiert nach Luigi Albertini, The Origins of the War 1914, Bd. 1: European Relations. From the Congress of Berlin to the Eve of the Sarajevo Murder, London 1965, S. 401.

8 Stenographische Berichte über die Verhandlungen des Reichstags, XIII. Legislaturperiode, 1. Session 1912/1913, Bd. 286, S. 2472.

9 Aufzeichnung Wilhelms II. für Kiderlen-Wächter vom 8. Dezember 1912, in: Große Politik, Bd. 39, Nr. 15613, S. 123 ff.

10 Für die umfängliche Literatur über die »Krisenkonferenz« bzw. den »Kriegsrat« vom 8. Dezember 1912 siehe die Nachweise bei Wolfgang J. Mommsen, Der Topos vom unvermeidlichen Krieg: Außenpolitik und öffentliche Meinung im Deutschen Reich im letzten Jahrzehnt vor 1914, in: ders., Der autoritäre Nationalstaat. Verfassung, Gesellschaft und Kultur im deutschen Kaiserreich, Frankfurt a. M. 1990, S. 380–406, insbesonders S. 392–395, sowie John C. G. Röhl, An der Schwelle zum Weltkrieg. Eine Dokumentation über den »Kriegsrat« vom 8. Dezember 1912, mit umfassender Zu-

sammenstellung der relevanten Quellen, in: Militärgeschichtliche Mitteilungen, Bd. 1, 1977, S. 77–135; ders., Die Generalprobe. Zur Geschichte und Bedeutung des »Kriegsrates« vom 8. Dezember 1912, in: Dirk Stegmann u. a. (Hg.), Industrielle Gesellschaft und politisches System. Beiträge zur politischen Sozialgeschichte. Festschrift für Fritz Fischer zum 70. Geburtstag, Bonn 1978, S. 357 bis 373.

11 Georg Alexander von Müller, Regierte er Kaiser? Kriegstagebücher, Aufzeichnungen und Briefe des Chefs des Marinekabinetts, hg. von Walter Görlitz, Göttingen 1965, S. 124; vgl. auch Röhl, Dokumentation, S. 100.

12 Röhl, Dokumentation, S. 89.

13 Ebd., S. 100.

14 Ebd.

15 Brief von Müller an Bethmann Hollweg vom 8. Dezember 1912, in: ebd.

16 Vgl. das Schreiben Bethmann Hollwegs an Kiderlen-Wächter vom 17. Dezember 1912, in dem es eingangs heißt: »Nach einer gestern abend zugegangenen zuverlässigen Mitteilung« habe der Kaiser unmittelbar nach dem Bericht Lichnowskys über seine Unterredung mit Haldane »telegraphisch den General von Moltke sowie Herren von der Marine [...] zu sich entboten«. In: Große Politik, Bd. 39, Nr. 15559, S. 7 f.

17 Brief Wilhelms II. an Erzherzog Franz Ferdinand vom 9. Dezember 1912, in: Röhl, Dokumentation, S. 101.

18 Brief Wilhelms II. an Eisendecher vom 12. Dezember 1912, in: ebd., S. 106.

19 Ebd.

20 Brief Wilhelms II. an Heinrich von Preußen vom 12. Dezember 1912, in: ebd., S. 105 f.

21 Vgl. Mommsen, Topos, S. 394 ff.

22 Große Politik, Bd. 36/I, S. 399.

23 Hugo Hantsch, Leopold Graf Berchtold. Grandseigneur und Staatsmann, Graz 1963, Bd. 2, S. 505 f. Vgl. auch Österreich-Ungarns Außenpolitik von der Bosnischen Krise 1908 bis zum Kriegsausbruch 1914. Diplomatische Aktenstücke des österreichisch-ungarischen Ministeriums des Äußeren, Bd. VII, hg. von Ludwig Bittner, Wien 1930, S. 513.

24 Vgl. Mommsen, Topos, S. 375 ff.

25 Friedrich Meinecke, Politische Schriften und Reden, hg. von Georg Kotowski, Darmstadt 1958, S. 69.

26 Vgl. Stig Förster, Der doppelte Militarismus. Die deutsche Heeresrüstungspolitik zwischen Status-quo-Sicherung und Aggression 1890–1913, Stuttgart 1985, S. 274 ff.

27 Eine genaue Rekonstruktion der Ereignisse findet sich bei David Schoenbaum, Zabern 1913. Consensus Politics in Imperial Germany, London 1982, S. 98 f.

28 Zitiert nach Kurt Stenkewitz, Gegen Bajonett und Dividende. Die politische Krise in Deutschland am Vorabend des ersten Weltkrieges, Berlin 1960, S. 126.

29 Schoenbaum, Zabern, S. 113.

30 Stenographische Berichte über die Verhandlungen des Reichstages, XIII. Legislaturperiode, 1. Session 1913/1914, Bd. 291, S. 6157.

31 Ebd., S. 6161.

32 Zitiert nach Hans-Günter Zmarzlik, Bethmann Hollweg als Reichskanzler 1909–1914. Studien zu Möglichkeiten und Grenzen seiner innenpolitischen Machtstellung, Düsseldorf 1957, S. 131.

33 Deutscher Geschichtskalender. Sachlich geordnete Zusammenstellung der wichtigsten Vorgänge im In- und Ausland, begründet von Karl Wippermann, Jg. 1913, Bd. 1, Leipzig o. J., S. 392.

34 Zitiert nach Elisabeth Fehrenbach, Wandlungen des deutschen Kaisergedankens 1871–1918, München 1969, S. 158 f.

35 Alfred Tirpitz, Erinnerungen, Leipzig 1919, S. 233.

36 Die Gesprächsnotiz ist abgedruckt in: Wolfgang J. Mommsen, Imperialismus. Seine politischen, ideologischen und wirtschaftlichen Grundlagen. Ein Quellen- und Arbeitsbuch, Hamburg 1977, S. 145.

37 Randbemerkung zu einem Erlass von Pourtalès vom 11. März 1914, in: Große Politik, Bd. 39, S. 554.

38 Erklärung am selben Tage gegenüber dem badischen Gesandten von Berckheim. Siehe Christopher Clark, Kaiser Wilhelm II. Profiles in Power, London 2000, S. 201.

39 Ebd.

40 Zitiert nach Barbara Tuchmann, August 1914. Ausbruch des Ersten Weltkriegs. Der eigentliche Beginn unseres Jahrhunderts, Bern/München 1979, S. 36.

41 Egmont Zechlin, Motive und Taktik der Reichsleitung 1914. Ein Nachtrag, in: Der Monat, Heft 209, 1966, S. 91–95, hier S. 92.

42 Lerchenfeld an Hertling, in: Pius Dirr (Hg.), Bayerische Dokumente zum Kriegsausbruch und zum Versailler Schuldspruch, München ²1924, S. 113.

43 Große Politik, Bd. 36/II, S. 805.

44 Max M. Warburg, Aus meinen Aufzeichnungen, New York 1952, S. 29.

45 Aufzeichnung von Hoyos über die Unterredung mit Victor Naumann vom 1. Juli 1914, in: Julikrise und Kriegsausbruch 1914. Eine Dokumentation, bearbeitet und eingeleitet von Imanuel Geiss, Hannover 1963, Bd. 1, S. 61.

46 Bericht Tschirschkys an Bethmann Hollweg vom 30. Juni 1914, in: ebd., S. 59.
47 Ebd.
48 Bericht Tschirschkys an Bethmann Hollweg vom 2. Juli 1914, in: ebd., S. 70.
49 Aufzeichnung Berchtolds vom 3. Juli 1914, in: ebd., S. 74.
50 Brief Franz Josephs an Wilhelm II. vom 2. Juli 1914, in: ebd., S. 65.
51 Ebd.
52 John C. G. Röhl, Zwei deutsche Fürsten zur Kriegsschuldfrage. Lichnowsky und Eulenburg und der Ausbruch des Ersten Weltkriegs. Eine Dokumentation, Düsseldorf 1971, S. 21.
53 Vgl. Grey an Rumbold, 6. Juli 1914, British Documents on the Origins of the War 1898–1914, Bd. 11, London 1926 (Nachdruck 1967), Nr. 32, S. 24 f. Vgl. auch Karl Max Fürst Lichnowsky, Meine Londoner Mission 1912–1914, Berlin 1919, S. 27 ff.
54 Kurt Riezler, Tagebücher, Aufsätze, Dokumente, hg. von Karl Dietrich Erdmann, Göttingen 1972, S. 183.
55 Ebd., S. 185.
56 Telegramm Bethmann Hollwegs an Tschirschky vom 27. Juli 1914, in: Geiss, Julikrise und Kriegsausbruch 1914, Bd. 2, S. 111. Dies würde auch den reichlich gequälten Duktus des Erlasses an Tschirschky erklären.
57 Kommentar Wilhelms II. zur serbischen Antwortnote vom 28. Juli 1914, in: ebd., S. 185.
58 Telegramm Wilhelms II. an Nikolaus II. vom 29. Juli 1914, in: ebd., S. 285.
59 Telegramm Pourtalès an Jagow vom 30. Juli 1914, in: ebd., S. 292.
60 Ebd.
61 Siehe die Ausführungen Bethmann Hollwegs in der Sitzung des Preußischen Staatsministeriums vom 30. Juli nachmittags, in: ebd., S. 371 ff.

Das Schattenregiment. Der Kaiser im Ersten Weltkrieg

1 Nach dem Bericht der »Frankfurter Zeitung« vom selben Tage. Zitiert nach Ernst Johann (Hg.), Innenansicht eines Krieges. Bilder, Briefe, Dokumente 1914–1918, Frankfurt a. M. 1968, S. 14.
2 Deutscher Geschichtskalender. Sachlich geordnete Zusammenstellung der wichtigsten Vorgänge im In- und Ausland, begründet von Karl Wippermann, Leipzig o. J., Eintragung vom 4. August 1914, S. 31 und S. 47.
3 Theobald von Bethmann Hollweg, Kriegsreden, hg. v. Friedrich Thimme, Stuttgart/Berlin 1919, S. 12.

4 Eine ausführliche Dokumentation bei Wilhelm Deist, Militär und Innenpolitik im Weltkrieg, Düsseldorf 1970, S. 61–181.

5 Ebd., S. 131 f.

6 Vgl. dazu Isabel V. Hull, The Entourage of Kaiser Wilhelm II. 1888–1918, Cambridge 1982, S. 266 ff.

7 Vgl. auch Wilfried Rogasch, »Mit Anstand untergehen«. Wilhelm II. als »Oberster Kriegsherr«, in: Hans Wilderotter, Klaus-D. Pohl (Hg.), Der letzte Kaiser. Wilhelm II. im Exil, Berlin 1991, S. 101 f.

8 Georg Alexander von Müller, Regierte der Kaiser? Kriegstagebücher, Aufzeichnungen und Briefe des Chefs des Marine-Kabinetts, 1914–1918, hg. von Walter Görlitz, Göttingen 1959, S. 68.

9 Zitiert nach Holger Afflerbach, Falkenhayn. Politisches Denken und Handeln im Kaiserreich, München 1994, S. 236.

10 Ebd., S. 236 f.

11 Müller, Regierte der Kaiser?, S. 44.

12 Deutscher Geschichtskalender, Eintragung vom 31. Dezember 1914, S. 521 f.

13 Ebd., Eintragung vom 20. August 1915, S. 247.

14 Ebd., Eintragung vom 31. Juli 1915, S. 75.

15 Ebd., S. 77.

16 Vgl. Wolfgang J. Mommsen, Bürgerstolz und Weltmachtstreben. Deutschland unter Wilhelm II. 1890–1918 (Propyläen Geschichte Deutschlands 7,2), Berlin 1995, S. 628 ff.

17 Zitiert nach Karl-Heinz Janßen, Der Kanzler und der General. Die Führungskrise um Bethmann Hollweg und Falkenhayn, 1914–1916, Göttingen 1967, S. 61.

18 Zitiert nach Afflerbach, Falkenhayn, S. 222.

19 Deutscher Geschichtskalender, Eintragung vom 31. Dezember 1915, S. 978.

20 Vgl. Karl-Heinz Janßen, Der Wechsel in der Obersten Heeresleitung 1916, in: Vierteljahreshefte für Zeitgeschichte, Bd. 7 (1959), S. 337–371, hier S. 339.

21 Schreiben Bethmann Hollwegs an Lyncker vom 23. Juni 1916, zitiert nach Janßen, Der Kanzler und der General, S. 215 f.

22 Bernhard Schwertfeger, Kaiser und Kabinettschef. Nach eigenen Aufzeichnungen und dem Briefwechsel des Wirklichen Geheimen Rats Rudolf von Valentini, Oldenburg 1931, S. 236 f.

23 Müller, Regierte der Kaiser?, S. 200.

24 Ebd., S. 206. Vgl. auch Janßen, Der Kanzler und der General, S. 235.

25 Müller, Regierte der Kaiser?, S. 105 f.

26 Ebd., S. 162.

27 Ebd., S. 234.

28 Ebd., S. 247.

29 Ebd., S. 249.

30 Deutscher Geschichtskalender, Eintragung vom 1. Februar 1917, S. 280.

31 Deutscher Geschichtskalender, Eintragung vom 2. Dezember 1916, S. 1085.

32 Ludwig Bergsträßer, Die preußische Wahlrechtsfrage im Kriege und die Entstehung der Osterbotschaft 1917. Nach den Akten der preußischen Ministerien und der Reichskanzlei, Tübingen 1929, S. 119. Vgl. auch Reinhard Patemann, Der Kampf um die preußische Wahlreform im Ersten Weltkrieg, Düsseldorf 1964, S. 51 f.

33 Deutscher Geschichtskalender, Eintragung vom 7. April 1917, S. 769.

34 Max-Weber-Gesamtausgabe, Band I/15: Zur Politik im Weltkrieg. Schriften und Reden, 1914–1918, hg. von Wolfgang J. Mommsen, Tübingen 1984, S. 233.

35 Deist, Militär und Innenpolitik, Teil I, S. 575.

36 Deutscher Geschichtskalender, Eintragung vom 2. Oktober 1916, S. 592. Vgl. dazu die kritische Bemerkung von Admiral von Müller, Regierte der Kaiser?, S. 225.

37 Müller, Regierte der Kaiser?, S. 278 f.

38 Kuno Graf von Westarp, Konservative Politik im letzten Jahrzehnt des Kaiserreiches, Bd. 2: Von 1914 bis 1918, Berlin 1935, S. 85 f.; Telegramm Wilhelms II. an Bethmann Hollweg vom 21. April 1917, zitiert nach André Scherer, Jacques Grunewald (Hg.), L'Allemagne et les problèmes de la paix pendant la Première Guerre Mondiale. Documents extraits des archives de l'Office Allemand des Affaires Étrangères, Bd. 2, Paris 1976, S. 135.

39 Unter anderem sollte nun eine effektive Kontrolle der öffentlichen Äußerungen des Monarchen verfassungsmäßig sichergestellt werden. Max Weber arbeitete damals für den Abgeordneten Conrad Haußmann von der Fortschrittlichen Volkspartei einen »Gesetzentwurf betreffend die Strafbarkeit unbefugter Veröffentlichung oder Versendung von Äußerungen der Bundesfürsten« sowie Vorschläge für die Abänderung der Reichsverfassung zu diesem Zwecke aus. Doch ist dies in der Folge nicht mehr Gegenstand von Verhandlungen geworden. Siehe Max-Weber-Gesamtausgabe, Bd. I/15, S. 280–288.

40 Deist, Militär und Innenpolitik, Teil II, S. 748–751.

41 Müller, Regierte der Kaiser?, S. 304.

42 Ebd.

43 Bericht des Chefs des Generalstabes an den Kaiser, in: Deist, Militär und Innenpolitik, Teil II, S. 1124–1127, Zitat S. 1126.

44 Schwertfeger, Kaiser und Kabinettschef, S. 194.

45 Deutscher Geschichtskalender, Eintragung vom 1. August 1917, S. 279.

46 Vgl. die Belege bei Bernd Sösemann, Der Verfall des Kaisergedankens im Ersten Weltkrieg, in: John C. G. Röhl, Der Ort Kaiser Wilhelms II. in der deutschen Geschichte, München 1991, S. 145–170, hier S. 158–161.

47 Müller, Regierte der Kaiser?, S. 343.

48 Vgl. auch Sösemann, Der Verfall des Kaisergedankens, S. 158 ff.

49 Deutscher Geschichtskalender, Eintragung vom 7. Februar 1918, S. 234.

50 Ebd., Eintragung vom 15. Juni 1918, S. 1037.

51 Ebd., Eintragung vom 11. September 1918, S. 393–397. Vgl. dazu den Bericht von Alfred Niemann über die Kaiserrede und ihre Aufnahme durch die 1500 Arbeiter und Angestellten. Der veröffentlichte Wortlaut der Rede wurde, wie Niemann bezeugt, anschließend vom Chef des Zivilkabinetts Berg überarbeitet. Alfred Niemann, Kaiser und Revolution. Die entscheidenden Ereignisse im Großen Hauptquartier im Herbst 1918, Berlin 1922, S. 78 ff.

52 Ebd., S. 80 f.

53 Für Ludendorffs Motive siehe auch dessen Erklärung vor seinen Offizieren am Abend des 29. September: Jetzt seien »diejenigen Kreise an die Regierung zu bringen«, denen »[wir] es in der Hauptsache zu danken haben, daß wir so weit gekommen sind. [...] Die sollen nun den Frieden schließen, der jetzt geschlossen werden muß. Sie sollen die Suppe jetzt essen, die sie uns eingebrockt haben.« Zitiert nach Volker Ullrich, Als der Thron ins Wanken kam. Das Ende des Hohenzollernreiches 1890–1918, Bremen 1993, S. 186.

54 Nach einem Bericht des Bayerischen Militärbevollmächtigten vom 30. September habe der Kaiser erst am 29. September »erstmals einen Einblick in unsere tatsächliche Lage erhalten«. Deist, Militär und Innenpolitik, Teil II, S. 1290–1293, Zitat S. 1293.

55 Zitiert nach Michael Balfour, Der Kaiser. Wilhelm II. und seine Zeit, Berlin 1967, S. 429.

56 Brief Max Webers an Delbrück vom 10. Oktober 1918, zitiert nach Wolfgang J. Mommsen, Max Weber und die deutsche Politik 1860–1920, Tübingen ²1974, S. 314.

57 Erich Matthias und Rudolf Morsey (Hg.), Die Regierung des Prinzen Max von Baden, Düsseldorf 1962, S. 461 f.

58 Zitiert nach Sigurd von Ilsemann, Der Kaiser in Holland. Aufzeichnungen des letzten Flügeladjutanten Kaiser Wilhelms II., hg. von Harald von Königswald, Bd. 1: Amerongen und Dorn 1918 bis 1923, München 1967, S. 31.

59 Alfred Niemann, Kaiser und Revolution, S. 135.

Wilhelm II. in der deutschen Geschichte

1 Nicolaus Sombart, Wilhelm II. Sündenbock und Herr der Mitte, Berlin 1996, S. 15–18, 136–140.

2 Vgl. Max Weber, Wirtschaft und Gesellschaft, hg. von Johannes Winckelmann, Tübingen [5]1974, S. 141.

3 Brief an Friedrich Naumann vom 12. November 1908, Max-Weber-Gesamtausgabe, Bd. II/5: Briefe 1906–1908, S. 694.

4 MWG I, 15: Zur Politik im Weltkrieg. Schriften und Reden 1914 bis 1918, S. 509.

5 Um diesem Kardinalmangel abzuhelfen, schlug Max Weber 1917 ein verfassungsrechtlich vorgeschriebenes Prüfungsverfahren für alle öffentlichen Äußerungen des Monarchen durch einen besonderen Kronrat beziehungsweise den Auswärtigen Ausschuss des Bundesrates vor. Siehe den »Gesetzentwurf über die Strafbarkeit der unbefugten Veröffentlichung bundesfürst[licher] Äußerungen«, den Max Weber Conrad Haußmann im Juni 1917 zwecks Verwertung in den Beratungen des soeben vom Reichstag eingesetzten Verfassungsausschusses zuleitete, in: ebd., S. 286 ff.

6 Brief an Heinrich Rickert vom 21. November 1908, MWG II/5, S. 699.

7 Für eine umfassende Analyse der verschiedenen zeitgenössischen Modelle des Kaisertums siehe Elisabeth Fehrenbach, Wandlungen des deutschen Kaisergedankens 1871–1918, München 1969.

Quellen- und Literaturverzeichnis

Quellen und Memoiren

Arndt, Rudof (Hg.): Die Reden des Grafen von Caprivi im Deutschen Reichstage, Preußischen Landtage und bei besonderen Anlässen 1883 bis 1893, Berlin 1894.

Bennigsen, Rudolf von: Ein deutscher liberaler Politiker, nach seinen Briefen und hinterlassenen Papieren, 2 Bde., hg. v. Hermann Oncken, Stuttgart 1910.

Bethmann Hollweg, Theobald von: Kriegsreden, hg. v. Friedrich Thimme, Stuttgart/Berlin 1919.

British Documents on the Origins of the War 1898–1914, hg. von G. P. Gooch und H. Temperley, 11 Bde., ND London 1967.

Bülow, Bernhard Fürst von: Reden, nebst urkundlichen Beiträgen zu seiner Politik, 3 Bde., hg. v. Johannes Penzler u. Otto Hötzsch, Berlin 1907–1909.

Bülow, Bernhard Fürst von: Denkwürdigkeiten, 4 Bde., hg. v. Franz von Stockhammern, Berlin 1930/31.

Deutscher Geschichtskalender. Sachlich geordnete Zusammenstellung der wichtigsten Vorgänge im In- und Ausland, hg. von K. Wippermann, 35 Bde., Leipzig 1885–1919.

Die große Politik der Europäischen Kabinette 1871–1914. Sammlung der diplomatischen Akten des Auswärtigen Amtes, hg. von J. Lepsius, A. Mendelssohn-Bartholdy und F. Thimme, 40 Bde., Berlin 1922 bis 1927.

Dirr, Pius (Hg.), Bayerische Dokumente zum Kriegsausbruch und zum Versailler Schuldspruch, München [2]1924.

Eulenburg und Hertefeld, Philipp Fürst zu: Mit dem Kaiser als Staatsmann und Freund auf Nordlandreisen, aus d. Nachlaß hg. v. Augusta Fürstin zu Eulenburg-Hertefeld, 2 Bde., Dresden 1931.

Eulenburg und Hertefeld, Philipp Fürst zu: Politische Korrespondenz, 3 Bde. (Deutsche Geschichtsquellen des 19. und 20. Jahrhunderts, 52), hg. v. John C. G. Röhl, Boppard 1976–1983.

Fontane, Theodor: Tagebücher 1866–1882, 1884–1898 (Große Brandenburger Ausgabe, Tage- und Reisetagebücher, Bd. 2, hg. von G. Erler), Berlin [2]1995.

Geiss, Imanuel (Hg.): Julikrise und Kriegsausbruch 1914. Eine Dokumentensammlung, 2 Bde., Hannover 1963/64.

Hohenlohe-Schillingsfürst, Chlodwig Fürst zu: Denkwürdigkeiten der Reichskanzlerzeit, hg. v. Karl Alexander von Müller, Stuttgart 1931.

Holstein, Friedrich von: Lebensbekenntnis in Briefen an eine Frau, hg. v. Helmut Rogge, Berlin 1932.

Huber, Ernst R. (Hg.): Dokumente zur deutschen Verfassungsgeschichte, Bd. 2: Deutsche Verfassungsdokumente 1851–1900, Stuttgart ³1986.

Ilsemann, Sigurd von: Der Kaiser in Holland. Aufzeichnungen des letzten Flügeladjutanten Kaiser Wilhelms II., hg. von Harald von Königswald, 2 Bde., München 1967.

Jäckh, Ernst (Hg.): Kiderlen-Wächter, der Staatsmann und der Mensch. Briefwechsel und Nachlaß, 2 Bde., Stuttgart 1924.

Johann, Ernst (Hg.): Innenansicht eines Krieges. Bilder, Briefe, Dokumente 1914–1918, Frankfurt a. M. 1968.

Johann, Ernst (Hg.): Reden des Kaisers. Ansprachen, Predigten und Trinksprüche Wilhelms II., München 1966.

Lichnowsky, Karl Max Fürst: Meine Londoner Mission 1912–1914, Berlin 1919.

Moltke, Generaloberst Helmuth von: Erinnerungen, Briefe, Dokumente 1877–1916. Ein Bild vom Kriegsausbruch, erster Kriegsführung und Persönlichkeit des ersten militärischen Führers des Krieges, hg. von Eliza von Moltke, Stuttgart 1922.

Müller, Georg Alexander von: Regierte der Kaiser? Kriegstagebücher, Aufzeichnungen und Briefe des Chefs des Marine-Kabinetts, 1914–1918, hg. v. Walter Görlitz, Göttingen 1965.

Österreich-Ungarns Außenpolitik von der Bosnischen Krise 1908 bis zum Kriegsausbruch 1914. Diplomatische Aktenstücke des österreichisch-ungarischen Ministeriums des Äußeren, hg. von L. Bittner und H. Übersberger, 9 Bde., Wien 1930.

Penzler, Johannes (Hg.): Die Reden Kaiser Wilhelms II., 4 Bde., Leipzig 1897–1913.

Rich, Norman/Fisher, Mike H. (Hg.): Die geheimen Papiere Friedrich von Holsteins, 4 Bde. (dt. Ausg. von W. Frauendienst), Göttingen 1956 bis 1963.

Riezler, Kurt: Tagebücher, Aufsätze, Dokumente, hg. v. Karl Dietrich Erdmann, Göttingen 1972.

Scherer, André/Grunewald, Jacques (Hg.): L'Allemagne et les problèmes de la paix pendant la Première Guerre Mondiale. Documents extraits des archives de l'Office Allemand des Affaires Étrangères, 3 Bde., Paris 1962–1976.

Schwertfeger, Bernhard: Kaiser und Kabinettschef. Nach eigenen Aufzeichnungen und dem Briefwechsel des Wirklichen Geheimen Rats Rudolf von Valentini, Oldenburg 1931.

Stenographische Berichte über die Verhandlungen des Deutschen Reichstags (1871–1918), Berlin 1871–1918.

Stenographische Berichte über die Verhandlungen des Preußischen Hauses der Abgeordneten (1871–1918), Berlin 1871–1918.

Tirpitz, Alfred von: Erinnerungen, Leipzig 1919.

Verhandlungen über Fragen des Höheren Unterrichts, im Auftr. des preuß. Ministers der Geistlichen, Unterrichts- und Medizinal-Angelegenheiten, Berlin 1891–1901, (ND Deutsche Schulkonferenzen, 2 Bde., Glashütten/Ts. 1972).

Vierhaus, Rudolf (Hg.): Das Tagebuch der Baronin Spitzemberg, geb. Freiin v. Varnbüler. Aufzeichnungen aus der Hofgesellschaft des Hohenzollernreiches (Deutsche Geschichtsquellen des 19. und 20. Jahrhunderts, Bd. 43), Göttingen 1960.

Waldersee, Alfred Graf von: Denkwürdigkeiten des General-Feldmarschalls Alfred Grafen von Waldersee, 3 Bde., hg. v. Heinrich O. Meisner, Stuttgart 1922.

Weber, Max: Jugendbriefe, Tübingen 1936.

Weber, Max: Briefe 1906–1908, hg. von M. Rainer Lepsius und Wolfgang J. Mommsen (Max-Weber-Gesamtausgabe, Abt. II/Bd. 5), Tübingen 1990.

Literatur

Afflerbach, Holger: Falkenhayn. Politisches Denken und Handeln im Kaiserreich, München 1994.

Albertini, Luigi: The Origins of the War 1914, Bd. 1: European Relations. From the Congress of Berlin to the Eve of the Sarajevo Murder, London 1965.

Albisetti, James C.: Secondary School Reform in Imperial Germany, Princeton 1983.

Anderson, Margaret L.: Practicing democracy. Elections and political culture in Imperial Germany, Princeton 2000.

Balfour, Michael: Der Kaiser. Wilhelm II. und seine Zeit, Berlin 1967.

Bergsträßer, Ludwig: Die preußische Wahlrechtsfrage im Kriege und die Entstehung der Osterbotschaft 1917. Nach den Akten der preußischen Ministerien und der Reichskanzlei, Tübingen 1929.

Berlepsch, Hans-Jörg von: »Neuer Kurs« im Kaiserreich? Die Arbeiterpolitik des Freiherrn von Berlepsch 1890 bis 1896 (Politik- und Gesellschaftsgeschichte, 16), Bonn 1987.

Bismarck, Otto von: Die gesammelten Werke, Politische Schriften, hg. von W. Frauendienst, F. Thimme u. a., 15 Bde, Berlin 1924–1935.

Burmeister, Hans Wilhelm: Prince Philipp Eulenburg-Hertefeld (1847 bis 1921), his influence on Kaiser Wilhelm II. and his role in the German government, 1888–1902, Wiesbaden 1981.

Canis, Konrad: Von Bismarck zur Weltpolitik. Deutsche Außenpolitik 1890 bis 1902, Berlin 1997.

Cecil, Lamar: Wilhelm II. Prince and Emperor, 1859–90, Chapel Hill 1989.

Cecil, Lamar: Wilhelm II. Emperor and Exile, 1900–1941, Chapel Hill 1996.

Clark, Christopher: Kaiser Wilhelm II. Profiles in Power, London 2000.

Cole, Terry: Kaiser versus Chancellor. The crisis of Bülow's chancellorship 1905–06, in: Richard J. Evans (Hg.), Society and Politics in Wilhelmine Germany, London/New York 1978.

Deist, Wilhelm: Flottenpolitik und Flottenpropaganda. Das Nachrichtenbureau des Reichsmarineamts 1897–1914, Stuttgart 1976.

Deist, Wilhelm: Militär und Innenpolitik im Weltkrieg, Düsseldorf 1970.

Eschenburg, Theodor: Das Kaiserreich am Scheidewege, Berlin 1929.

Fehrenbach, Elisabeth: Wandlungen des deutschen Kaisergedankens 1871–1918, München 1969.

Fesser, Gerd: Reichskanzler Bernhard Fürst von Bülow. Eine Biographie, Berlin 1991.

Förster, Stig: Der doppelte Militarismus. Die deutsche Heeresrüstungspolitik zwischen Status-quo-Sicherung und Aggression 1890–1913, Stuttgart 1985.

Haller, Johannes: Aus dem Leben des Fürsten Philipp zu Eulenburg-Hertefeld, Berlin 1924.

Hamann, Brigitte: Rudolf, Kronprinz und Rebell, Wien/München 1978.

Hammann, Otto: Bilder aus der letzten Kaiserzeit, Berlin 1922.

Hantsch, Hugo: Leopold Graf Berchtold. Grandseigneur und Staatsmann, Graz 1963.

Herzfeld, Hans: Johannes von Miquel. Sein Anteil am Ausbau des Deutschen Reiches bis zur Jahrhundertwende, 2 Bde, Detmold 1938.

Huber, Ernst R.: Deutsche Verfassungsgeschichte seit 1789, Bd. 4: Struktur und Krisen des Kaiserreichs, Stuttgart ²1982.

Hull, Isabel V.: The Entourage of Kaiser Wilhelm II. 1888–1918, Cambridge 1982.

Janßen, Karl-Heinz: Der Kanzler und der General. Die Führungskrise um Bethmann Hollweg und Falkenhayn, 1914–1916, Göttingen 1967.

Janßen, Karl-Heinz: Der Wechsel in der Obersten Heeresleitung 1916, in: Vierteljahreshefte für Zeitgeschichte, Bd. 7 (1959), S. 337–371.

Jarausch, Konrad H.: The Enigmatic Chancellor. Bethmann Hollweg and the Hubris of Imperial Germany, New Haven/London 1973.

Just, Leo (Hg.): Handbuch der deutschen Geschichte, Bd. 4: Deutsche Geschichte der neuesten Zeit von Bismarcks Entlassung bis zur Gegenwart, 1. Teil: Von 1890 bis 1933 (hg. von W. Frauendienst), Frankfurt a. M. 1973.

Kolb, Eberhard: Gezähmte Halbgötter? Bismarck und die militärische Führung 1871–1890, in: L. Gall (Hg.), Otto von Bismarck und Wilhelm II. Repräsentanten eines Epochenwechsels?, Paderborn 2000.

290

Kühne, Thomas: Dreiklassenwahlrecht und Wahlkultur in Preußen 1867–1914. Landtagswahlen zwischen korporativer Tradition und politischem Massenmarkt, Düsseldorf 1994.

Leibenguth, Peter: Modernisierungskrisis des Kaiserreichs an der Schwelle zum Wilhelminischen Imperialismus, Politische Probleme der Ära Caprivi (1890–1894), Phil. Diss. Köln 1975.

Lerman, Katharine A.: The chancellor as Courtier. Bernhard von Bülow and the governance of Germany, 1900–1909, Cambridge 1990.

Matthias, Erich/Morsey, Rudolf (Hg.): Die Regierung des Prinzen Max von Baden, Düsseldorf 1962.

Meinecke, Friedrich: Politische Schriften und Reden, hg. von Georg Kotowski, Darmstadt 1958.

Mommsen, Wolfgang J.: Bürgerstolz und Weltmachtstreben. Deutschland unter Wilhelm II. 1890–1918 (Propyläen Geschichte Deutschlands, 7,2), Berlin 1995.

Mommsen, Wolfgang J.: Der autoritäre Nationalstaat. Verfassung, Gesellschaft und Kultur im deutschen Kaiserreich, Frankfurt a. M. 1990.

Mommsen, Wolfgang J.: Die »deutsche Idee der Freiheit«, in: ders., Bürgerliche Kultur und politische Ordnung. Künstler, Schriftsteller und Intellektuelle in der deutschen Geschichte 1830–1933, Frankfurt a. M. 2000, S. 133–157.

Mommsen, Wolfgang J.: Homosexualität, aristokratische Kultur und Weltpolitik, in: U. Schultz (Hg.), Große Prozesse. Recht und Gerechtigkeit in der Geschichte, München 1996, S. 279–288.

Mommsen, Wolfgang J.: Imperialismus. Seine politischen, ideologischen und wirtschaftlichen Grundlagen. Ein Quellen- und Arbeitsbuch, Hamburg 1977

Mommsen, Wolfgang J.: Kaiser Wilhelm II. and German Politics, in: Journal of Contemporary History, Vol. 25, 1990, S. 469–485.

Mommsen, Wolfgang J.: Max Weber und die deutsche Politik, Tübingen [2]1974.

Niemann, Alfred: Kaiser und Revolution. Die entscheidenden Ereignisse im Großen Hauptquartier im Herbst 1918, Berlin [2]1928.

Osterhammel, Jürgen: China und die Weltgesellschaft vom 18. Jahrhundert bis in unsere Zeit, München 1989.

Patemann, Reinhard: Der Kampf um die preußische Wahlreform im Ersten Weltkrieg, Düsseldorf 1964.

Paulmann, Johannes: Pomp und Politik. Monarchenbegegnungen in Europa zwischen Ancien Régime und Erstem Weltkrieg, Paderborn 2000.

Reinermann, Lothar: Der Kaiser in England. Wilhelm II. und sein Bild in der britischen Öffentlichkeit, Paderborn 2001.

Retallack, James: Germany in the Age of Kaiser Wilhelm II., London 1996.

Richter, Jan S.: Die Orientreise Kaiser Wilhelms II. 1898. Eine Studie zur deutschen Außenpolitik an der Wende zum 20. Jahrhundert, Hamburg 1997.

Rogasch, Wilfried: »Mit Anstand untergehen«. Wilhelm II. als »Oberster Kriegsherr«, in: Hans Wilderotter, Klaus D. Pohl (Hg.), Der letzte Kaiser. Wilhelm II. im Exil, Berlin 1991.

Rogge, Helmuth: Holstein und Harden. Politisch-publizistisches Zusammenspiel zweier Außenseiter des wilhelminischen Reichs, München 1959.

Röhl, John C. G./Sombart, Nicolaus (Hg.): Kaiser Wilhelm II. New Interpretations. The Corfu Papers, Cambridge 1982.

Röhl, John C. G. (Hg.): Der Ort Kaiser Wilhelms II. in der deutschen Geschichte, München 1991.

Röhl, John C. G.: An der Schwelle zum Weltkrieg. Eine Dokumentation über den »Kriegsrat« vom 8. Dezember 1912, mit umfassender Zusammenstellung der relevanten Quellen, in: Militärgeschichtliche Mitteilungen, Bd. 1, 1977, S. 77–135.

Röhl, John C. G.: Deutschland ohne Bismarck. Die Regierungskrise im Zweiten Kaiserreich 1890–1900, Tübingen 1969.

Röhl, John C. G.: Die Generalprobe. Zur Geschichte und Bedeutung des »Kriegsrates« vom 8. Dezember 1912, in: Dirk Stegmann u. a. (Hg.), Industrielle Gesellschaft und politisches System. Beiträge zur politischen Sozialgeschichte. Festschrift für Fritz Fischer zum 70. Geburtstag, Bonn 1978, S. 357–373.

Röhl, John C. G.: Kaiser, Hof und Staat. Wilhelm II. und die deutsche Politik, München [4]1995.

Röhl, John C. G.: Wilhelm II. Der Aufbau der Persönlichen Monarchie, 1888–1900, München 2001.

Röhl, John C. G.: Wilhelm II. Die Jugend des Kaisers 1859–1888, München 1993.

Röhl, John C. G.: Zwei deutsche Fürsten zur Kriegsschuldfrage. Lichnowsky und Eulenburg und der Ausbruch des Ersten Weltkriegs. Eine Dokumentation, Düsseldorf 1971.

Schoenbaum, David: Zabern 1913. Consensus Politics in Imperial Germany, London 1982.

Schöllgen, Gregor: Imperialismus und Gleichgewicht. Deutschland, England und die orientalische Frage 1871–1914, München 1984.

Schüssler, Wilhelm: Die Daily-Telegraph-Affaire. Fürst Bülow, Kaiser Wilhelm und die Krise des Zweiten Reiches 1908, Göttingen 1952.

Sombart, Nicolaus: Wilhelm II. Sündenbock und Herr der Mitte, Berlin 1996.

Sösemann, Bernd: Die sogenannte Hunnenrede Wilhelms II. Textkritische und interpretatorische Bemerkungen zur Ansprache des Kaisers vom 27. Juli 1900 in Bremerhaven, in: Historische Zeitschrift, Bd. 222, 1976, S. 342–358.

Stenkewitz, Kurt: Gegen Bajonett und Dividende. Die politische Krise in Deutschland am Vorabend des ersten Weltkrieges, Berlin 1960.

Tuchmann, Barbara: August 1914. Ausbruch des Ersten Weltkriegs. Der eigentliche Beginn unseres Jahrhunderts, Bern/München 1979.

Tirpitz, Alfred von: Der Aufbau der deutschen Weltmacht, Stuttgart 1924.

Ullrich, Volker: Als der Thron ins Wanken kam. Das Ende des Hohenzollernreiches 1890–1918, Bremen 1993.

Warburg, Max M.: Aus meinen Aufzeichnungen, New York 1952.

Weber, Max: Wirtschaft und Gesellschaft, hg. von Johannes Winckelmann, Tübingen ⁵1974.

Weber, Max: Wirtschaft, Staat und Sozialpolitik. Schriften und Reden 1900–1912, hg. von Wolfgang Schluchter (Max-Weber-Gesamtausgabe, Abt. I/Bd. 8), Tübingen 1998.

Weber, Max: Zur Politik im Weltkrieg. Schriften und Reden, 1914–1918, hg. von W. J. Mommsen (Max-Weber-Gesamtausgabe, Abt. I/Band 15), Tübingen 1984.

Westarp, Kuno Graf von: Konservative Politik im letzten Jahrzehnt des Kaiserreiches, 2 Bde, Berlin 1935.

Winzen, Peter: Bülows Weltmacht-Konzept. Untersuchungen zur Frühphase seiner Außenpolitik 1897–1901, Boppard 1977.

Zechlin, Egmont: Motive und Taktik der Reichsleitung 1914. Ein Nachtrag, in: Der Monat, Heft 209, 1966, S. 91–95.

Zechlin, Egmont: Staatsstreichpläne Bismarcks und Wilhelms II.: 1890 bis 1894, Stuttgart/Berlin 1929.

Zedlitz-Trützschler, Graf Robert: Zwölf Jahre am deutschen Kaiserhof, Stuttgart 1923.

Zmarzlik, Hans-Günter: Bethmann Hollweg als Reichskanzler 1909 bis 1914. Studien zu Möglichkeiten und Grenzen seiner innenpolitischen Machtstellung, Düsseldorf 1957.

Personenregister

Abdul Hamid, Sultan 98
Albert, engl. Prinzgemahl 14
Albert Edward (»Bertie«), Prince of
Wales (= Eduard VII., König von
England) 26, 102
Alexander, Prinz von Battenberg,
(= König Alexander I. von Bulgarien)
17
August III., König von Sachsen 146
Auguste Victoria, Kaiserin 228 f.

Ballin, Albert 180 f., 212
Barrère, Camille 111
Bassermann, Ernst 146 ff., 150, 166,
173, 176
Bauer, Max 243, 247
Bebel, August 186
Bennigsen, Rudolf von 33, 58
Berchtold, Leopold Graf 200, 214
Berg, Friedrich Wilhelm von 248,
250, 252, 285
Bergmann, Ernst von 16
Berlepsch, Hans Freiherr von 37, 41,
53 ff.
Bernhardi, Friedrich von 201
Bernstorff, Johann Heinrich Graf von
246
Bethmann Hollweg, Theobald von
152, 156–170 passim, 173 ff.,
178–188 passim, 191–199 passim,
204–225 passim, 229, 231–235,
238–247, 259
Bismarck, Herbert von 16, 20, 43, 45,
47
Bismarck, Otto von 11, 13, 16 f., 20,
22–25, 31–45, 47 f., 50, 60, 69, 77,
110, 257
Boetticher, Karl Heinrich von 49, 81,
91
Brand, Adolf 132
Bronsart von Schellendorf, Paul 79, 81
Bülow, Fürst Bernhard von 8, 10, 12,
21, 75 ff., 83, 91–111, 113–136,
139–154, 156, 161, 166 f., 246, 257,
273

Caillaux, Joseph 175
Capelle, Eduard von 178, 232
Caprivi, Georg Leo Graf von 45, 48 ff.,
53–75, 77, 79, 156
Carnot, Marie François Sadi 67
Cassel, Sir Ernest 180 f.
Cecil, Lamar 12
Chamberlain, Houston Stewart 194, 215
Chamberlain, Joseph 86, 100 f.
Chotek, Sophie Gräfin, Herzogin von
Hohenberg 212
Claß, Heinrich 209
Conrad von Hötzendorff, Franz 234

Deimling, Berthold Karl Adolf von 203
Delbrück, Clemens von 163
Delbrück, Hans 161, 176, 258
Delcassés, Théophile 14
Douglas, Graf Hugo 37
Drews, Bill 255

Eduard (Edward) VII., König von
England 135, 141
Eisendecher, Karl von 198
Erzberger, Matthias 119, 245
Etzel, König der Hunnen 104 f.
Eulenburg, August Graf zu 29
Eulenburg, Botho Graf zu 60, 69, 71,
73, 156
Eulenburg und Hertefeld, Philipp Fürst
zu 12, 17 f., 20 ff., 26, 28, 30, 34,
40, 44, 47 f., 63 ff., 69, 74–77, 81,
83 f., 91 ff., 97, 109, 128–134, 156

Falkenhayn, Erich von 176, 206, 228,
232–236
Fehrenbach, Konstantin 206
Fischer, Franz 63
Fontane, Theodor 19
Forstner, Lt. Freiherr von 203 f., 207
Franz Ferdinand, Erzherzog 196,
212
Franz Joseph, Kaiser 215
Friedrich I., Großherzog von Baden
40, 44, 74 f., 83

Friedrich II., der Große, König von
Preußen 20, 255
Friedrich III., König von Preußen u. dt.
Kaiser (= Kronprinz Friedrich
Wilhelm) 13, 15 f., 18, 25, 32
Fürstenberg, Max Egon II. Fürst zu 205

Gebsattel, General Ludwig Freiherr von
232
Geffken, Heinrich 32
Georg V., König von England 221
Goltz, Colmar von der 156
Goschen, Sir Edward 220
Goßler, Heinrich von 51 f., 107
Grey, Sir Edward 138 f., 145, 181,
185, 193, 216
Groener, Wilhelm 256

Haeften, Hans von 233
Hahnke, Wilhelm von 27, 133
Haldane, Richard Burdon, Viscount H.
of Cloan 181–184, 188, 193 f., 197,
280
Hale, William Bayard 153
Hamann, Otto 108
Harcourt, Sir William 139
Harden, Maximilian 9, 128–133, 145,
172
Hardinge, Sir Charles 138, 141
Hatzfeld, Paul Graf von 86 f.
Haußmann, Conrad 149, 284, 286
Heeringen, Josias von 194
Heeringen, August von 194
Heinrich von Preußen, Prinz 95, 97, 198
Helfferich, Karl 246
Helldorf-Bedra, Otto Heinrich Graf von
65
Hertling, Georg Freiherr von 149, 173,
247, 249
Herzl, Theodor 98
Heydebrand und der Lasa, Ernst von
174
Hindenburg, Paul von 233–237, 239,
243–250 passim, 254, 256, 263
Hintze, Otto 208, 262
Hintze, Paul von 253
Hinzpeter, Georg Ernst 14, 20, 37,
268
Hohenlohe-Langenburg, Prinz Ernst
von 119, 124
Hohenlohe-Schillingsfürst, Chlodwig
Fürst zu 75–81, 83 f., 89 ff., 104,
270
Hollmann, Friedrich von 85, 89 f.
Holstein, Friedrich von 18–22, 34, 40,
44, 47 f., 64, 69, 74, 78, 81, 83 f., 87,
100, 110 f., 113 f., 118, 123, 129, 176

Holtzendorf, Henning von 180
Hoyos, Alexander Graf 213–216

Jagow, Gottlieb von 199, 210 ff., 215,
217
Jameson, Leander Starr 86 ff.
Jencke, Hanns 50

Kaempf, Johannes 208
Kálnoky, Gustav von 23
Ketteler, Klemens Freiherr von 103
Kiderlen-Wächter, Alfred von 9, 136,
168–175, 178 ff., 183, 188,
191–194, 197, 199 f., 213, 257
Köller, Ernst Matthias von 79 ff., 120
Krüger, Paulus (»Ohm« 88 f., 138,
257
Kühlmann, Richard von 181 f., 187,
252 f.

Lecomte, Raymond Graf 129
Lichnowsky, Karl Max Fürst von 193,
215 f., 280
Lieber, Ernst 106, 273
Liebknecht, Wilhelm 78
Lloyd George, David 139, 171, 176,
178
Loebell, Friedrich Wilhelm von 146
Louis Ferdinand, Prinz 254
Lucanus, Hermann von 28, 83
Ludendorff, Erich 233–237, 239,
243 ff., 247 f., 251 ff., 256, 263,
285
Lyncker, Moritz Freiherr von 210, 228,
232, 247

Mackenzie, Sir Morell 15
Mahan, Alfred 85
Malet; Sir Edward 86 f.
Mann, Heinrich 208
Mannesmann, Gebrüder 166, 169 f.
Maria Theresia, Kaiserin 18
Marschall von Bieberstein, Adolf
Freiherr 48, 50, 65, 86 ff., 91, 99
Max von Baden, Prinz 227, 253 f.,
256
Meinecke, Friedrich 201
Metternich s. Wolff-Metternich, Paul
Graf von
Michaelis, Georg 247 ff., 252
Miquel, Johannes von 33, 40 f., 44,
50, 58 f., 65, 67 f., 70, 91, 109
Moltke, Helmuth von 175, 194 ff.,
198, 210 f., 216, 220 f., 224, 228,
232, 280
Moltke, Helmuth Graf von 28
Moltke, Kuno Graf von 29, 130 ff.

Monts, Anton Graf 156
Moretta, preuß. Prinzessin 17
Mühlberg, Otto von 136
Mulay Abdul Hafid, marokk. Sultan
  168
Müller, Georg Alexander von 139,
  194, 196, 228, 232, 236, 238 ff., 244

Naumann, Friedrich 11, 73, 123, 150,
  259, 265
Naumann, Victor 213
Nikolaus II., russ. Zar 116, 135, 168,
  189 f., 219 ff.

Oldenburg-Januschau, Elard von 150
Oskar II., König von Schweden 26

Pašić, Nikola, serb. Ministerpräsident
  191
Payer, Friedrich von 253
Plessen, Hans von 228 f., 247
Podbielski, Viktor von 120
Pohl, Hugo von 224, 227
Poincaré, Raymond 217
Posadowsky-Wehner, Arthur Graf von
  91
Pourtalès, Friedrich Graf von 210

Reuter, Adolf von 203 f., 207
Rhodes, Cecil 86, 138
Richelieu, Armand-Jean du Plessis,
  Herzog von 77
Richthofen, Oswald Freiherr von 123
Rickert, Heinrich 84, 106
Riezler, Kurt 175, 216
Rudolf von Habsburg; Erzherzog, Kron-
  prinz von Österreich-Ungarn 46

Salisbury, Robert Arthur Talbot
  Gascoyne-Cecil, 3. Marquess of 101
Sasonow, Sergej D. 168, 210
Schemua, Blasius von 192
Schön, Wilhelm von 136, 140 f.
Schrader, Karl 149
Schumpeter, Joseph Alois 187
Senden-Bibran, Gustav Freiherr von
  28, 85, 89
Singer, Paul 149
Spender, Harold 142
Spitzemberg, Hildegard von 19, 49,
  126
Stinnes, Hugo 209
Stockmar, Ernst von 14
Stolberg-Wernigerode, Otto Graf von
  27
Stuart-Wortley, Edward Montague
  138, 142

Stumm-Halberg, Karl Ferdinand von
  72, 82, 90
Suchomlinow, Wladimir A. 210
Swaine, Leopold 86
Szögyény-Marich, Graf Ladislaus von
  215

Thielmann, Max Freiherr von 91
Tirpitz, Alfred von 86, 89 f., 97, 100,
  102, 118 f., 142, 167, 174, 178–186,
  194 ff., 221, 224, 232, 238, 246
Treutler, Karl Georg von 228 f.
Tschirsky, Heinrich von 123, 136,
  214 f., 282
Tweedmouth, Edward Marjoribanks,
  2. Baron T. 139 f., 144

Ullrich, Oberleutant 210

Valentini, Rudolf von 154, 158, 204,
  207, 228, 231 f., 235, 243 ff., 247 f.
Varnbühler, Axel Freiherr von 69
Venosta, Visconti 111
Verdy du Vernois, Justus Friedrich
  Wilhelm Ludwig von 55, 57, 61
Victoria, Königin von England 14 f.,
  101
Viktoria, Kronprinzessin; Königin von
  Preußen u. dt. Kaiserin 13–17, 25

Waldersee, Alfred Graf von 22 ff.,
  27 f., 42 f., 47 f., 65, 103, 105, 216
Wangenheim, Hans Freiherr von 209
Weber, Max 7, 11, 19, 44, 54, 123,
  125, 150, 243, 246, 254, 259 ff.,
  272, 284, 286
Wedel, Karl Graf von 164, 203 ff., 207
Wedell-Piesdorf, Wilhelm von 27
Weimar, Karl-Alexander Großherzog
  von 268
Wermuth, Adolf 178, 180
Widenmann, Wilhelm von 160, 185
Wiegand, Heinrich 104
Wiemer, Otto 149
Wild von Hohenborn, Adolf 228
Wilhelm, Kronprinz 225
Wilhelm I., König von Preußen u. dt. Kai-
  ser 13, 15 ff., 25, 56, 61, 77, 79, 85
Wilson, Thomas Woodrow 239,
  252 ff.
Windthorst, Ludwig 44, 57
Wolff-Metternich, Paul Graf von 140,
  181, 182–185

Zedlitz-Trützschler, Robert Graf von
  59, 158 f.
Zimmermann, Arthur 215